皮书系列

皮书系列

广视角·全方位·多品种

皮书系列

皮书系列

皮书系列

皮书系列

皮书系列

皮书系列

皮书系列
皮书系列
皮书系列
皮书系列

权威·前沿·原创

皮书系列
皮书系列
皮书系列
皮书系列
皮书系列

中国传媒大学211工程三期重点学科建设项目成果

全球传媒蓝皮书

BLUE BOOK OF GLOBAL MEDIA

全球传媒产业发展报告（2011）

主　编／胡正荣
副主编／李继东　唐晓芬

ANNUAL REPORT ON GLOBAL MEDIA INDUSTRIES (2011)

社会科学文献出版社
SOCIAL SCIENCES ACADEMIC PRESS (CHINA)

法律声明

《全球传媒产业发展报告（2011）》
课　题　组

课题组组长　胡正荣

课题组副组长　李继东　唐晓芬

课题组成员　（以姓氏拼音为序）

甘　露　龚颖元　郭　尧　韩　茜　郝　文
胡蓓蓓　蒋佳惠　李　冰　李　杰　刘　斌
刘　昶　刘　琛　龙　耘　Priya Virmani
王　建　王润珏　王雨琼　吴敏苏　颜巧容
张方方　张　晴　张新华　张艳秋　赵　欢

文献研究　（以姓氏拼音为序）

邓　烨　郭大鹏　刘　媛　孙天适　张　章
左登基

主要编撰者简介

胡正荣 教授，博士生导师，中国传媒大学副校长、广播电视研究中心主任。国务院学位委员会新闻传播学学科评议组召集人、教育部新闻学学科教育指导委员会委员等。美国哈佛大学肯尼迪政府学院客座研究员（2005）、英国西敏寺大学传播与媒介研究中心 Leverhulme 访问教授（2006）、新加坡《亚洲媒介》编委、韩国汉城大学《传播研究》编委、英国《全球媒介与传播》编委。主要研究领域为媒介研究（包括媒介发展战略、媒介政策与制度、媒介管理等）、传播政治经济学、新媒介等。2000 年列为教育部"跨世纪优秀人才"，2001 年获国务院政府特殊津贴，2006 年获"新世纪百千万人才工程"国家级人选。

李继东 博士，硕士生导师，中国传媒大学广播电视研究中心副教授。已发表论文 30 余篇，出版学术著作《英国公共广播政策变迁与问题研究》等 6 部。从事国家社科基金项目、教育部重点研究基地重大项目、国家广播电影电视总局社科项目等科研项目近 15 项。2007 年英国牛津大学社会法研究中心访问学者，2009 年美国明尼苏达大学新闻与大众传播学院访问学者。主要研究领域为传播政策与制度、传播产业与公共服务、新媒介等。

唐晓芬 中国传媒大学广播电视研究中心助理研究员，主要研究领域为媒介公共政策、媒介产业、宣传与公共关系。参与多项国家社科基金项目、教育部重点研究基地重大项目、国家广播电影电视总局社科项目等科研项目，主编《中国媒介转型与趋势》（中国传媒大学出版社，2009 年 4 月）。2010 年香港城市大学中国大陆新闻传播青年学者访问项目访问学者。

摘　要

《全球传媒产业发展报告（2011）》由教育部人文社会科学重点研究基地中国传媒大学广播电视研究中心策划、组织，并邀请众多国内外传媒产业研究的学者和专家共同编撰而成，是目前国内第一部世界性传媒类年度报告。本报告旨在从国家、行业和企业三个层面梳理和分析全球主要国家和地区的年度传媒产业发展概况，总结和提炼全球传媒产业发展模式，捕捉和探测全球传媒产业发展趋势，进而建构全球传媒国际竞争力评估体系。

作为开山之作，《全球传媒产业发展报告（2011）》由总报告、国家或地区报告和专题报告三部分构成。报告以“融合、转型和创新”为主题，首先分析了2010年以及2011年上半年全球传媒产业总体状况、主要行业和市场态势；其次分别对亚洲、欧洲、美洲和非洲13个主要国家和地区2005年以来传媒产业的发展进行了简要回溯，并着重分析了2010年以及2011年上半年各国和地区传媒产业发展情况；最后探讨了全球传媒产业国际竞争力评价体系、全球图书出版产业发展情况以及电视产业全球化和BBC产业发展个案。

《全球传媒产业发展报告（2011）》基于大量最新事实、数据和图表，全面、系统和深入分析了2010年全球传媒产业的整体发展状况与趋势，以及全球主要国家和地区传媒产业的发展状况与趋势，注重实证性和针对性，具有很强的实践意义和理论价值。本报告不仅为传媒业界提供具有全球视野和前瞻性、科学性的参照体系，而且也对传媒学术研究具有重要参考价值，同时也对政府决策具有重要的借鉴意义，还可作为高等院校师生和广大传媒爱好者有价值的学习和研究资料。

Abstract

Annual Report on Global Media Industries (*2011*) is the first annual report on global media industries in China, compiled by National Center for Radio and Television Studies, Communication University of China, co-composed by many excellent scholars and experts from different countries on media industries research. This report is aimed to describe and analyze the development of media industries in the main countries and regions all over the world, to find the business models and to catch the trend of global media industries, and to construct an index on global media competitiveness. The report explores the media industries in three levels, the national level, the industry level and the media organization level.

As the first volume, *Annual Report on Global Media Industries 2011* contains three parts, which is the general report, the annual reports of countries and regions, and the special reports. Firstly, the report analyzes the global market of media industries and sub-industries in 2010 and the first half of 2011. Secondly, the report briefly looks back upon the media industries since 2005 of 13 countries and regions in Asia, Europe, America and Africa, especially focuses on the period during 2010 and the first half of 2011. Thirdly, the report proposes an index on global media competitiveness analyzes the global publishing industries, and a study on the globalization of television industries. Besides, there is also a case study on BBC.

Basing on numerous latest facts and statistics, *Annual Report on Global Media Industries 2011* analyzes the development and tendency of media industries both in global level and in national and regional level. The report is empirically oriented and has highly practical and theoretical value. It tries to find a scientific benchmark of global media industries. It is useful to those who research the media industries, and it is also useful to those who make policy decisions in government. It can be also used as learning or research materials for those interested in related studies.

目录

B I 总报告

B II 亚洲篇

B III 欧洲篇

B Ⅳ 美洲篇

B Ⅴ 非洲篇

B Ⅵ 专题篇

皮书数据库阅读使用指南

CONTENTS

B I General Report

B II Report on Asian Countries

B III Report on European Countries

总 报 告

General Report

B.1

2011年全球传媒产业发展报告

胡正荣*

一 总体发展状况概述

1. 全球传媒产业年均复合增长率达1.7%，广播电视行业居于首位

据英国数据监测公司有关全球媒介产业的统计表明①，2006~2010年全球传媒产业年均复合增长率（以下简称CAGR）达1.7%，2010年收入总额为7817亿美元，比2009年增长了272亿美元。从结构上看，2009年广播电视（包括有线电视）

---

* 胡正荣，博士、教授，中国传媒大学副校长、广播电视研究中心主任。

① 鉴于目前世界上有关传媒产业的统计尚无统一的范畴和标准，本文所论的传媒产业包括图书、报纸、杂志、广播、电视、电影和互联网，主要数据来源于世界银行、普华永道、尼尔森、英国数据监测公司等。英国数据监测公司有关2011年全球媒介产业的统计（Datamonitor's Global：Media Industry Guide）和Market Research. com的统计表明，传媒产业主要是指传统传媒产业，包括广播电视及有线电视、报纸、图书出版、电影和娱乐、音乐视频及广告。http：//www. marketresearch. com/MarketLine - v3883/Global - Media - Guide - 6509741/。

所占比例最高，达40%，且2005～2009年的CAGR为3%；第二是图书出版占30%，且2005～2009年的CAGR为1.7%；第三是电影和娱乐占14%，且2005～2009年的CAGR为0.2%；第四是报纸占9%，且2005～2009年的CAGR为1.8%；最后是音乐及视频占7%，且2005～2009年的CARC为-4%（见图1、图2）。

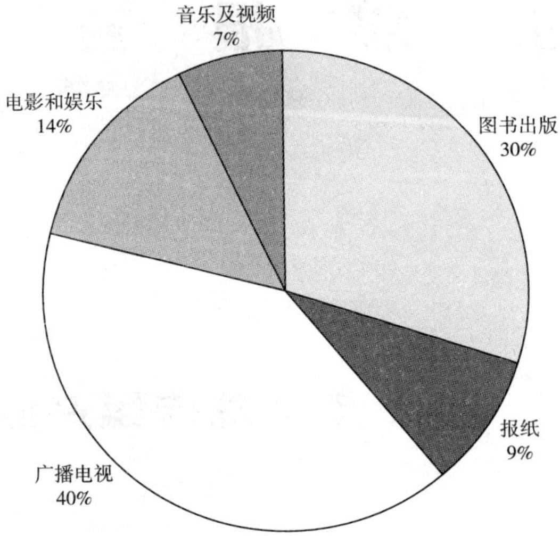

图1　2009年全球传媒产业收入结构

资料来源：Datamonitor's Global，"Media Industry Guide 2011"，http：//www.marketresearch.com。

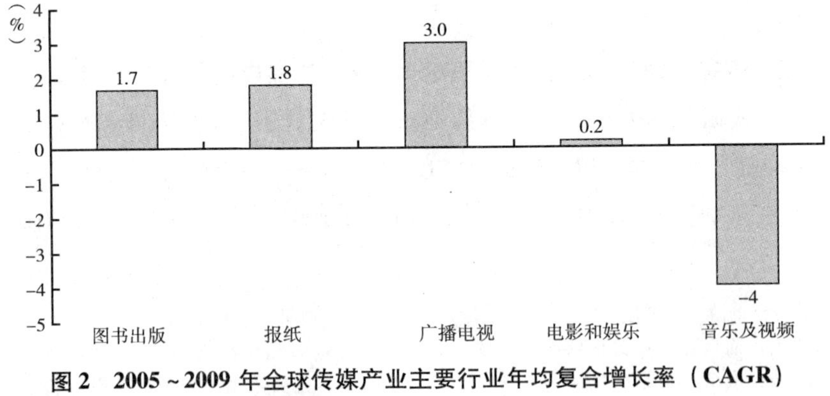

图2　2005～2009年全球传媒产业主要行业年均复合增长率（CAGR）

资料来源：Datamonitor's Global，"Media Industry Guide 2011"，http：//www.marketresearch.com。

2. 美国稳居全球传媒产业市场之首，亚太地区增长率最高

毫无疑问，迄今美国仍是全球传媒产业最大的市场，2009年其收入占全球收入总额的 47.9%。[①] 此外，普华永道的统计表明，2011 年美国娱乐和传媒产业[②]的收入仍将位居全球之首，不过增长速度放慢，CAGR 预计为 5.3%，总额将达 7540 亿美元；位居全球第二的是 EMEA（欧洲、中东和非洲）地区，2011 年该地区的 CAGR 将会达到 5.5%，总额达到 6170 亿美元；第三是亚太地区，2011 年亚太地区娱乐和传媒产业的收入总额将达 4700 亿美元，预计 CAGR 最大，将达到 9.6%；CAGR 仅次于亚太地区的是拉美地区（达 8.9%），收入总额将为 680 亿美元。

尼尔森有关全球传媒广告市场的统计表明，2011 年上半年，全球各地区的电视、报纸、杂志和广播四大主要传媒行业的广告收入整体呈上升趋势，同比增长 7.2%。其中，亚太地区增长率最高，达 10.7%，随后依次是拉美地区、中东和非洲地区、欧洲以及北美地区（见图 3）。同期，增长率最高的国家是阿根廷，达 32%；第二是南非，为 27.4%；第三是土耳其，达 23.6%；中国位列第五，为 17.3%。而跌幅最大的国家是埃及，达 −51.5%，其次是希腊（−17.3%）、西班牙（−7.5%）（见图 4）。

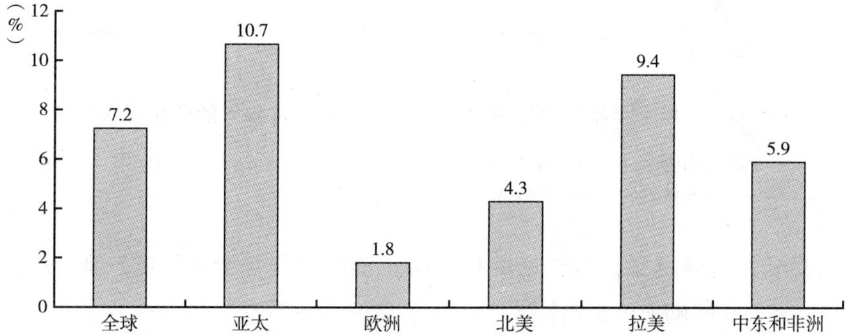

图 3　2011 年上半年全球及各地区传媒产业广告收入的同比增长情况

资料来源：Pricewaterhouse Coopers，"Global Entertainment and Media Outlook 2007 – 2011"，http：//www. marketingcharts. com/television/2 – trillion – in – global – entertainment – media – spending – by – 2011 – 763/。

① Market Line，"Media-Global Group of Eight（G8）Industry Guide"，http：//www. marketresearch. com/MarketLine – v3883/Media – Global – Group – G8 – Guide – 6508282/，2010.

② 普华永道所统计的娱乐和传媒产业包括互联网、电视、广播、户外广告、电影娱乐、视频游戏和体育。

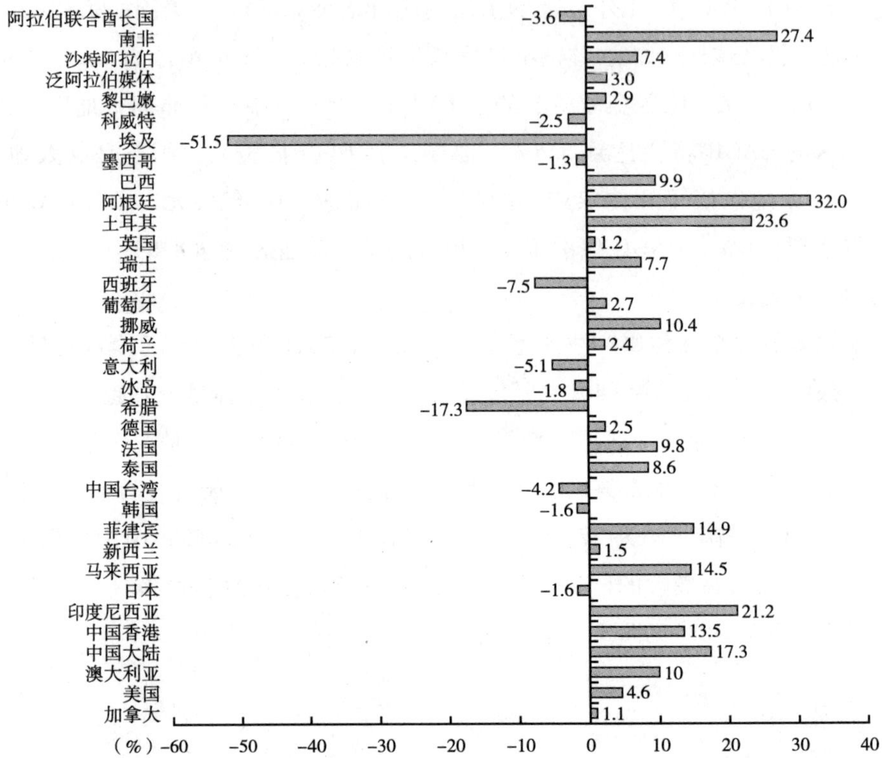

图 4　2011 年上半年主要国家或地区传媒产业广告收入的同比增长情况

资料来源：Nielsen，“Top-line Global Advertising Market Trends From Over 35 Countries”，http：//www. nielsen. com/us/en/insights/reports – downloads. html。

3. 互联网发展迅猛，增长速度和品牌价值均领先于全球传媒产业

近年来，互联网无论是增长速度，还是品牌价值在全球传媒产业中均处于领先地位。2006 ~2010 年，互联网的年综合增长速度持续超过了 20%，其中，互联网广告增长了 37. 9%，网络接入等服务增长了 18. 8%。2011 年，全球互联网广告和接入等服务收入预计将达 3320 亿美元，比 2006 年增加 155 亿美元，CAGR 将达到 13. 4%。①

据全球市场调研公司——明略行公司（Millward Brown Optimor）发布的《百名顶级品牌：最具价值的全球品牌 2011》表明，网站等新媒体公司品牌价值不

① 资料来源：Pricewaterhouse Coopers，“Global Entertainment and Media Outlook 2007 –2011”，http：//www. marketingcharts. com/television/2 – trillion – in – global – entertainment – media – spending – by –2011 –763/。

仅名列前茅，而且增长幅度也是最高的。2011 年苹果公司位居“百名顶级品牌”排行榜首位，品牌价值达 1532.85 亿美元，增长率为 84%；位居第二的是搜索门户网站——谷歌公司，2011 年品牌价值达 1114.98 亿美元；2011 年社交网站 Facebook 成为全球品牌价值增长最快的企业，增长率高达 246%，品牌价值达 191 亿美元，首次跃居“百名顶级品牌”排行榜，位居第 35；而百度网站增长速度仅次于 Facebook，增长率为 121%，从 2010 年的第 75 名上升到 2011 年的第 29 名，品牌价值达 226 亿美元。此外，亚马逊网站首次超过沃尔玛公司，成为全球最具价值的零售商品牌，2011 年其品牌价值比 2010 年增长了 37%，达 376 亿美元。①

二 行业与市场分析

（一）报纸

1. 全球报纸日出版数量持续增长，日发行量有所下降

近年来全球报纸在数量上持续稳定增长，从 2006 年日出版 13223 种增加到 2010 年的 14853 种，增长了 12.3%（见图 5）。而日发行量在 2006 ~ 2008 年一直持续增长，2008 年达到近年来最高点，达 5.4 亿份，比 2006 年增长了 2200 万份。不过从 2009 年开始下降，2010 年下滑到 5.19 亿份，接近 2006 年的水平（见图 6）。

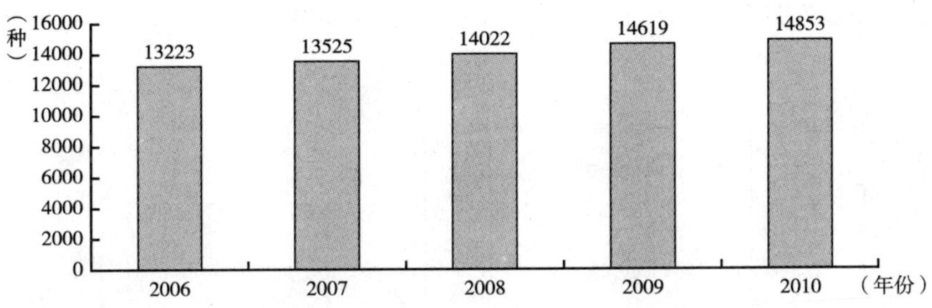

图 5　2006 ~ 2010 年全球报纸（付费）日出版数量变化情况

资料来源：WAN-IFRA/Christoph Riess，“World Press Trends 2011”，http：//www. wan-ifra. org/articles/2010/11/26/world-press-trends-and-more-reports。

① 数据来源：Millward Brown Optimor，“The BrandZ Top 100 Most Valuable Global Brands 2011”，http：//c3232792. r92. cf0. rackcdn. com/WPP_ BrandZ_ report_ FINAL. pdf。

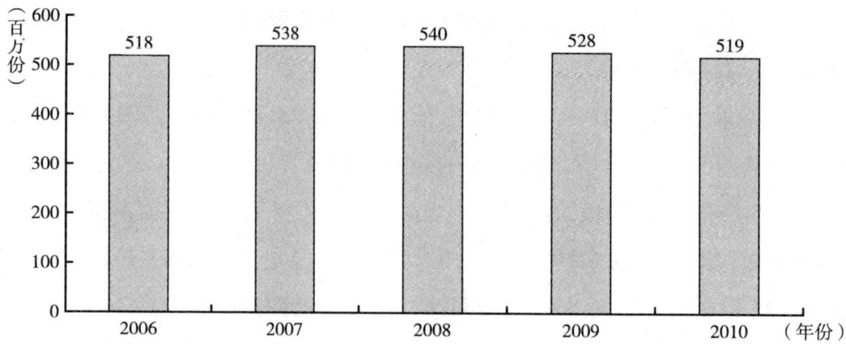

图 6　2006～2010 年全球报纸（付费）日发行量变化情况

资料来源：WAN-IFRA/Christoph Riess，"World Press Trends 2011"，http：//www.wan-ifra.org/articles/2010/11/26/world-press-trends-and-more-reports。

2. 全球报纸广告收入整体呈下降趋势，拉美地区却逆势上扬

2006 年以来，全球报纸广告收入持续下滑，其中，发达地区报纸广告收入大幅下降，发展中国家却有所上升。据统计，2010 年全球报纸广告收入比 2009 年下降了 20 亿美元，比 2006 年下降了 300 亿美元（见图 7）。从降幅上看，2010 年全球报纸广告收入比 2006 年下降了约 24%，比 2009 年下降了约 2%。其中，北美地区下降幅度最大，其次是西欧地区。但值得注意的是，拉美地区报纸广告收入却在不断上升，2010 年比 2006 年增长了 24%，比 2009 年增长了 6%，同时亚太、中东及东欧地区报纸广告收入 2010 年也比 2009 年有所增长（见图 8）。

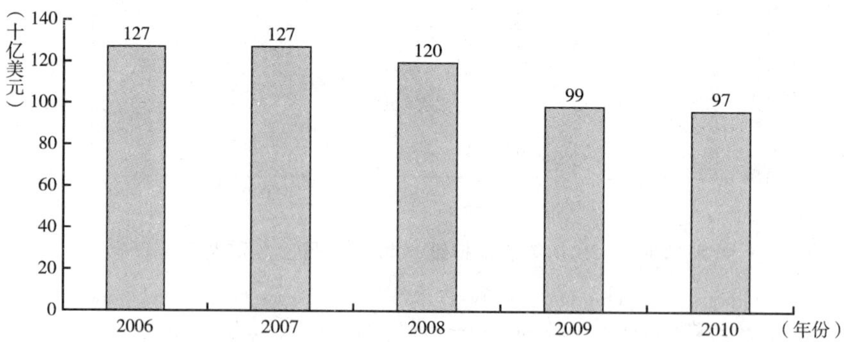

图 7　2006～2010 年全球报纸广告收入变化情况

资料来源：WAN-IFRA/Christoph Riess，"World Press Trends 2011"，http：//www.wan-ifra.org/articles/2010/11/26/world-press-trends-and-more-reports。

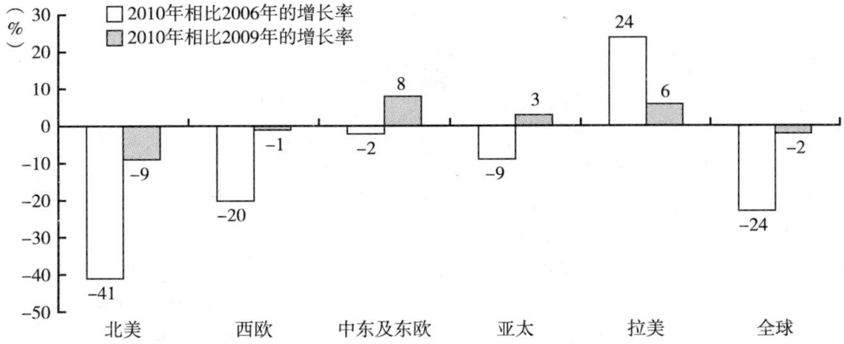

图 8　2010 年相比 2006 年、2009 年的全球报纸广告收入变化情况

资料来源：WAN-IFRA/Christoph Riess，“World Press Trends 2011”，http：//www. wan-ifra. org/articles/2010/11/26/world-press-trends-and-more-reports。

3. 北美地区报纸广告收入居于首位，亚太地区报纸发行量最大

从 2010 年各地区占全球报纸广告收入的总额比例来看，北美地区广告收入所占比重最高，达 40%，但发行量却不大，只占全球发行总量的 10%；欧洲（西欧）仅次于北美地区，占总额的 30%；而亚太地区报纸发行量最大，占总量的 63%，广告收入却不及北美和欧洲，仅占 26%（见图 9、图 10）。

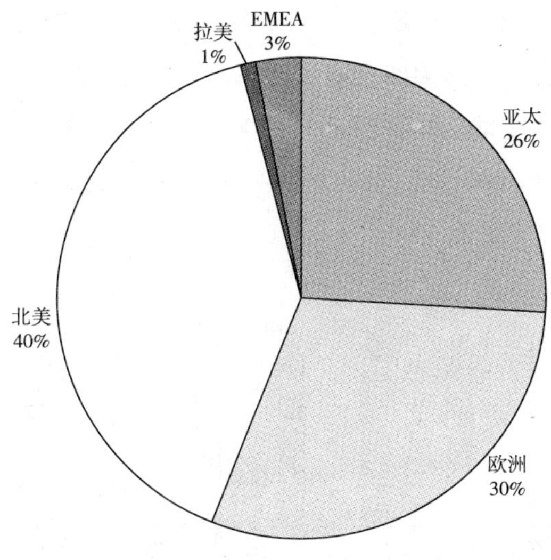

图 9　2010 年世界各地区报纸广告收入所占比重

资料来源：WAN-IFRA/Christoph Riess，“World Press Trends 2011”，http：//www. wan-ifra. org/articles/2010/11/26/world-press-trends-and-more-reports。

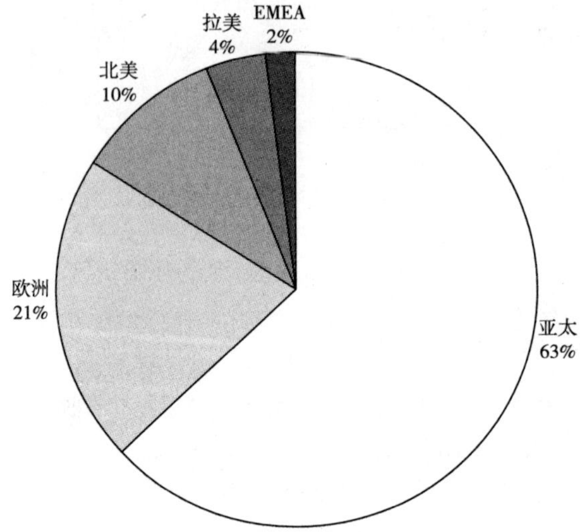

图 10　2010 年世界各地区报纸发行量所占比重

资料来源：WAN-IFRA/Christoph Riess，“World Press Trends 2011”，http：//www. wan-ifra. org/articles/2010/11/26/world-press-trends-and-more-reports。

4. 冰岛日均读者人口比重为世界之最，日本报纸日均销售量最大

冰岛是世界上读报人口所占比重最高的国家，日均读者（付费报纸读者）占总人口的 96%；日本位居第二，为 92%；挪威、瑞典和瑞士并列第三，为 82%；中国香港和芬兰并列第四，新加坡和卢森堡并列第五（见图 11）。而从日均报纸销售量来看，全球平均日销量为 17000 份，其中日本是世界上报纸日均销量最高的国家，达 461000 份，是位居第二的奥地利的近 2. 85 倍，中国位居第四，不足日本的 1/4（见图 12）。

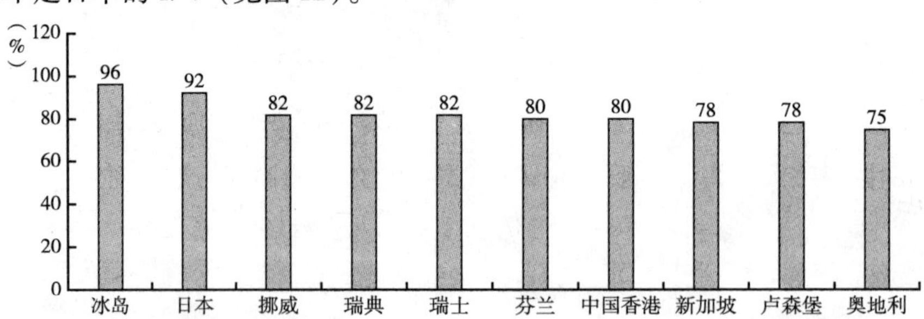

图 11　2010 年全球日均读者人口比重位居前列的国家或地区

资料来源：WAN-IFRA/Christoph Riess，“World Press Trends 2011”，http：//www. wan-ifra. org/articles/2010/11/26/world-press-trends-and-more-reports。

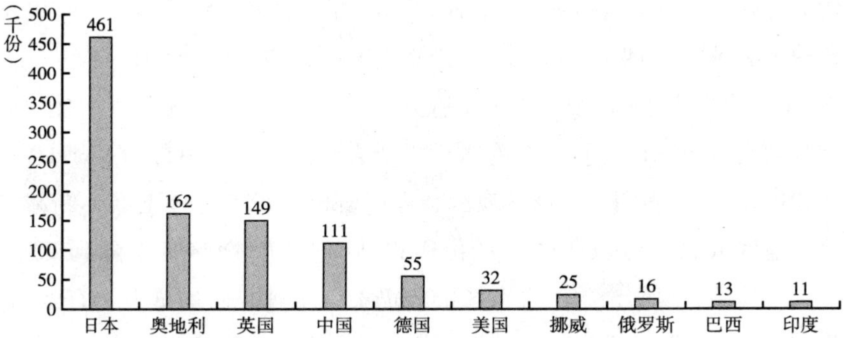

图 12　2010 年全球日均报纸销售量前十名国家

资料来源：WAN-IFRA/Christoph Riess，“World Press Trends 2011”，http：//www. wan-ifra. org/articles/2010/11/26/world-press-trends and-more-reports。

（二）杂志

1. 全球杂志广告收入整体上趋于下降，各地区杂志广告市场份额也呈减少趋势

据统计，全球杂志广告收入从 2008 年开始呈下降趋势，预计 2011 年全球杂志广告收入将比 2008 年减少 88 亿美元，比 2006 年减少 96 亿美元，比 2009 年略有增长，但幅度很小（见图 13）。

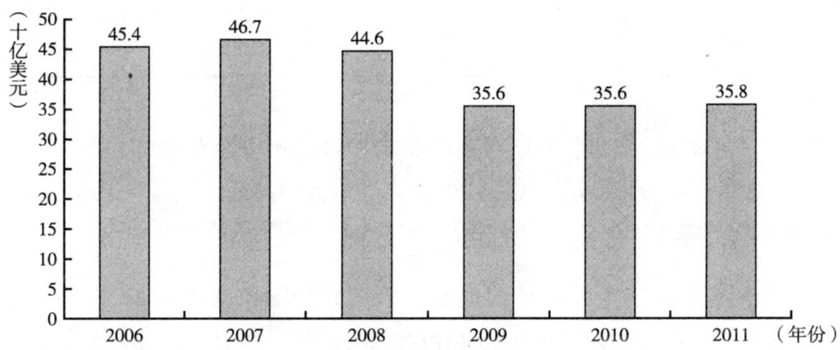

图 13　2006 ~ 2011 年全球杂志广告收入变化

资料来源：MAGNAGLOBAL，“2011 Advertising Forecast”，http：//www. neoadvertising. com/ch/wp-content/uploads/2011/06/2011-MAGNAGLOBAL-Advertising-Forecast-Abbreviated. pdf。

实力传媒（Zenith Optimedia Group）2011 年 7 月发布的全球广告市场预报表明，2009 年以来，全球杂志广告市场份额呈下降趋势，预计 2011 年将会从 2009 年的 10.4% 下降到 9.3%，并且这种趋势一直会延续到 2013 年（见图 14）。同时，国际期刊联盟（FIPP）发布的《世界杂志走势 2010/2011》（World Magazine Trends 2010/2011）表明，全球各地区杂志广告市场份额总体上在不断减少。其中，北美地区杂志广告收入的市场份额将从 2003 年的 14% 下降到 2012 年的 10.7%，尤其是美国的杂志广告市场形势仍不容乐观，而加拿大会有微弱回升，墨西哥则会稳健增长；欧洲地区情形同样如此，西欧地区杂志广告市场份额将从 2003 年的 18.2% 下降到 2012 年的 11.8%，而中东欧地区会从 2003 年的 15.3% 下降到 2012 年的 8.1%；亚太地区杂志广告收入份额同样会从 2003 年的 8.1% 下降到 2012 年的 4.6%，值得注意的是，预计 2012 年亚太地区将取代欧洲成为全球第二大杂志广告市场，而中国将成为仅次于美国和日本的世界第三大广告市场；拉美地区相对乐观一些，但仍有所下降，杂志广告份额从 2003 年的 9.5% 下降到 2010 年的 6.3%，预计 2012 年将微降至 6.2%。①

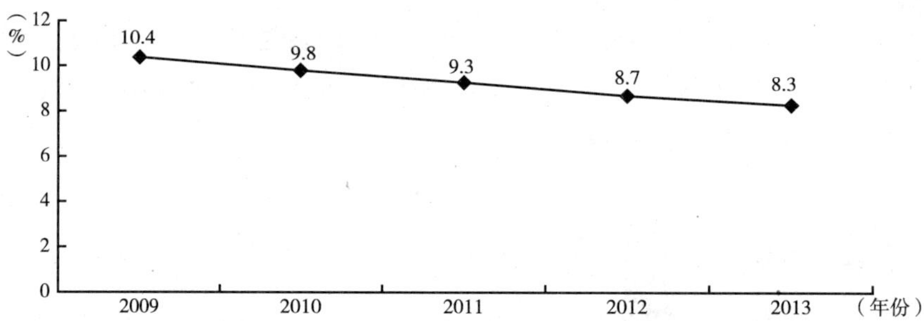

图 14　2009～2013 年全球杂志广告市场份额变化情况

资料来源：Zenith Optimedia，“Adspend Forecasts July 2011”，http：//www. zenithoptimedia. com/files/media/Press%20releases/Adspend%20forecasts%20July%202011. pdf。

2. 发达国家杂志销售总量持续走低，只有部分国家有所增长

据法国经济信息及预测研究所（BIPE）对法国、美国、英国、意大利和西班牙五国杂志（免费类）人均销售的统计和预测来看，尽管杂志的总体情况要比报

① FIPP，“World Magazine Trends 2010/2011”，http：//www. bizcommunity. com/Article/196/39/55268. html。

纸好一些，不过大多数国家在 1995 年、2005 年和 2015 年三年中，杂志销售量呈现或将呈现明显下滑趋势，但其中意大利却在持续增长，而西班牙 2005 年以前也在增长（见图 15）。

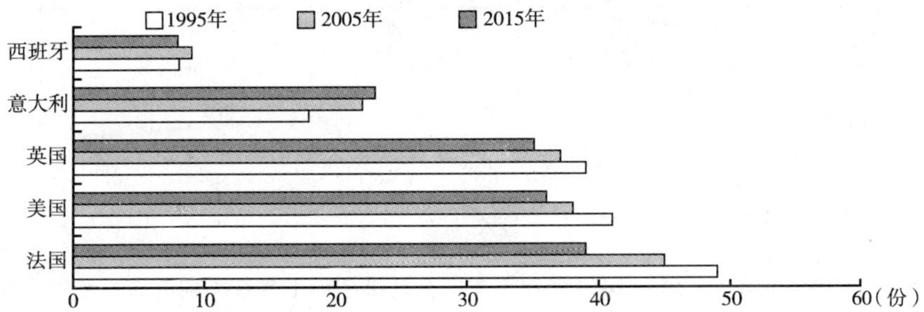

图 15　1995 年、2005 年及 2015 年发达国家杂志销售量比较

注：这里所言的杂志是指纸介杂志，不包括网络杂志。

资料来源：The Economist，“The Magzine Industry Out of Vogue”，http：//www. economist. com/node/9867938。

3. 《星空观察》等位居前三甲，全球杂志到达率总体趋于下滑

尼尔森的有关统计表明①，2009 年第 2 季度到 2010 年第 1 季度《星空观察》（*Sky Watch*）和新西兰的 *AA Directions* 及《新西兰妇女周刊》（*NZ Women's Weekly*）到达率位居前三甲，而 2010 年全球前十名杂志到达率相比 2009 年总体上呈下滑趋势。其中，美国的《电视指南》（*The TV Guide*）下降幅度最大，达 -12.93%，其次是《国家地理》（*National Geographic*）和《读者》（*Reader's Digest*）；只有默多克的《星空观察》（*Sky Watch*）和澳大利亚的《新观念》（*New Idea*）有所增长（见图 16）。

（三）广播

1. 全球广播收入总额有所下降，卫星广播订购费和执照费却持续增长

据统计，2009 年全球广播产业收入比 2008 年减少了近 9%，为 432 亿美元，也是近年来降幅最大的，2008 年比 2007 年仅下降了 2%，而 2008 年前一直保持增长，不过增幅不断降低。从收入结构上看，收入下降集中在广告等商业收入方面，而其他收入仍在增长。2009 年广告等商业收入仍居首位，占总额的 65%，

① Nielsen，Media National Readership Survey Q2 2009 - Q1 2010（n = 12，000 people aged 10 +），http：//nz. acnielsen. com/products/TopMagazines. shtml.

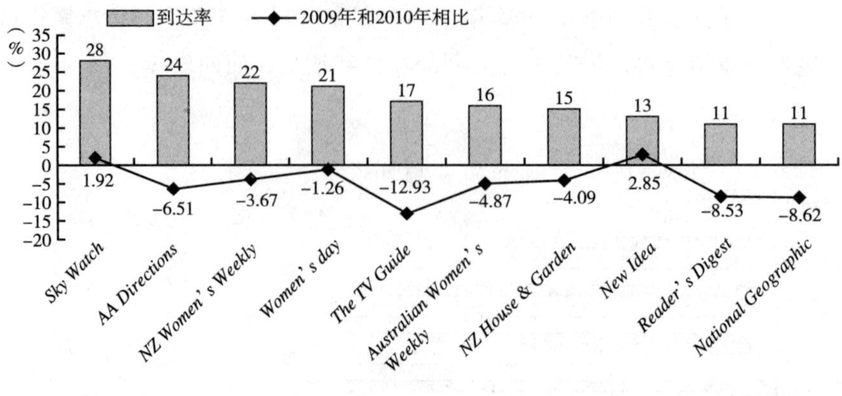

图16　2009年第2季度到2010年第1季度全球排名前十名杂志到达率的变化情况

资料来源：Nielsen，"Media National Readership Survey Q2 2009 - Q1 2010"，http：//nz.acnielsen.com/products/TopMagazines.shtml。

但总体上呈下降趋势，2009年比2008年下降了13.8%，市场份额也比2005年的72%减少了7%。而公共广播执照费和卫星广播订购费均保持稳定增长，2009年公共广播执照费为第二大广播的收入来源，占总额的29.4%，同比增长了1.6%；卫星广播订购费所占比重是最小的，但增长幅度却最大，2009年增长了近9%，为25亿美元（见图17）。

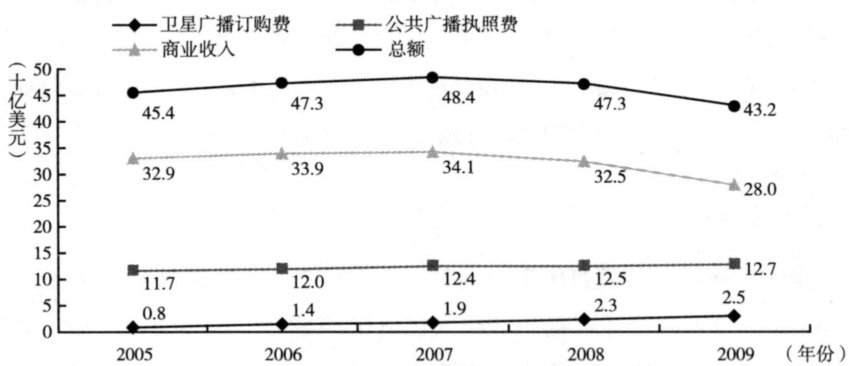

图17　2005~2009年全球广播产业收入变化情况

注：汇率按1英镑=1.5643美元换算。

资料来源：广播部分数据除单独注明出处外，均来自于Ofcom，"International Communications Market Report 2010"；Pricewaterhouse，"Coopers Global Entertainment and Media Outlook 2010 ~ 2014"，http：//stakeholders.ofcom.org.uk/binaries/research/cmr/753567/icmr/ICMR_2010.pdf。

2. 美国广播收入仍居全球首位，印度、中国和巴西广播收入增长最快

从地区的发展情况来看，美国仍是世界上最大的商业广播市场，2009 年占全球广播收入总额 39%，不过下降幅度也很大，达 15.7%（见图 18）；其次是德国，占 11%；第三是日本，占 9%。而从增长幅度上看，2009 年增长幅度最高的前三位国家分别是印度（18.2%）、巴西（12.3%）和中国（7.2%），实际上这三个国家近年来年均增长幅度（2005 ~ 2009 年）也是最大的，分别达 32.6%、16.1% 和 21.8%。2009 年跌幅最大的三个国家是俄罗斯（ −35.7%）、波兰（ −22.9%）和西班牙（ −17.5%），而近年来年均下降幅度（2005 ~ 2009 年）最大的国家则是美国（ −5.0%）、西班牙（ −3.4%）和英国（ −1.6%）（见图 19）。总的来看，2009 年大部分发展中国家的广播产业收入在增长，而大部分发达国家则在下降。

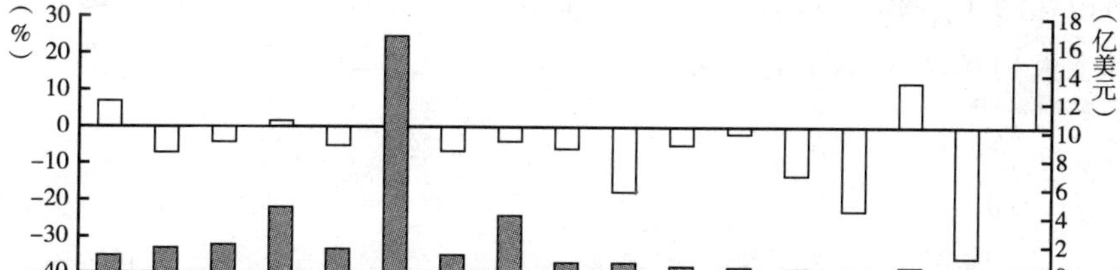

	中国	英国	法国	德国	意大利	美国	加拿大	日本	澳大利亚	西班牙	荷兰	瑞典	爱尔兰	波兰	巴西	俄罗斯	印度
□与2008年相比	7.2	−7.1	−4.3	−1.9	−5.1	−15.7	−6.6	−3.9	−5.7	−17.5	−4.8	−1.7	−13.3	−22.9	12.3	−35.7	18.2
■2009年	1.3	1.8	2.0	4.7	1.7	16.7	1.4	4.1	0.8	0.8	0.6	0.5	0.3	0.2	0.5	0.3	0.2

图 18　2008 ~ 2009 年世界主要国家广播收入变化情况

资料来源：EBU，Ofcom，http：//stakeholders. ofcom. org. uk/binaries/research/cmr/753567/icmr/ICMR_ 2010. pdf，2009。

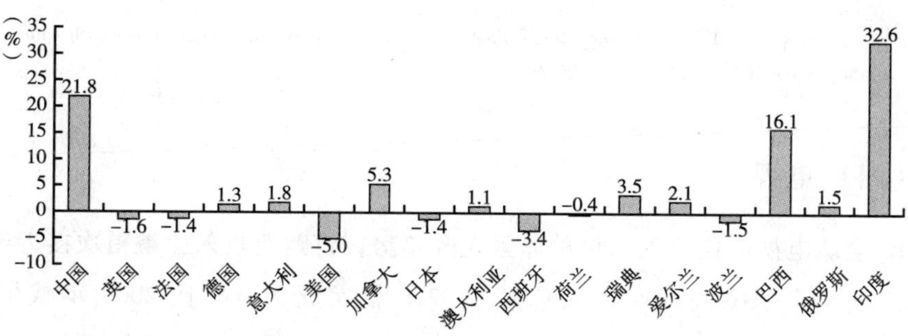

图 19　2005 ~ 2009 年世界主要国家广播产业收入年均增长率

资料来源：EBU，Ofcom，http：//stakeholders. ofcom. org. uk/binaries/research/cmr/753567/icmr/ICMR_ 2010. pdf，2009。

3. 俄罗斯、波兰和爱尔兰听众收听时间最长，调频广播是大部分国家听众的首选类型

2009 年欧洲广播联盟（European Broadcast Union）等有关统计表明，俄罗斯、波兰和爱尔兰的广播听众的收听时间最长，分别为每人每周 39.3 小时、32.9 小时和 31.0 小时，而收听时间最短是日本和西班牙，均为每人每周 12.6 小时（见图 20）。从听众人口比重来看，在所比较的国家中，法国和德国为最高，周收听广播的人数均占本国成人人口的 77%；其次是意大利（74%）和美国（73%）；比重最低是日本，周收听广播的人数只有 35%。从收听广播的渠道类型来看，大部分国家听众首选调频广播 FM，除日本之外，其他国家收听 FM 的比例均超过半数以上；其次是通过 MP3、MP4、iPod 等移动播放设备器来收听，所占比例在半数左右；数字广播所占的比重最低，其中最大的是英国（31%）和意大利（14%），其他国家均不足 10%（见图 21）。

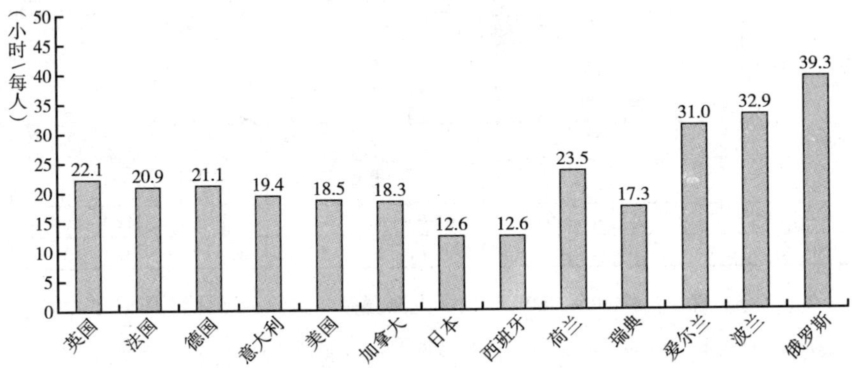

图 20　2009 年世界主要国家广播听众周收听时间

资料来源：EBU，Ofcom，http：//stakeholders. ofcom. org. uk/binaries/research/cmr/753567/icmr/ICMR_ 2010. pdf，2009。

（四）电视

1. 全球电视产业收入总额总体呈上升趋势，订购费收入比重首次接近半数

2009 年全球电视产业收入总额达 3250 亿美元，虽然比 2008 年减少了约 1%，但仍比 2005 年增长了 18.2%（见图 22）。从整体上看，近年来全球电视产业收入总额在不断增长，年均综合增长率达 4.3%。从收入结构上看，2009 年订购费收入占总额的比重首次接近半数（49%），为 1600 亿美元，占比比广告收

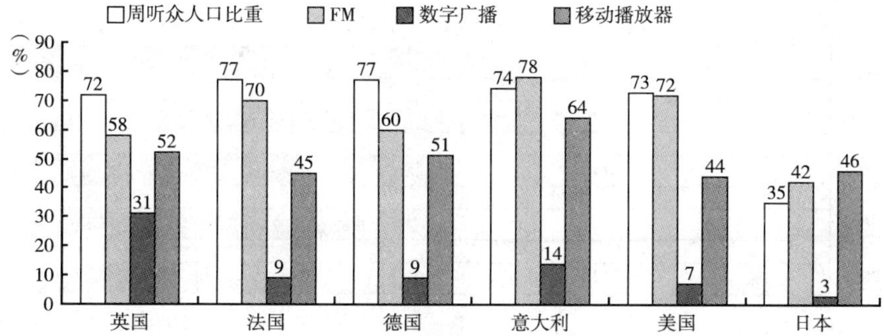

图 21　2010 年世界主要国家广播周听众人口比重和收听渠道类型情况

注：All Adults Who Use the Internet：UK = 1016，France = 1017，Germany = 1014，Italy = 1002，USA = 1017，Japan = 1001. Question：Which of the Following do You Regularly Do（at least once a Week）：Listen to the Radio/Music on a Hi Fi。

资料来源：Ofcom，“Consumer Research”，http：//stakeholders. ofcom. org. uk/binaries/research/cmr/ 753567/icmr/ICMR_ 2010. pdf，2010。

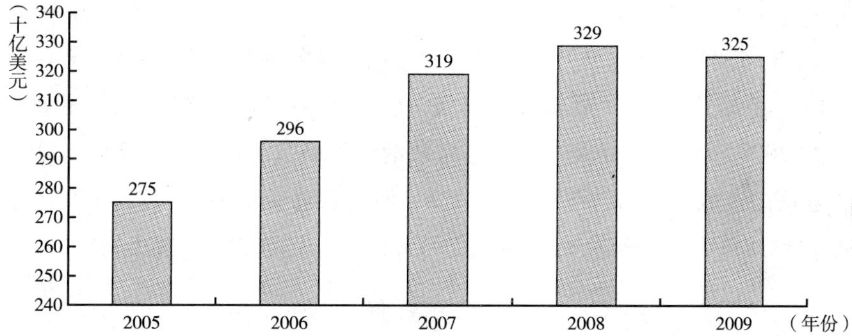

图 22　2005 ~ 2009 年全球电视产业收入变化情况

资料来源：Ofcom，“International Communications Market Report 2010”；Pricewaterhouse Coopers，“Global Entertainment and Media Outlook 2010 - 2014”，http：//stakeholders. ofcom. org. uk/binaries/research/cmr/753567/icmr/ICMR_ 2010. pdf。

入高约 7%，居于首位。实际上，近年来订购费收入持续增长，年均综合增长率达 9. 1%，是电视产业收入来源中增幅最大的。即使在 2009 年整体下滑的情况下，仍比 2008 年增长了 5. 3%。广告收入近年来增长放缓，年均综合增长率为零，其中，2009 年比 2008 年下降了 9. 4%，为 1350 亿美元；公共资金所占比重最小，2009 年为 9%，但近年来一直保持稳定增长，年均综合增长率为 2. 3%（见图 23）。

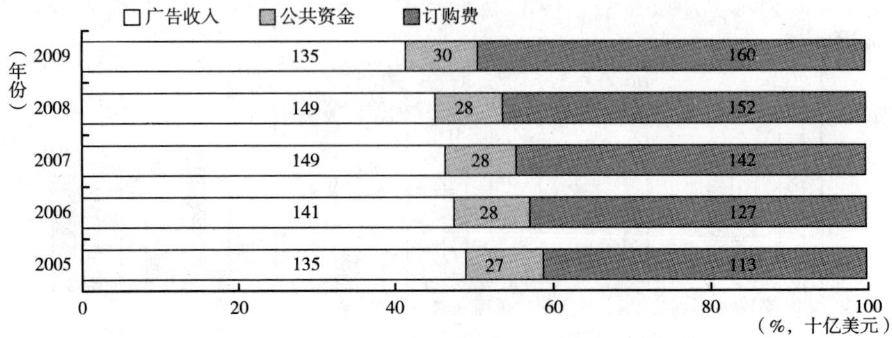

图 23　2005～2009 年全球电视产业收入结构变化情况

资料来源：Ofcom，“International Communications Market Report 2010”；Pricewaterhouse Coopers，“Global Entertainment and Media Outlook 2010－2014”，http：//stakeholders. ofcom. org. uk/binaries/research/cmr/753567/icmr/ICMR_ 2010. pdf。

2. 美国电视产业所占市场份额最大，金砖四国的电视产业收入增长幅度最大

从全球主要国家和地区发展情况来看，美国仍是全球最大的电视市场，虽然2009 年收入比 2008 年减少了 5.2%，不过仍占全球收入总额的 39%，而且2004～2009 年的年均综合增长率达 3.8%；位居第二的是欧洲地区和加拿大，2009 年比 2008 年下降了 0.8%，年均综合增长率不及美国，为 2.7%；尽管金砖四国的电视产业收入总和不及美国的 1/3，但增长势头最为强劲，2009 年比 2008 年增长了 11.8%，年均综合增长率高达 13.2%（见图 24）。其中，2009 年中国

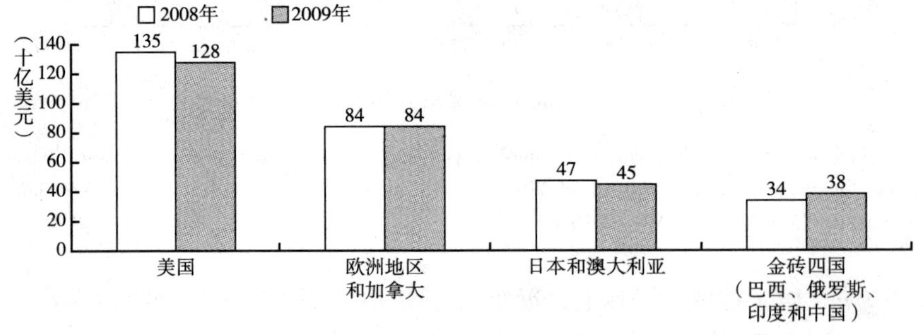

图 24　2008～2009 年世界主要国家和地区电视产业收入变化情况

注：主要国家包括英国、法国、德国、意大利、西班牙、荷兰、瑞典、爱尔兰、波兰，以及 BRIC（巴西、俄罗斯、印度和中国）。此外，图中因以十亿美元为单位，故欧洲地区和加拿大 2009 年相比 2008 年 0.8% 的降幅无法显示。

资料来源：IDATE，Ofcom，http：//stakeholders. ofcom. org. uk/binaries/research/cmr/753567/icmr/ICMR_ 2010. pdf。

所占比重最大，为 37%，计 140 亿美元，其次是巴西。不过，中国的增长幅度不及其他国家，2009 年比 2008 年增长了 7.7%，仅高于负增长的俄罗斯（见图 25）；而 2004 ~ 2009 年年均综合增长率是最低的，为 10.4%，不及俄罗斯（20%）、巴西（14.8%）和印度（12.6%）。

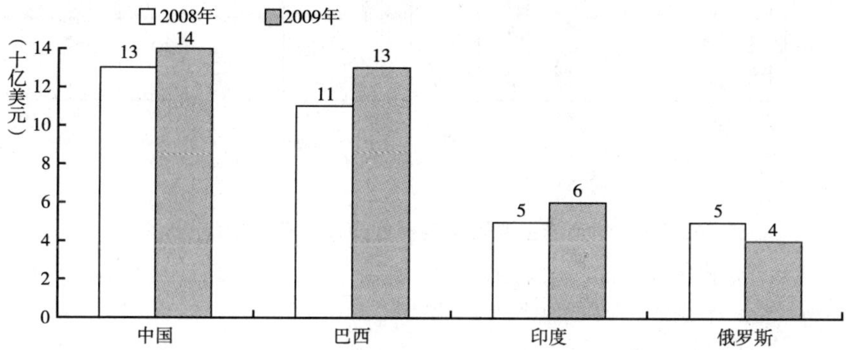

图 25　2008 ~ 2009 年金砖四国的电视产业收入变化情况

资料来源：IDATE，Ofcom，http：//stakeholders. ofcom. org. uk/binaries/research/cmr/753567/icmr/ICMR_ 2010. pdf。

3. 美国观众观看电视时间最多，印度观众收视时间增长幅度最大

2009 年全球电视观众日均观看电视的时间为 207 分钟，其中，美国观众花费的时间最多，达 280 分钟；其次是波兰观众（240 分钟）；第三是意大利观众（238 分钟）。而观看时间最少是印度观众，为 138 分钟（见图 26）。相较于 2008 年，印度观众收视时间增长幅度最大，为 6.2%；其次是波兰和瑞典，分别为 3.4%、3.1%；而澳大利亚、加拿大和西班牙则出现了负增长，分别减少了 2.7%、0.9% 和 0.5%。

4. 发达国家电视数字化程度很高，总体上地面数字电视所占比重最大

从电视数字化程度来看，2009 年发达国家总体上比发展中国家要高不少。其中，英国和西班牙的家庭数字电视所占比重均高达 91%，其次是美国（83%）和法国（81%）；而金砖四国的数字电视所占比重总体上是最低的，其中，印度最低（23%），另外中国为 25%、俄罗斯为 26%、巴西为 38%（见图 27）。较之于 2008 年，西班牙家庭数字电视转换速度最快，达 17%，其次是波兰（11%），中国、德国和荷兰并列第三，均为 10%。总体上看，地面数字电视占绝大多数，

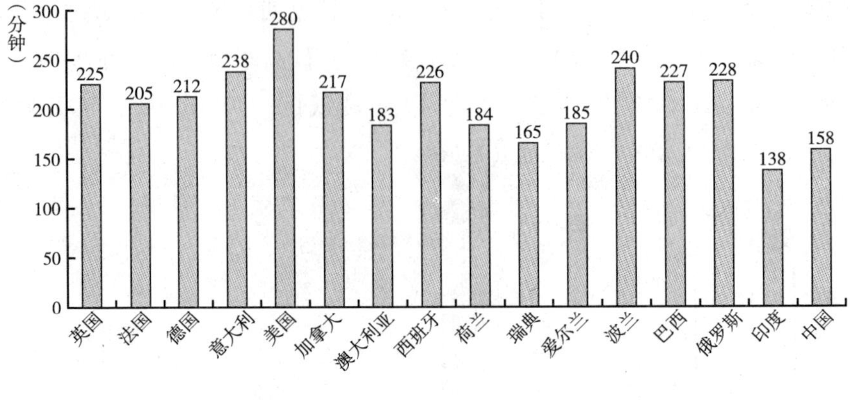

图 26　2009 年全球主要国家电视观众每人每天看电视的时间

资料来源：Médiamétrie，“Eurodata TV Worldwide”，http：//stakeholders. ofcom. org. uk/binaries/research/cmr/753567/icmr/ICMR_ 2010. pdf。

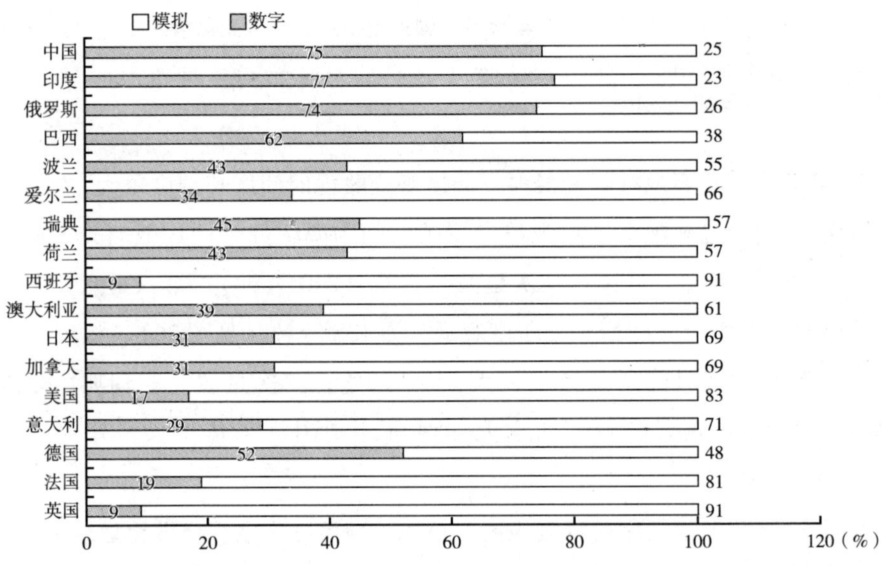

图 27　2009 年世界主要国家的家庭模拟电视和数字电视之比

资料来源：IDATE，Ofcom，http://stakeholders. ofcom. org. uk/binaries/research/cmr/753567/icmr/ICMR_ 2010. pdf。

英国的数字化主要集中在地面电视（42%）和卫星电视（37%），而西班牙的地面数字电视所占的比重更大（62%）。同样，金砖四国模拟电视也主要集中在地面电视，其中印度例外（主要集中在有线电视）。值得注意的是，IPTV 在家庭电视传输类型中所占的比重均不及地面、卫星和有线电视，其中法国是最高的（18%）（见图 28）。

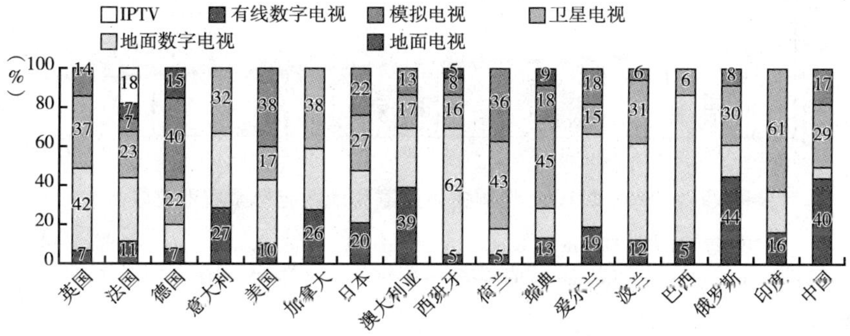

图 28　2009 年世界主要国家家庭电视传输类型结构

资料来源：IDATE，Ofcom，http://stakeholders. ofcom. org. uk/binaries/research/cmr/753567/icmr/ICMR_ 2010. pdf。

（五）电影

1. 全球电影票房稳定增长，拉美和亚太地区增幅居于前列

近年来，全球电影票房总额一直保持稳定增长趋势，据统计，全球电影票房总额从 2006 年的 256 亿美元增长到 2010 年的 318 亿美元，增长了 24%。其中，拉美地区增长幅度最大，2010 年比 2006 年增长了 62%，其次是亚太地区（34%），第三是 EMEA（欧洲、中东和非洲）地区（21%），美国和加拿大最低（15%）。从地区分布上看，美国和加拿大票房所占比重最大，2010 年达 33. 3%，比 2006 年的 35. 9% 下降了 2. 6 个百分点；EMEA 地区位居第二，占 32. 7%，比 2006 年（33. 6%）略有下降；亚太地区居于第三位，占 27. 4%，比 2006 年的 25. 4% 增长了 2 个百分点；拉美地区虽然所占比重最小（6. 6%），不过年增幅仅次于亚太地区，增加了 1. 6 个百分点（见图 29）。

2. 全球数字银幕增长迅猛，美国和加拿大的数字银幕最多

截至 2010 年，全球银幕数量近 150000 块。其中，模拟银幕仍占绝大部分，达 76%；不过，数字银幕增长迅猛，2010 年全球数字银幕同比增长 144%，其中，3D 数字银幕占数字银幕的比重达 61%。从地区上看，2010 年，美国和加拿大的数字银幕最多，占全球数字银幕总数的 39%，为 8459 块。其次是 EMEA

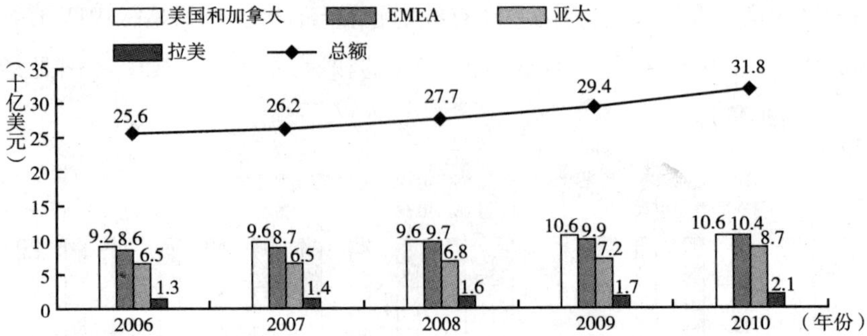

图 29　2006～2010 年世界主要国家和地区电影票房变化情况

资料来源：Motion Picture Association of American，"Theatrical Market Statistics 2010"，http：//www. mpaa. org/Resources/93bbeb16 －0e4d －4b7e －b085 －3f41c459f9ac. pdf。

（36%），亚太地区为第三（21%），拉美地区的比重最小。不过，拉美地区的 3D 银幕的比例却是最高的，达 91%，其次是 EMEA（76%）（见表 1）。

表 1　2006～2010 年全球各地区数字银幕变化情况

单位：块，%

地区	2006 年	2007 年	2008 年	2009 年	2010 年	3D 比重
美国和加拿大	206	994	1514	3548	8459	51
EMEA	12	211	594	3485	7909	76
亚　太	35	80	344	1584	4498	56
拉　美	5	14	91	362	1070	91
总　数	258	1299	2543	8979	21936	61
年度增幅	207	403	96	253	144	—

资料来源：Motion Picture Association of American，"Theatrical Market Statistics 2010"，http：//www. mpaa. org/Resources/93bbeb16 －0e4d －4b7e －b085 －3f41c459f9ac. pdf。

（六）互联网

1. 全球互联网广告呈持续增长趋势，展示类广告居于主导地位

2004 年以来，全球互联网广告市场份额一直保持稳定增长的趋势，英国首开先河并处于领先地位，随后是瑞典和荷兰。① 全球互联网广告总额从 2009 年的 547 亿美元增长到了 2010 年的 636.9 亿美元，增长了 16%。预计 2011 年将增长到 721.76 亿美元，

① Warc Data，"Internet Share of Total Advertising Expenditure"，http：//stakeholders. ofcom. org. uk/binaries/research/cmr/753567/icmr/ICMR_ 2010. pdf.

增长额度近 85 亿美元。其中，美国在全球互联网广告市场中仍居主导地位，2010 年其份额达 41%，其次是日本，而中国的互联网广告增长速度很快。① 从结构上看，付费搜索类广告所占比重最大，其次是展示类，分类广告所占比重最小（见图 30）。

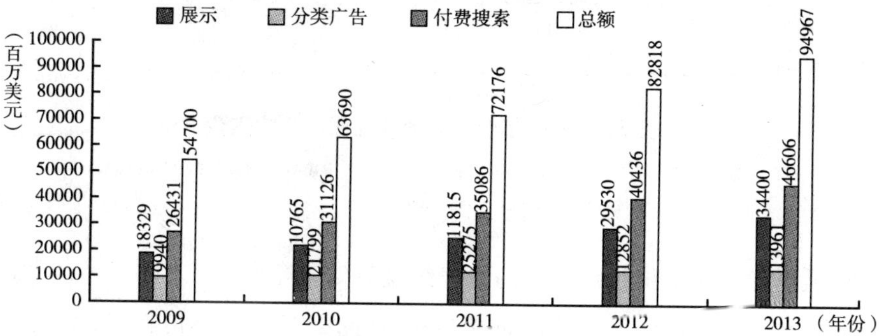

图 30　2009～2013 年全球互联网广告主要类型及变化情况

资料来源：Zenith Optimedia Group，“Internet Advertising by Type”，http：//www.zenithoptimedia.com/files/media/Press%20releases/Adspend%20forecasts%20July%202011.pdf。

2. 北美地区互联网用户渗透率居于首位，亚洲地区互联网用户最多

截至 2011 年 3 月 13 日，全球互联网用户已近 21 亿户，占全球总人口的 30.2%。其中北美地区互联网用户渗透率最高，占该地区人口的 78.3%，其次是大洋洲（60.1%）和欧洲（58.3%），拉美和中东地区略高于全球平均水平（30.2%），亚洲和非洲则低于全球平均水平（见图 31）。不过从用户数量来看，亚洲是最多的，为 92230 万户，占全球互联网用户的 44%，其次是欧洲和北美地区（见图 32）。

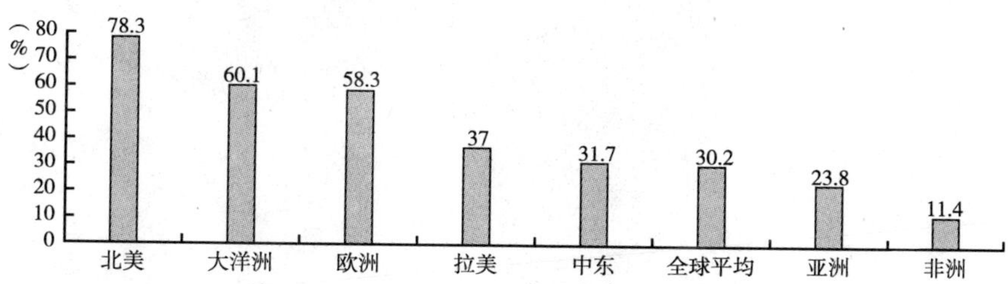

图 31　截至 2011 年 3 月 31 日全球及各地区互联网用户所占人口比重

资料来源：Internet World Stats，“World Internet Penetration Rates by Geographic Regions 2011”，http：//www.internetworldstats.com/stats.htm。

---

① IABUK，“Global Online Advertising to Reach £ 60bn”，http：//www.iabuk.net/en/1/globalonlineadvertisingtoreach60bn241011.mxs.

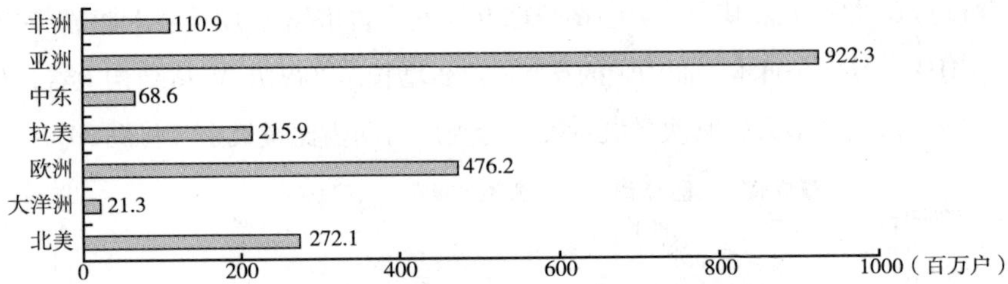

图 32　2011 年全球各地区互联网用户数量

资料来源：Internet World Stats，"World Internet Penetration Rates by Geographic Regions 2011"，http：//www. internetworldstats. com/stats. htm。

3. 全球宽带流量持续增长，网络视频流量使用最大

2010 年全球宽带流量月均流量从 2009 年的 11.4 GB 增长到了 14.9 GB，增长率达 31%。从宽带用户使用行为来看，HTTP 等数据服务、网络视频和点对点（P2P）文件共享所占比重位列前三，分别达 28.05%、26.15%、24.85%，其中数据服务也包括一部分网络视频内容（见图 33）。而从全球前 50 名顶级网站的流量统计来看，网络视频流量最大，占 36%，其次是软件下载和更新（20%），

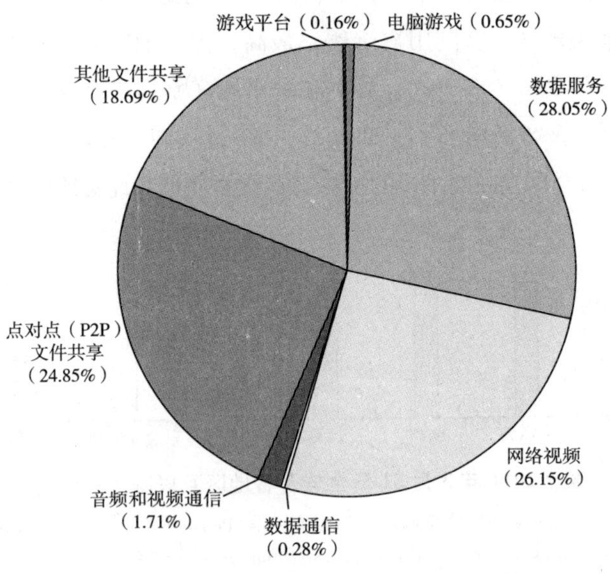

图 33　2010 年全球互联网宽带流量使用类型

资料来源：VNI Usage，"Broadband Traffic by Application Category"，http：//www. cisco. com/en/US/solutions/collateral/ns341/ns525/ns537/ns705/Cisco_ VNI_ Usage_ WP. pdf，2010。

第三是图片(14%)(见图 34)。无论是宽带流量还是前 50 名网站流量，音频、游戏和网络音乐流量所占比重均是最低的。

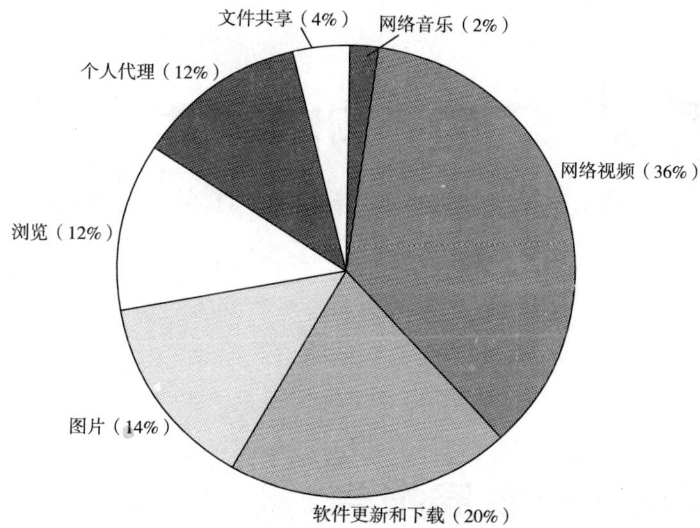

图 34　2010 年全球排名前 50 名网站流量类型

资料来源：VNI Usage，“Top 50 Global Sites by Traffic Volume”，http：//www. cisco. com/en/US/solutions/collateral/ns341/ns525/ns537/ns705/Cisco_ VNI_ Usage_ WP. pdf，2010。

亚 洲 篇

Report on Asian countries

B.2
中国传媒产业发展报告

王润珏*

改革开放以来，中国传媒产业一直保持了高速增长，在国民经济中的地位不断提升。2003 年，国务院印发了《文化体制改革试点中支持文化产业发展的规定（试行）》和《文化体制改革试点中经营性文化事业单位转制为企业的规定（试行）》，文化体制改革正式启动，传媒业被纳入这一总体性的改革框架之中。2006 年 1 月，中共中央、国务院发布《关于深化文化体制改革的若干意见》，进一步明确了传媒体制改革和结构调整的思路。2009 年，中国第一部文化产业专项规划——《文化产业振兴规划》由国务院常务会议审议通过，文化产业晋升为国家战略性产业。传媒产业作为中国文化产业的核心构成，被赋予了新的、更为重要的责任和使命，体制改革和产业升级成为当前和未来一段时间内中国传媒产业发展的关键词。

* 王润珏，中国传媒大学传播学博士后。

一　2010 年中国传媒产业发展总体状况

1. 新闻出版业发展概况

（1）产业规模。2010 年，全国出版、印刷和发行服务业实现总产出 12698.1 亿元，较 2009 年增长 19.0%；实现增加值 3503.4 亿元，同比增长 13.0%。[①] 近年来，中国新闻出版业的生产能力和市场消费能力都保持了持续稳定的增长态势。2005 年以来，图书出版品种年增幅保持在 5% 以上，2008～2010 年连续增幅超过 8%；期刊和报纸的品种和印数基本持平，定价总金额的增幅保持在 10% 左右。2009 年，图书出版品种为 301719 种，总印数 70.37 亿册，居世界第一位；日报出版规模已连续 9 年居世界第一位，印刷复制业总产值居世界第三位。[②] 2010 年，出版图书 328387 种，总印数 71.71 亿册。发行方面，从全国新华书店系统、出版社自办发行单位出版物总销售的统计数据来看，近五年来，中国出版物的发行金额的年均增幅为 7% 左右（见表 1、表 2、表 3、表 4）。

表 1　2005～2010 年图书出版总量

年份＼项目	出版社（家）	出版图书（种）	总印数（亿册）	定价总金额（亿元）
2005	573	222473	64.66	632.28
2006	573	233971	64.08	649.13
2007	578	248283	62.93	676.72
2008	579	274123	70.62	802.45
2009	580	301719	70.37	848.04
2010	581	328387	71.71	936.01

资料来源：新闻出版总署撰《全国新闻出版业基本情况》（2005～2010），www.gapp.gov.cn。

① 新闻出版总署：《2010 年新闻出版产业分析报告》，www.gapp.gov.cn，2011 年 9 月 12 日。

② 蒋建国：《出版量世界第一　2020 年建成新闻出版强国》，www.people.com.cn，2010 年 12 月 3 日。

表 2　2005～2010 年期刊出版总量

年份＼项目	出版期刊(种)	平均期印数(万册)	总印数(亿册)	定价总金额(亿元)
2005	9468	16286	27. 59	135. 5
2006	9468	16435	28. 52	152. 23
2007	9468	16697	30. 41	170. 93
2008	9549	16767	31. 05	187. 42
2009	9851	16457	31. 53	202. 35
2010	9884	16349	32. 15	217. 69

资料来源：新闻出版总署撰《全国新闻出版业基本情况》(2005～2010)，www. gapp. gov. cn。

表 3　2005～2010 年报纸出版总量

年份＼项目	出版报纸(种)	平均期印数(万份)	总印数(亿份)	定价总金额(亿元)
2005	1931	19548. 86	412. 60	261. 02
2006	1938	19703. 35	424. 52	276. 09
2007	1938	20545. 37	437. 99	306. 53
2008	1943	21154. 79	442. 92	317. 96
2009	1937	20837. 15	439. 11	351. 72
2010	1939	21437. 68	452. 14	367. 67

资料来源：新闻出版总署撰《全国新闻出版业基本情况》(2005～2010)，www. gapp. gov. cn。

表 4　2005～2010 年音像制品及电子出版物出版总量

年份＼项目	录音制品		录像制品		电子出版物	
	出版种类(种)	发行金额(亿元)	出版种类(种)	发行金额(亿元)	出版种类(种)	出版数量(万张)
2005	16313	15. 35	18648	20. 80	6152	14008. 97
2006	15850	15. 51	17856	19. 66	7207	16035. 72
2007	15314	11. 52	16641	19. 94	8652	13584. 04
2008	11721	11. 21	11772	7. 23	9668	15770. 64
2009	12315	11. 90	13069	8. 09	10708	22900. 00
2010	10639	12. 08	10913	8. 05	11175	25911. 86

资料来源：新闻出版总署撰《全国新闻出版业基本情况》(2005～2010)，www. gapp. gov. cn。

(2) 进出口贸易。2005 年以来，中国出版物进出口交易较为活跃。2009 年，图书、期刊、报纸和音像制品、电子出版物的进出口贸易总额为 34531. 16 万美元，中国的出版物已进入世界 190 多个国家和地区，报刊发行覆盖 80 多个国家和地区，版权贸易逆差逐年缩小。实物出口总量不断增大，2009 年出口图书、报纸、期刊达 885 万多册（份）。

在出版物进出口贸易中，中国的贸易逆差仍然十分明显。其中，进出口金额比例为 9∶1；版权贸易引进品种与输出品种比例为 3.3∶1。[①] 从增长趋势来看，尽管增长率不尽相同，但各类出版物都保持了一定的增长，但出口总额近年来一直呈下降趋势；在出版物出口中，2009 年仅期刊出口金额出现增长，而音像制品和电子出版物则连续三年出现大幅下滑。2010 年，在全球经济复苏的宏观环境下，我国出版物进出口总额都出现了小幅的上升，全国出版物进出口经营单位累计出口图书、报纸、期刊 954954 种次、945.64 万册（份）、3711.00 万美元，与上年相比种次增长 6.07%，数量增长 6.83%，金额增长 7.95%。2010 年全国出版物进出口经营单位累计进口图书、报纸、期刊 879714 种次、2881.87 万册（份）、26008.58 万美元，与上年相比种次增长 8.44%，数量增长 3.13%，金额增长 6.13%。[②]

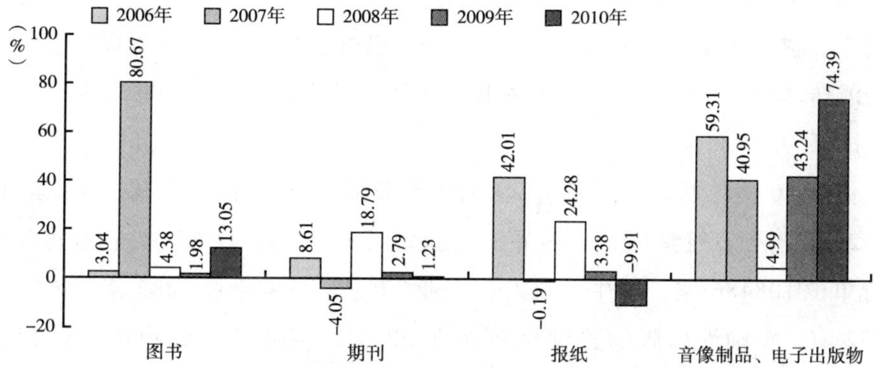

图 1　2006～2010 年中国出版物进口总金额增长率变化情况

资料来源：新闻出版总署撰《全国新闻出版业基本情况》(2006～2010)，www.gapp.gov.cn。

---

① 蒋建国：《出版量世界第一　2020 年建成新闻出版强国》，www.people.com.cn，2010 年 12 月 3 日。

② 新闻出版总署：《全国新闻出版业基本情况》（2005～2010），www.gapp.gov.cn。

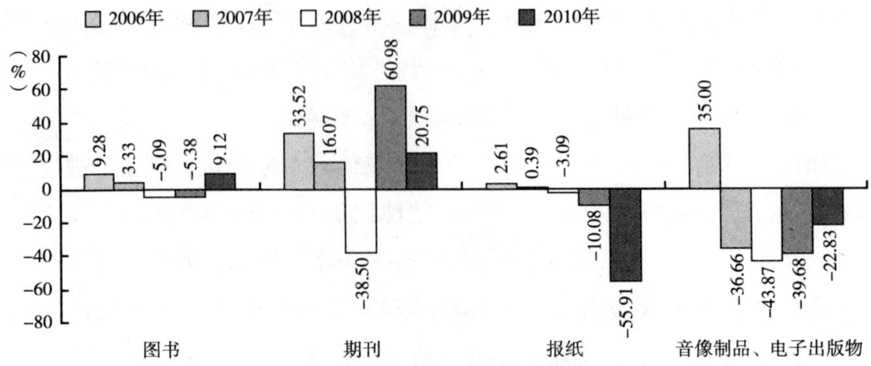

图 2　2006～2010 年中国出版物出口总金额增长率

资料来源：新闻出版总署撰《全国新闻出版业基本情况》（2006～2010），www.gapp.gov.cn。

（3）市场主体建设。新闻出版业是中国传媒产业体制改革进程最快的领域，其市场主体建设已基本完成。截至 2009 年，企业法人单位数占新闻出版业法人单位总数的96.3%。目前，全国共有出版社580 家，除盲文、少数民族文字等出版社和军队出版社保留事业单位性质外，528 家经营性出版社中有 435 家已经完成转企改制，93 家正在进行转企改制；全国已有 1069 家非时政类报刊出版单位登记或转制为企业法人；全国新华书店除部分民族地区外，2900 多家已经完成转企改制。①

截至 2009 年底，全国共有 29 家出版集团，49 家报业集团，4 家期刊集团，24 家国有发行集团；境内外上市的新闻出版企业 41 家。② 全国共有各类发行单位 108486 家，其中，总发行企业 77 家，批发企业 8285 家，零售单位 99732 家，全国性出版物连锁经营企业 22 家，区域性出版物连锁经营企业 107 家，外商投资出版物分销企业 51 家，网上书店 70 家，读者俱乐部 142 家。③

① 蒋建国：《出版量世界第一　2020 年建成新闻出版强国》，www.people.com.cn，2010 年 12 月 3 日。

② 蒋建国：《出版量世界第一　2020 年建成新闻出版强国》，www.people.com.cn，2010 年 12 月 3 日。

③ 新闻出版总署：《关于开展 2011 年出版物发行单位年度核验工作的通知》，www.gapp.gov.cn，2011 年 1 月 15 日。

2010年，全国共有新闻出版单位35.4万家，较2009年减少0.7%。其中，法人单位13.6万家，增长14.0%，约占单位总数的38.4%；非法人单位1.1万家，减少25.9%，约占单位总数的3.1%；个体工商户20.7万家，下降7.0%，约占58.5%（见图3）。2010年，新闻出版体制改革继续推进，转企改制进一步深化，从事新闻出版活动的事业法人单位数量较2009年下降15.4%，企业法人单位数量增长15.1%，占新闻出版法人单位比重由95.7%提高到96.6%。企业法人单位总产出占全行业比重由2009年的83.8%提高到87.5%，增加值由77.0%提高到80.4%，营业收入由84.0%提高到87.7%，资产总额占全行业比重由85.4%提高到89.2%。①

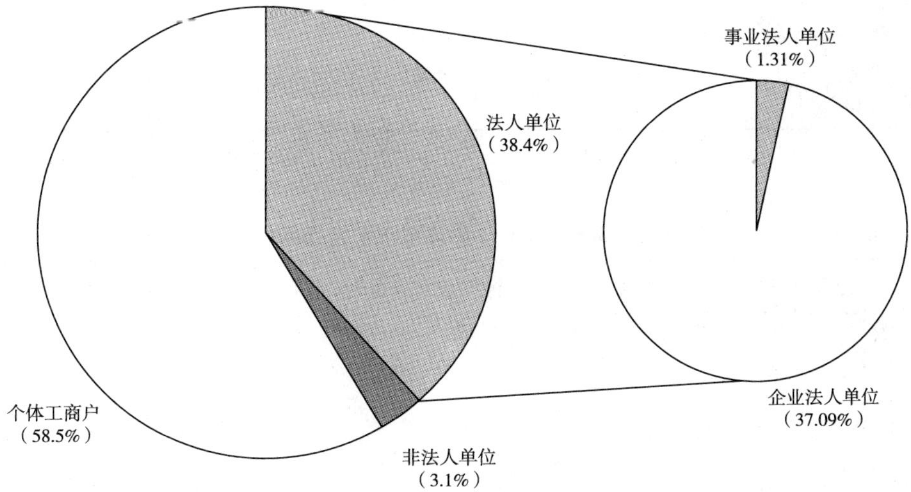

图3　2010年中国新闻出版业单位属性构成

资料来源：新闻出版总署撰《2010年新闻出版产业分析报告》，www.gapp.gov.cn，2011年9月12日。

2. 广播电视电影业发展概况

（1）产业规模。截至2010年底，中国共开办广播电台227座、电视台247座、广播电视台2120座、教育电视台44座。② 根据广播电影电视总局统

① 新闻出版总署：《2010年新闻出版产业分析报告》，www.gapp.gov.cn，2011年9月12日。

② 资料来源：《2010年统计公报》（广播电影电视部分），www.sarft.gov.cn，2011年2月18日。

计，2010 年全国广播综合人口覆盖率 96.78%，比 2009 年增加 0.47%；全国电视人口综合覆盖率 97.62%，比 2009 年增加 0.39%。2010 年全国有线广播电视用户 18730 万户，比 2009 年增长 6.89%；数字电视用户数 8798 万户，比 2009 年增长 39.19%。广播电视网覆盖手段包括有线、无线、卫星等（见表5、表6）。

表 5　2005～2010 年中国广播业发展状况

年份＼项目	综合人口覆盖率(%)	广播节目套数	全年广播节目播出时间(万小时)
2005	94.48	2306	1030
2006	95.04	2366	1078
2007	95.43	2433	1127
2008	95.96	2437	1163
2009	96.31	2675	1227
2010	96.78	—	1266

资料来源：《全国广播电视覆盖情况》、《“十一五”时期广播电视发展状况》，www.sarft.gov.cn。

表 6　2005～2010 年中国电视业发展状况

年份＼项目	综合人口覆盖率(%)	电视节目套数	全年电视节目播出时间(万小时)	有线电视用户率(%)
2005	95.81	2899	1259	35
2006	96.23	3092	1360	37
2007	96.58	3214	1455	40
2008	96.95	3287	1495	42
2009	97.23	—	1578	44
2010	97.62	—	1636	—

资料来源：《全国广播电视覆盖情况》、《“十一五”时期广播电视发展状况》，www.sarft.gov.cn。

2010 年全国广播电影电视总收入达 2459.08 亿元，比上年增长 25.5%。电影综合效益达到 157.21 亿元，比上年增长 47.55%。① 广播电视总收入 2301.87 亿元，其中广告收入 939.97 亿元，有线电视网络收入 471.18 亿元。②

2010 年全年生产电视剧 436 部 14685 集，动画电视 221456 分钟，故事影片

① 资料来源：《中国广播电影电视发展报告（2011）》，www.sarft.gov.cn，2011 年 9 月 12 日。
② 资料来源：《“十一五”时期广播电视发展状况》，www.sarft.gov.cn，2011 年 9 月 12 日。

526部，科教、纪录、动画和特种影片95部。① 故事片产量居世界第三位。截至2010年6月底，全国共有城市院线37条、影院达1826家、银幕5300块。② 2009年，电影主业收入106.65亿元，城市票房收入62.06亿元，分别较上年增长，26.5%和43.0%（见表7）。

表7　2005～2010年中国电影业发展状况

年份＼项目	故事片生产数量(部)	全国电影主业收入(亿元)	城市电影票房收入(亿元)	城市电影票房增幅(%)
2005	260	48.00	20.46	36.4
2006	330	57.30	26.20	28.1
2007	402	67.26	33.27	27.0
2008	406	84.33	43.41	30.5
2009	456	106.65	62.06	43.0
2010	526	157.21	101.72	63.9

资料来源：国家广播电影电视总局发展研究中心撰《2010年中国广播电影电视发展报告》，新华出版社，2010，第68～69页；《2010年全国城市电影票房统计》，http://www.sarft.gov.cn，2011年2月18日。

表8　2005～2011年中国广播电视业收入状况

单位：亿元

年份＼项目	总收入	广告收入	有线电视收视费
2005	931	469	160
2006	1099	527	184
2007	1316	601	212
2008	1584	702	250
2009	1853	782	285
2010	2302	940	323
2011	—	538	167

注：2011年数据为1～6月。

资料来源：《全国广播电视收入情况》、《“十一五”时期广播电视发展状况》，www.sarft.gov.cn。

① 资料来源：《2010年统计公报》（广播电影电视部分），www.sarft.gov.cn，2011年2月18日。

② 资料来源：《深化改革促进广播影视业发展》，www.people.com.cn，2010年10月20日。

（2）进出口贸易。2005 年以来，中国广播电视进出口贸易规模逐年扩大。根据中国广播电影电视总局公布的数据，2009 年，电视节目进出口总额为 5.83 亿元，较上年增长 0.7%，相比 2005 年电视节目出口额有较大增长，但贸易逆差仍然十分明显。以 2008 年的数据计算，电视节目进出口贸易金额比例约为 4∶1，进出口总量比例为 2∶1（见表 9）。

表 9　2005～2008 年中国电视节目进出口状况

单位：万元，小时

年份＼项目	电视节目进口		电视节目出口	
	金额	总量	金额	总量
2005	40162.02	72644	6786.63	6680
2006	33714.22	35914	16939.79	8051
2007	32153.46	25137	12174.94	5097
2008	45420.67	20550	12476.06	10300

资料来源：《全国广播电视节目进出口情况》（2005～2008），http：//www.sarft.gov.cn。

（3）市场主体建设。截至 2010 年底，全国 70 家电视剧制作机构、35 家国有电影制片单位、204 家省级电影公司完成转企，244 家副省级和地市级电台、电视台，9 家省级电台、电视台实现两台合并，重组上市。① 亚洲最大的国家中影数字制作基地等一批影视、动漫产业基地已建成。② 混合所有制及民营广播影视制作发行企业 3475 家。③

（4）广播电影电视数字化。全国电台、电视台节目采集、制作、播出已基本实现数字化，有线数字电视用户达 8799 万户，其中双向覆盖用户近 5000 万户。地面数字电视已覆盖全国 308 个地市以上城市，能为用户提供多套高清和标清电视节目；开播 16 个高清电视频道。电影制作、发行数字化进程加快，数字放映已成发展主流。中国自主研发的移动多媒体广播电视（CMMB）已在 331 个城市覆盖并提供多套节目服务，用户近 1000 万户。④

① 资料来源：《中国广播电影电视发展报告（2011）》，www.sarft.gov.cn，2011 年 9 月 12 日。

② 资料来源：《全国 35 家电影制片厂、204 家电影公司完成转制》，www.people.com.cn，2011 年 3 月 4 日。

③ 资料来源：《深化改革促进广播影视业发展》，www.people.com.cn，2010 年 10 月 20 日。

④ 资料来源：《全国 35 家电影制片厂、204 家电影公司完成转制》，www.people.com.cn，2011 年 3 月 4 日。

2010年，中国三网融合进入实质推进阶段，北京、上海、大连、哈尔滨、南京、杭州、厦门、青岛、武汉、深圳、绵阳和湖南省长株潭地区成为首批三网融合试点地区（城市）。①

3. 互联网发展概况

（1）产业规模。截至2010年12月31日，中国IPv4地址数量达到2.78亿；域名总数为866万，其中.CN域名达到435万；网站数量下降到191万个，.CN网站为113万个，占网站整体的59.2%。② 由于近年来中国加大了互联网安全治理，网站数量明显减少，但网页数量仍呈高速增长趋势，2010年达600亿个，较上年增长78.6%，这意味着网站内容更加丰富（见图4）。

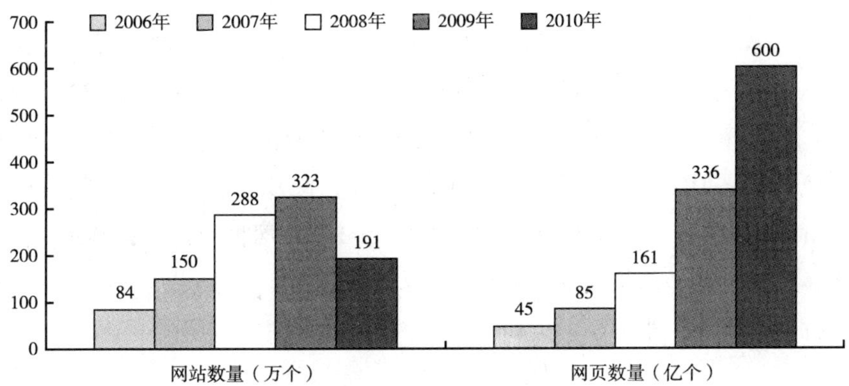

图4　中国网站、网页数量变化情况

资料来源：《第27次中国互联网络发展状况统计报告》，www.cnnic.net.cn，2011年2月20日。

2010年，中国网民总数达到4.57亿人，全年新增网民7330万人，年增幅19.1%，占全球网民总数的23.2%、亚洲网民总数的55.4%；互联网普及率为34.3%，较2009年提高5.4%（见图5）。中国手机网民规模达3.03亿人，较上年增加了6930万人。手机网民占总体网民66.3%。③

---

① 《国务院办公厅关于印发第一批三网融合试点地区（城市）名单的通知》，http://www.sarft.gov.cn，2011年1月18日。

② 《第27次中国互联网络发展状况统计报告》，www.cnnic.net.cn，2011年2月20日。

③ 《第27次中国互联网络发展状况统计报告》，www.cnnic.net.cn，2011年2月20日。

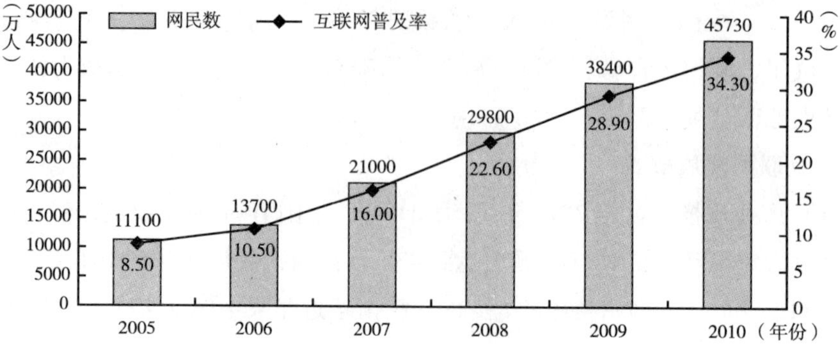

图5　中国网民规模与互联网普及率

资料来源：《第27次中国互联网络发展状况统计报告》，www.cnnic.net.cn，2011年2月20日。

互联网成为中国经济增长最快的领域之一。2010年，中国互联网经济市场规模达到1513.2亿元，同比增长54.0%；网络广告市场规模达到321.2亿元，同比增长54.9%（见表10）；随着3G商用和手机网民的增多，中国移动互联网市场快速成长，2010年市场规模达202.5亿元，同比增长31.1%。① 2009年中国网络游戏市场规模为258亿元，同比增长39.5%，居世界前列；网络文学、网络音乐、网络广播、网络电视等均呈快速发展态势，持续扩张的网络文化消费催生了一批新型产业，带动了电信业务收入的增长。②

表10　中国网络经济发展状况

单位：亿元，%

年份＼状况	网络经济市场规模		网络广告市场规模	
	规模	增长率	金额	增长率
2006	342.4	—	60.5	—
2007	485.6	41.8	106.1	75.3
2008	705.4	45.3	170.0	60.4
2009	982.9	39.3	207.4	22.0
2010	1513.2	54.0	321.2	54.9

资料来源：2008~2010年数据来源于艾瑞咨询撰《2010年中国互联网市场年度总结报告》；2006~2007年数据来源于艾瑞咨询撰《2009~2010年中国网络经济行业发展报告简版》、《2007~2008年中国网络广告行业发展报告》，www.iresearch.cn。

① 艾瑞咨询：《2010年中国互联网市场年度总结报告》，www.iresearch.cn，2011年2月20日。

② 中华人民共和国国务院新闻办公室：《中国互联网状况》，www.gov.cn，2010年12月15日。

（2）互联网企业经营状况。截至2010年3月，中国已有各种经营模式的上市互联网企业30多家，分别在美国、中国香港和中国内地上市，全国在线数据库总量达到30多万个。①

随着中国互联网的普及、网民规模的扩大，在国家政策的扶持下，中国互联网经济保持着高速发展的态势。近年来，中国互联网企业也处于高速成长的阶段，2007年以来的金融危机并未对中国互联网企业产生明显的影响。2010年，腾讯公司的净利润为81.15亿元，较上年增长55.4%；同期，百度公司的净利润为35.25亿元，较上年增长137.4%（见表11）。

表11　中国主要互联网企业经营状况

单位：亿元

年份＼经营状况	腾讯		盛大		百度		阿里巴巴		网易	
	净营收	净利润	净营收	净利润	净营收	净利润	净营收	净利润	净营收	净利润
2005	14.26	4.85	18.97	1.65	3.19	0.48	—	—	16.12	8.85
2006	28.00	10.64	16.54	5.29	8.38	3.02	13.64	2.20	21.64	12.17
2007	38.21	15.68	24.67	13.96	17.44	6.29	21.63	9.68	22.13	12.64
2008	71.55	28.16	35.69	12.48	31.98	10.48	30.04	12.05	30.85	15.97
2009	124.40	52.22	52.41	17.61	44.48	14.85	38.75	10.13	37.57	18.37
2010	196.50	81.15	56.04	8.26	79.15	35.25	55.58	14.70	55.08	22.32

资料来源：以上财务数据均来源于各公司的财务年度报告和2010年第4季度财务数据（未审计）。

二　传媒产业与传媒市场发展分析

1. 产业结构和市场构成

中国报业市场具有明显的区域性特征。2010年，全国性报纸在报纸种类中所占的比例维持在11.70%左右，地方性报纸（省级和地市级）是市场主体，占总报纸种类的87.47%（见图6）。另外，省级报纸是印刷份数最多的报纸，共印刷239.41亿份，占总印数的52.95%。②

① 中华人民共和国国务院新闻办公室：《中国互联网状况》，www.gov.cn，2010年12月15日。

② 新闻出版总署：《全国新闻出版业基本情况》（2010），www.gapp.gov.cn，2011年9月12日。

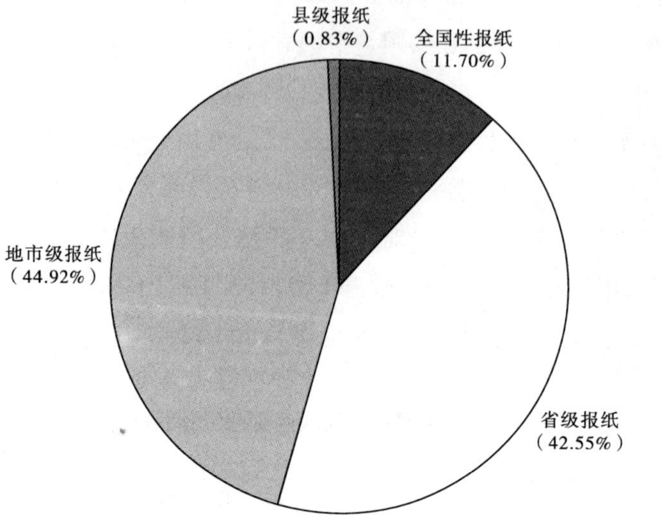

图 6　2010 年中国报业市场结构

资料来源：新闻出版总署撰《全国新闻出版业基本情况》(2010)，www. gapp. gov. cn，2011 年 9 月 12 日。

2010 年，中国电影市场综合收益为 157. 21 亿元，同比增长 47. 4%。城市票房收入是中国电影业的主要收入来源。2010 年，全国城市影院总票房达到 101. 72 亿元，较 2009 年的 62. 06 亿元增长 63. 9%；国产电影的海外销售收入为 35. 17 亿元，较 2009 年的 27. 7 亿元增长 27. 0%；全国各电影频道播放电影的收入为 20. 32 亿元，较 2009 年的 16. 89 亿元增长 20. 3%；全年电影综合效益 157. 21 亿元，较 2009 年的 106. 65 亿元同比增幅达 47. 4%（见图 7）。

电影市场的集中度较高，排名前十位的地区票房收入占总票房的 72%，其中广东地区收入达 16. 24 亿元，占总票房的 16%。这种高集中度还表现在影片票房收入上，2010 年，《阿凡达》以 13. 6 亿元成为票房冠军，占全年票房总数的 14. 4%；冯小刚的《唐山大地震》以 6. 73 亿元排在国产电影票房的首位，占全年票房总数的 6. 6%。①

---

① 资料来源：依据《2010 年全国城市电影票房统计》相关数据计算获得，http：//www. sarft. gov. cn，2011 年 3 月 5 日。

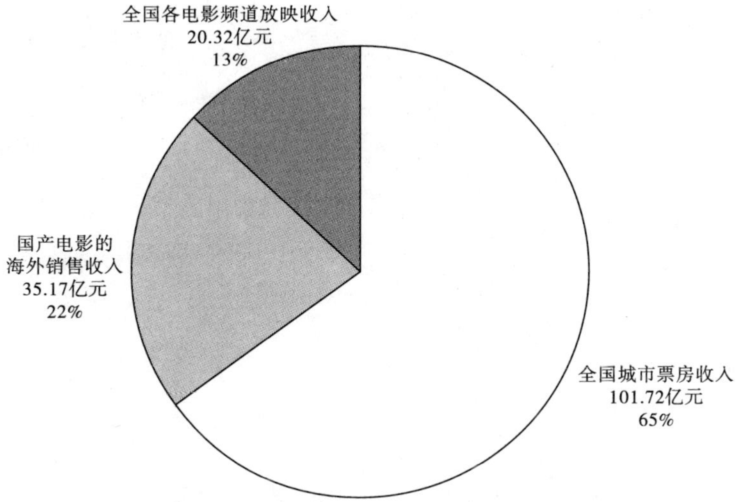

图 7　2010 中国电影市场收入构成

资料来源：据《2010 年全国城市电影票房统计》相关数据计算获得，http：//www. sarft. gov. cn，2011 年 3 月 5 日。

“十一五”末，2010 年全国广播电视总收入 2301. 87 亿元。其中，财政补助收入 274. 74 亿元，全国广播电视广告收入 939. 97 亿元，有线电视网络收入 487. 44 亿元。广告收入是中国广播电视业的主要收入来源占总收入的 40. 84%，其中电视广告收入为 796. 59 亿元，占广告收入的 84. 75%（见图 8、图 9）。①

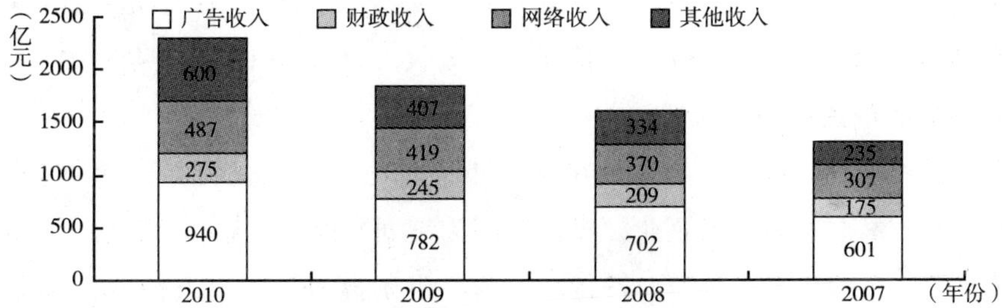

图 8　中国广播电视业收入构成

资料来源：《全国广播电视收入情况》（2007 ~ 2009）、《“十一五”时期广播电视发展状况》，http：//www. sarft. gov. cn，2011 年 9 月 12 日。

① 资料来源：《2010 年广播电视产业继续保持良好发展态势》，http：//www. sarft. gov. cn，2011 年 2 月 18 日。

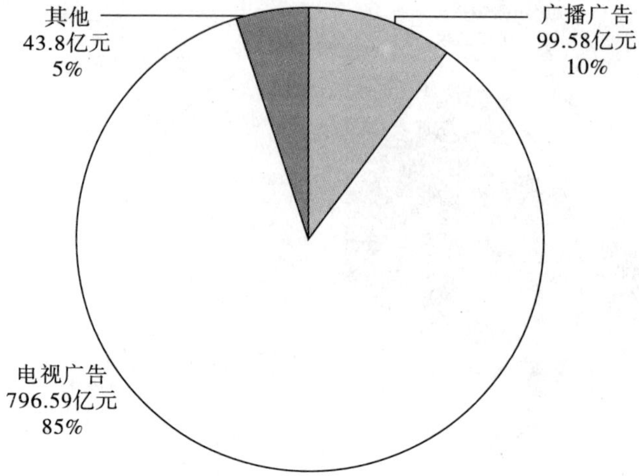

图9　2010年中国广播电视广告收入构成

资料来源：《“十一五”时期广播电视发展状况》，http：//www.sarft.gov.cn，2011年9月12日。

从中国广播电视业的收入构成来看，省级广播电视收入是广播电视收入的主体构成，同时各省之间收入差异明显，地域发展并不均衡。据广电总局公布的数据，2009年，省级广播电视业收入占总收入的46.17%；其次为市级广播电视业，占总收入的20.71%。从地区分布情况来看，经济发达地区与欠发达地区的收入差距明显。2009年，上海地区广播电视业收入为141亿元，居省级广播电视业收入的第一位，占全国总收入的7.6%。2010年，中央级收入425.55亿元，省级收入1135.86亿元，地市级收入441.80亿元，县级收入298.66亿元（见图10）。①

2. 主要上市企业经营状况

（1）湖南电广传媒股份有限公司（以下简称电广传媒公司）②。电广传媒公司是中国第一家上市的传媒企业，经营范围为策划、设计、制作、代理、发布国内外各类广告，影视节目制作、发行和销售，电子商务、网络及信息传播服务，法律、法规允许的产业投资、创业投资、股权投资和资本管理等，兼营旅游开发、文化娱乐、餐饮服务、贸易等。

2010年，电广传媒公司报告期内共实现主营业务收入61.91亿元，同比增

① 资料来源：《2009年全国省级广播电视收入情况》，http：//www.sarft.gov.cn，2011年2月18日。

② 参见《湖南电广传媒股份有限公司2010年年报》，www.szse.cn，2011年9月12日。

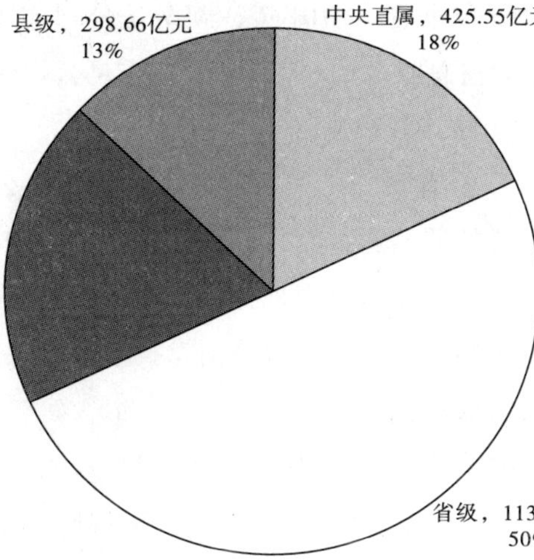

图 10　2010 年中国广播电视业收入分级构成

资料来源：《“十一五”时期广播电视发展状况》，http：//www.sarft.gov.cn，2011 年 9 月 12 日。

长 48.29%；实现归属于上市公司股东的净利润 41038.27 万元，同比上升 1294.68%；企业总资产 115.84 亿元，同比增长 4.96%。

从收入的业务构成来看，2010 年电广传媒公司主营业务新增艺术品和投资管理收入两项。其中，广告制作代理业务是公司最主要的收入来源，也是公司增长最快的业务，2010 年实现营业收入 47.32 亿元，占企业总收入的 76.43%，同比增长 53.06%；旅游业和投资管理收入是企业毛利率最高的两个业务，分别为 86.61% 和 100%（见表 12）。

表 12　2010 年电广传媒公司的主营收入状况

单位：亿元，%

业务＼项目	营业收入	较上年增幅	毛利率
广告制作代理	47.32	53.06	14.61
影视节目制作发行	0.34	-9.33	0.57
网络传输服务	11.77	35.69	47.76
旅游业	1.92	22.49	86.61
房地产	0.09	-20.99	40.74
艺术品	0.04	—	59.46
投资管理收入	0.32	—	100

资料来源：《湖南电广传媒股份有限公司 2010 年年报》，www.szse.cn，2011 年 9 月 12 日。

从收入的地区分布来看，2010年，湖南是公司实现主营业务收入最多的地区，达55.29亿元，占总收入的89.31%；广东是公司营业收入增长最快的地区，达6.42亿元，同比增长93.23%。

（2）中视传媒股份有限公司（以下简称中视传媒公司）①。中视传媒公司是中央电视台间接控股的兼营影视制作业和文化旅游业的公司，也是中国首批上市的传媒企业之一。公司主要从事影视拍摄基地开发、经营，影视拍摄、电视剧节目制作、高清晰度影视技术、宽带数字信息技术等相关业务，还拥有无锡影视基地和南海影视城两大影视拍摄及旅游景区。

2010年报告期内，公司共实现营业收入11.72亿元，同比下降13.38%；实现营业利润1.07亿元，同比下降31.90%；实现归属于上市公司股东的净利润0.8亿元，同比下降30.37%。

从收入的业务构成来看，广告和影视作为公司两大主营业务收入均出现了不同程度的下滑，其中影视业务收入占比由公司的第一位下降为第二位，实现营业收入4.56亿元；广告业务成为企业最大的收入来源，实现营业收入5.80亿元；旅游业务连续两年成为企业收入增长最快、毛利率最高的业务，2010年营业收入为1.35亿元，毛利率达49.14%（见表13）。

表13　2010年中视传媒公司的主营收入状况

单位：亿元，%

业务＼项目	营业收入	较上年增幅	毛利率
影　视	4.56	-29.46	18.12
广　告	5.80	-3.34	5.82
旅　游	1.35	28.00	49.14

资料来源：《中视传媒股份有限公司2010年年报》，www.sse.com.cn，2010年9月20日。

从收入的地区分布来看，2010年，公司主要收入来源地区是上海，收入为9.40亿元，占总收入的80.23%；其次为无锡、北京和南海，收入分别为1.25亿元、1.11亿元和0.14亿元；除上海地区的收入较上年下降20.4%外，其他地区收入均有不同幅度的增长。

① 《中视传媒股份有限公司2010年年报》，www.sse.com.cn，2011年9月20日。

（3）北方联合出版传媒（集团）股份有限公司（以下简称出版传媒公司）①。出版传媒公司是由中宣部和新闻出版总署确定的中央文化体制改革试点企业和全国文化传媒行业第一家带有“编辑内容”上市的出版企业，经营范围为图书、报刊、音像、电子出版物编辑出版，出版物总批发、批发与分销、零售，印刷、复制，出版、发行、印刷物资购销，版权贸易和对外出版、发行、印刷贸易，互联网出版、发行，广告、会展、文化服务，境内外投资、资产管理与经营业务。

2009 年，出版传媒公司实现营业总收入 12.92 亿元，较上年增长 9.7%；利润总额达到 1.32 亿元，同比增长 14.58%；企业总资产为 22.43 亿元，同比增长 15.33%。2010 年，出版传媒公司实现营业收入 13.01 亿元，同比增长 2.48%；利润总额 2.01 亿元，增长 52.27%。

从收入的业务构成来看，2010 年发行业务是公司最主要的收入来源，也是公司增长最快的业务，营业收入为 7.21 亿元，占企业总营业收入的 54.27%，同比增长 16.05%；而出版业务为企业毛利率最高的业务，为 32.96%（见表 14）。

表 14　2010 年出版传媒公司的主营收入状况

单位：亿元，%

业务 ＼ 项目	营业收入	较上年增幅	毛利率
出　版	4.43	-16.95	32.96
发　行	7.21	16.05	19.01
印　刷	0.35	11.79	31.41
物资销售	2.44	11.18	8.01

资料来源：《北方联合出版传媒（集团）股份有限公司 2010 年年报》，www.sse.com.cn，2010 年 9 月 12 日。

从收入的地区分布来看，2010 年，辽宁是公司主营业务收入的主要来源区域，达到 8.1 亿元，占总收入的 61%；而除辽宁外的其他地区的收入也实现增长，达 4.9 亿元，增幅达 19.5%。

（4）广东九州阳光传媒股份有限公司（以下简称粤传媒公司）②。粤传媒公

① 《北方联合出版传媒（集团）股份有限公司年报》（2009、2010），www.sse.com.cn，2010 年 9 月 12 日。

② 《广东九州阳光传媒股份有限公司年报》（2009、2010），www.szse.cn，2011 年 9 月 12 日。

司是一家以经营广告代理及制作、印刷、书刊零售为三大主业的报业服务性企业，主业定位为报业经营服务企业，以全国第一家报业集团——广州日报报业集团为依托。经营范围为设计、制作、代理国内各类广告，出版物印刷、包装装潢印刷品，书刊零售及旅游业。

2009 年，公司实现营业收入 3. 15 亿元，同比下降 31. 96%；实现营业利润 -8779. 78万元，同比下降 882. 12%；公司出现收入下滑、巨额亏损的主要原因是控股子公司公明景业所有资产均已被贷款银行及其他债权人查封，公司作为最大债权人已提请公明景业破产，公明景业不再纳入本期合并报表范围。同时，公司印刷、广告代理等业务也受到宏观经济环境的影响，收入和利润同比均有所下降。

2010 年，粤传媒公司实现营业收入 3. 39 亿元，同比增加 7. 33%；实现营业利润 0. 23 亿元；归属于公司普通股股东的净利润为 0. 17 亿元；扣除非经常性损益后归属于公司普通股股东的净利润为 0. 15 亿元，同比增加 622. 06%，企业实现扭亏为盈。本期公司利润变化的主要影响因素在于，在商业印刷收入同比增长的带动下，印刷业务盈利能力有所增强；公司对图书销售、旅店服务等业务进行了治理整顿，减少了亏损。

从收入的业务构成来看，2010 年印刷业务是公司的主要收入来源，为 2. 82 亿元，占总收入的 83. 4%；旅店服务业务是公司收入增幅最大的业务，为 0. 12 亿元，增幅为 34. 17%；广告业务为公司毛利率最高的业务，达 93. 59%（见表 15）。

表 15　2010 年粤传媒公司的主营收入状况

单位：亿元，%

业务＼项目	营业收入	较上年增幅	毛利率
印刷	2. 82	9. 34	11. 76
广告	0. 27	-9. 21	93. 59
旅店服务	0. 12	34. 17	73. 92
图书音像销售	0. 06	-43. 65	42. 99

资料来源：《广东九州阳光传媒股份有限公司年报》（2009、2010），www. szse. cn，2011 年 9 月12 日。

从收入的地区分布来看，2010 年公司收入的主要来源地区是华南和华东地区，其中华南地区的收入为 3. 22 亿元，占总收入的 95. 09%；华东地区收入为 0. 06 亿元，占总收入的 1. 83%。

（5）华谊兄弟传媒股份有限公司（以下简称华谊兄弟公司）[①]。华谊兄弟公司是中国知名的综合性娱乐军团之一，由王中军、王中磊兄弟创立，是中国最著名的电影品牌。2009 年，华谊兄弟公司正式在深圳 A 股上市，成为首批登陆中国创业板的民营传媒企业。业务范围为电影的制作、发行及衍生业务，电视剧的制作、发行及衍生业务，艺人经纪服务及相关服务业务。

2010 年，公司实现营业收入 10.72 亿元，同比增长 77.40%；利润总额为 1.9 亿元，同比增长 64.93%；净利润为 1.5 亿元，同比增长 78.63%。

从收入的业务构成来看，2010 年，公司主营业务收入较上年同期增长 78.01%，其中，电影业务较上年同期增长 209.39%。电影业务增长的主要原因是公司在报告期内发行的影片数量增加，并且取得了较高的票房收入。同时公司业务规模扩大，新增的音乐及电影院业务也促使营业收入增加。2010 年，电影及衍生业务是公司最主要的收入来源，为 6.24 亿元，占总收入的 58.21%；新增的音乐业务是公司毛利率最高的业务，达 68.51%（见表 16）。

表 16　2010 年华谊兄弟公司的主营收入状况

单位：亿元，%

业务＼项目	营业收入	较上年增幅	毛利率
电影及衍生	6.24	209.39	48.42
电视剧及衍生	3.23	15.44	32.30
艺人经纪及相关服务	1.25	0.04	67.48
音乐	0.16	—	68.51
电影院	0.08	—	58.25

从收入的地区分布来看，中国地区是其收入的主要来源地，主营业务收入为 10.53 亿元，较上年同期增长 78.2%，占公司总收入的 98.4%；海外地区收入增幅明显，实现主营业务收入 1.64 亿元，增幅为 66.63%。

① 《华谊兄弟传媒股份有限公司年报》（2009、2010），www.szse.cn，2011 年 9 月 12 日。

B.3
日本传媒产业发展报告

刘斌　郭尧*

日本传媒产业不论从市场规模、市场成熟度还是从支持产业发展的相关技术来说，在亚洲乃至全球都处于领先水平，其中，日本的新闻出版业和公共广播业在发展过程中更是形成了具有典范意义的产业模式。文章将主要根据日本总务省、经济产业省、文部省，以及包括电通总研、日本 ABC 协会等在内的政府、企业、行业协会近十年内的统计数据，对日本传媒产业的总体发展情况、各行业尤其是新媒体行业的发展情况和政策变化进行梳理。

日本传媒产业的发展较为成熟，传统传媒如新闻出版业、广播电视业的发展基本稳定，但市场规模已经出现逐渐缩减的趋势；而近五年来新媒体领域如移动通信业、信息服务业的发展迅猛，市场规模呈现不断攀升的趋势。众所周知，日本是动漫大国，日本的动漫产业在全世界范围内处于领军行列，但近五年来，依靠增加作品供应数量带来的市场泡沫开始破裂，动漫产业进入转型期，而与动漫产业关联紧密的游戏业则获得了较快发展。

日本的传媒产业与信息通信产业和内容产业有重要联系，而后两者则一直是日本国民经济的支柱产业。其中，信息通信产业包括通信业（邮政业、固定电话、移动通信业），广播业（公共广播、商业广播和有线广播），信息服务业（软件业和信息处理服务），影像、声音、文字信息制作业（报纸、出版、影像制作等），信息通信关联设备制造业（通信电缆、有线通信机械、电子计算机制造等），信息通信关联服务业（广告业、印刷业、信息通信及其租赁业等），信息通信关联建设业（电信设施建设）和研究开发八大类别；1998～2008 年，信息通信产业的国内生产总额从 89.46 兆日元增加到 132.10 兆日元，在全产业

* 刘斌，博士、副教授，北京师范大学文学院新闻传播研究所副所长；郭尧，北京师范大学文学院新闻传播研究所 2009 级硕士生。

生产总额的占比从9.70%增加到12.24%。[①] 内容产业主要包括报纸、出版、漫画、音乐、广播电视、电影、网络、手机、广告等。2008年，内容产业市场规模达到11.83兆日元，其中，包括报纸、杂志、图书出版在内的纸质产品为5.57兆日元，电影、卫星电视、网络电视节目和游戏软件等影像类产品则贡献了5.41兆日元。

受到世界经济不景气的大环境影响，2007年起日本国民经济陷入负增长的困境，信息通信产业虽然受到波及，但总体仍保持增长趋势。信息通信产业的竞争力强弱和社会信息化程度的高低同国民经济的发展密不可分。日本政府早在2001年就制定了《高度信息通信网络社会形成基本法》，2007年总务省又出台了《信息通信法》草案，以实现通信和广电产业的整合，《信息通信白皮书2010》则提出要充分利用信息通信产业实现经济的复苏。

一 日本传媒产业总体发展情况及特征

1. 传媒产业市场规模总体稳定，内部各产业呈现此消彼长的关系

日本传媒产业的市场成熟度较高，1998年至今，市场规模一直在全产业中占较大比重且规模比较稳定；传统的广播电视业目前依然能保持稳定的市场规模，而新闻出版业的市场规模则逐渐缩小，但与新媒体技术相关的如移动通信业、信息服务业的市场规模则逐渐扩大（见表1、表2）。

表1 日本全产业市场规模及信息通信产业市场规模

单位：十亿日元，%

项目＼年份	2001	2002	2003	2004	2005	2006	2007	2008
全产业	932048	911431	907247	925165	949177	974956	1001807	1005079
信息通信产业	98293	94823	94612	94109	94279	95604	98947	96480
所占比重	10.55	10.40	10.87	10.17	9.93	9.81	9.88	9.60

资料来源：〔日〕总务省撰《情报通信白皮书2010》，株式会社GYOSEL，2010，第292页。

2. 传媒产业的集中度高，形成垄断竞争的市场格局

以新闻出版业为例，《读卖新闻》、《朝日新闻》、《每日新闻》、《产经新闻》

---

① 〔日〕总务省：《情报通信白皮书2010》，株式会社GYOSEL，2010，第292页。

表 2　信息通信产业各产业的市场规模

单位：十亿日元

产业＼年份	2001	2002	2003	2004	2005	2006	2007	2008
通信业	18852	18654	18720	17710	17780	18253	19052	18965
移动通信	5940	5884	6255	6714	7349	7602	7530	7183
广播电视业	3346	3355	3401	3480	3510	3542	3621	3583
公共广播	689	696	702	701	675	673	685	695
民营广电	2304	2274	2283	2341	2368	2377	2384	2322
有线电视	353	385	417	438	468	492	551	565
信息服务业	15794	16474	16885	16979	17146	17764	19771	20061
影像、声音文字信息制作业	6952	6661	6437	6392	6294	6192	6047	5788
报纸	2519	2417	2375	2362	2350	2314	2258	2151
出版	2226	2206	2113	2134	2079	2040	1975	1894
信息通信关联设备制造业	17488	14922	15139	15010	14163	14149	13951	13106
信息通信关联服务业	21378	20507	19907	20203	20396	20198	19901	18597
信息通信及其租赁业	4873	4904	4369	4520	4443	4242	3878	3417
广告业	9159	8551	8656	8956	9296	9378	9463	8885
印刷制版	7016	6731	6550	6385	6322	6211	6203	5942
电影院线	330	322	333	342	334	367	358	353
信息通信关联建设业	1638	1260	978	987	1000	858	1454	1184
研究开发	12845	12989	13145	13347	13989	14647	15151	15195

资料来源：〔日〕总务省撰《情报通信白皮书 2010》，株式会社 GYOSEL，2010，第 295 页。

和《日本经济新闻》五大报业基本垄断了报业市场；在出版领域，仅小学馆、讲谈社、集英社等五大出版社就创造了全行业 21.1% 的营业额；[①] 在广告市场中，电通更是独占鳌头，其年营业额就相当于包括博报堂、ADK、大广和东急 AGC 在内的四大广告公司的年营业额总和。

3. 传统媒体向新媒体转型，迎来数字化时代

据日本电通总研 2009 年出版的《情报媒体白皮书 2009》显示，日本内容产业在 2003～2008 年，增长最快的是通过网络方式对手机、电脑等终端用户提供音乐、游戏、漫画的市场，增长率高达 288.3% 甚至 1764.0%；[②] 而图书出版、

① 〔日〕电通总研：《情报媒体白皮书 2009》，东京：ダイヤモンド社，2009，第 46 页。

② 〔日〕电通总研：《情报媒体白皮书 2009》，东京：ダイヤモンド社，2009，第 12 页。

报纸发行领域则普遍出现负增长，杂志市场负增长率达 13.1%，许多老牌出版社纷纷倒闭，或进行资产重组；中小规模的书店遭到淘汰，书店和电影院都向大型化和连锁化转型，亚马逊、雅虎和乐天网络书店的出现形成了巨大的购买流，并开始在内容产品流通市场占据一席之地。由此可见，日本内容产业已经呈现传统媒体向新媒体转型的趋势。

人口结构的变化也推动了传媒产业格局的变化。15～24 岁的 1900 万人口带动了唱片业的繁荣，而 30 岁以上的中产阶级人群带动了游戏软件业的新发展；50～59 岁即将进入退休阶段的人口超过 1000 万，这一日本特有的人口结构也将对消费市场的变化带来巨大影响。

二 主要传媒产业发展概况

1. 新闻出版业

日本的新闻出版业是最能体现日本传媒产业特点的：日本报业体系中《读卖新闻》、《朝日新闻》、《每日新闻》、《产经新闻》和《日本经济新闻》五大全国性报纸瓜分了国内报业市场（见表 3），而地方各县基本是一县一报，两股力量在报业市场竞争激烈。一方面，由于日本的主要报纸历史都比较悠久，其市场结构非常稳定，收入结构和总量没有太大变化；另一方面，由于市场早已饱和，日本新闻出版业从 2000 年起，市场规模和营业额开始呈下滑趋势，而新媒体的普及与数字出版的发展也加速了这一趋势。截至 2008 年，日本共有全国性、区域性、地方性报社以及通讯社 113 家，从业人员 66831 人；出版社 4055 家，从业人员 72742 人，从业人员总数比 2000 年减少了约 7.34%；当年生产额为 5.57 兆日元，比 2000 年减少了约 17.97%。

在报业领域，从 1998 年以来，报纸的市场规模一直处于持续萎缩状态，从 1998 年的 25630 亿日元下降至 2008 年的 21510 亿日元，市场规模缩水了 4120 亿日元，约占 1998 年市场总规模的 16.1%。2003～2006 年市场规模年均下降 1%～2%左右，而 2006～2007 年下降 2.4%以上，2008 年比 2007 年更收缩了 4.7%左右，且市场规模收缩幅度有加大的趋势。2008 年，这种下降的趋势也十分明显：一方面，2008 年日本报纸的销量都出现下滑，日刊发行量 5203 万份，同比下降 0.4%，当年营业额为 2.21 兆日元，同比下降 5%；报纸的制作、印刷

表 3 日本五大报纸基本概况

报刊名称	创刊时间	发行量(万份)	特 点
《每日新闻》	1872	(日刊) 350.90 (晚报) 124.12	日本历史最悠久的报纸,每日新闻社是经营数十种报刊的传媒集团,报道内容以客观中立和贴近读者见长,是日本最具影响力的报纸
《朝日新闻》	1879	(早报) 795.55 (晚报) 312.03	报纸定位将大众化与专业化有机结合,既是精英的也是大众的,以高品位实现高营收
《读卖新闻》	1874	(早报) 1001.49 (晚报) 351.66	发行量全球第一,集团集报纸、出版印刷、电视、营销、体育休闲、文化教育和广告等于一身,实现立体化经营
《日本经济新闻》	1876	(日报) 301.50 (晚报) 160.54	在财经媒体类独占鳌头,世界三大财经报纸之一,率先建构数据库业务,在报业数字化转型中走在前列,日本经济新闻社成为集报业、出版、广电业和数据库业务为一体的跨媒体集团
《产经新闻》	1933	161.50	跨媒体发展成就了富士产经集团,面对新媒体的冲击,在跨行业重组中引起日本传媒界的震动

资料来源:日本 ABC 协会撰《新闻发行社报告 半期·普及率》,http://www.pressnet.or.jp/adarc/data/data03/01.html。

表 4 日本新闻出版业雇员人数变化情况

单位:人

行业 \ 年份	2001	2002	2003	2004	2005	2006	2007	2008
报业	75534	75135	73065	71670	69536	69603	67648	66831
出版业	78674	80312	80875	80799	78912	78131	75478	72742

资料来源:〔日〕总务省撰《情报通信白皮书 2010》,株式会社 GYOSEL,2010,第 298 页。

和发行部门规模缩小尤为明显,同比缩小 12.3%;报纸印刷成本上涨,部分地方性报纸售价上调;报纸销售店铺 18943 家,比 2004 年减少了 1162 家。另一方面,日本报业也在寻求新的出路。2008 年 2 月,日本地域报纸协会开设网站,除整合协会加盟的报纸资源外,还开始涉猎网络购物领域;通讯社、报社和出版社的合作进一步加深,例如时事通信社 2008 年着手数据库建设时就联合了朝日新闻社和日刊工业新闻两家报社,通过合作的方式来分担经营成本;此外,共同社和时事通信社还积极推进报纸的电子化转型,2008 年参与报纸数据库项目建设的报社有 48 家,比上年增加了 10 家,各报社也在探索如何实现信息资产的附加值,这也直接导致了传统报业消费者被分流到其他的渠道,减少了对传统报纸的消费(见图 1)。

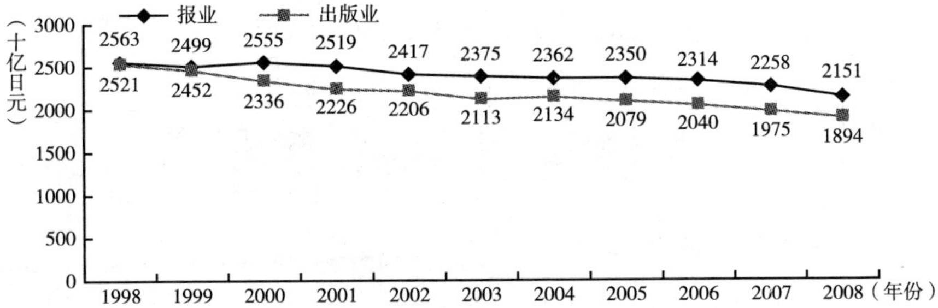

图1　1998～2008年日本报业与出版业的市场规模

资料来源：〔日〕总务省撰《情报通信白皮书2010》，株式会社GYOSEL，2010，第298页。

在出版领域，出版业的市场规模出现明显的负增长趋势，市场规模从1998年的25210亿日元下降到2008年的18940亿日元，收缩了6270亿日元，占1998年总体市场规模的25%左右。另外，根据美国Datamonitor信息服务公司的数据显示，2005～2009年，日本出版业的总收入分别为395亿日元、392亿日元、390亿日元、388亿日元和386亿日元，其复合年均增长率为－0.6%。2007年，日本图书销量为7.55亿本，交易金额为9960亿日元；杂志销量为26.13亿本，交易金额为7777亿日元；出版业年营业额为2.06兆日元，其中杂志收入占29.9%，图书收入占38.2%，广告收入占24.3%。但出版业年营业额仍呈下降趋势，尤其是杂志业的销售额同比下降4.2%；出版社数量持续减少，2007年有出版社4055家，比1999年减少351家，其中，从业人员在51人以上的出版社526家，占总数的13.0%，52.6%的出版社员工不足10人；年营业额前50位的出版社创造了全行业51.8%的营业额。2007年有书店17349家，比1997年减少了8324家。此外，Datamonitor信息服务公司还预测，2009～2014年日本出版市场的委靡状况不会缓解，这五年间的复合年均增长率将为－0.7%，继续呈现负增长的态势，至2014年底，出版业的市场价值将降至372亿美元（见图2、图3、图4）。

同时，作为日本出版业重要支柱的漫画业也不可避免地呈现低迷态势。2007年漫画单行本销售额为2495亿日元，漫画杂志销售额为2204亿日元，销售额总量同比下降2.3%，连续六年下跌；发行数量为12.35亿册，同比下降2.6%，发行量连续13年减少；但漫画作者人数却一直在增加，2007年达到5063人，十年内增加了1713人。因此近年来漫画业一直依赖于通过影像化改编来增加销量。

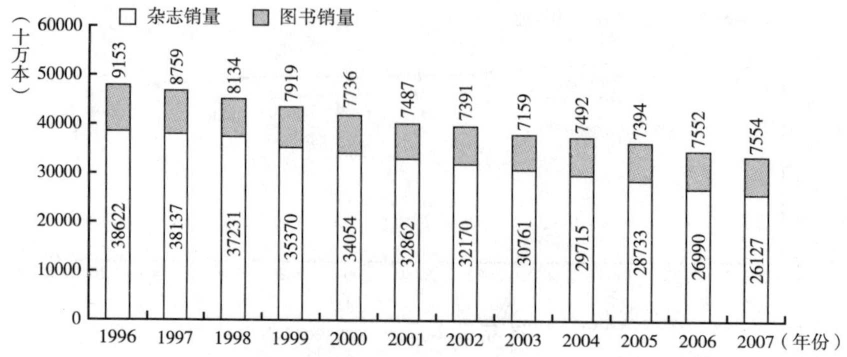

图 2　1996～2007 年日本图书、杂志市场销售情况

资料来源：〔日〕电通总研撰《情报媒体白皮书 2009》，东京：ダイヤモンド社，2009。

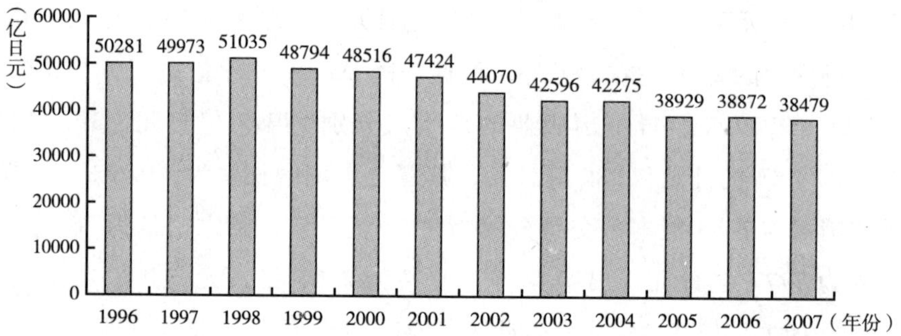

图 3　1996～2007 年日本出版市场流通金额

资料来源：〔日〕电通总研撰《情报媒体白皮书 2009》，东京：ダイヤモンド社，2009。

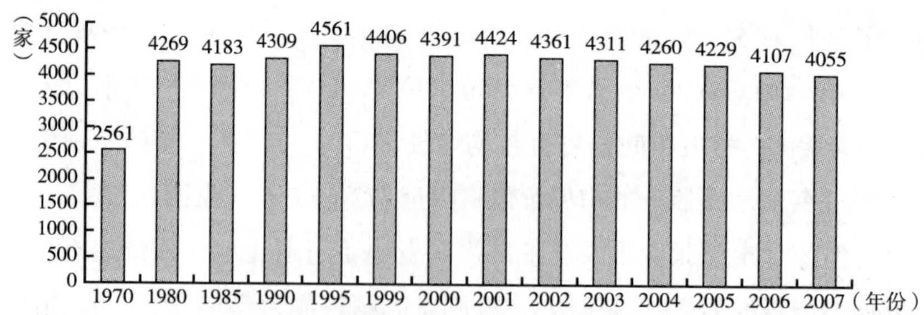

图 4　1970～2007 年主要年份日本出版社数量变化情况

资料来源：〔日〕电通总研撰《情报媒体白皮书 2009》，东京：ダイヤモンド社，2009。

另外，出版业长期的颓势使得许多老牌出版社旗下的杂志纷纷停刊，如讲谈社旗下的《月刊现代》、集英社旗下的 *Roadshow* 等。

2. 广播电视业

日本广播电视业实行的是以视听费为经营基础的公共广播 NHK（日本放送协会）和以广告收入、付费频道收费为经营基础的民营电台二元体制。2008 年，日本广电业营业额为 3.97 兆日元（同比下降 3.6%），其中民营地面频道营业收入为 2.45 兆日元（同比下降 5.3%），NHK 营业收入为 6624 亿日元（同比下降 3.3%），民营卫星频道营业收入为 3905 亿日元（同比增长 4.5%），民营电台营业额占到总量的 74.1%。截至 2007 年，日本共有民营地面频道相关企业 126 家，其中年收入在 1000 亿日元以上的企业为 4 家，300 亿日元以上的企业为 5 家，100 亿～300 亿日元的企业为 13 家，另有 7.9% 的企业年收入不足 10 亿日元；民营电台工作者 2.53 万人，主要包括技术人员 2674 人，节目制作人员 3057 人，节目编辑人员 2568 人，播音主持人员 1568 人，营业人员 5404 人；有线电视接入户数达到 3000 万户（同比增长 3.9%），收入达到 4746 亿日元（同比增长 17.2%），连续十年实现收入增长；IPTV 接入户数达 23.3 万户，实施数字播出的电台达到 220 家，地面数字信号接收器普及率达到 43.7%；电视广告收入连续四年实现 2 兆日元，广告播出时长 2625 万秒，化妆品、食品、体育用品、金融保险、医疗卫生用品、汽车和信息通信的广告费占总数的 66.7%，卫星媒体相关广告费超过 600 亿日元（同比增长 10.8%）（见图 5）。

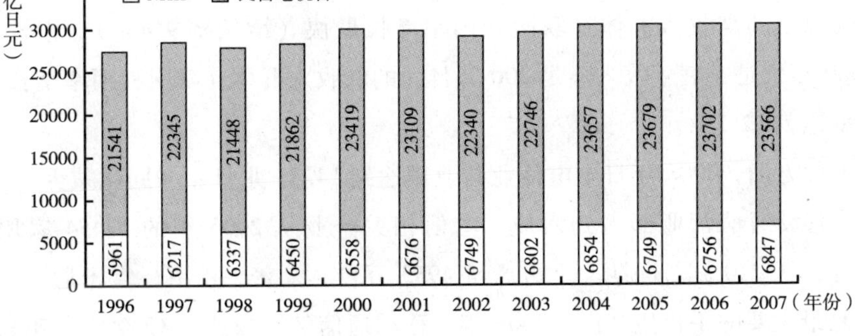

图 5　1996～2007 年日本 NHK 及民营电视台收入情况

资料来源：〔日〕电通总研撰《情报媒体白皮书 2009》，东京：ダイヤモンド社，2009。

相较于电视业，尽管日本广播业市场逐渐萎缩，截至2007年，日本共有AM电台47家，FM电台53家，总营业额为1853亿日元（同比下降93.3%），广告收入1671亿日元（同比下降4.2%），广告费用和投放时间持续下滑，但新型的广播服务正在兴起，2008年7月，日本总务省发布《关于面向移动终端的多媒体广播服务存在形式的恳谈会报告书》，提出要在2011年地面广播电视全面实现数字化，这也为广播的数字化发展指明方向。

3. 网络通信业

根据国际电信联盟的《世界电信发展报告》和数据库的资料显示，2006～2009年，日本的互联网用户逐年递增，用户人数分别为8754万、9465.52万、9597.89万、9914.37万，尤其以2006～2007年的增长最为显著，具体来说，如果参照日本的总人口数，就相当于，2006年每100人中有68.5人接入互联网；2007年每100人中有74.1人接入互联网；2008年每100人中有75.2人接入互联网；而到2009年，则达到每100人中有77.7人接入互联网。①

总务省数据也显示，2009年，日本宽带契约数达到3171万份，其中DSL契约数1013万份（同比减少12.7%），光纤契约数1720万份（同比增长19.3%），光纤契约数占到宽带契约数总量的54.2%，超过DSL成为日本最主要的宽带接入方式；互联网使用人数达到9408万，比2008年增加317万（同比增长3.5%），普及率达到人口的78%；个人使用互联网的终端呈现多样化，其中手机上网人数8010万（同比增长6.7%），电脑上网人数8514万（同比上涨3.1%），互联网使用者90%的年龄集中在13～49岁。2008年家庭年收入在2000万日元以上的高收入群体互联网利用率增长最快（增长率9.4%），相较于此，在2009年则是家庭年收入不足200万日元的低收入群体互联网利用率增长最快，增长率达到12.2%。

电信方面，2008年日本电信业营业额达到14.41兆日元（同比减少5.9%），其中，移动通信营业额占到六成，电信相关企业从2003年的12454家增加到2009年的15250家。同期，手机产量4955万台，夏普、松下、富士通、东芝和NEC是最主要的手机生产商。2009年，移动通信契约数达1.12亿份，手机契约

① 资料来源：国际电信联盟的《世界电信发展报告》和数据库，http://data.worldbank.org.cn/indicator/IT.NET.USER。

数中 NTT DoCoMo 契约数 5372 万份，KDDI（au）契约数 3032 万份，软银契约数 1933 万份，三家占据了市场的主要份额。

固定电话的契约数则不断下降，2009 年固定电话契约数 4334 万份，相当于同期移动通信契约数的 38.7%。公共电话数量继续减少，2009 年 NTT 东日本和 NTT 西日本设置的公共电话总数 28.3 万台（同比下降 7.8%）。卫星移动通信契约数逐年增加，2009 年达到 78501 份。此外，IP 电话契约数达到 2283 万份，连续五年保持上涨。

4. 动漫游戏业

2007 年，日本全年播放电视动画 2964 集，拍摄动画电影 81 部，其中动画电影发行收入 318 亿日元，观看人数达 2066 万次；共有动画制作相关企业 700 家，制作公司收入总计 2396 亿日元，动画制作费、版权费和光盘销售收入占到了总收入的四成；少子化现象对动漫产业造成巨大冲击，例如黄金时段播出的动画片数量急剧下降，特别是 19 点到 22 点播出的动画数量比 2005 年减少了 70.3%；玩具市场逐渐缩小，2007 年日本国内玩具市场规模约为 6709 亿日元，比 2003 年减少了 700 亿日元；周边产品销售则从 1999 年的 2 兆日元跌至 1.6 兆日元。日本动漫产业依靠增加作品供应数量带来的动漫业泡沫开始破裂，动漫产业进入转型期。

而在 2007 年，与动漫产业有着密切关系的游戏业则得到较好发展，当年营业额达到 1.33 亿日元，包括家用型游戏机和便携式游戏机在内的游戏市场规模达到 7110 亿日元（同比增长 4.6%），时隔十年市场规模重新回到 7000 亿日元大关；游戏（包括家庭用电子游戏和游乐场游戏）参与人数达到 5360 万，比 2005 年增加 330 万。Wii、PS3、任天堂 DS Lite 以及新型 PSP 等设备的出现及其更新带动了游戏硬件市场发展，2007 年日本国内电子游戏机销量达 1592 万台（同比增长 17.2%），海外出口收入达 1.78 兆日元（同比增长 149.2%）。其中，任天堂公司凭借硬件平台和软件开发优势，占领了游戏市场的主导地位，以 2007 年为例，日本十大畅销游戏软件中任天堂公司开发的就占据八席。另外，在线付费游戏市场规模有限，有七成在线游戏用户选择只参与免费游戏；电子游戏厅市场缩小，2007 年市场规模为 6781 亿日元（同比下降 3.5%），参与人数 2200 万（同比下降 2.6%），游戏厅数量 8652 间，10 年间减少近一半，但游戏厅的平均收入略有增加（同比增长 0.3%）。

5. 广告业

截至 2009 年，日本共有广告代理商 5035 家，从业人员 9.08 万人；其他广告商 2532 家，从业人员 3.65 万人。2007 年，日本广告总收入一度达到 7.02 兆日元（同比增长 1.14%），其中四大媒体广告费为 3.57 兆日元，而网络广告费达到 6003 亿日元，占总量的 8.55%。而 2009 年则受经济不景气影响，广告费总收入骤减到 5.92 兆日元，在主要的广告代理商中，排名前 20 位的企业中有 11 家的营业额相比 2007 年出现下降（见图 6）。

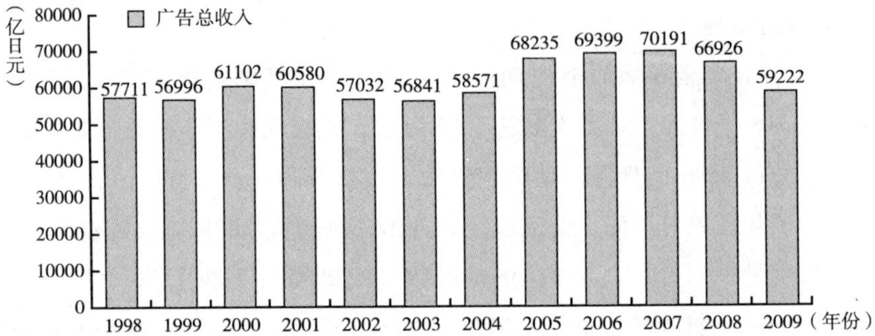

图 6　1998～2009 年日本广告总收入变化情况

资料来源：〔日〕电通总研撰《情报媒体白皮书 2009》，东京：ダイヤモンド社，2009。

由于 2008 年 2 月，日本电通总研修改了日本广告费的推算范围（这是时隔 20 年日本首次修改广告费推算范围，新媒体广告被纳入推算范围内），因此日本广告业迎来了转型期。传统的广告业主要集中于报纸、杂志、广播和电视四大媒体，而随着网络广告市场规模的急剧扩大，广告业的商务模式也发生改变。日本电通总研发布的《2009 年日本广告费》报告显示，日本广告主投放在报纸、杂志、广播和电视四大媒体的费用已经连续五年紧缩，但网络广告却异军突起，成为仅次于电视广告的第二大媒体。其实网络广告投放费用早于 2004 年超越广播、2007 年超越杂志，并在 2009 年一举超越报纸，成为广告主投资费用第二高的媒体。2009 年，在日本各大媒体的广告费用中，广告主投向网络广告的费用为 7069 亿日元，其中，媒体费为 5448 亿日元，广告制作费为 1621 亿日元。①

另外，在主要四大媒体领域，受选举影响，行政机构和社团组织广告投放量

① 《网络广告成为日本第二大媒体，行动广告高成长率是关键》，http://www.find.org.tw/find/home.aspx?page=news&id=5745。

增加，但其中只有电视媒体的广告投放量实现增长（电视广告的70.5%属于节目中间插播的广告）。尽管网络广告和户外广告的市场前景较好，广告费连续五年保持增长，且预计未来网络广告市场最具发展空间，但综合考虑媒体的到达率、受众的年龄层以及预算等问题，目前最受公众认同、可信度最高的广告仍是电视广告。

表5　日本主要广告公司收入情况

广告公司	2006年营业额（百万元）	2007年营业额（百万元）	2007年媒体广告收入(亿元)				
			报纸	杂志	广播	电视	其他
电　通	1606759	1588769	1842	696	240	19981	34492
博报堂	714391	716975	966	353	135	3061	2652
ADK	378804	387860	341	284	44	1779	1428
大　广	136092	137947	179	50	26	647	475
东急AGC	123175	121971	72	34	20	351	740

资料来源：〔日〕电通总研撰《情报媒体白皮书2009》，东京：ダイヤモンド社，2009。

6. 互联网

（1）互联网使用情况。2009年，日本互联网使用人数达到9408万，比2008年增加317万（同比增长3.5%），普及率达到人口的78%（见图7）；个人使用互联网的终端呈现多样化趋势，其中手机上网人数8010万（同比增长6.7%），电脑上网人数8514万（同比增长3.1%），90%的互联网使用者年龄集中在13～49岁。2008年，家庭年收入在2000万日元以上的高收入群体互联网利用率增长最快（增长率9.4%），相较于此，2009年则是家庭年收入不足200万日元的低收入群体互联网利用率增长最快，增长率达到12.2%。

（2）宽带使用情况。2009年，日本宽带契约数达到3171万份，其中DSL契约数1013万份（同比减少12.7%），光纤契约数1720万份（同比增长19.3%），光纤契约数占到宽带契约数总量的54.2%，超过DSL成为日本最主要的宽带接入方式。

（3）手机上网情况。2009年，在日本手机上网人群中，12～60岁的使用者占到总数的六成，除家庭年收入在1000万日元以上的家庭手机上网人数基本与同期持平外，其他收入阶层的利用率都出现增长。

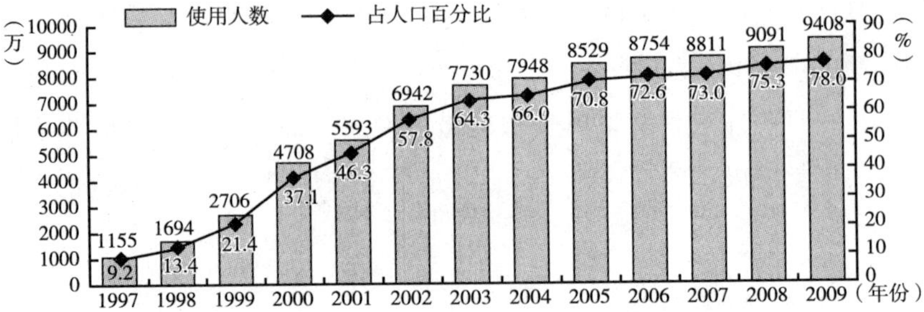

图7　1997～2009年日本互联网使用者人数及人口普及率

资料来源：〔日〕电通总研撰《情报媒体白皮书2009》，东京：ダイヤモンド社，2009。

（4）互联网使用目的及问题。根据总务省调查显示，2009年在使用电脑上网的用户中，浏览企业、政府的网站或博客占55.8%，排名第一，网络购物占46.9%，接发电子邮件占46.4%，浏览个人主页、博客占42.5%。而手机上网用户最主要的则是接发电子邮件。此外，通过手机下载音乐、影像和游戏的需求占到29.4%，同比增长7.6%，是手机上网目的项中增长最多的一项。

网络用户数量增加的同时，网络安全问题受到关注，病毒、信息过滤、信息安全等问题成为个人用户和企业用户共同关注的问题，同时企业用户还受到网络运行费用增加和网络管理人才缺乏等问题的困扰。

7. 文化娱乐活动

截至2008年，日本共有各类博物馆6700所，文化馆17945万所，活动广场268处，2000座以上大型剧场53所，中小型剧场653所，面积2000平方米以上的会展中心36处；参与体育活动人次1.19亿，创造收入2364亿日元；演唱会、音乐会参与人次1.02亿，创收4468亿日元；常规展览参观人次1.45亿，收入达5110亿日元；博览会参与人次9635万，创收2505亿日元。棒球比赛市场和商品展示会市场规模不断扩大，演唱会、音乐会和会议活动市场规模平稳发展，受爱知世博会影响2005年展览会的市场规模激增，但2006年后回落到正常水平。此外，2007年主题公园、游乐园的市场规模为5522亿日元，同比略微下降0.6个百分点，但近年来基本保持平稳的发展态势。随着互联网的普及，文艺活动与媒体融合，尤其是充分利用博客、SNS社区等网络平台已经是文艺活动谋求新发展、创造新价值的必然选择。

B.4

韩国传媒产业发展报告

龙耘　胡蓓蓓*

2010年对于韩国媒体来说，是竞争、变革的一年，由朝韩冲突引发的大事件报道，使韩国媒体处于世界目光的聚焦处。2009年在争议声中通过的《媒体法》正深入影响传媒产业的结构和格局，垄断趋势日盛的韩国三大报《朝鲜日报》、《中央日报》和《东亚日报》，以及广播电视领域的三大巨头：公营体制的韩国广播公司（KBS）、公营体制与商业化运营相结合的文化广播公司（MBC）和民营体制的首尔广播公司（SBS），经过多年的发展和积累，其影响力位于其他媒体前列，但在以消除行业壁垒、突破媒体垄断为主旨的韩国《媒体法》实施的过程中，其正面临更多地挑战。加上韩国迅猛发展的互联网产业，新媒体的发展及其对传统媒体的影响不容小觑。

一　韩国传媒产业发展概略

信息、文化产品、技术以及各种资源在全球范围内的流动，使得传媒产业成为全球传播的重要注脚，韩国媒体发展经历了高速发展和向外扩散的阶段，特别是韩剧的输出影响较为深远，但由于受到竞争态势的改变、内外部环境的调整以及审美疲态的出现等因素的影响，韩国媒体的发展整体进入相对平稳期。为了更好地建设和提升韩国经济、文化等综合实力，韩国政府通过各种方式构建产业竞争优势，除了促进传统的造船、电子和通信等产业的强势发展外，重视文化产业的发展成为政府的战略发展方向。从“设计韩国”战略和“文化立国”方针的提出，至今已经过去十多年，取得的效果相当显著，特别是对IT等新兴产业的重视，使得韩国的

* 龙耘，博士，中国传媒大学广播电视研究中心副主任、教授、博士生导师；胡蓓蓓，中国传媒大学传播研究院2010级传播学博士生。

媒体发展走在亚洲前列。

韩国各媒体间竞争激烈，老牌媒体在品牌和运营上占据传统优势，调查显示，在电视、报刊和互联网等所有媒体中，KBS 在受信任度和影响力等方面在韩国排名第一位。韩国广告主协会对全国 1 万名成年男女进行了面对面式的调查，在最具影响力媒体的调查中，有超过一半的人（53.9%）首选 KBS；排在 KBS 之后的是 MBC，MBC 获得了 22.6% 的支持率；其后依次是 Naver、SBS 和《朝鲜日报》；而在最值得信任的媒体调查中，KBS 获得了 33.3% 的支持率，同样排名第一位，MBC 位居次席，为 24.8%，其后依次为 Naver、SBS、YTN 和《朝鲜日报》。KBS 在新闻、信息和娱乐等领域的媒体利用率，也都排在第一位。[①]

影响力只是反映媒体发展的一个侧面，事实上，在新媒体的强势发展背景下，韩国传统老牌媒体正面临越来越多地挑战。韩国除主流的三大报系之外，还有其他日报、期刊以及互联网报纸近万种。而以 288 种日报为例，66 种全国性综合类日报几乎都在首尔，同时地方日报在首尔的就有 110 种[②]，可见，媒体区域聚集效应明显，竞争尤其激烈，为此各大报纷纷开展多元化经营。目前韩国通讯社以联合通讯社为首，该社在 2008 年被指定为国家主力通讯社，此外，还有民营通讯社——纽西斯通讯社和 2009 年 10 月 28 日成立的亚洲新闻通讯社。

韩国三大广电媒体发展较为成熟，以 MBC 为例，它是东洋广播局所改制的文化电视台，拥有 19 个地方台，10 个加盟电视台，10 家子公司，包括 MBC 制作、MBC 科技、MBC 研究中心、MBC 艺术中心、MBC 广告公司等，同时，还提供 4 个有线电视网和 3 个卫星电视网服务。MBC 还被誉为“韩剧王国”，是“韩流”的主要策源地之一，其制作的韩剧如《大长今》、《我叫金三顺》、《爱上女主播》、《人鱼小姐》等在国内外都具有广泛的影响。尽管良好的渠道基础和电视剧制作班底给电视台的发展创造了充足的条件，但韩国媒体人仍坚持不断创新，积极寻找新的经济增长点，如进军网络新媒体已成为媒体发展方向的信号灯。

修订后的《媒体法》允许报纸等相关业有条件兼营广播电视，为此，韩国三大报业已经开始筹划进军广电领域，成立了专门团队运营该项事务，并开始探

① 《KBS 媒体信任度和影响力等在韩国排名第一位》，KBS 中文网，2010 年 10 月 21 日。

② 牛林杰、刘宝全：《韩国发展报告（2010）》，社会科学文献出版社，2010，第 199 页。

索与国外媒体的合作之路。可见，三大电视台主导的广电市场将迎来新的竞争力量，随着媒体融合趋势的渐强，报纸、广电和通信三网融合的媒体产业将成为市场主角。

1. 机构调整先行，适应三网融合趋势

为适应全球范围内的三网融合趋势，拓宽媒体发展渠道。2008 年 2 月 29 日，韩国对通信业及广播电视行业的现有管制框架进行了重大调整，成立韩国广播通信委员会，而原有的信息通信部和广播委员会则宣告解散。据韩国媒体报道，隶属于总统直接领导的广播通信委员会将设立 1 名长官级别（相当于中国的“部长”）的常任委员长和 4 名次官级别的常任委员，并赋予其很大的行政权限。盖洛普韩国公司前总裁崔时仲被任命为首任广播通信委员会常任委员长。广播通信委员会下设企划调整室、广播通信融合政策室、广播政策局、通信政策局、用户网络局等部门。

该机构功能类似于美国的联邦通信委员会（FCC）和英国的 Ofcom，韩国进行此次管制机构改革的目的在改变韩国融合服务发展相对滞后的现状，着手制定与融合相关的法律和政策框架，并将从韩国文化体育观光部手中接过与广电相关的管制职能。韩国广播通信委员会的首要任务是对当前发展态势高涨的一系列宽带网络服务作出明确的管制规定，包括 IPTV、DMB（移动数字电视）、直播电视和视频点播等业务。为此，韩国广播通信委员会积极推动数字广播、三维立体节目广播、新一代 DMB 的现场试验，并积极推进有关 CAS（数字电视有条件接收系统）、IPTV2.0 的标准化工作。

2. 进一步推进传媒产业数字化工作

对数字技术和新媒体的重视是韩国传媒产业发展的主题，在韩国广播通信委员会提出的 2010 年业务计划报告中，充分肯定了广播电视和通信服务行业的融合发展，并要求积极开拓新市场，扩大投资使其成为新的经济增长动力。报告提出通过落实三大协议事项，到 2012 年实现年均增长 7.4%。三大协议事项旨在扶持广播通信媒体产业、引领新一代网络时代和在广播通信领域确保全球领导能力。未来三年内预计可增加收益 33 万亿韩元，并为创造高端就业岗位作出贡献。

韩国对媒体技术的重视和探索一直走在世界前列，韩国政府决定在 2012 年以前推动智能电视的商业应用。韩国知识经济部表示，全球各大企业在智能电视领域的竞争已经展开，为了尽快推动智能电视的商业应用，目前政府正在制定有关对策，包括研究、开发和改善有关法令、制度等举措。[①] 此外，从2013年开始，韩国地面波广播电视播出方式将从现行的模拟式全面转换为数字式，这是韩国政府在国务会议中审议通过的地面波广播电视数字化和搞活数字广播电视的特别法修正案给出的信息。根据这一修正案，各地面波广播电视公司截至2012年12月31日上午4点，将全部停止提供广播电视节目模拟信号的传送，改为传送数字信号。

同时，韩国广播通信委员会公布了“建设信息高速公路”之称的超宽频双向广播通信网构筑方案，根据方案，有线网络速度将达到1Gbps，无线网络速度将提高到10Gbps。截至2012年，韩国将更换现有有线网络60%的线路，并把相当一部分的有线电话转换为网络电话。通过超宽频双向广播通信网，用户不仅能够观看高清晰地面波电视，同时还能进行电子商务交易。2012年，韩国数码电视广播信号覆盖率将达到96%。届时，人们能够边行走边观看比目前的高清晰电视高出16倍画质的超高清晰电视。为此，韩国政府计划在2013年以前投入34兆韩元，用于构筑超宽频双向广播通信网。届时将形成全新的广播与通信融合发展局面，媒体间的竞争不单是纯粹的形态之争，而是内容与渠道并重的整合能力之争。

3. 加强国际合作，推广韩国传媒事业

在全球化的浪潮中，韩国媒体在国家政府的主导和支持下，凭借其成熟的媒介制作技术和产品营销策略，逐渐打开了国际市场特别是亚洲市场。2010年11月，作为韩国三大企业集团之一、全球500强企业的SK集团，与中国成都市签署了战略合作协议，未来成都市将成为SK集团中国西部业务的核心区，主要发展传媒创意内容产业。SK集团将中国看做是SK集团全球化市场的中心，提出“十年内在中国再造一个SK”的计划。SK集团与成都市兴城投资有限公司签署了投资意向协议，拟投资128亿元打造世界级的媒体内容创作产业基地、三网融合示范产业基地、文化产业人才基地和传统现代文化融合基地。

此外，韩国媒体还积极寻求国际合作，如2010年韩国MBC与中国湖州广电

① 《韩国将在2012年以前推动智能电视的商业化》，KBS中文网，2010年9月7日。

传媒集团签约，通过加强在人才、节目、技术、产业等方面的交流合作，积极拓展有利于双方提升品牌和核心竞争力的优势项目，特别是文化产业的发展。[①] 而早在2006年，KBS WORLD就与日本最大规模的有线电视台——丘比特电信就播放KBS电视节目达成协议，协议通过丘比特电信的数码基本频道播出KBS WORLD的电视节目。

韩国政府注重开拓海外市场，扶持国内的影像制作，韩国政府每年投入4.7亿韩元到国际广播电视样片市场（如美国电视节目展、法国戛纳国际电视节、中国上海电视节、中国北京电视节等）。通过影视产品的交换或输出，韩国确立了“文化输出国”的地位，“韩流”的形成和发展使得韩国的国际文化形象得到了很好地提升。

在法国戛纳举行的世界最大规模的2008年戛纳电视节上，《不灭的李舜臣》、《龙的眼泪》、《王与妃》等四部KBS的大型历史电视剧成功销往日本，纪录片《人类之地》也出售给了阿拉伯卫星半岛电视台。在日本东京召开的2009年世界公营广播电视大会上，KBS韩国放送公社与日本NHK、法国FTV、澳大利亚ABC、加拿大CBC四个国家的公营电视台相互交换了纪录片，KBS也将免费放映这些电视台制作的纪录片。[②] 此外，韩国影视剧制作团队特别重视中国市场，如韩国大制作电影《晚秋》启用了中国的热门演员汤唯，韩国的众多演艺明星也纷纷加强了在中国市场的推广。

早在21世纪初，韩国MBC及其自有经营的当地电视台就与世界上38个广播组织签订了双边合作协议，在中国、日本等国打造具有独特个性的电视剧专门频道，以适应海外市场的发展需求。目前，MBC已在中国、日本、越南等亚洲国家有了丰富多样的跨国合作产品，包括电视剧、综艺节目、纪录片、新闻节目、文化周活动等，极大地改变了MBC仅靠韩剧一枝独秀的传统电视产品结构状况，品牌实力和盈利能力得到了进一步地提升。[③] 韩国电视媒体在战略上及早布局，并主动出击占领国际市场，积累了丰富的国际合作实践经验。

---

① 徐大伟、张凯：《湖州广电传媒集团与韩国MBC签约》，传媒湖州网，2010年10月14日。

② 《KBS与四个国家的公营广播电视机构互换纪录片》，KBS中文网，2009年12月8日。

③ 罗昕：《韩国MBC的新媒体战略》，《视听界》2009年第1期。

4. 立足本土不断创新，提高国际影响力

韩国媒体在提高本土媒体的国际影响力方面不断创新，比如，为让旅居韩国的外国人和多元文化家庭收看电视节目更加便利，KBS 韩国放送从 2010 年 11 月 30 日开始提供英语、日语、中文和越南语四种外语字幕的视频点播（VOD）服务，其提供的多语言服务是一种交互式的电视播出服务，观众在看电视时，可以使用英语、日语、中文或越南语中任意一种语言设置电视菜单，也可以根据需要随意更换节目播出的字幕。此外，KBS 还免费向国内 100 多个地区多文化中心提供可播出多国语言字幕的有关设备，便于外国劳工和多元文化家庭收看电视节目。[①] 人性化的设置和考量正成为媒体间竞争的又一筹码，作为韩国最大的公营广播电视台，KBS 也正在更好地履行其社会责任。

韩国媒体在国际传播方面颇有建树，具备公共属性的阿里郎电视台总部设在韩国首尔，采用英文播报，是 1996 年由韩国国际广播财团建立的国际卫星电视服务机构，现今传播范围已经超过 188 个国家，并拥有 3 个独立的频道：阿里郎世界、阿里郎韩国和阿里郎阿拉伯。它在欧洲、北美、亚洲（除了韩国）、澳洲和太平洋地区的大部分地区都是免费的，有资料显示它的受众认知在 12 个主要的全球卫星网中排名第七。该电视台节目类型多样，立场中立，影响深远。2008 年 3 月起，阿里郎电视台还提供阿拉伯语、中文、西班牙语的字幕，并增加了三门语言（俄语、越南语和印度尼西亚语）。

为谋求世界各地韩语广播电台及电视台彼此之间的交流与合作，从而提高节目水平和竞争力，韩国每年还举办世界韩语广播大会，由 KBS 韩国放送主办，2009 年的大会有来自美国、俄罗斯、中国、巴拉圭等 13 个国家的 80 多位韩语广播机构代表参加。

在加强对外传播方面，除了电子媒体，期刊也不例外。如韩国《高丽亚那》杂志，由韩国国际交流财团出版发行。韩国国际交流财团成立于 1991 年，隶属于外交通商部，如今已有英、汉、法、德、日、俄、阿拉伯、西班牙 8 种语言刊物，有 150 多个国家的大学研究中心、学术研究机构、政府相关部门、文化艺术团体以及个人订阅，其国际影响力正在逐渐扩大。

---

① 《KBS 电视台提供多国语言字幕服务》，KBS 中文网，2010 年 11 月 30 日。

二 韩国传媒产业的创新与变革

1. 传统媒体积极进军新媒体市场

传统媒体正在经受来自新媒体的挑战，为了应对不断下滑的收视率和阅读率，加强网络建设是传统媒体进军新媒体的第一步，而媒体间融合发展的趋势也在加强。从 2010 年 3 月 3 日开始，KBS 韩国放送公社提供 1 天 24 小时网络新闻服务，该台通过广播和电视频道播出新闻和时事、文化节目，以及网络专用新闻等。事实上，KBS 早在 1997 年 11 月就已开设网页，并在 2000 年 7 月开始陆续开设多国语网页，目前 KBS 拥有 10 个语言广播组，对应不同语种网页，主要为其语言对象国的受众提供便捷的网上服务。

韩国 MBC 为应对新媒体的挑战，在受众的互动参与性方面进行了深入探索，专门建立了一个全市民记者报告站体系，通过这样的方式实时播出市民的意见和建议，并及时改进自身的产品和服务水平。此外，为进一步提升产品竞争力，MBC 还专门设立了受众分析部门、社会服务中心以及影像资料网站，以数据来分析受众状况并采取相应措施。

早在 2008 年，韩国媒体《朝鲜日报》就已经启动“e 报纸”服务，通过使用和推广阅读器，帮助受众实现随时随地看电子报纸和书籍的想法。该服务所使用的阅读装置 NUUT 采用“e－ink”技术的电子纸（e 报纸）阅读装置，该装置在视觉上保持了纸的特性，可以保持在脱机状态下工作，在携带性、清晰度、有效性方面表现卓越。新概念数字报纸“ireader”的出现标志着媒体间的竞争进入新的领域，全新的阅读感受和体验将冲击传统报业市场。

2. 各媒体抢占 3D 市场

韩国是全球 3G 业务发展最快的市场之一，从语音市场的增值业务（如彩铃业务）到手机电视、手机音乐、手机游戏和手机定位等 3G 数据业务，都在韩国发展较快。据有关数据，截至 2008 年 11 月底，韩国 3G（第三代移动通信）用户数约为 1586 万，占移动通信用户总数的 34.95%，比欧美国家 28% 的平均水平高出许多，这和韩国在网络技术上的先发优势是分不开的。

有了 3D 技术的设备和人力资源保障，继 3D 电影如《阿凡达》之类的大热之后，3D 电视悄然兴起。2010 年 5 月 KBS 首次试播地面波 3D 电视节目，针对开始试播的3D电视节目，大部分观众对3D电视节目印象良好。此外，3D电视机的销售势头良好。据信息通信市场调查公司“艾斯普莱”（Isuppli）预计，世界3D电视机市场在今后几年将呈现迅猛增长势头。

3. 新闻网站经营新模式

在韩国传统媒体进军新媒体的过程中，由于固有新闻生产模式的限制，使得一般传统媒体的新闻网站发展受阻，影响力和发展前景还有待实践考验。与此同时，随着韩国互联网的普及，新的新闻生产模式经过多年的打磨日显强大，其中尤以“我的新闻”网站（Oh My News，以下简称OMN）为代表。它是韩国最著名的网络新闻媒体之一，由吴连镐于2000年2月22日创设，网站开通伊始，仅有700多名“市民记者”（Citizen Journalist）为其撰稿。但如今，市民记者的人数已多达4万余人，OMN的日均访问量为200万人次，页面日均点击量则高达1910万次。考虑到韩国不到5000万的总人口，这个访问量已相当了不起了。2000～2005年，OMN还连续进入了由韩国《时事杂志》评选的“韩国最有影响力媒体”前十位，它也是唯一进入十强的网络媒体，其中2005年名列第6位。①

OMN的发展模式，基础在对市民新闻（Citizen Journalism）的倡导与坚持，打破了垄断势力的媒介控制权，特色在充分调动广大新闻爱好者的力量，突破传统新闻编写模式，多角度发掘新闻价值，多元化和个性化相结合，抓住典型事件做大文章进而打造网站的美誉度和影响力，从而打开了网站发展的全新局面。2006年，《经济学人》杂志曾指出，OMN是全球公认的市民新闻的典范。从2000年创办至今，OMN不断求新，积极拓展新闻传播领域。2004年5月，OMN建立英文国际网站；其后，与日本媒体巨头“软银”（Softbank）合作，推出日文版的OMN；2006年8月，OMN开通了“我的电视广播”（Oh My TV Broadcasting），走向跨媒介传播发展之路。随后韩国也兴起了市民新闻网站的注册热潮，特别是依托微博等媒体发展而成的新媒体。但随着竞争对手的激增和广告份额的减小，OMN的日本分站已宣告关闭，网站排名也急剧下跌，未来发展面临诸多考验。

---

① 王东：《解析韩国OMN的发展模式：新闻网站的经营策略》，《传媒》2009年第2期。

4. 杂志市场细分化专业化

2011年1月，Freedom house出版社代表Lee Jong-min创办了离婚类专门杂志《离婚故事》（www. divorcestory. co. kr），这是韩国第一本以离婚为主题的杂志，首期杂志中包括创刊特辑文章，以及法律、金融和心理专家的良言，杂志主要以离婚事例和“历史中的结婚和离婚”等为卖点，关注社会焦点话题。韩国顶级明星金荷娜2010年在网上开办了《金荷娜杂志》（www. joneplus. co. kr/kimhaneul），该杂志是专门提供有关金荷娜的各种消息的新概念网站，可以像阅读纸质杂志一样浏览，这也是杂志市场出现的新趋势。

不同类型不同受众领域的杂志在韩国出现并不稀奇，但杂志优胜劣汰的周期有时也较短，杂志市场竞争激烈。除了专门杂志社发行杂志外，传统的日报社也会发行不同类型的杂志，如《朝鲜日报》社就有《周刊朝鲜》、《妇女朝鲜》、《月刊朝鲜》等；《东亚日报》社有《周刊东亚》、《新东亚》、《妇女东亚》和《科学东亚》等；《中央日报》社有《经济学者》、*Newsweek*（韩文版）和《妇女中央》等。特别值得一提的是，中央日报出版局从《中央日报》独立出来进而形成一家独立的书刊出版企业中央M&B，经过市场重重考验，现已成为韩国首屈一指的出版传媒集团。报业公司发行杂志期刊占据先天优势，在人力资源、内容采集和编排印刷等方面能有效节约成本。

5. 跨国集团重视传媒领域

韩国CJ集团在电影和广播市场颇有建树，并把触角伸向国外，在美国、欧洲和日本等国家和地区制作电影、广播和唱片。CJ集团主要扮演内容供应商的角色，旗下CJ Media引领了韩国新兴媒体的发展，凭借高水平的制作能力和资金优势，运营着韩国人气最高的音乐频道（m. net，m. net Nonstop），烹饪饮食专栏频道以及综合电影频道（Home CGV）等，将有线电视、卫星广播、网络及移动广播事业经营得有声有色。目前，CJ集团的业务范围主要包括五大领域，其中媒体娱乐领域在集团内越来越受重视，CJ集团将其视为在数字环境下企业未来的核心领域，是最为重要的业务领域之一。媒体娱乐领域是直接从事媒体内容和关联企业活动的，CJ娱乐、CJ CGV、CJ媒体、CJ有线和CJ音乐都在其中。在电影方面，在韩国上映的每两部电影中就有一部是由CJ集团制作发行。还有CJ有线网络公司包括CJ集团四大核心业务区域的MSO（Multi System Operator），运营着多家有线广播台。

三　韩国新媒体发展影响深远

有报道显示，现在大多数指标中，Naver、Daum 等韩国网民经常使用的 5 大门户网站的占有率超过了韩国 9 大日报的总和，其中在“使用时间和专注程度”方面，5 大门户网站甚至超过了 3 大电视台。① 随着互联网和手机媒体等新媒体的不断普及和发展，新媒体正在瓜分传统媒体的原有市场份额，受众的分化明显，特别是年轻一代正在远离报纸和电视，对新媒体的使用频率在增加。新媒体中的手机媒体、IPTV、数字电视、移动电视、博客和播客等正改变着韩国用户的媒介使用习惯，并进一步影响传媒生态的发展。

1. 互联网成为新媒体发展的重要载体

据 2009 年 CNNIC 发布的数据显示，韩国互联网的普及率从 2007 年的 66.1% 攀升至 76.2%，甚至超过了美国同期的 74.7%。韩国人口不到 5000 万，却有着高达 96% 以上的手机普及率，2011 年将有望达到 100%。在韩国有 50% 的手机用户玩手机游戏，而在 1500 余家游戏企业中，40% 的企业在制作网络游戏，30% 的企业在制作手机游戏，手机游戏的使用量也较为可观。

此外，韩国移动互联网依托技术优势，从早期的手机铃声下载、新闻服务等业务逐渐向移动多媒体、移动社区、移动 UGC 等新型移动互联网业务转移。据估计，约 50% 的韩国人口都是移动赛我网的注册用户，在线交易类业务也极大地冲击了离线业务市场，如移动拍卖等。韩国移动互联网业务包括移动多媒体服务、移动音乐门户网站服务、手机游戏、移动购物、手机银行以及包括移动搜索、移动社区等在内的无线和固定互联网互通服务。

2. IPTV 等产业前景被看好

韩国积极投入新旧媒体融合发展的探索之路，移动互联网、无线广播电视和移动报纸等迅速发展。IPTV 网络电视业务列表中有多项服务，还提供了杂志内容或者新闻内容，点击后可选择视频或语音阅读，突破了传统杂志的传播途径，通过新媒体的形态优势再现杂志的魅力。通过相关政策的支持，根据韩国 3 大 IPTV 公司（即 KT、SK 宽带、LG－Dacom 公司）对 IPTV 观众用户数的统计，截

① 张玲等：《直击韩国 2009——驻韩中国记者一线实录》，世界知识出版社，2010，第 36 页。

至2009年10月该数据已超过100万户。韩国IPTV从当年1月起开始提供服务，在不到1年的时间里，用户人数已超过百万，与有线电视和卫视等其他媒体相比，IPTV的普及速度相当快，该数据也使得业内人士更为看好IPTV的未来前景。

3. 成立专门组织推动行业发展

为促进新媒体的发展和普及，使新媒体的技术更广泛地应用于社会各阶层，韩国政府积极探索行业发展的有效路径，推动新技术的功能转换。2008年10月10日，专门成立了韩国数码媒体产业协会（Korea Digital Media Industry Association，KODIMA），负责韩国IPTV产业发展，代会长由前KBS董事金仁圭出任，副会长为KT成长事业部长尹宗录。其主要任务是促进IPTV产业发展，其中较有影响的是在韩国各地区开设IPTV读书房，供学生课后补习使用，家境贫寒的学生也可来此学习，有利于缩小教育落差。该机构从2009年2月开设第1家IPTV读书房，截至2010年年中，共已开设100多家，并向上千家的目标迈进。韩国数码媒体产业协会会员包括KT、SK Broadband、LGT 3家IPTV业者，KBS、MBC、SBS、EBS等地面波频道业者，TU Media、韩国DMB等DMB业者，以及Sky Life、SKT、三星电子、韩国微软（Microsoft）、电子新闻、IPTV论坛、IPTV解决方案协会等，共35家。

4. 大力推进手机媒体相关产业

在手机电视业务领域，为更好地满足受众需要，韩国正大力推动利用卫星和移动网络向公众传送视频和音频节目的数字多媒体广播业务（DMB），开办数字多媒体广播等新媒体服务正成为韩国电视发展的重要推动力。2004年，韩国政府向韩国第一大移动通信运营商SKT旗下的TU Media正式发放S-DMB牌照，后续又对全国最大的4家电视台（KBS、MBS、SBS、EBS）和有线电视服务商发放了6张T-DMB牌照，韩国成为继日本之后最先发展全球商用手机电视业务的国家。截至2009年底，韩国手机电视业务用户数达到77万户，同时，韩国6家地面DMB（数字多媒体广播）运营商将开展“DMB 2.0”业务，为客户提供一系列数据服务，包括电子商务、股票行情及个人视频录像业务。[①] 此外有数据显示，截至2009年5月底，地面波DMB终端设备用户数超过2000万户，地面波DMB用户与卫星DMB用户数量合计超过2200万户，表明韩国人口的45%正在接受DMB服务。

① 牛林杰、刘宝全：《韩国发展报告（2010）》，社会科学文献出版社，2010，第203页。

5. 新媒体载体不断被开拓

随着技术的改进和市场的变化，电子书的功能正在不断地被放大，韩国本土制造的平板电脑 Galaxy Tab 也开始进军媒体市场，其将在媒体企业拓展业务和创造新商务模式方面起到很好带头的作用。Galaxy Tab 使用者通过集结报纸、杂志、图书、漫画，甚至还有各种专业报告书的“Reader's Hub”和包括电影、电视剧等的“Media Hub”就能够很容易地获得全球资讯内容。Galaxy Tab 上市仅一个多月就在世界 30 多个国家售出了 70 多万台，成为热门产品。

6. 社交媒体发展迅猛

诸如聊天软件群组、SNS 社交网站、论坛、博客和微博等社交媒体在韩国发展迅猛，用户可以通过智能手机、网络平台等载体来使用社交媒体，有研究显示韩国社交网站 Naver 每月都会吸引 95% 的韩国网民。韩国最大社交网站赛我网成立于 1999 年，2003 年韩国最大电信运营商 SK 电信收购该公司，有资料显示 1/3 以上韩国人注册成为该网站会员，该网站以 SNS 为核心，提供会员网络空间、网志、相簿及留言板等功能，类似于一个虚拟社区的概念。

Facebook 和 Twitter 在韩国的发展风头正劲，自 Facebook 进军韩国市场以来已拥有 110 万以上的注册用户，并且用户数量还在不断攀升，虽与本土最大社交网站赛我网拥有 2500 万用户的成绩相比还有较大差距，但 Facebook 在韩国的影响力正在日益增强；Twitter 普及面较广，在公众舆论的发起和传播方面几乎有替代传统媒体之势。韩国很多企业也利用这种新型社交媒体平台来建立营销网络推广新产品、新服务，社交媒体成为网络购物的渠道之一，公众在做购买决策时易受到社交媒体的影响，同时反过来也更加有力地促进了韩国社交媒体的发展。

2007 年就开始实施网络实名制的韩国，考虑到个人信息被泄露的可能，政府已决定分阶段逐步取消网络实名制。2011 年 7 月赛我网遭黑客攻击，导致其全部用户的个人信息被泄露，网络不安全因素引人深省。此外，社交媒体也容易成为谣言传播的平台，而在言论自由与监管之间如何加强管理和监管已成为业界学界关注的重点。

社交游戏借助社交媒体平台呈现新的发展态势，韩国游戏巨头 Hangame 和 Nexon 已进入社交游戏市场，并收益不菲；SK 通信和 Daum 等韩国门户网站也都开通微博和博客，并以此为基础开发社交游戏。

B.5 印度传媒产业发展报告*

刘 琛**

一 印度传媒产业行业发展分析

传统意义上，印度的电影业和出版业始终较为繁荣。自20世纪90年代以来，印度国内的广播电视业也取得了长足的进步。自2005年以来，印度电影、出版、广播、电视和互联网等行业的发展状况呈现以下特点。

（一）电影业

众所周知，印度的电影业始终在国际舞台上占据着重要地位，号称全世界规模最大。借助全球化的各种优势，印度电影的国际观众人数迅速增加。2000年《吉尼斯世界纪录》把印度列为全球最高产的电影生产国。①

1. 印度电影走出去

印度电影业在"十五"（2002～2007年）期间的计划发展情况如表1所示。

通过对比分析印度国家"十五"（2002～2007年）和"十一五"（2007～2012年）的报告，可以看出近年来印度政府越来越注重"印度电影走出去"。电影部负责的"印度国外电影节计划"（Foreign Festivals Scheme of India，FFSI）的目的就是专门资助和支持印度电影参与国际电影节。在印度信息与广播部看来，"参加电影节不仅可以让世界看到印度电影，也可以借此了解电影制作技术，更有助于开展电影贸易"。② 每年，印度都积极参与各类国外电影节，包括戛纳电影

* 本项目得到印度驻华使馆大力支持，特别感谢印度驻华使馆新闻与教育部一等秘书Vinayak Chavan先生。感谢国家广电总局亚非拉处的大力支持。此外，北京外国语大学国际新闻专业研究生杨子曼作为项目助理参与研究，负责资料搜集和整理。

** 刘琛，博士，北京外国语大学英语学院副教授，中国跨文化交际学会常务理事，跨文化研究中心主任，主要从事中国国家形象研究与亚洲传媒研究。

① 香港《信报》:《印度影视娱乐前程灿烂》,《广东艺术》2000年第4期，第55页。

② *The Annual Report of Ministry of Information and Broadcasting*（*2006～2007*）.

表1　2002～2007年印度信息与广播部电影业“十五”发展计划

单位：十万卢比

编号 \ 项目	传媒单元	计划投入	东北部成员
1	电影部	5245.00	175.00
2	国家电影 NFAI	1360.00	
3	普那印度影视研究所	1210.00	
4	加尔各答 Satyajit Ray 影视研究所	135.00	
5	电影金融公司	2500.00	
6	印度儿童电影协会	2892.00	
7	电影许可证中央委员会　电影之翼计划(Main Sectt Schemes)	1400.00	90.00
8	总计向 FFSI 支援	20.00	
9	总计向参与电影制作和电影节的 NGOs 资助	80.00	
10	国内和海外市场	500.00	
总　计		15342.00	265.00

注：东北部成员包括锡金（Sikkim）。表中部分中文译名参照了毛小雨著《印度艺术》一书。

资料来源：*The Tenth Five Year Plan*（2002～2007）。

节、柏林电影节和美国电影节等。印度政府宣称要抓住每一个机会去推广本土电影，同时也包括组织印度自己的电影节。在印度的“十一五”（2007～2012年）规划报告中，统计显示“印度国外电影节计划”获得政府专项拨款200万卢比，截至2007年已经全部到位。此外，政府还拨款资助印度的大约250家电影协会，要求它们在国内开展电影普及和提升民众电影欣赏兴趣和水准等工作。在“印度电影走出去”工作中，信息与广播部将打击盗版也作为一个工作重点。

表2　2005～2009年印度参加电影节情况统计

编号	活　动		2005～2006年		2006～2007年		2007～2008年		2008～2009年	
			计划指标	完成指标	计划指标	完成指标	计划指标	完成指标	计划指标	完成指标
1	印度全景国际电影节		1	1	1	1	1	1	1	1
2	文化交流项目下的电影节和其他国外电影博览会	印度	6	5	6	3	6	5	6	6
		国外	6	3	6	4	6	5	6	6
3	国外电影节		45	35	45	46	45	39	46	52
4	国家电影奖项		1	1	1	1	1	1	1	1
5	印度国际电影节		1	1	1	1	1	1	1	1
6	印度全景国际电影节字幕电影	长　篇	21	21	21	20	21	21	26	26
		非长篇	21	16	21	20	21	15	21	21

资料来源：*The Annual Report of Ministry of Information and Broadcasting*（2008～2009）。

2. 印度电影产业经营情况

据统计，印度全国约有1.3万家电影院。目前，信息与广播部的电影部共有10个电影发行办公室，分别位于班加罗尔（Bangalore）、孟买、加尔各答、海德拉巴（Hyderabad）、印度北方邦首府勒克瑙（Lucknow）、钦奈、马杜赖（Madurai）、那格浦尔（Nagpur）、蒂鲁文南特布勒姆（Thiruvananthapuram）和维查雅瓦达（Vijayawada），主要负责发行纪录片、新闻片和政府资助的电影。

从政府对电影业的指导思想来看，印度自2007年以来，非常注重以下主题：民族和谐与融合；社会与家庭福利措施及成效；农业及农村发展问题；妇女与儿童的权益保护，尤其是提升妇女地位的问题；印度当前的历史发展进程等。从电影上映的数量来看，印度电影上映数量的情况如表3所示。

表3 2006～2009年印度电影上映数量统计

单位：部

电影类别＼年份	2006	2007	2008	2009
本土故事片	1091	1146	1352	819
外国故事片	336	355	295	184
本土短片	1748	1872	1803	1125
外国短片	1748	313	272	185
本土长篇电影(非故事片类)	0	1	1	1
外国长篇电影(非故事片类)	1	6	3	3

注：印度电影分为U，UA，A和S四级，此表统计为四级电影的总和。

资料来源：*The Annual Report of Ministry of Information and Broadcasting*（2006～2010）。

通过分析上映的印度本土制作的故事片可以发现，题材排名前三位的是剧情片、动作片和犯罪片。科幻片、惊悚片和悲剧片的生产数量相当有限，每年平均为1～2部。与此相适应，在印度进口的国外影片中，排名前两位的题材是动作片和犯罪片。这从一个侧面反映了印度民众的欣赏习惯以及由此而形成了印度电影文化的一个突出特色。

在引进国外电影方面，印度主要从美国、中国香港、意大利、英国、泰国、伊朗、丹麦、韩国、法国、加拿大、德国、日本、新西兰和西班牙等国家和地区进口电影。其中，美国和中国香港在过去的五年中始终排名冠亚军。然而，令人遗憾的是中国内地拍摄的电影却没能在印度市场大有收获，其表现甚至不及泰国和伊朗等亚洲国家。

3. 印度宝莱坞的发展状况

印度著名的孟买电影基地——宝莱坞在国际影坛家喻户晓。近年来，在国内迅速发展的软件业的推动下，加之生产成本低廉宝莱坞电影已经成功地将具有鲜明民族与地域特色的爱情片、拳击片和歌舞片推广到海外市场，并赢得全球观众的喜爱。

据统计，宝莱坞共有近100家电影制片厂，从业人员30多万人，每年生产千部以上的电影，超过了美国。其中，Dharma电影公司和Yash Raj电影公司是佼佼者。“印度每年花在电影票上的钱有20亿美元，到2012年这个数字有望增加30%。近年来，印度电影收入保持了每年约17%的增幅，而好莱坞仅有3%。”①

随着印度经济实力的不断增强以及本土电影业的发展壮大，在过去的五年里，宝莱坞将发展重点转向进军国际市场，真正打响“印度制造”。长期以来，宝莱坞电影的海外观众主要局限于印度的侨民。现在，宝莱坞要谋求进入主流院线。

总体上，宝莱坞的全球化战略主要包括以下三个主要措施。

第一，以本土文化诠释全球化主题。印度厚重而绚烂的文化是宝莱坞的制胜法宝。在从传统向现代转型的过程中，使用不同语言、信仰不同宗教的众多民族产生了不同的文化，并使印度文化呈现出举世罕见的多样性。在走向世界的道路上，宝莱坞电影珍视民族传统，以印度传统文化作为源头和基础，并在包装和形式上积极汲取好莱坞等西方电影的长处。因此，宝莱坞电影在国际市场获得了更加广阔的发展空间。近年来，在全球都取得巨大成功的宝莱坞电影《贫民窟的百万富翁》（Slumdog Millionaire）、《宝莱坞生死恋》（Devdas）和《三个傻瓜》（Three Idiots）等就是代表性案例。

第二，以战略伙伴方式谋求与好莱坞的合作。近年来，宝莱坞不仅重金邀请好莱坞明星和著名电影制作人为印度电影服务，而且积极谋求与迪士尼公司、Sony公司、时代华纳和维亚康姆等好莱坞重要的电影公司合作。印度与好莱坞共同投资拍摄影片，其中一些电影还在美国取得了不俗的票房成绩。因

① 王树英：《超过美国，印度每年票房达20亿美元》，http：//www.ce.cn/culture/whcyk/gundong/201101/25/t20110125_ 22169631.shtml。

此，自 2008 年以来，迪士尼等公司都提高了对印度电影制作项目的投资规模。近期的一些新闻表明，宝莱坞新近的计划是与美国电影公司合作投资电影制作公司。

第三，以交流和学习为目的，广泛参与国际电影活动。近年来，宝莱坞非常注重推出本土电影工作者，让他们与其他国家的电影人共同合作并从中学习。很多印度电影演员都在国外电影中担纲主演。此外，宝莱坞也积极参与各种电影节评委会活动。2011 年 2 月，第 61 届柏林电影节公布了主竞赛单元的评审团。印度宝莱坞著名演员、导演及制片人阿米尔·汗（Aamir Khan）名列其中（他也是《三个傻瓜》的主演之一）。

（二）出版业

印度共有 1.6 万家出版社，每年用 22 种语言共出版 8 万余种图书，其中每年出版的英语图书数量占到年出版图书总量的 30% 左右，印地语图书所占的比例略高于 30%，剩下的是以 20 种印度政府承认的语言出版的图书。[①] 截至 2009 年，印度共有报纸 8400 种。[②]

1. 印度政府出版图书报刊状况

印度主要的政府出版机构有印度新闻托拉斯（Press Trust of India，PTI）和信息与广播部的出版部等。

印度新闻托拉斯总部位于新德里，是印度最大的新闻通讯社。1947 年，印度独立后，政府把它从路透社的手中接管了过来。目前，该社在印度拥有 450 个新闻稿订户，在全国建立了 150 多个办公室和 132 家分社。在国际上，印度新闻托拉斯与 100 余个新闻机构合作，其中包括法新社、纽约时报和 Bloomberg 等著名媒体。

印度新闻托拉斯是一个半官方的非赢利性机构，由国内报业经营者联合投资。它的新闻稿订户都可以成为股东，但是不分红。

印度信息与广播部的出版部负责管理涉及国家重要问题以及印度文化遗产传承的各项出版工作。该部门的一个主要任务是保证上述出版物能够以民众可承受

---

① 舟舟：《印度出版市场概况》，http：//www. cptoday. com. cn/News/2009 – 05 – 25/2724. html。

② *The Annual Report of Ministry of Information and Broadcasting*（*2008 ~ 2009*）.

的价格到达普通百姓手中。基本上，印度平民对书报的购买力较低，全国70%的出版物由各种图书馆购买。

出版部每年出版图书120～150种，使用的语言主要是英语、印地语和其他地区性语言。出版部出版月刊18种，包括1948年创刊在印度深受喜爱的儿童刊物 *Bal Bharati*、印度知名的印地语和乌尔都语（Urdu）刊物 *Aajkal*，以及具有54年历史的出版部旗舰级刊物 *Yojana*。*Yojana* 属社会经济类，每期同时使用13种语言出版，目的是"让全印度的人民都能够了解国家在社会经济领域的政策，让那些生活在小城镇和偏远地方的人也能够掌握这些对于他们来说是非常重要的信息"。①

表4　2005～2007年印度出版部月刊发行量年度统计

单位：种

序号	刊物名称	使用语言	2005～2006年	2006～2007年
1	*Aajkal*	印　地	6667	6662
2	*Aajkal*	乌尔都	2196	2212
3	*Bal Bharati*	印　地	9121	12058
4	*Kurukshetra*	英　语	17629	18525
5	*Kurukshetra*	印　地	30208	30783
6	*Yojana*	英　语	30208	29475
7	*Yojana*	印　地	28977	29475
8	*Yojana*	奥里亚	915	975
9	*Yojana*	旁遮普	286	550
10	*Yojana*	乌尔都	417	416
11	*Yojana*	阿萨姆	500	500
12	*Yojana*	孟加拉	5767	6283
13	*Yojana*	吉吉拉特	5119	5101
14	*Yojana*	埃纳德	1233	1916
15	*Yojana*	德拉维族语	600	600
16	*Yojana*	马拉地	3221	3156
17	*Yojana*	泰米尔	16493	17333
18	*Yojana*	泰卢固	4998	4770
总　计			151546	159625

资料来源：*The Annual Report of Ministry of Information and Broadcasting*（*2006～2007*）。

① 来自对 Vinayak Chavan 先生的访谈。

印度信息与广播部的出版部还设立了 Bharatendu Harishchandra 奖鼓励印地语创作。此外，该奖还特别注重表彰关于儿童权益、妇女地位和民众融合等题材的创作。出版部图书报刊出版的销售年度税收统计如表 5 所示。

表 5　2005～2010 年印度出版部图书报刊出版销售年度税收统计

单位：十万卢比

项目＼年份	2005～2006	2006～2007	2007～2008	2008～2009	2009～2010
销售税收	414.16	412	524	594	290

注："2009～2010"项统计时间为 2009 年 4～11 月。

资料来源：*The Annual Report of Ministry of Information and Broadcasting*（2006～2010）。

2. 印度民营出版图书报刊状况

印度的出版社大多属于私人所有，具有出版能力的约 3000 家，每年出版图书品种在 100 种以上的大型出版社 20 家，年度出版图书品种在 50～100 种的中型出版社有 100 余家。①

印度全国有 1600 多家书店，主要位于大城市，生活在小城市和偏远地区的印度人更多是在书摊上选购图书。

英语图书在印度的增长非常迅速。很多国际出版集团都进入了印度，其中包括兰登书屋、哈珀·柯林斯、牛津大学出版社、麦格劳－希尔等，主要集中在新德里和孟买。② 由于难以与这些国外出版社直接抗衡，印度本土的中小型出版社大多会选择某一专业领域。

UBS 出版与发行公司是印度最大的书刊批发与进口公司。国内的出版发行市场主要由 20 余家商业出版公司控制。

在图书进口方面，政府鼓励本国出版物出口。印度进口的出版物主要是学术性著作和儿童图书，主要来自英国和美国。在图书出口方面，主要的出口国家和地区是南亚、西亚和东南亚国家，也包括英国、美国、加拿大和非洲。这些出口图书以印度和美国合作出版的教科书为主。印度的图书出口呈现逐年增长的趋势，2005 年和 2006 年的出口额分别为 42.8 亿卢比和 61.5 亿卢比。

---

① 舟舟：《印度出版市场概况》，http://www.cptoday.com.cn/News/2009－05－25/2724.html。

② *The Eleventh Five Year Plan*（2007～2012）.

印度时代集团（The Times Group）是最大的主营出版的跨媒介公司。该集团拥有 11 个出版中心、15 个印刷中心、55 个销售处，员工超过 7000 人。印度时代集团经营 5 种日报，其中有两种是印度发行量最大的，达每日 430 万份。此外，集团还经营 32 家广播电台和 2 个电视新闻频道。集团的营业额超过了 7 亿美元。①

（三）广播业（2005～2010 年）

印度人口众多，且很多贫困人口聚居在山区。因此广播电台是平民了解信息的重要途径。印度的广播业对私营企业开放，允许它们自办广播电台。然而，播出能够覆盖全国范围而且实力雄厚的广播电台只有印度国家广播电台——全印广播电台。

根据 2001 年的人口统计，印度有 2.1 亿户家庭，其中有收音机的家庭数达到 1.32 亿户，广播覆盖全国 99.13% 的人口。印度国家广播电台播出 229 个频道，私营 FM 广播电台 42 家和 1 家私营卫星广播电台——“世界空间”（World Space）。②

1. 印度国家广播电台

印度国家广播电台——全印广播电台，隶属于印度广电集团。目前，在全国共有 222 家广播电台。电台的最高负责人是总经理，负责电台的行政和审查工作。印度国家广播电台由 5 个部门组成，分别是节目部、工程部、行政部、安全部和受众研究部。各部门下设不同的办公室。

截至 2010 年，全印广播电台已经能够使用 44 种民族语言播出节目，而且各自的新闻节目都不同，都是为各地区量身打造的。这极大改变了 20 世纪 90 年代，国家广播电台的新闻基本是同一个内容被翻译成各族语言的不利局面。为了更好地提高新闻服务质量，全印广播电台成立了新闻与新闻节目部（News and News Programmes），专门负责时事新闻。目前，该部门每天播出 509 条新闻，使用国内外语言和方言 82 种，并且能够连续播出 52 个小时的节目。③新闻与新闻节目部在全国共有 44 个新闻站。该部门制作的节目内容丰富且形式

① The Times Group, http://en.wikipedia.org/wiki/The_ Times_ Group.

② *The Eleventh Five Year Plan*（2007～2012）.

③ *The Annual Report of Ministry of Information and Broadcasting*（2007～2008）.

多样，包括访谈、谈话类节目、新闻杂志类节目和时事分析。嘉宾来自各个领域，而且也会邀请普通听众参与讨论。基本上，讨论的话题都是社会热点问题。[①]

在国际广播方面，全印广播电台成立了对外服务处（External Services Division）。截至 2010 年，国际频道已经覆盖世界 100 多个国家，播出语言中 16 种为外语、11 种为印度语言。

值得注意的是，政府对全印广播电台的节目有比较明确的要求，电台不仅需要注重满足百姓对信息的需求，而且要为提升民族团结与融合作出不懈努力。[②]

就商业性活动而言，全印广播电台一直按照 1∶1 的比率从其他电台购买节目。电台自己的主要客户是政府的各个部门，主要是农村发展部（Ministry of Rural Development）、卫生与社会福利部（Ministry of Health & Family Welfare）、农业部（Ministry of Agriculture）和人力资源发展部（Ministry of Human Resource Development）等。

通过电台各部门的共同努力，全印广播电台的税收收入不断增加。2006 年，其总税收收入达到 268.83 千万卢比，创历史纪录。

表 6　1997 ~ 2009 年印度广播听众涉及地区统计

单位：个

年　份	农村地区	城市地区	总　计	年　份	农村地区	城市地区	总　计
1997 ~ 1998	49	46	47	2004 ~ 2005	58	53	56
1998 ~ 1999	56	44	50	2005 ~ 2006	52	60	56
2000 ~ 2001	52	49	51	2006 ~ 2007	55	50	52
2001 ~ 2002	58	48	53	2007 ~ 2008	57	51	54
2002 ~ 2003	45	55	54	2008 ~ 2009	61	54	58
2003 ~ 2004	58	53	56				

资料来源：*The Annual Report of Ministry of Information and Broadcasting*（2009 ~ 2010）。

2. 印度私营广播电台

在政府的政策鼓励下，印度私营广播电台的发展势头良好。2009 年，国家从私营 FM 广播频道获得税收入 47.82 千万卢比。[③]

---

① The Public Relation Office, All India Radio.

② *The Annual Report of Ministry of Information and Broadcasting*（2006 ~ 2007）.

③ *The Annual Report of Ministry of Information and Broadcasting*（2009 ~ 2010）.

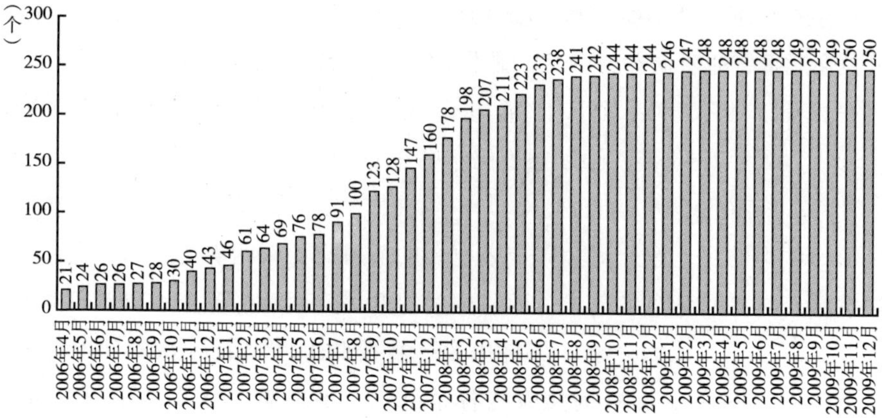

图 1　2006 年 4 月至 2009 年 12 月印度私营 FM 广播频道数量统计

注：截至 2009 年 12 月 15 日

资料来源：*The Annual Report of Ministry of Information and Broadcasting*（2009～2010）。

很多私营电台都深受印度人民的喜爱，Vividh Bharati 就是其中的领军人物之一。

Vividh Bharati 广播电台每天播送长达 15～17 个小时的娱乐节目。它提供的节目内容非常丰富，既包括新闻也包括娱乐节目。这些节目在 Vividh Bharati 位于孟买的总部制作，覆盖全国 97% 的人口。

Vividh Bharati 最初于 1967 年引入广告。目前，电台的主要频道，如 FM 频道和地方频道（Local Radio Stations）等都逐渐开播广告。电台广告对于商家来说，不仅成本不高，而且还能覆盖到其他媒介难以覆盖的边远地区。

随着通信技术的发展，电台的传播方式也从传统的波段传送逐渐演变成 FM 数字立体声传送。

此外，Vividh Bharati 还与全印广播电台合办了 39 个商业广播服务中心（CBC Centres & Vividh Bharati），主要负责节目生产和销售。

（四）电视业

印度自独立以来，政府长期根据殖民地时期遗留下的《电报法》① 全面垄断印度电视传媒。20 世纪 80 年代，印度步入了经济调整时期，拉·甘地领导的政

① 该法第 2 章第 4 条的规定，政府有权控制在国内建立和经营的广播机构。

府主张科技兴国。鉴于此，同时也受到 SITE 试播成功的鼓舞，印度政府开始把电视传媒的首要功能定义为在国民中树立统一的国家观念。90 年代以来，印度电视传媒向国内私营企业和国外公司开放，并对国有电视台进行体制改革。此后的 10 余年里，印度电视传媒迅速崛起。

目前，印度共有 1398 个接收站，4 个用于公共广播的数字接收站，6000 家多系统运营商（Multi-System Operators），3 家数字 DTH 卫星电视运营商和 6.5 万家私营性质的地方有线电视运营商。在全国 2.1 亿户家庭（2001 年人口普查数字）中，收看电视的家庭为 1.08 亿户，其中有 6800 万户家庭收看有线电视和卫星电视。DTH 用户约 560 万户，其中 DD DTH 用户为 400 万户，私营 DTH 的用户为 160 万户。① 2009 年，印度私营卫星电视频道的数量从 2000 年的仅 0 个增加到 439 个。

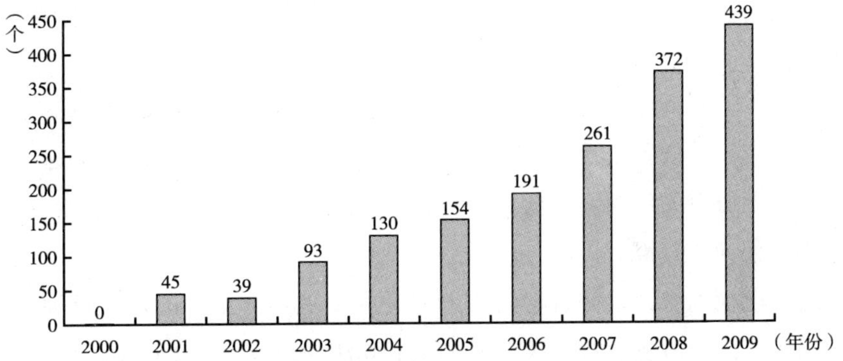

图 2　2000～2009 年印度电视频道发展年度统计

资料来源：*The Annual Report of Ministry of Information and Broadcasting*（*2009～2010*）。

1. 印度电视内容建设分析

早在“十五”（2002～2007 年）期间，政府就提出如果要维护国家电视台的影响力，核心就是电视节目的内容。由于印度私营电视台的繁荣发展，再加上电视传播技术的跳跃式前进，国有电视台遭遇着前所未有的严峻竞争。“十一五”（2007～2012 年）规划指出，“现在，印度的信息和广播业已经开放，国外的和

① *The Eleventh Five Year Plan*（*2007～2012*）.

本土的私营电视台都在挑战国家电视台曾有的主导性地位”。①

随着电视技术的日新月异和在国内的迅速普及，印度近年来将打造优质的电视节目内容作为电视业发展的重中之重。为此，“十一五”（2007～2012 年）规划提出，DD 等公共服务广播机构必须重视节目内容建设，要保证关于政府的节目受到观众喜爱，要提升自己的社会影响力。此外，政府要重新建构印度广电集团。

对此，印度信息与广播部认为技术的发展给电视内容的生产和传递带来了全新的模式，因此对于内容的监管提出了更高的要求。然而，“一个充满竞争的市场需要多样化的节目生产与提供者，垄断是需要避免的。当电视服务者发展迅速且逐渐遍及印度时，政府不仅不可能去调控电视节目的内容，而且这种做法也不符合大众的需求”。②

目前，印度的电视节目基本是针对当地的特殊需求，使用各种语言制作的。影响电视内容建设的一个瓶颈问题是如果政府不能够发挥监督和管理的作用，那么谁来担任“裁判员”？截至 2010 年，印度电视业主要采取行业自律的办法。一些规模较大的私营电视台联合组成行业协会，对因电视内容而产生的纠纷进行仲裁，并制定相关规范。从反馈意见来看，协会的作用并不大而且引起了争议。主要原因在于协会的组织者及成员都是私营电视业的巨头，因此他们难免会将自己的行为就作为了标准。

总之，电视内容建设问题已经引起了政府、业界和学界的高度重视。但是，目前的措施主要是改进电视技术，而相关的立法与规范还处于摸索阶段。

2. 印度国家电视台

DD 是公共服务性电视台，也是世界上规模最大的电视网络之一。截至 2010 年，DD 共有 31 个电视频道和 1 个免费收看的覆盖全国的 Ku 波段 DTH 频道，66 个演播室和遍布全国的 1412 个转播站。现在，印度 92.2% 的人口能够收看到 DD 的节目。2008～2009 年，DD 的税收收入为 818.19 千万卢比。③

DD 的主要功能是架起政府与人民之间沟通的桥梁，尤其是要保证将国家政治、经济和社会改革等重要信息传递给印度的普通民众。经过多年的努力，DD

① *The Eleventh Five Year Plan*（*2007～2012*）.

② *The Annual Report of Ministry of Information and Broadcasting*（*2009～2010*）.

③ *The Annual Report of Ministry of Information and Broadcasting*（*2009～2010*）.

的播出能力不断提高。以 DD 新闻频道为例，2010 年它已经覆盖全国 48% 的人口。此外，DD 新闻频道可以被非有线电视和卫星电视用户收看，而这部分人占印度总人口的绝大部分。该频道在印度的口碑很好，是新闻频道中收视率最高的，并因此被誉为印度家庭最喜爱的频道。可以说，对于人口、民族和教派众多的印度来说，DD 发挥的作用是非常积极和重要的。

2005 年以来，DD 的建设重点是顺应电视技术的发展，积极开辟 DTH 服务和手机电视（Mobile TV）。

在“十五”（2002～2007 年）计划期间，国家电视台的数字化建设就已经成为工作重点。DD 于 2004 年开播了第一个有 33 个频道的 DTH 平台，即“DD 直加频道”（DD Direct Plus）。该频道是免费收看的。但是，政府要求私营公司播出 DTH 频道时，需要缴纳许可证费。根据《许可证协议》（The License Agreement）第三条的规定，“许可证费需每年缴纳，相当于该年公司 DTH 业务收入的 10%”。

表 7　2008～2009 年印度 DTH 电视频道许可证费统计

DTH 电视频道许可证名称	许可证费(卢比)
M/s 卫星直播电视	385082422
M/s 塔塔天空	328289516
M/s Sun Direct TV 有限公司	145610742
M/s Reliance Big TV 有限公司	34829054
M/s Bharti Telemedia 有限公司	0

资料来源：*The Annual Report of Ministry of Information and Broadcasting*（*2009～2010*）。

关于手机电视服务，DD 于 2007 年 5 月开始了试验性播出，共有 8 个频道。之后，DD 手机频道增加到 16 个，包括了 DD 全国频道（DD National）、DD 新闻频道、DD 体育频道（DD Sport）等。2010 年，信息与广播部开始制定新政策并将于 2011 年颁布。预计政策实施后，手机电视将配合正在进行的电视数字化进程，采用新的内容模式并使用专门的技术播出，例如 DVB－H、DMB 和 CMMB 等。

总体上，印度传媒产业的发展势头良好，并取得了令人瞩目的成就。这些成绩的取得在很大程度上离不开国家政策的支持。可以说，印度的具体国情决定了其国内大众传媒的功能、定位和服务等关键问题需要政府的引导。自 20 世纪 90 年代以来，印度传媒产业政策逐步走向科学化和系统化。

二　印度传媒产业管理结构分析

印度信息与广播部负责管理国内的大众传媒产业，其管辖范围包括广播、电视、电影和出版等领域。根据该部宣传册提供的信息，可以概括和梳理出印度传媒产业的管理架构。

信息与广播部主要由四个部分组成：信息部（Information Wing）、广播部（The Broadcasting Wing）、电影部（The Film Wing）和财政综合部（The Integrated Finance Wing）。

其中，信息部主要负责管理印刷出版行业和国家的外宣活动，分为出版（press）、宣传（publicity）、法定出版工作（statutory work of the press）和人力资源发展（manpower development）。该部门各项工作的负责机构如图3所示。

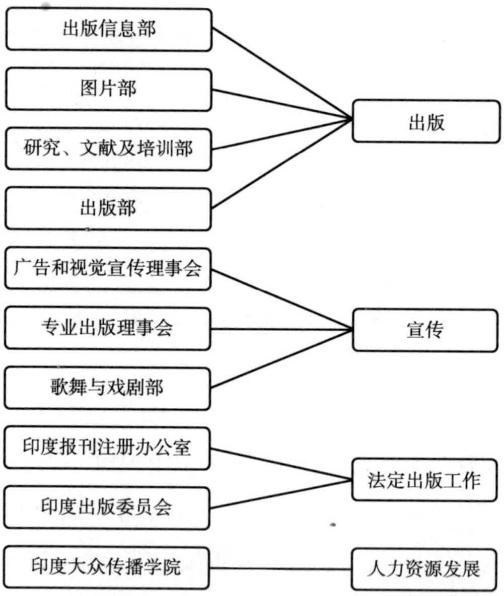

图3　印度信息与广播部信息部组成结构图

资料来源：*The Annual Report of Ministry of Information and Broadcasting*（2006～2007）。

广播部隶属于广播联合秘书会（Joint Secretary Broadcasting），负责电子媒体，主要是制定与公共广播、私营电视台、FM广播、有线电视、卫星电视和收费电视等方面的行业政策与规范。该部门直接领导印度广电集团（The Prasar Bharati, Broadcasting Corporation of India）。

电影部隶属于电影联合秘书会（Joint Secretary Films），主要负责印度电影产业的发展，组织各种电影节活动、人员培训以及制定关于电影进出口方面的政策与规定。它的具体组成如图 4 所示。

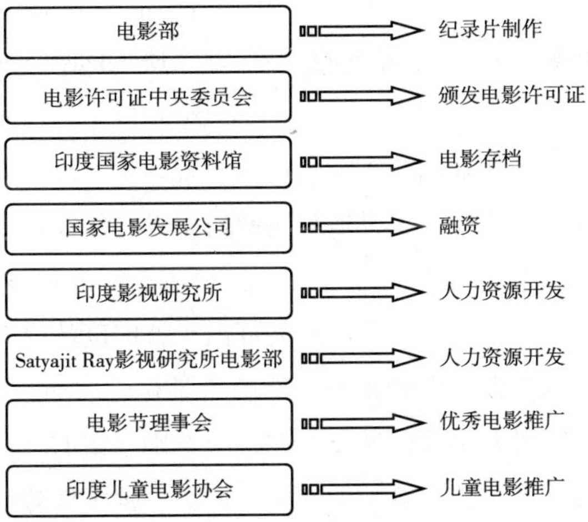

图 4　印度信息与广播部电影部组成结构图

资料来源：*The Annual Report of Ministry of Information and Broadcasting*（2006 ~ 2007）。

财政综合部负责信息与广播部的年度预算，以及各项与资金有关的工作。

印度信息与广播部的各项工作主要依靠 14 个办公室、6 个自治集团（Autonomous Organization）和 2 个公共部门企业（Public Sector Undertaking）。其中，14 个办公室分别为：印度报刊注册办公室（Office of the Register of Newspapers for India），广告和视觉宣传理事会（Directorate of Advertising and Visual Publicity），出版信息部（Press Information Bureau），出版部（Publications Division），专业出版理事会（Directorate of Field Publicity），电影节理事会（Directorate of Film Festivals），研究、文献与培训部（Research, Reference and Training Division），电影部（Films Division），摄影部（Photo Division），歌舞与戏剧部（Song and Drama Division），电影许可证中央委员会（Central Board of Film Certification），印度国家电影资料馆（National Film Archive of India），电子媒体监管中心（Electronic Media Monitoring Centre），审计管理总部（Chief Controller of Accounts)。[1] 6 个自治集团分别为：印度广电集团（The Prasar Bharati, Broadcasting Corporation of India）、印度电影和电视协会（Film and Television Institute of India）[2]、印度大众传媒研究所（Indian Institute of Mass Media）、印度儿童电影协会（Children's Film Society, India）、印度出版委员会（Press Council of India）、Satyajit Ray 影视研究所（Satyajit Ray Film and Television Institute）[3]。2 个公共部门企业分别是国家电影发展公司（National Film Development Corporation）和印度广播工程咨询有限公司（Broadcast Engineering Consultants India Limited）。

通过分析印度传媒产业的管理架构可以发现以下特点。

首先，印度大众传媒的管理采取的是政府引导与行业自治相结合的模式。比如，政府负责制定政策、规章、许可证和注册等。同样行业自身拥有自主经营权，不再只是政府的宣传机构或者准职能部门。就印度的媒介管理模式而言，反映出印度对大众传媒产业属性和服务功能的科学认识，而且符合印度人口众多、地区发展不平衡、种姓及宗教问题复杂和语言类别丰富的现实国情。

其次，在印度的大众传媒管理架构中电影业占据了优势地位。与广播、电视和报刊等媒介相比，印度信息与广播部对于电影业的管理分工更为细化，不仅成立了电影部、电影许可证中央委员会，还将电影资料保存和研究工作提升到国家的高度。此外，政府对电影业的扶持也更突出。例如，政府专门成立了为印度组织和参加国内外各类电影节服务的电影节理事会，而且该机构的地位也比较高，很受重视。每年，如果印度参加了某一个电影节，印度信息与广播部一定会将其纳入年度报告的"重点成果"（Highlights of the Year）。从这个角度看，印度在发展大众传媒的过程中体现出了对传统优秀文化的爱护与珍惜，也显示了这个国家对自身文化的较为强烈的自豪感。

最后，印度民族文化的推广与弘扬、弱势群体的权利保障在国家对传媒的管理层面就已经得到了保障。通过分析上述各组成机构的工作内容和年度工作重点（2005～2010 年），可以发现印度非常注重保护印地语和国内其他各种民族语言。

① 本部门的名称翻译根据其职能的具体介绍。
② 位于浦那（Pune）。
③ 位于加尔各答（Kolkata）。

在传媒内容上，注重保证教育类、知识性和推广农业技术等节目的比重。此外，政府还非常注重对儿童的关爱，印度儿童电影协会每年的工作都会受到信息与广播部的充分重视。

总体上，2005 年以来，印度传媒产业管理结构基本沿袭了 1991 年拉奥·辛格（Rao Singh）改革后的模式，这说明印度大众传媒管理层面的调整已经大致完成。特别值得注意的是，印度自 1975 年首次进行卫星电视播出的试验以来，就将普及国民教育、树立统一的国家意识和增加各族各宗教派别的民众的归属感视为大众传媒的首要功能和义务。时至今日，印度从未改变这种传媒价值观。

B.6
土耳其传媒产业发展报告

龚颖元*

一 土耳其传媒产业发展概况

土耳其地跨亚欧大陆，面积约 78.36 万平方公里，其中 97% 位于亚洲的小亚细亚半岛，3% 位于欧洲的巴尔干半岛。全国总人口约 7256 万（土耳其国家统计署 2009 年底数据）①，70% 的人口居住在城市②。土耳其是一个多民族、多宗教的国家，突厥人占 80% 以上，库尔德人约占 15%，其余为高加索人、亚美尼亚人、希腊人、阿拉伯人和犹太人等。土耳其语为国语。99% 的居民信奉伊斯兰教，其中 85% 属逊尼派，其余为什叶派；少数人信仰基督教和犹太教。土耳其政治是以议会制代议民主制的共和体制为框架，土耳其总理是政府的领导人，奉行多党制。行政权由政府行使，立法权则属于政府及土耳其大国民议会，司法则独立于行政及立法。现行的宪法于 1982 年 11 月 7 日起开始实施，宪法奉行世俗主义③。土耳其还是联合国、世贸组织、黑海经合组织、伊斯兰会议组织等多个国际组织和区域性组织的成员国。

20 世纪 80 年代，土耳其开始实行自由主义经济政策，经济开始逐渐呈现激烈竞争的态势，传媒企业也在这一时期获得广泛的发展机会。然而，自由主义的经济体制创造的自由市场在给传媒产业带来大好发展势头的同时也催生出了传媒业的垄断现象。到 20 世纪 90 年代，这些扩张的传媒企业除了在报纸、期刊、图书、广播、电视等传媒领域独占鳌头之外，还开始涉足包括银行、工业等在内的多个领域，传媒集团应运而生。

---

* 龚颖元，土耳其语语言文学硕士，中国传媒大学外国语学院讲师。

① http://tr.mofcom.gov.cn/aarticle/ddgk/zwdili/200203/20020300006540.html.

② http://www.ejc.net/media_landscape/article/turkey/.

③ http://zh.wikipedia.org/wiki/%E5%9C%9F%E8%80%B3%E5%85%B6.

1964年，土耳其广播电视局（TRT）成立，标志着土耳其第一个国家广播电视机构的诞生。1990年，土耳其第一家私营电视台（Star 1）的开播掀开了土耳其媒体行业的私有化篇章。① 随着第一家私营电视台的开播，20世纪90年代私营传媒机构如雨后春笋般涌现，在“大鱼吃小鱼”的过程中传媒集团获得了巨额资本，也加速了土耳其传媒垄断局面的形成，少数几个传媒大鳄成为土耳其影响舆论的主体。以土耳其传媒巨头——DOGAN集团的发展史为例，1979年，该集团的创立者Aydin Dogan通过收购Milliyet报纸开始涉足传媒领域，随后，DOGAN集团通过收购土耳其有影响力的报纸、期刊、电视台等进一步扩张自己的版图，并在近20年间始终保持着传媒行业的霸主地位。

在土耳其，传媒业又称为“传媒文化业”或“传媒娱乐业”，其中既包括传统意义的定期纸质刊物（报纸、杂志）、非定期的纸质印刷品（普通书籍、百科全书等）、电视、广播、电影、音乐，又包括互联网、移动通信（GSM）、娱乐业、足球业等近年来逐步发展起来的诸多行业。随着科学技术的迅猛发展，传媒行业的涉足领域也在逐步扩张，新生的行业与之前的传统行业相互交织、彼此渗透，呈现或此消彼长、或相互促进的生存态势。和世界上许多国家一样，土耳其的传媒产业产生于20世纪中叶，到了20世纪80~90年代，随着土耳其经济全球化进程的逐步推进，土耳其的传媒产业也获得了空前的发展。② 普华永道2006年关于土耳其传媒娱乐业的报告显示，土耳其的传媒娱乐业自2001年以来获得了迅猛发展，2006年传媒娱乐业总收入达到37亿美元，而在2001年这个数字仅为15亿美元。③ 根据普华永道的统计数据，2009年土耳其的娱乐传媒业的市场规模近53亿美元，其中报业达10亿美元，互联网近15亿美元，广告业规模超过17亿美元，其他为11亿美元（见图1）。此外，消费者在娱乐传媒业的直接花销近21亿美元。据土耳其统计署2010年公布的数据显示，土耳其共有2459种报纸和1749种期刊公开发行。土耳其的私营广播电台约有1100家，国内电视台共有255家。土耳其每年推出近40部电影，大概耗资5000万美元。

土耳其每千人中有95人阅读报纸。土耳其的私营广播电台约有1100家。电

① http://tr.wikipedia.org/wiki/T%C3%BCrkiye%27de_radyo_ve_televizyonun_ge%C3%A7mi%C5%9Fi.

② Mustafa SONMEZ, “Medya, Kultur, Para ve Istanbul Iktidari”, *Yordam Kitap*, 2008, pp. 13~15.

③ http://www.deik.org.tr/pages/TR/DEIK_AnaSayfa.aspx? IKID=10.

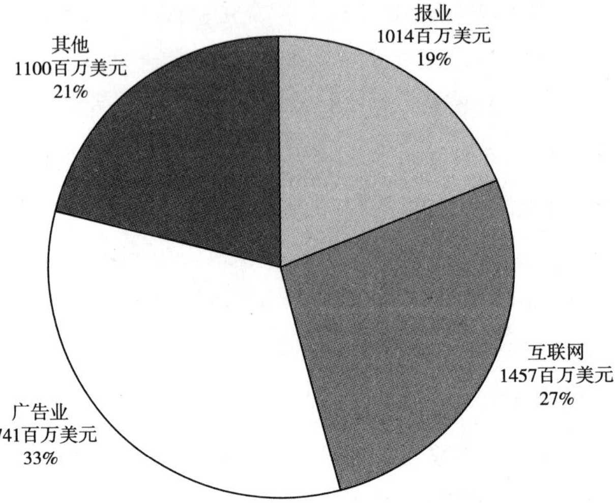

图1　2009年土耳其娱乐传媒业市场规模

资料来源：普华永道撰《全球娱乐和传媒业展望报告》（2010～2014）。

视是土耳其最主要的信息和娱乐渠道，土耳其国内共有255家电视台。据土耳其广播电视高等委员会（RTUK）统计，在周一到周五，平均每个土耳其人每天看5.09个小时的电视节目，周末看5.15个小时。2009年，土耳其的各大影院放映了共255部电影，电影院的观看人数达到3500万人次，电影市场的规模将近2亿美元，2010年增长到2.15亿美元。2014年这一数据有望达到3.43亿美元。Internet World Stats的数据显示，截至2010年6月，土耳其的互联网用户已超过770万户，网民数达到3500万人，手机互联网用户超过83万户。

二　土耳其传媒政策变迁

总的来说，近年来土耳其国内传媒及相关行业的私有化进程在加速。2005年11月，原来国有性质的土耳其电信（Turk Telecom）开始私有化，土耳其电信通过其下属公司TTnet提供ADSL服务。

土耳其的传媒政策具有明显的保护主义倾向，传媒政策制定了关于外国公司在同一土耳其传媒公司中的股份不得超过25%的限制的条款，而这一限制近年来遭到了多方批评，舆论把土耳其广播电视高等委员会（RTUK）推到了风口浪尖。

2009 年广播电视高等委员会向土耳其大国民议会递交了一份新草案，该草案依据欧盟的传媒政策对之前的相关政策做了修订，修订后政策的大体内容是：①外资机构和个人在土耳其媒体公司所持的股份最多可达 50%；②外国人可同时在两家土耳其媒体公司成为直接股东；③无论是本国还是外国股东仍不享有发行优先股的权力；④出台针对新媒体传播技术 IPTV 和 DVB－H 的监管机制、建构相关法律框架等。

新政中没有界定间接股份的上限。然而如果一个外资机构或个人在某家土耳其媒体公司成为间接股东，那么一旦该机构或个人成为另一家土耳其媒体公司的直接股东，则这家媒体公司的总经理、董事长、副总经理和董事会的大部分成员必须成为土耳其公民。同样参与董事会投票表决的大部分成员也必须为土耳其公民。

尽管土耳其在入欧过程中做了大量积极的工作，但是为避免外国势力操纵土耳其媒体，土耳其政府在媒体政策改革方面仍会保守、谨慎地把握尺度。广播电视高等委员会的新草案将在较大程度上吸引更多的外国传媒公司加入土耳其市场，加剧传媒行业的并购，土耳其传媒市场也将迎来一个蓬勃发展的大好时期。

虽然宪法第 28 条明确指出了新闻传播的自由性和不应当被删减，然而新闻审查机构却以“维护共和国的基本特征”、“捍卫土耳其领土和主权的完整”的口号为由对所有的传播内容进行审查。2004 年 4 月颁布的《信息自由法》（Freedom of Information），土耳其公民和法人获得了从公立机构以及私人企业获取信息的权利。2007 年 5 月通过了《互联网上的传播规范及打击互联网犯罪》的法案。依据该法案，电信与通信会有权通过法律程序关闭各类危害性的网站。自该法案实施至今，包括 Youtube、Myspace、Facebook 在内的近 4000 个网页被关。1993 年传媒界国家垄断的局面被打破之后，广播电视高等委员会成立，该委员会的主要职责是给所有私营电视台、广播电台分发频段和发放播出许可证；审查各类节目并依据第 3984 号广播电视法对违规节目予以不同程度的惩罚，轻则警告，重则停播。而土耳其唯一的公有广播电视机构 TRT（土耳其广播电视局）则不受该委员会的管辖，其依据的传播法规也是另一个独立开来的 2954 号法。

近年来土耳其一直着力于加快民主化进程，而这一举措在传媒领域也有所表现。为了获得入盟资格，土耳其修改了相关法律，如降低对媒体从业人员的惩罚，从前的监禁改为罚款；之前有关禁止报社或关闭媒体机构的惩罚也被废除；

之前只允许用土耳其语进行报道的规定也被取消，具有划时代意义的是，2009年1月土耳其广播电视局增开了24小时全天候的库尔德语频道。①

三　产业与市场分析

1. 土耳其的电影市场

自2000年起，买票去电影院看电影的人数在逐年增多。经济的发展，土耳其电影品质的提升，政治的自由化以及电影院条件的改善等成为激发人们去电影院看电影的重要因素。2009年，土耳其的各大影院放映了共255部电影，电影院的观看人数达到3500万人次，其中仅70部土耳其的本土电影就吸引了半数观众。虽然土耳其的电影观众数量以20%～25%的速度逐年增加，但观看电影的人数仍然低于欧洲平均水平，并且电影院的分布也有明显的地区差异性。电影院大多集中在伊斯坦布尔、安卡拉和伊兹密尔这三座城市，而在东部和东南部地区的很多城市都没有电影院。

2. 土耳其传媒不同行业的广告额

从表1和图2可以看出，近五年来电视的广告收入稳居传媒行业之首，虽然自2007年开始电视的广告收入呈下滑态势，但其所在广告收入总额的比率仍占一半或一半以上。此外，互联网的广告收入呈现成倍增长的态势，成为广告行业的生力军。

表1　2005～2010年土耳其传媒各行业的广告收入

单位：百万美元

行业＼年份	2005	2006	2007	2008	2009	2010(1～6月)
电视	1140	1442	1760	1687	1442	1020
报纸	805	914	990	952	746	446
期刊	85	106	123	114	72	44
户外广告	110	160	235	242	198	129
广播	80	101	111	112	88	51
电影院	28	33	36	39	39	24
互联网	—	—	53	95	182	121
总额	2248	2756	3308	3241	2767	1835

资料来源：土耳其信息通讯委员会（BTK）。

① http://www.mondaq.com/article.asp?articleid=76086.

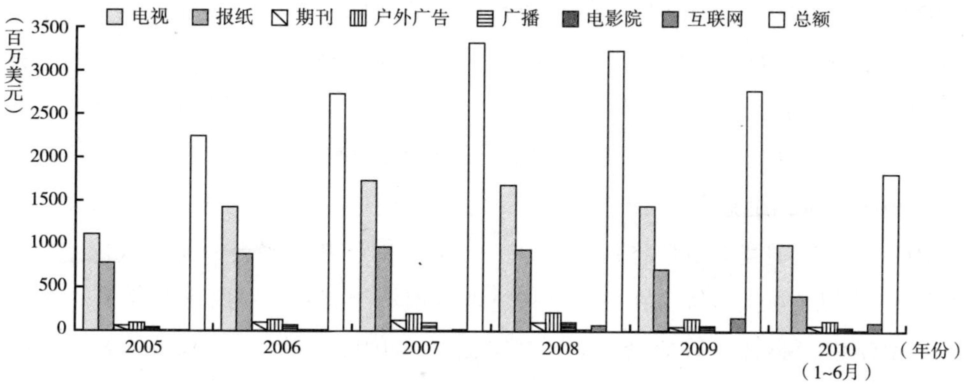

图 2　2005～2010 年土耳其传媒各行业的广告收入走势图

资料来源：土耳其信息通讯委员会（BTK）。

四　土耳其传媒产业发展

普华永道的预测表明，到 2014 年，土耳其娱乐传媒产业的市场规模将有望增至约 97 亿美元，年增长率 13%（见表 2）。

表 2　土耳其娱乐传媒产业发展预测

单位：百万美元，%

产业	娱乐传媒业	报业	互联网	广告业	消费额
2009 年	5264	1014	1457	1741	2066
2010 年	5862	1063	1739	2005	2118
2014 年	9682	1429	3638	3148	2896
年增长率	13	7.1	20.1	12.6	7

资料来源：普华永道撰《全球娱乐传媒业展望报告》（2010～2014）。

土耳其的手机互联网、电影市场和电视广告业发展很快。2009 年土耳其的手机互联网市场规模达 7600 万美元，预计在未来几年手机互联网规模将以 78.5% 的年增长率迅猛发展，2014 年将达到 13.76 亿美元；土耳其的电影市场也继续保持稳步增长，2009 年土耳其的电影市场规模达到 1.99 亿美元，2010 年增长至 2.15 亿美元，预计在未来 5 年电影市场将以 11.5% 的年增长率继续扩大，到2014年，有望达到3.43亿美元；2009年的金融危机使土耳其的电视广告业受到严重影响，该行业市场规模缩水19%，2010年电视广告业重整旗鼓后市场规模突破10.72亿美元，未来5年内电视广告业将以13%的年增长率继续增长，到2014年该行业的市场规模有望突破16.5亿美元。

电子技术的迅猛发展是传媒产业和娱乐产业获得飞速发展的主要驱动力。到2010年土耳其的宽带服务将占到20%，与此同时，数码平台、交互式网络电视（IPTV）、视频点播系统将在内容上拓宽电视市场。此外，根据2006年土耳其录音制品制作者协会（该协会代表土耳其加入了国际唱片业协会）的统计数据，土耳其手机音乐市场规模约有6000万美元。

五　土耳其主要媒介集团

本部分将介绍土耳其的四大传媒集团，其分别是DOGAN、DOGUS、CALIK和CUKUROVA（传媒集团的表格、图标均来自各大集团2009年和2010年的年报）。

（一）DOGAN集团

从媒体到电信，从工业到旅游业再到能源领域，DOGAN集团在这些领域的表现让这个集团成为土耳其具有极大影响力和垄断地位的企业。作为DOGAN集团旗下的DOGAN传媒涉足了包括报纸、期刊、出版、电视、广播、互联网、数字媒体、印刷、发行及其他新媒体在内的诸多领域。DOGAN传媒机构内设专门的报社、期刊社、图书发行社、电视频道、广播电台和音乐公司。此外，该机构主要通过分发、零售、生产、数字平台、互联网、出版商和代理公司等渠道销售产品。该机构旗下的报业公司已在伊斯坦布尔证券交易所上市。DOGAN传媒旗下的报纸、电视台、广播电台等不同品牌媒介（见表3）。

1. DOGAN传媒的上市表现

2009年，尽管土耳其传媒行业的广告收益受到了国际金融危机的影响，但DOGAN传媒在伊斯坦布尔证券交易所的表现依然保持良好的态势，DOGAN传媒的股价上涨了15%，旗下的Hurriyet报业、DOGAN报业和DB期刊的股价分别上涨了53%、26%和11%。

表 3　DOGAN 传媒旗下的不同品牌媒介

报纸	电视台	广播电台	期刊图书出版
Hurriyet	Kanal D	Radyo 104	DB
Daily News	Star	Slow Turk 95. 3	DE
Radikal	CNN Turk	CNN Turk 92. 5	DK
Milliyet	TNT	Radyo Moda 96. 8	
Posta	dream		
Vatan	D. Smart		
Fanatik			
发行、零售、印刷机构		电视台、广播电台节目制作机构	
D&R		DHA	
DOGAN DAGITIM		productions	
DPC		DMC	
DPP			
DOGAN OFSET			
DOGAN PLATFORM			

2001 年经济危机之后土耳其经济呈现出蓬勃发展的态势，然而自 2008 年第 4 季度开始土耳其的广告投资开始缩水，2009 年底，广告商的投资从 2008 年的 34 亿里拉减少至约 30 亿里拉，减少了 12% （见图 3）。2009 年数据显示，广告投资的 48% 投向了电视频道，报纸和期刊获得的广告收益仅占到 30% 。此外，2009 年广告收益增加的领域只有互联网和电影院，其中互联网的广告收益增加了约 23% ，广告额从 2008 年的 2. 58 亿里拉增加到 3. 17 亿里拉，占到全部广告收益的比例也从 2008 年的 7. 5% 增加到了 10. 7% 。

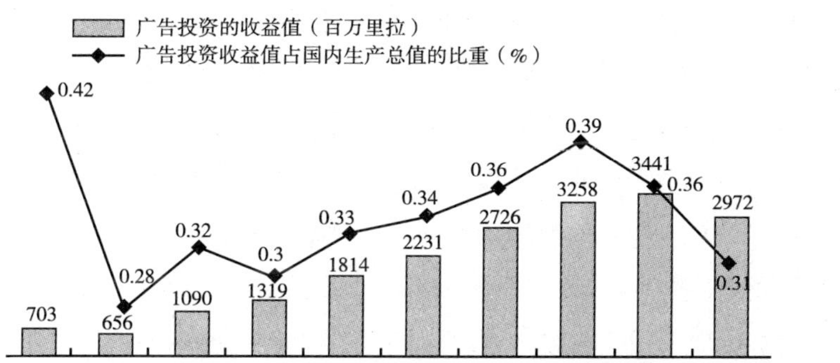

图 3　2000 ~ 2009 年广告投资的收益值和在国内生产总值的比例

根据DOGAN发行部门统计的数据，2009年土耳其全国的平均日报销售量比2008年下滑了约6%，日报量由510万份降到了480万份。

D. Smart是DOGAN传媒2007年2月推出的一个新的数字媒体网络平台，这个平台提供包括PPV（按次付费观看）在内的多家广播电台和电视台的节目。截至2009年底，该平台的访问人数达到110万人次，其中27.6万人订购了付费电视。该平台与DOGAN平台一起为机构和个人提供网络、电信、手机技术和客服咨询等方面的服务。在土耳其访问人数最多的十大网页中，DOGAN传媒的www. hurriyet. com. tr和www. milliyet. com. tr都榜上有名，Alexa的统计数据显示，2009年www. hurriyet. com. tr在土耳其国内土耳其文门户网站中位居榜首，在世界的网站中排名第350位，2009年该网站的注册用户达到了137万户。

2. DOGAN传媒的国际扩张

1999年DOGAN传媒成立了名为“DOGAN MEDIA INTERNATIONAL”（DMI）的机构，并开始向欧洲扩张。除发行报纸之外，Hurriyet报业还在Zweigieder-lassung德国名下开展全球印刷业务，该印刷机构承担着用7种语言发行的21种报纸，其中包括*Hurriyet*，*Milliyet*，*Fanatik*，*The Wall Street Journal Europe*，*The Financial Times*，美国的*Stars & Stripes*，德国的*Sportwelt*，埃及的*Al – Ahram*和沙特的*Asharq Al – Awsat*。此外，波兰的*Info & Tips*，*The German Times*，*The Asia Pacific Times*，*New Europe*都由该机构印刷。每天印刷的总数在30万份左右。

Trader Media East Limited（TMEL）是Hurriyet报业旗下主要覆盖汽车和人力资源的机构，该机构在俄罗斯和东欧国家展开业务并通过日报、周报、期刊和网站等渠道投放行业期刊广告。截至2009年底，TMEL在俄罗斯（Iz Ruk v Ruki）、乌克兰、白俄罗斯、匈牙利（Expressz）、克罗地亚（Auti. hr和Nekretnine. net）、斯洛文尼亚（Moje Delo）共建立了28个互联网业务，并在俄罗斯、白俄罗斯、哈萨克斯坦、乌克兰、匈牙利和克罗地亚共发行了191种报纸和期刊。

2007年2月，DOGAN传媒的Kanal D电视频道在罗马尼亚开播，不久该电视台在罗马尼亚的40家电视台中脱颖而出，一跃成为罗马尼亚的第五大电视台。尽管2009年罗马尼亚的电视广告投入减少了25%，但是Kanal D电视台在广告市场的份额增长了5.6%，收视率也增长了4.4%，成为罗马尼亚收视率排名第五的电视台。

庞大的DOGAN传媒有集团内部的杂志*Dmagazin*，该杂志自2003年开始出版，这本反映集团文化的杂志一年出版两次，并免费分发给集团的每位员工。

（二）DOGUS集团

DOGUS集团是土耳其三大财团之一，也是三大财团中唯一涉足传媒行业的集团。该集团成立于1951年，现有子公司124家，员工近3万人，涉足银行、汽车、建筑、能源、不动产、旅游、服务、食品及传媒等领域。1999年该集团收购了NTV电视台迈出了进军传媒领域的步伐。至今为止，NTV电视台与MSNBC、CNBC、NBA、Billboard、Virgin、National Geographic和Conde Nast等世界级的传媒机构合作推出了大量优秀的节目。除此之外，DOGUS集团还在互联网、广播电台、杂志、数字技术等传统媒体和新媒体领域抢占市场，建立了许多自己的品牌，并在土耳其传媒领域打响了第一炮。NTV是土耳其第一档24小时全天候的新闻类电视频道，CNBC－e是土耳其第一档财经类电视频道，Kral TV是一档集音乐、体育、娱乐等于一体的文娱类频道（见表4）。2009年传媒行业的资产占到DOGUS集团总资产的1%，而收入占到年收入的2%。这一比率与2008年相比没有变化。2006～2009年，DOGUS集团的传媒产业资产迅速膨胀了148%，不过收入仅仅增长了不到10%，这表明此期间DOGUS集团增加了大量长期投入，其结果是DOGUS集团在期刊和广播的市场占有率有了较大提升。

表4　DOGUS集团旗下的传媒品牌和机构

电视频道	广播台	网站	刊物	图书出版
TV CNBC－e NTV Spor Kral TV e2 NBA TV	NTV Radyo Kral FM Virgin Radio NTV Spor Radyo N 101 Radyo Radio Voyage Radyo Eksen	ntvmsnbc. com ntvspor. net oley. com	VOGUE National Geographic National Geographic Kids Billboard Robb Report CNBC－e Business Motor Boat and Yachting	NTV Kitaplari NTV Tarih NTV Bilim

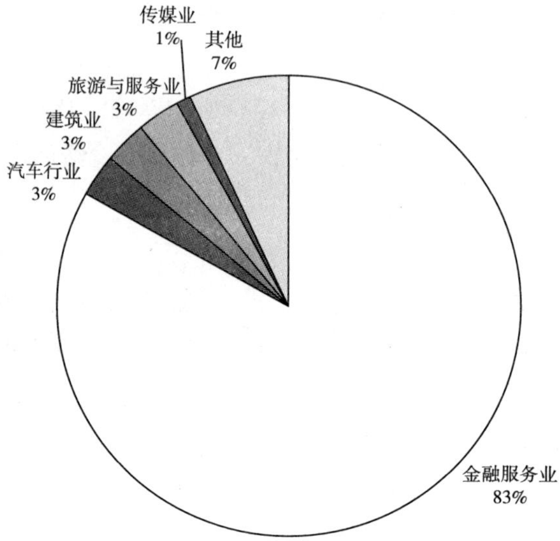

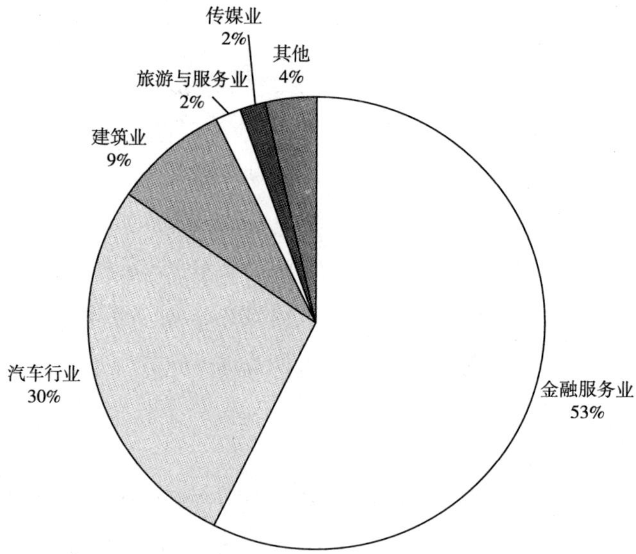

图 4　2009 年 DOGUS 集团旗下各行业的资产比率及收入比率

尽管 2008 年的金融危机使土耳其的广告市场规模下降了 15%，然而 DOGUS 集团以高于广告市场平均水平的方式实现了在广告市场的增长，广告市场份额从 9.2% 上升到了 9.7%。电视台的市场占有率也在 2009 年获得了 0.4% 的增长。该集团拥有土耳其最大的广播机构，2009 年广播机构占有的市场份额达到 15%。

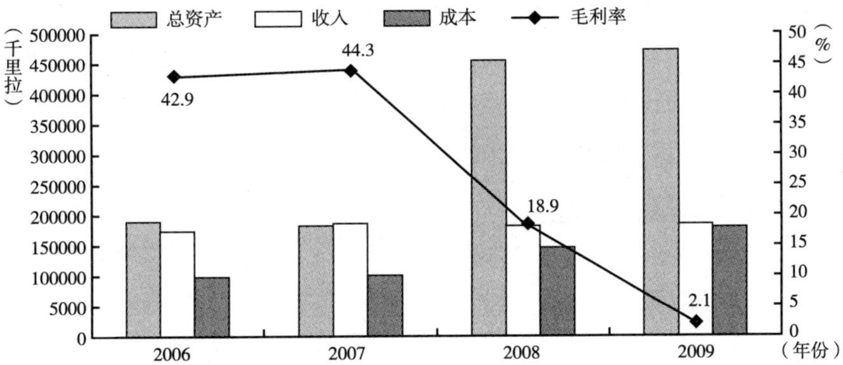

图 5　DOGUS 集团的传媒行业 2006～2009 年的各项基本数据

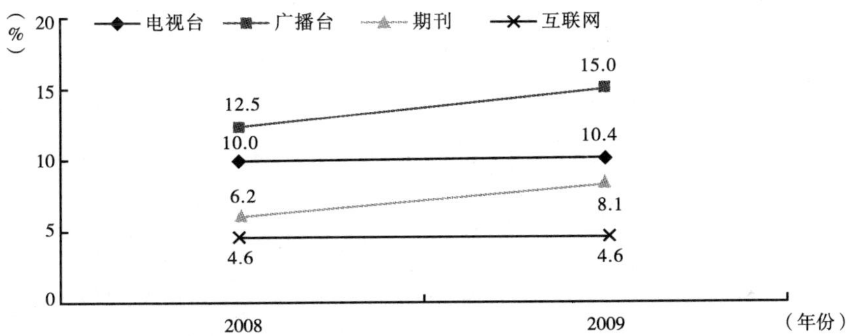

图 6　DOGUS 传媒各大部门占有的市场份额

（三）CALIK 集团

和 DOGUS 集团相似，CALIK 集团也不是以传媒业起家的企业。这个 20 世纪 30 年代以纺织业起家的家族企业通过数十年的发展壮大，于 1997 年底成为一家涉足纺织、能源、电信、建筑、银行、传媒等行业的集团公司（见表 5）。在传媒领域，该集团旗下有 1 家电视台（ATV）、4 家报纸（*Sabah*，*Takvim*，*Pas Fotomac*，*Gunaydin*）、11 家期刊（*Aktuel*，*Para*，*Forbes*，*Bebegim ve Biz*，*Sinema*，*Sofra*，*Home Art*，*Samdan Plus*，*Global Enerji*，*Transport*，*Hukuki Perspektifler*）、1 家发行公司（Merkez Dagitim）、1 家广播电台（Radio Citi）。

表5 2008～2009年CALIK集团各行业的资产额

单位：千美元

年份＼行业	纺织	能源	电信	建筑	银行	传媒	其他
2008	698661	1365289	499078	477834	1334312	1173472	681447
2009	268429	827979	510765	579369	1729996	1224453	877256

（四）CUKUROVA集团

CUKUROVA集团是一家集汽车、造纸、化工、纺织、建筑、电信、金融、保险、海运、传媒、信息技术于一体的跨行业、跨地域的集团公司。该集团是伴随着土耳其共和国的成立而诞生的。通过70多年的发展壮大，这个企业终于成为一个大规模的集团。该集团旗下现有2家报纸（Aksam和Gunes）、5家期刊（Alem，Stuff，Platin，Fourfourtwo，Autocar）、1家数字平台公司（Digiturk）、6家电视台（Lig TV，Showplus，Show Turk，Show Max，Show TV，Sky Turk，其中Show TV和Sky Turk为全国性的电视台）、1家广告营销公司（Mepas）、2家广播电台（Alem FM，Lig Radyo）、1家因特网服务提供商（Superonline）、土耳其最大的移动电话运营商（Turkcell）和20多个提供通信传播技术的品牌。

欧　洲　篇

Report on European Countries

B.7

法国传媒产业发展报告

甘露　刘昶　韩茜*

法国国内生产总值位居世界第6，首都巴黎，位于欧洲西部，与比利时、卢森堡、德国、瑞士、意大利、摩纳哥、安道尔和西班牙接壤，隔英吉利海峡与英国隔海相望。国土面积约54万平方公里，人口约6545万，官方语言为法语。

法国是世界传媒大国，其传媒产业的经济总量和多个分项指标近年来保持了在欧洲乃至世界的优势地位。同时，悠久而强大的法兰西文化传统渗透到社会生活的方方面面，深受影响的传媒产业成为世界上一道独具特色的风景线。

在法国，传媒产业的管理被分散到各个领域，很多方面都缺乏总体性统计数据，为了保持报告的统一性，本部分将法国传媒产业的外延规定为：印刷媒体，包括报纸、期刊和图书；电子媒体，包括广播、电视和互联网；音像制品，包括唱片、录像制品和电影。本部分的一些总体性数据将是各个分项数据的计算结果。

* 甘露，博士，中国传媒大学欧洲传媒研究中心助理研究员；刘昶，博士，中国传媒大学传播研究院副院长、欧洲传媒研究中心主任、教授、博士生导师；韩茜，新华社音视频部编辑。法国马赛商学院硕士研究生蒋睿馨对本文亦有贡献。

一　传媒产业年度发展总体状况

（一）总体发展状况

从可获取的资料来看，广告收入、政府预算、进出口状况是描述产业发展总体状况的三个可取维度。

1. 广告收入

2009 年，法国广告市场经历了有史以来最严重的一次衰退，广告商投资 298 亿欧元，较 2008 年的 326 亿欧元减少 28 亿欧元，降幅 8.6%；广告收益 103 亿欧元，较 2008 年的 118 亿欧元减少 15 亿欧元，降幅 12.7%。

2010 年，法国广告市场情况好转，广告商投资 307 亿欧元，同比增长 3.0%；广告收益 107 亿欧元，同比增长 3.9%。但两项指标较 2008 年均有较大差距（见图 1）。

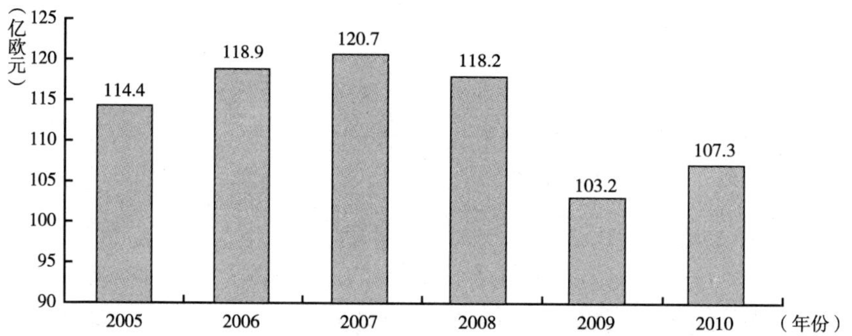

图 1　2005～2010 年法国广告市场收入情况

资料来源：法国广告研究院（Institut de Recherches et d'Etudes Publicitaires, IREP），www. irep. asso. fr。

从广告市场收入结构来看，报刊广告仍占有最大份额，但其值已从 2005 年的 41.8% 持续下滑到 2010 年的 34.4%；电视广告份额近年来稳定增长，从 2005 年的 29.0% 上升至 2010 年的 32.1%，与报刊广告份额越来越接近；互联网广告份额，2010 年较 2005 年翻了一番多，但从其广告额和市场份额来看，仍然只是市场中的“小数”；广播、电影、户外及直投广告则比较稳定（见图 3、表 1）。

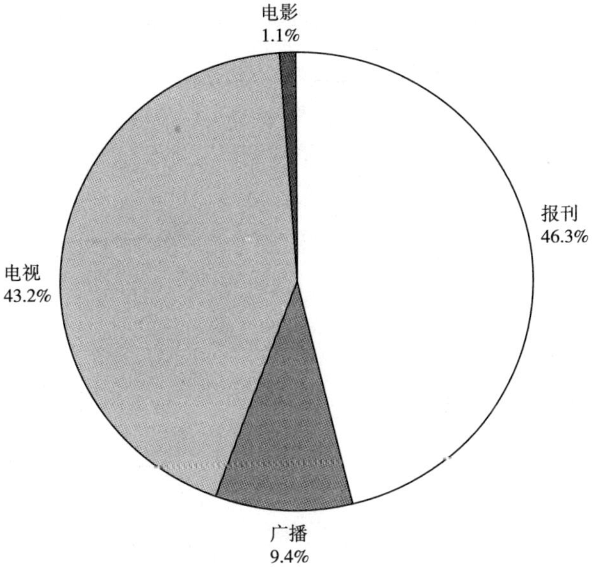

图 2　2010 年法国广告市场结构

资料来源：法国广告研究院（Institut de Recherches et d'Etudes Publicitaires，IREP），www. irep. asso. fr。

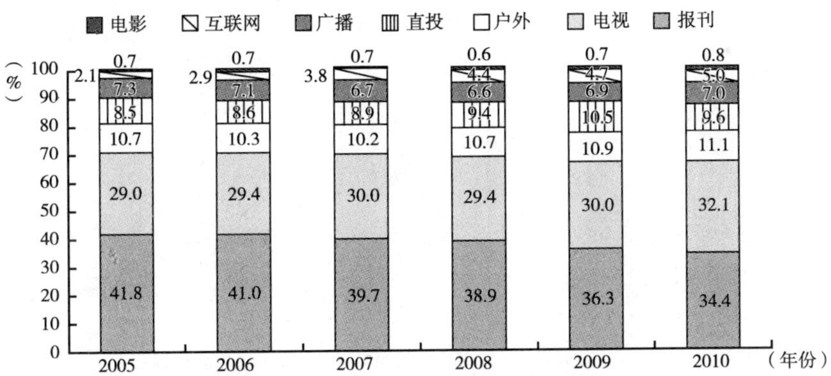

图 3　2005～2010 年法国广告市场收入结构变化情况

资料来源：法国广告研究院（Institut de Recherches et d'Etudes Publicitaires，IREP），www. irep. asso. fr。

2. 政府预算

法国政府近两年来加大了对文化和传播产业的投入，2011 年相关产业预算总额为42. 5 亿欧元，较2010 年的42. 37 亿欧元略有增长，而2009 年前这一数值

表 1　2005～2010 年法国各类媒体广告收入情况

单位：亿欧元

类型＼年份	2005	2006	2007	2008	2009	2010
报　　刊	47.79	48.72	47.91	45.99	37.51	36.91
广　　播	8.36	8.48	8.05	7.79	7.08	7.44
电　　视	33.13	34.95	36.17	34.76	30.94	34.41
电　　影	0.78	0.82	0.89	0.75	0.76	0.90
互 联 网	2.40	3.48	4.60	5.16	4.82	5.40
户外广告	12.23	12.21	12.37	12.65	11.27	11.88
直投广告	9.72	10.20	10.71	11.06	10.84	10.33
总　　计	114.41	118.86	120.70	118.16	103.22	107.27

资料来源：法国广告研究院（Institut de Recherches et d'Etudes Publicitaires，IREP），www.irep.asso.fr。

仅为 29 亿欧元左右。近年来，各类预算的份额变化不大，其中与传媒产业直接相关的预算约占 34%（见图 4、图 5、图 6）。

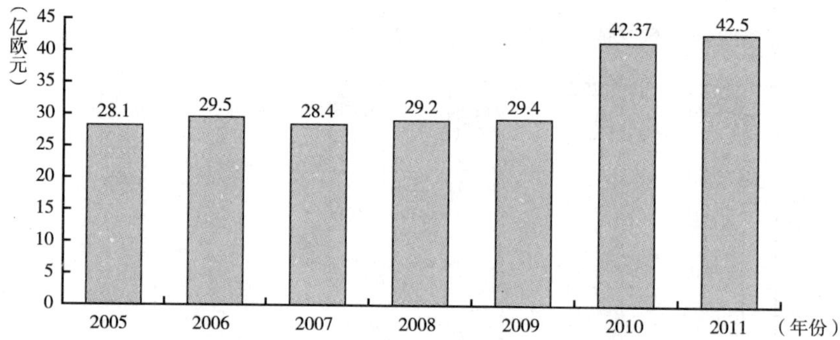

图 4　2005～2011 年法国政府文化和传播预算

资料来源：法国文化部（Ministère de la Culture et de la Communication）发布的 2007～2011 年年报，www.culture.gouv.fr。

3. 进出口贸易

2009 年，法国文化产品出口总额为 23.95 亿欧元，进口总额为 21.87 亿欧元，略有顺差。其中，与传媒产业相关的出口额为 14.12 亿欧元，进口额为 16.08 亿欧元，呈逆差状态（见表 2、图 7）。

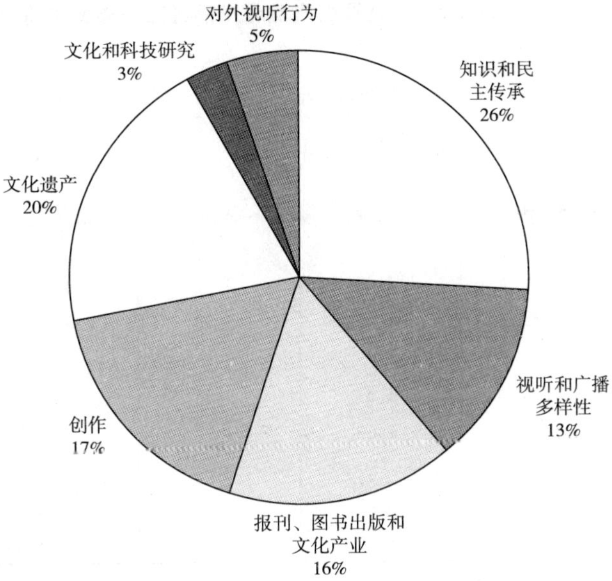

图 5　2010 年法国政府文化和传播预算结构

资料来源：法国文化部（Ministère de la Culture et de la Communication）发布的 2007～2011 年年报，www. culture. gouv. fr。

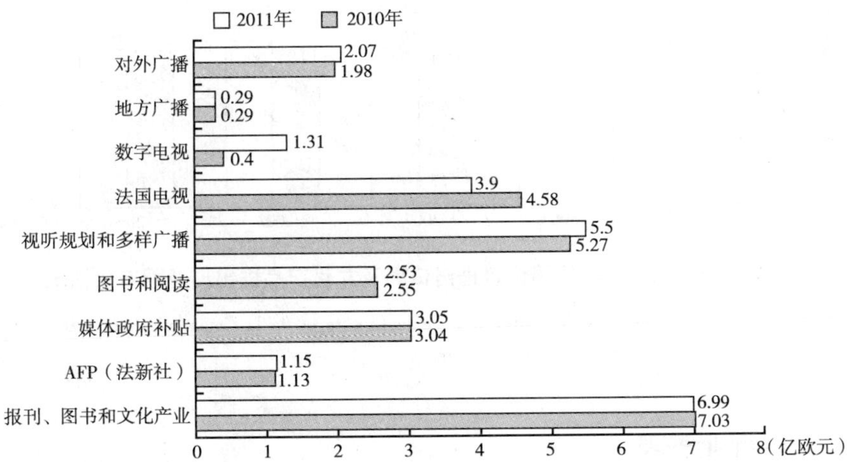

图 6　2010～2011 年法国政府与传媒产业直接相关预算情况

资料来源：法国文化部（Ministère de la Culture et de la Communication）发布的 2007～2011 年年报，www. culture. gouv. fr。

表 2　2005～2009 年法国各类文化产品进出口额变化情况

单位：亿欧元

类型＼年份	2005	2006	2007	2008	2009
图书					
出口额	6.41	6.08	6.14	6.23	5.90
进口额	6.94	6.73	7.17	7.51	7.11
报刊					
出口额	4.08	3.90	3.91	4.14	4.45
进口额	4.53	4.35	3.93	4.38	4.32
音像制品					
出口额	3.30	3.37	3.35	3.57	3.76
进口额	5.02	4.62	4.93	5.10	4.65
其他					
出口额	8.61	10.57	10.11	11.97	9.84
进口额	4.53	5.65	5.88	6.86	5.79

资料来源：法国文化部（Ministère de la Culture et de la Communication）发布的 2007～2011 年年报，www.culture.gouv.fr。

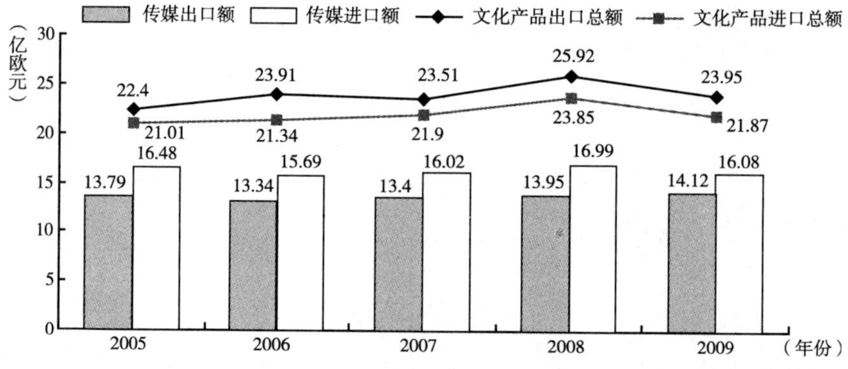

图 7　2005～2009 年法国传媒进出口额及文化产品进出口总额变化情况

资料来源：法国文化部（Ministère de la Culture et de la Communication）发布的 2007～2011 年年报，www.culture.gouv.fr。

（二）行业表现

1. 报刊业

法国传媒市场近年来总体发展稳定，但结构上已悄然发生变化，报刊业仍是最大的传媒行业，但其发行量、收益值及市场份额都在逐渐下降。

法国大众报刊在种数上近年变化不大，基本维持在 4600 种左右，2002 ~ 2007 年发行量稳定，约 83 亿份，2008 年降至 81.2 亿份。虽然 2009 年总体统计数据还未公布，但在金融危机的影响之下，发行量预计将继续下跌，可能达到近 20 年来最低值。法国报刊业的市场收益自 2005 年以来一直维持在 105.8 亿欧元的水平，2007 年达到 108.6 亿欧元，2008 年降至 104.5 亿欧元，降幅约为 4%，2009 年受到金融危机影响，其收益下降约 8%，至 96.5 亿欧元（见图 8）。

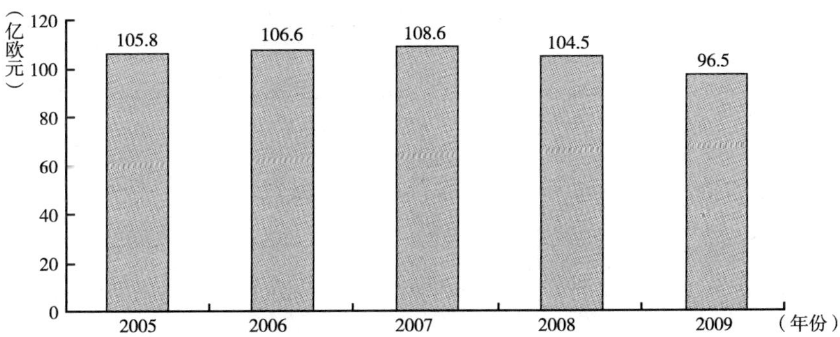

图 8　2005 ~ 2009 年法国报刊业市场收益情况

资料来源：法国文化部传媒与文化产业总司（DGMIC），“La presse écrite en 2009”，www. dgmic. culture. gouv. fr。

从收入结构来看，报刊收入主要由发行收入和广告收入两部分构成，其中 2008 年发行收入约占 56%，广告收入约占 44%（见表 3）。

表 3　2005 ~ 2009 年法国报刊收入结构

单位：亿欧元

类型＼年份	2005	2006	2007	2008	2009
发行收入	60. 0	59. 8	60. 3	58. 9	57. 9
广告收入	45. 8	46. 8	48. 3	45. 6	38. 6
总　计	105. 8	106. 6	108. 6	104. 5	96. 5

资料来源：法国文化部传媒与文化产业总司（DGMIC），“La presse écrite en 2009”，www. dgmic. culture. gouv. fr。

法国报刊发行量一直比较稳定，2008 年以前维持在 82. 5 亿份以上，2006 年、2007 年均达到 83. 1 亿份，2008 年受到金融危机的影响，其发行量下降至近

10 年来的最低值（81.2 亿份）。[①] 法国报刊评论中心（OJD）每年对协会签约单位的情况进行数据统计，虽然不全面，但基本反映了行业的整体趋势。2010 年 OJD 报刊总发行量为 44.2 亿份，较 2009 年减少 1.1 亿份，降幅 2.4%，较 2005 年减少 4.4 亿份，降幅 9.1%。2010 年付费报刊 43.1 亿份，免费报刊 1.1 亿份，其中，在法国本土发行的报刊 42.7 亿份，占总量 96.6%，在海外发行的报刊 1.5 亿份，占总量 3.4%（见表 4）。

表 4　2005～2010 年法国报刊发行量

单位：亿份

类型＼年份	2005	2006	2007	2008	2009	2010
付费报刊	47.3	46.1	46.5	45.7	44.1	43.1
免费报刊	1.3	1.3	1.3	1.2	1.2	1.1
总　　计	48.6	47.4	47.8	46.9	45.3	44.2

资料来源：法国报刊评论中心（Associations pour le Contrôle de la Diffusion des Médias，OJD），www.ojd.com。

法国读者主要通过报刊亭、订阅、上门发行、延时发行等方式获取付费报刊，其中报刊亭售卖是最主要的发行渠道，2010 年占 52.1%（见图 9）。

法国的杂志分为大众杂志和专业技术杂志两类。2010 年，OJD 大众杂志发行量 19.2 亿份。其中，付费杂志 18.9 亿份，占 98.4%，免费杂志 0.3 亿份，占 1.6%；本土发行 18.5 亿份，占 96.4%，海外发行 0.7 亿份，占 3.6%。同期，专业技术杂志发行 6629 万份。其中，付费杂志 5133 万份，占 77.4%，免费杂志 1496 万份，占 22.6%；本土发行 6518 万份，占 98.3%，海外发行 110 万份，占 1.7%。近年来，大众杂志和专业技术杂志的发行量持续下降，但结构上基本稳定（见图 10）。

2. 广播电视

法国广播电台主要有以下三种：公营广播电台（即法国广播电台集团及其下属的地方频道）、全国性综合私营广播电台以及众多音乐台。据统计，目前法国广

---

① 资料来源：法国文化部传媒与文化产业总司（DGMIC），“*La presse écrite en* 2009”，www.dgmic.culture.gouv.fr。

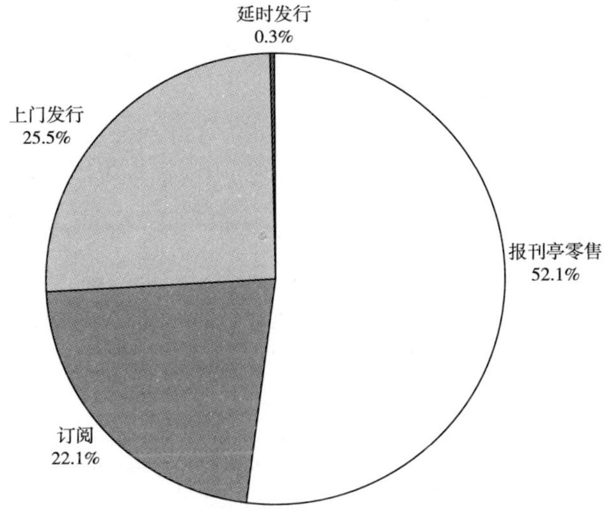

图 9　2010 年法国报刊发行渠道结构

资料来源：法国报刊评论中心（Associations pour le Contrôle de la Diffusion des Médias，OJD），www. ojd. com。

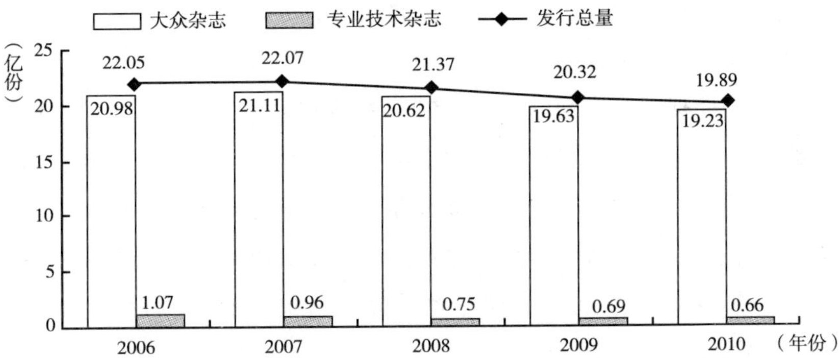

图 10　2006～2010 年法国杂志发行量

资料来源：法国报刊评论中心（Associations pour le Contrôle de la Diffusion des Médias，OJD），www. ojd. com。

播电台数量共计约 1200 家，其中约 600 家为联合广播电台。公共权力主要关注电台的落地、运营和组织变动，通过 1984 年成立的广播电台发展基金（FSER）来帮助各类广播电台的成立和发展，600 家联合广播电台从中受益最大。①

① 资料来源：法国高等视听委员会（Conseil Supérieur de L'audiovisuel，CSA），www. csa. fr。

法国13岁以上居民中有超过80%的人每天收听广播，日均收听时间为175分钟，较2008年的峰值180分钟有所下降，但高于2006年的最低值（174分钟）（见图11）。

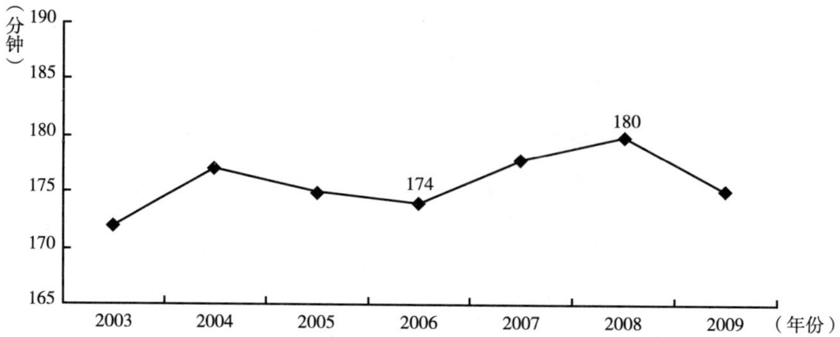

图11　2003~2009年法国13岁以上居民日均收听广播时长

资料来源：法国高等视听委员会（Conseil Supérieur de L'audiovisuel，CSA），www. csa. fr。

广播是法国的重要媒介，是媒体言论自由、各方观点畅所欲言、文化多样性的代表，数字化是广播业近年来发展的主力方向。自2006年以来，大部分的广播电台推行数字广播服务。数字广播优化了国家/地区的电波覆盖，这种数字技术推广和使用同时也为更多的广播节目服务。数字媒体的运用使广播媒体更加现代化，信息的传播服务更具贴近性，如公路运输、天气预报等。数字广播有关立法在2004年通过，并在2007年得以完善，在相关法律框架下，数字广播的普及将逐渐达成。2009年4月26日，法国首个数字地面广播计划在巴黎、马赛等地启动，覆盖15%的法国民众。①

法国公营电视频道主要有法国2台（France 2）、法国3台（France 3）、法国5台（France 5）、法德文化台（Arte）②，私营电视频道主要有法国电视1台（TF1）、M6台、Canal+台以及200多个专业电视频道。

① 资料来源：法国高等视听委员会（Conseil Supérieur de L'audiovisuel，CSA），www. csa. fr。

② 法德文化台由法、德两国政府于1992年合作创办，旨在促进欧洲文化多样性和欧洲民族融合，总部设在法国斯特拉斯堡。该台以制作高品质的文化、艺术节目为主要任务，同样内容的节目以法语或德语形式分别向法国和德国传送，从而法、德两国观众能在同一时间收看到同一套电视节目，是跨国公营电视台的一个成功范例。

2009 年法国 4 岁以上居民平均每天收看电视 3 小时 25 分钟（205 分钟），与近年来的数值基本持平。从收视份额来看，公营电视频道和私营电视频道收视率逐年下降，2007 年以后，在数字频道的推动下其他电视频道的收视份额出现明显增长。法国电视 1 台是法国拥有观众人数最多的频道，也是公营电视频道最大的竞争对手（见图 12、表 5）。

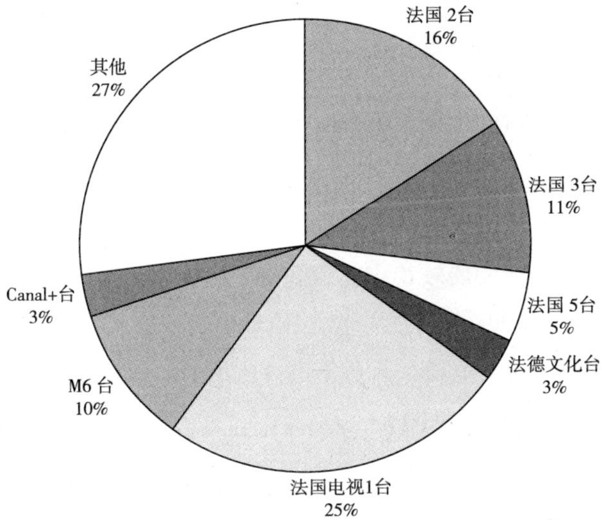

图 12　2009 年法国主要电视频道收视份额

资料来源：法国国家电影中心（Centre National du Cinéma et de l'image animée，CNC），"Audience de la Television"，www. cnc. fr。

表 5　2005～2009 年法国电视频道收视份额分配

单位：%

频道＼年份	2005	2006	2007	2008	2009
公营电视频道					
法国 2 台	19. 8	19. 2	18. 1	17. 5	16
法国 3 台	14. 7	14. 7	14. 1	13. 3	11
法国 5 台	6. 9	6. 8	6. 5	5. 5	5
法德文化台	3. 4	3. 1	3. 2	2. 8	3
公营总计	44. 8	43. 8	41. 9	39. 1	35
私营电视频道					
法国电视 1 台	32. 3	31. 6	30. 7	27. 2	25

续表

年份 / 频道	2005	2006	2007	2008	2009
M6 台	12.6	12.5	11.5	11.0	10
Canal + 台	3.6	3.4	3.4	3.3	3
私营总计	48.5	47.5	45.6	41.5	38
其他电视频道					
其他总计	6.7	8.7	12.5	19.4	27
总　计	100	100	100	100	100

注：其他电视频道包括 TNT 频道、专业频道、地方频道、区域频道、互动频道、外国频道等。

资料来源：法国国家电影中心（Centre National du Cinéma et de l'image animée，CNC），"Audience de la Television"，www. cnc. fr。

法国电视业近年来发展较稳定，以每年约 1 亿欧元的速度增长，2009 年收入 81.04 亿欧元，较 2008 年增加 1.13 亿欧元，其中，传统电视收入呈逐年递减趋势，而数字电视和付费电视收入每年都有所增长，但从结构来看，传统电视收入仍占约 56.59% 的份额（见图 13）。

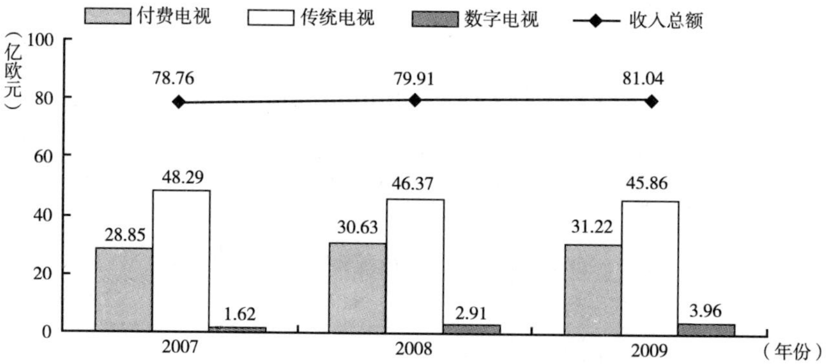

图 13　2007～2009 年法国电视业收入情况及结构

资料来源：法国高等视听委员会 CSA，"Données de la Television"，www. csa. fr。

经过短暂的试行阶段后，法国 2005 年 3 月底正式启动地面数字电视系统（DTT），截至 2009 年底，90% 的法国家庭有机会接入 DTT 系统，70% 的家庭能收看到数字电视频道，45% 的家庭已购买 DTT 信号接收装置。2009 年 2 月 4 日，法国开始关闭模拟电视信号，12 月 17 日启动"DTT 转移"计划，即让法国境内每个公寓每个房间都能接入 DTT，并立法以确保计划实施的公平性，预计 2011 年 11 月 30 日前，法国地面电视系统将全面关闭模拟信号。目前，法国已开设的 TNT 频道（数字电视频道）包括 19 个全国免费频道，11 个全国付费频道，4 个地方免费频道（见图 14）。

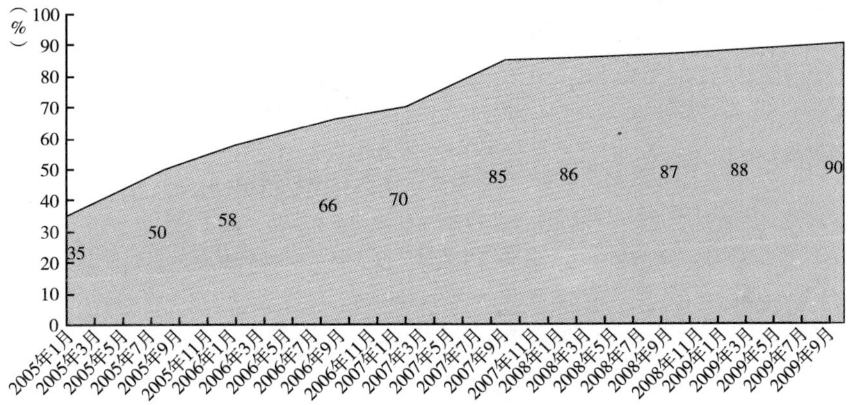

图 14　2005 年 1 月至 2009 年 9 月法国 DTT 覆盖范围扩散过程

资料来源：法国高等视听委员会（Conseil Supérieur de L'audiovisuel，CSA），www. csa. fr。

3. 互联网

法国 ICT 产业近年来发展提速，已进入世界 ICT 增长指数最快的 20 国之列，其增长指数（IDI）为 6. 55，排名第 18 位。①

2009 年，法国订用互联网的用户增长至 2034 万，较 2008 年增加 153 万，增幅 8%；② 接入互联网的家庭比例为 63%，与 2008 年基本持平，2010 年这一数值增长至 74%，增幅 17%（见图 15）。③

互联网的订用收入和广告收入均有较大幅度的增长，但无论在收入总额还是广告市场份额上均与传统媒体存在较大差距（见图 16）。

---

① 资料来源：Measuring the Information Society 2010（The International Telecommunication Union，ITU），http：//www. itu. int/ITU－D/ict/publications/idi/2010/index. html。

② 资料来源：法国文化部（Ministère de la Culture et de la Communication）发布的 2011 年年报，www. culture. gouv. fr。

③ 资料来源：北欧媒体研究中心（NORDICOM），www. nordicom. gu. se。

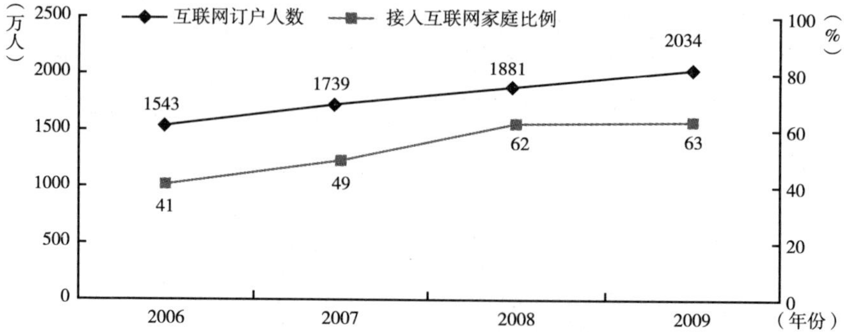

图 15　2006～2009 年法国互联网订用情况

资料来源：互联网订户人数的数据来源于法国文化部年报，www. culture. gouv. fr；接入互联网家庭比例的数据来源于北欧媒体研究中心，www. nordicom. gu. se。

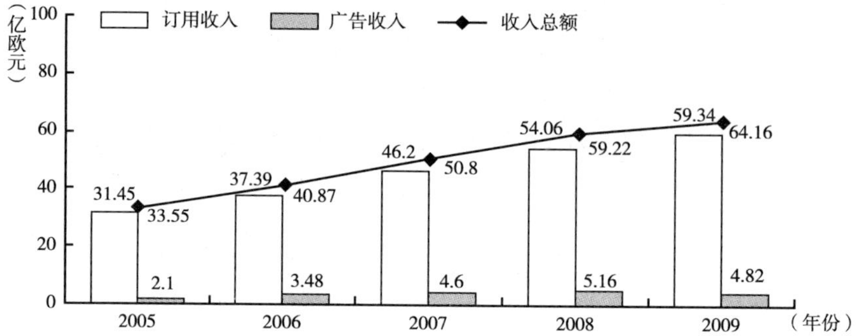

图 16　2005～2009 年法国互联网收入情况

资料来源：订用收入情况来源于法国文化部（Ministère de la Culture et de la Communication）发布的 2007～2011 年年报，www. culture. gouv. fr；广告收入情况来源于法国广告研究院（Institut de Recherches et d'Etudes Publicitaires，IREP），www. irep. asso. fr。

4. 电影、图书出版以及音像制品

2010 年，法国制作电影 261 部，首映电影 575 部。2009 年，法国共有电影院 2068 家，较 1999 年减少 110 家，电影屏幕 5472 块，较 1999 年增加 483 块，座位 107. 8 万个，较 1999 年增加 5. 2 万个（见表 6）。

法国电影市场近年来稳定增长，2009 年法国共出售电影票 2. 01 亿张，票房收入 12. 36 亿欧元，较 2008 年增长 8%。2010 年法国电影业继续保持增长势头，售票 2. 06 亿张，票房收入 13. 05 亿欧元，同比增长 6%（见图 17）。

表 6　2005～2010 年法国电影业基本情况

年　份	2005	2006	2007	2008	2009	2010
电影制作量(部)	240	203	228	240	230	261
电影首映量(部)	550	589	573	555	588	575
电影院(家)	2084	2070	2057	2081	2068	—
电影屏幕(块)	5308	5300	5332	5472	5472	—
影院座位(万个)	106.6	106.0	105.9	107.3	107.8	—

资料来源：综合参考法国国家电影中心 2005～2010 年年度报告，www. cnc. fr；法国文化部发布的 2011 年年报，www. culture. gouv. fr。

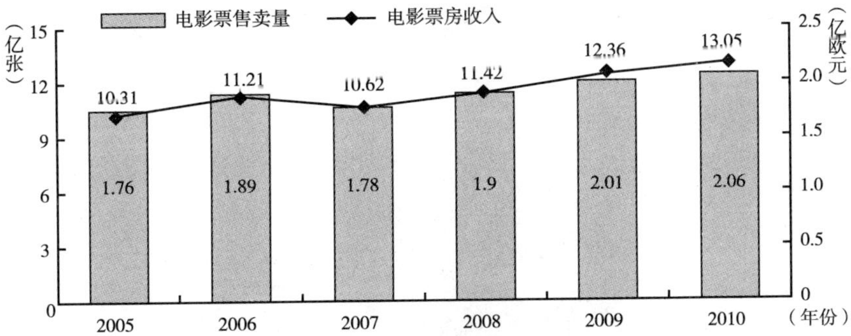

图 17　2005～2010 年法国电影票售卖量及票房收入情况

资料来源：综合参考法国国家电影中心（Centre National du Cinéma et de l'image animée，CNC）发布的 2005～2010 年年度报告，www. cnc. fr。

2009 年，法国电影业出口收入 2.27 亿欧元，较上年的 1.89 亿欧元增长 20.1%。西欧和北美是法国电影业的主要出口地区，两者占出口总量的 70%。在西欧地区主要出口至德国（16.1%）、英国（5.7%）和意大利（3.9%），在亚洲主要出口至日本（4.3%）（见图 18、图 19）。

图书方面，法国 2009 年共有 224 家出版社，出版 74788 种图书，印刷 6.09 亿册，全年出版超过 200 种图书的出版社有 64 家，其出版量占总量的 90%。图书业 2007 年收入 28.94 亿欧元，较 2006 年减少 5%，此后两年基本持平。2008 年收入为 28.30 亿欧元左右（见表 7）。

法国图书主要通过书店、文化专卖店、普通超市、邮发系统、网络、二手市场，以及其他渠道进行交易。其中，书店和文化专卖店的交易量和收入份额相当，是所有渠道中份额最大的两部分，均占 20% 以上；普通超市和邮发系统交

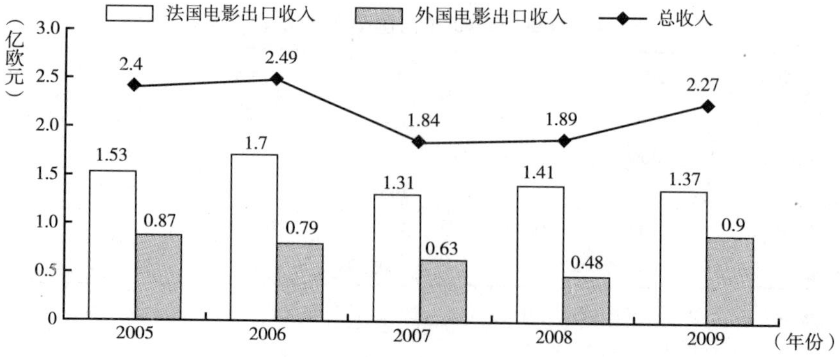

图18　2005～2009年法国电影业出口收入

资料来源：综合参考法国文化部发布的2007～2011年年报，www. culture. gouv. fr。

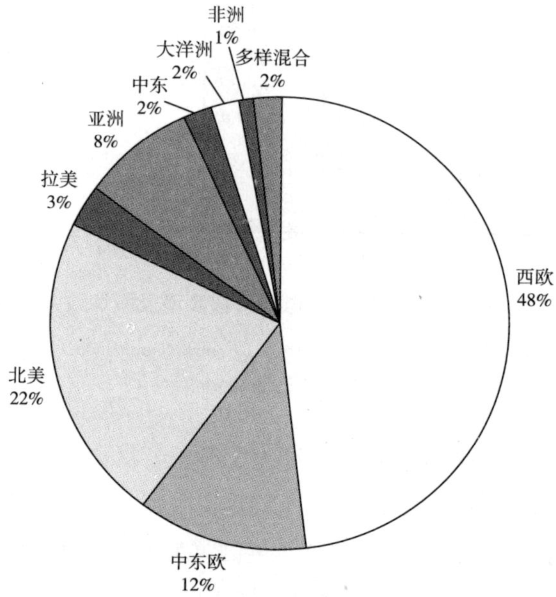

图19　2009年法国电影业出口区域分布

资料来源：综合参考法国文化部发布的2007～2011年年报，www. culture. gouv. fr。

易量和收入份额相当，均在12%以上；网络交易则是近年来发展最快的一条图书交易渠道，2009年图书交易量占12%，较上年的9.1%增长2.9个百分点，收入的增长不如交易量增长速度快，仅从上年的9.6%增长至11%（见图20、图21）。

表 7　2005～2009 年法国图书市场基本情况

单位：%

情况＼年份	2005	2006	2007	2008	2009
图书种数(种)	68378	70117	75385	76184	74788
图书册数(亿册)	5. 14	5. 72	6. 55	7. 39	6. 09
出版社(家)	277	310	295	267	224
收入(亿欧元)	27. 47	29. 10	28. 94	28. 30	28. 29

资料来源：法国文化部（Ministère de la Culture et de la Communication）发布的 2007～2011 年年报，www. culture. gouv. fr。

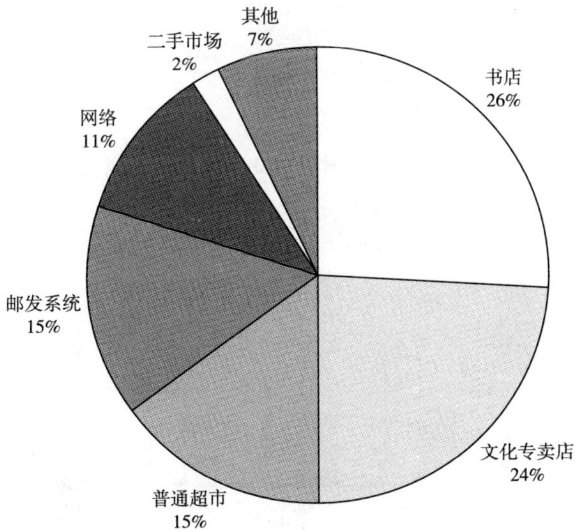

图 20　2009 年法国图书交易渠道收入份额

资料来源：综合参考法国文化部发布的 2007～2011 年年报，www. culture. gouv. fr。

法国图书进出口交易主要在欧盟成员国发生，存在较大逆差；与美国的交易进出口额基本持平，进口略大于出口；与中国的交易中进口额与出口额悬殊（见图 22）。

2009 年，进入法国国家图书馆名录的唱片共 10253 种，较上年增加 160 种，但其峰值出现在 2006 年，为 11727 种。经由出版商卖出的实体唱片销量逐年下滑，已从 2005 年的 13121 万张减少至 2009 年的 5570 万张（见图 23）。

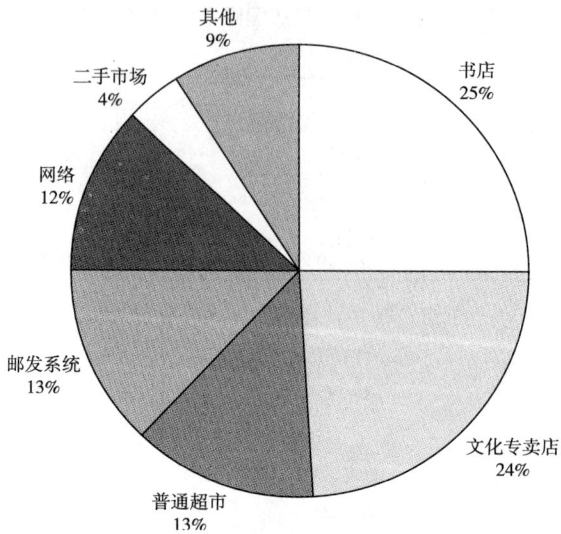

图 21　2009 年法国图书交易渠道交易量份额

资料来源：综合参考法国文化部发布的 2007 ~ 2011 年年报，www. culture. gouv. fr。

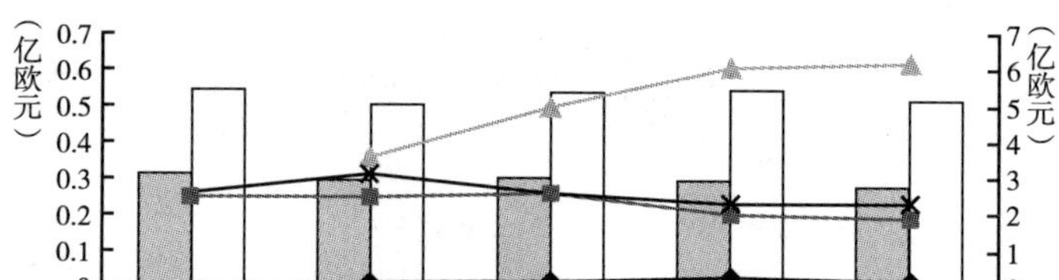

	2005年	2006年	2007年	2008年	2009年
欧盟成员国（出口）	3.12	2.95	3.01	2.94	2.80
欧盟成员国（进口）	5.42	5.03	5.38	5.46	5.16
美国（出口）	0.25	0.25	0.26	0.20	0.19
美国（进口）	0.26	0.31	0.26	0.23	0.23
中国（出口）	—	0.01	0.02	0.03	0.02
中国（进口）	—	0.36	0.50	0.61	0.62

图 22　2005 ~ 2009 年法国与部分国家图书进出口交易收入情况

注：为更清晰表达，图中法国与美国、中国进出口交易情况以左轴刻度为准，法国与欧盟成员国出口交易情况以右轴刻度为准。

资料来源：综合参考法国文化部发布的 2007 ~ 2011 年年报，www. culture. gouv. fr。

法国唱片市场销售包括实体唱片销售和数字唱片销售两部分。近年来，实体唱片销售额逐年下滑，2009 年收入为 51. 21 亿欧元，较 2005 年的 92. 86 亿欧元下降

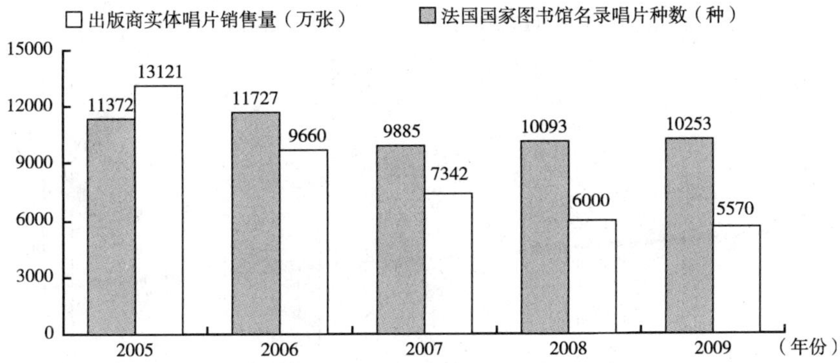

图 23　2005～2009 年法国唱片年度种数及销量

资料来源：法国文化部（Ministère de la Culture et de la Communication）发布的 2007～2011 年年报，www. culture. gouv. fr。

45%；而数字唱片销售额稳步上升，2009 年收入为 7. 58 亿欧元，较 2005 年的 3. 07 亿欧元增长 147%。由于数字唱片收入在唱片总收入中所占份额小，所以其增长并未能逆转唱片市场萎缩的大趋势，但表明了唱片业未来的发展方向（见图 24）。

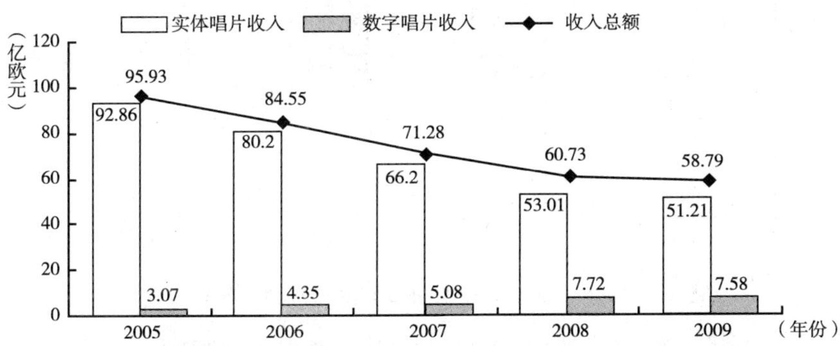

图 24　2005～2009 年法国唱片市场收入情况

资料来源：法国文化部（Ministère de la Culture et de la Communication）发布的 2007～2011 年年报，www. culture. gouv. fr。

2009 年，法国录像制品列入法国国家图书馆名录的共有 9455 种，较 2008 年峰值 12693 种减少 3238 种；而销售量 1. 41 亿件，较 2008 年的 1. 28 亿件有较明显的增加。市场收益呈明显下降趋势，2009 年收入为 13. 9 亿欧元，较 2005 年 17. 84 亿欧元的收入额下降 22%，但其收入结构基本稳定（见图 25、图 26）。

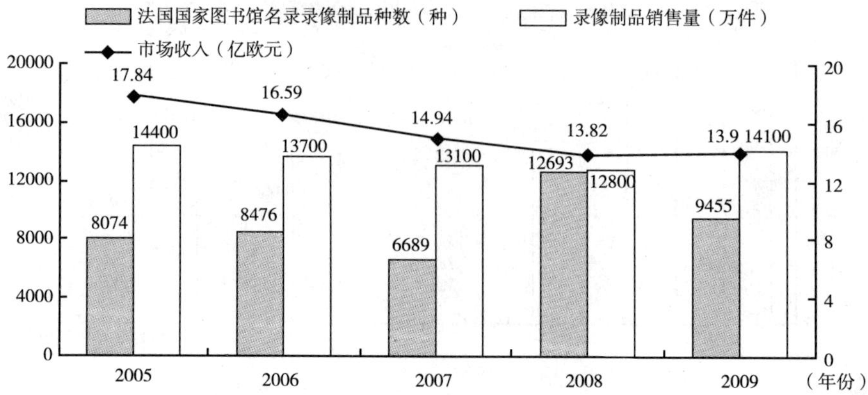

图 25　2005～2009 年法国录像制品市场状况

资料来源：法国文化部（Ministère de la Culture et de la Communication）发布的 2007～2011 年年报，www. culture. gouv. fr。

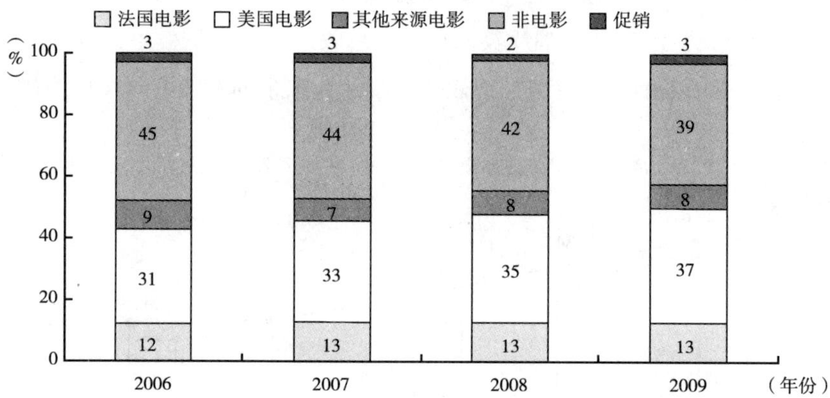

图 26　2006～2009 年法国录像制品市场收入结构变化

资料来源：法国文化部（Ministère de la Culture et de la Communication）发布的 2007～2011 年年报，www. culture. gouv. fr。

（三）市场主体

法国是世界传媒强国之一，2009 年，在世界 25 家最高收入传媒公司排行榜中，维旺迪集团（Vivendi）和 Lagardère 集团分别位列第 9 和第 13。在欧洲 25 家最高收入传媒公司排行榜中，有 4 家法国传媒集团榜上有名，它们分别是维旺迪集团（第 2 位）、Lagardère 集团（第 3 位）、法国国家电视集团（France

Television，第14位）、法国电视1台（第19位）。除维旺迪集团的传媒部分收入仅占公司总收入的33%以外，其余3家集团的全部收入均来源于传媒产业（见表8）。

表8　2006～2009年法国前四大传媒集团收入状况

单位：亿欧元

公司＼年份	2006	2007	2008	2009
维旺迪集团	84.94	92.33	92.04	88.93
Lagardère 集团	80.92	85.82	86.28	78.92
法国国家电视集团	28.53	29.28	29.28	30.34
法国电视1台	26.54	27.64	25.95	23.65

资料来源：北欧媒体研究中心（NORDICOM），www.nordicom.gu.se。

《法国西部报》是法国发行量最大的报纸，创办于1944年，有47个不同版本，主要发行于Brittany、Lower Normandy及Pays de la Loire等西北部地区，是一份区域性报纸。近年来，它的日发行量保持在76万～77万份，拥有日均250万读者群。从法国报刊评论中心的数据来看，法国报刊的稳定性非常强，自2005年以来，无论是排名还是发行量均没有发生结构性变化（见表9）。

表9　2005～2010年法国前十大报纸日发行量

单位：份

报纸＼年份	2005	2006	2007	2008	2009	2010
《法国西部报》	760367	761065	769149	772058	762213	757115
《费加罗报》	341052	350528	336032	322240	314947	316732
《巴黎人报》	339556	336337	327544	320003	304971	302147
《法国队报》	325289	322497	323184	311457	303305	293072
《西南报》	320704	312265	316851	308581	297991	290785
《世界报》	314067	311373	311435	300522	288049	286348
《北方之声报》	292855	288195	285230	281893	274088	265173
《多斐内自由报》	244496	241295	241620	238753	235129	231324
《进步报》	228972	223198	219720	214173	208950	207270
《电讯报》	225111	219060	212074	208232	202393	204770

资料来源：法国报刊评论中心（Associations pour le Contrôle de la Diffusion des Médias，OJD），www.ojd.com。

法国免费电视频道2009年收入为49.82亿欧元，其中法国电视1台收入为13.77亿欧元，M6台收入为6.16亿欧元，法国国家电视台旗下的2台、3台、5台和7台收入共计25.93亿欧元，免费数字频道总收入为3.96亿欧元。虽然免费数字频道绝对数在整体中并不突出，但其逐年增长的幅度却十分显著，2005~2009年涨幅分别为51%、82%、80%和36%（见表10）。

表10　2005~2009年法国免费电视频道收入状况

单位：亿欧元

年　份	2005	2006	2007	2008	2009
法国电视1台	15.80	16.49	16.51	15.78	13.77
M6台	6.41	6.64	6.88	6.68	6.16
法国2、3、5、7台	24.00	24.95	24.90	23.91	25.93
免费数字频道	0.59	0.89	1.62	2.91	3.96
总　计	46.80	48.97	49.91	49.28	49.82

资料来源：法国高等视听委员会CSA，“Données de la Television”，www.csa.fr。

二　传媒产业与传媒市场发展分析

1. 产业结构和市场构成

法国报刊业有两种分类方式，一种是将报纸与期刊分开，分为全国性日报、地方性日报、周末报、全国性杂志和地方性杂志；另一种是将报刊进行统一划分，分为政治及综合类全国报刊、政治及综合类地方报刊、免费新闻报刊、行业报刊、专业杂志及免费报刊等。

从OJD的统计来看，2010年在OJD成员中，全国性杂志和地方性日报的发行量所占比例最大，分别为44%和37%，近年来基本稳定，变化不大（见图27）。

从法国文化部的统计来看，2008年，法国各类报刊共4588种，其中行业报刊和专业杂志种类最多，分别为1938种和1413种；各类报刊总收入为105亿欧元，收入最高的为政治及综合类地方报刊和行业报刊，分别为31亿欧元和39亿欧元。2009年，报刊业收入减少至97亿欧元，其中降幅最大的是免费报刊，降幅为28.6%（见表11、表12）。

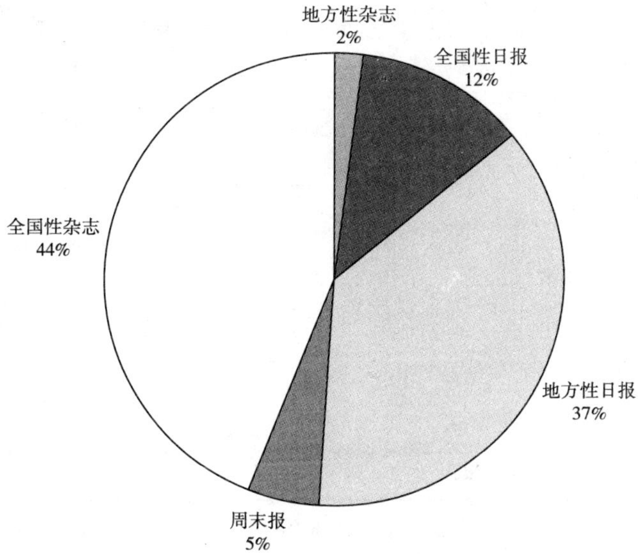

图 27　2010 年法国 OJD 各类报刊市场份额

资料来源：法国报刊评论中心（Associations pour le Contrôle de la Diffusion des Médias，OJD），www. ojd. com。

表 11　2006～2008 年法国各类报刊种数

单位：种

类型 \ 年份	2006	2007	2008
政治及综合类全国报刊	80	80	83
政治及综合类地方报刊	468	461	455
免费新闻报刊	74	90	108
行业报刊	2013	1834	1938
专业杂志	1499	1456	1413
免费报刊	620	623	591
总　计	4754	4544	4588

资料来源：法国文化部传媒与文化产业总司（DGMIC），www. dgmic. culture. gouv. fr。

法国电视市场主体，按所有权可分为公营电视台和私营电视台。私营电视台的收入主要依靠商业广告、资本运作、节目营销等。公营电视台——法国国家电视台自 2009 年新政实施后，在收入结构上发生了较为显著的变化。2009 年，法

表 12　2007～2009 年法国各类报刊收入

单位：亿欧元，%

类型＼年份	2007	2008	2009	2008 年较 2009 年的变化幅度
政治及综合类全国报刊	15	15	13	－13.3
政治及综合类地方报刊	31	31	30	－3.2
免费新闻报刊	3	3	3	0
行业报刊	40	39	37	－5.1
专业杂志	11	10	9	－10.0
免费报刊	9	7	5	－28.6
总　计	109	105	97	－7.6

资料来源：法国文化部传媒与文化产业总司（DGMIC），www.dgmic.culture.gouv.fr。

国国家电视台共收入 30.34 亿欧元，其中 80% 的收入来源于公共经费，包括以前就已存在的视听税和新增的广告补贴，而在 2007 年法国国家电视台的收入中，公共经费仅占 64%，2008 年占 71%。相应的，广告收入的份额从 2007 年的 28% 锐减至 2009 年的 14%（见图 28）。

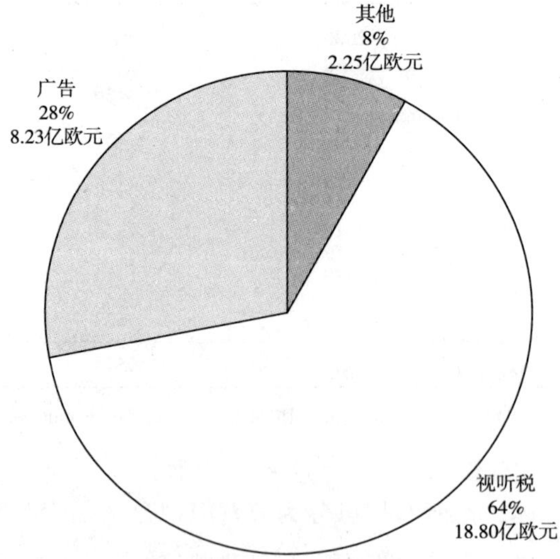

2007年总收入：29.28亿欧元

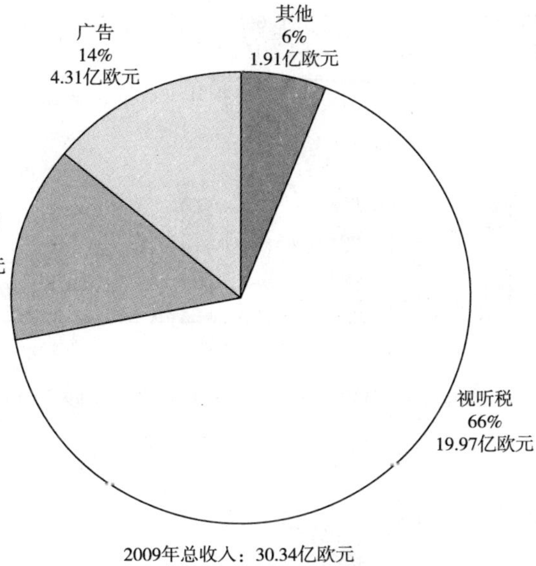

图 28　2007 年和 2009 年法国国家电视台收入结构比较

资料来源：法国高等视听委员会 CSA，“Données de la Television”，www. csa. fr。

法国电视频道可分为免费频道、付费频道和数字频道。① 2009 年的收入依次为 45. 86 亿欧元、31. 22 亿欧元、3. 96 亿欧元，各自所占份额为 56. 6%、38. 5%、4. 9%。近年来，免费频道的收入逐年减少，而数字频道和付费频道收入均稳步增加，但总体结构稳定，仅呈现微小变化。

在付费频道收入中，维旺迪公司所属的 Canal + 台占有 50% 以上份额。2009 年，法国付费频道总收入 31. 22 亿欧元，Canal + 台收入为 18. 17 亿欧元，占总收入的 58%。

Canal + 台的收入主要由订用、营销传播和其他产品三项构成。与 2008 年相比，2009 年 Canal + 台的总收入减少 2700 万欧元，订用收入减少约 2%，其他产品收入减少约 3%（见图 30）。而广告收入和获得的赞助金额则有所增长；营业利润增加 1000 万欧元，达到 7300 万欧元，增幅 16%；净收入减少 1400 万欧元，

① 付费频道里包括了 7 个付费数字频道（France Eurosport，LCI，Paris First，planet，TF6，TPS Star，Canal +）；数字频道专指免费数字频道，France 4，Direct 8，TMC，NT1，NRJ 12，W9，Virgin 17，Gulli，i > Télé 和 BFM。

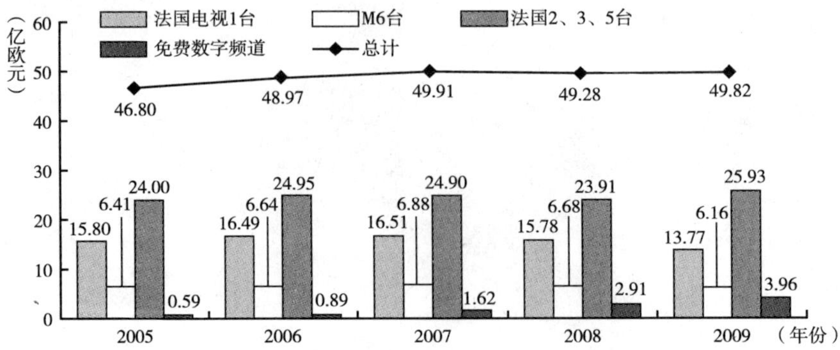

图 29 2005～2009 年法国免费频道收入状况

资料来源：法国高等视听委员会 CSA，“Données de la Television”，www. csa. fr。

为 3400 万欧元，降幅 29%，其下降的主要原因是 Canal + 台拨款 1600 万欧元用于 Sport + 台的建设。

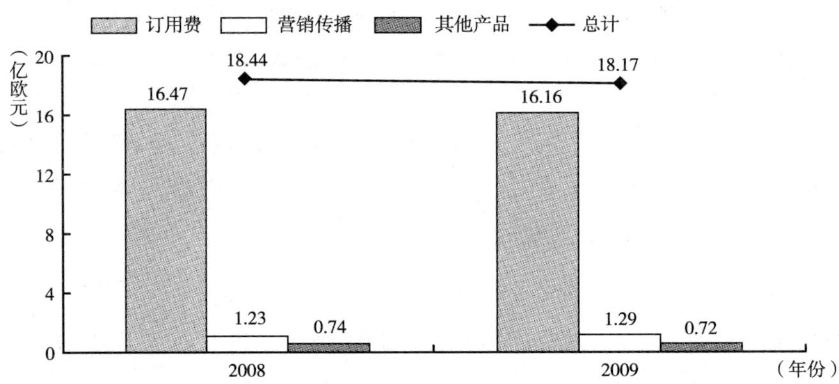

图 30 2008 年和 2009 年法国 Canal + 台各部分收入情况

资料来源：法国高等视听委员会 CSA，“Données de la Television”，www. csa. fr。

1993 年法国开始统计付费频道的情况，当时仅 16 个，1996～1999 年经历跨越式发展，从 1995 年的 23 个猛增至 2000 年的 84 个，其收入也从 1995 年的 1. 83 亿欧元增至 2000 年的 7. 66 亿欧元。此后，法国付费频道的发展速度变缓，但无论从数量上还是从收入上均逐年缓慢增长，2009 年，除 Canal + 台以外的付费频道共 117 个，收入为 13. 05 亿欧元，相较 2008 年，频道数量上仅增加 1 个，收入则增加了 7%（见图 31）。

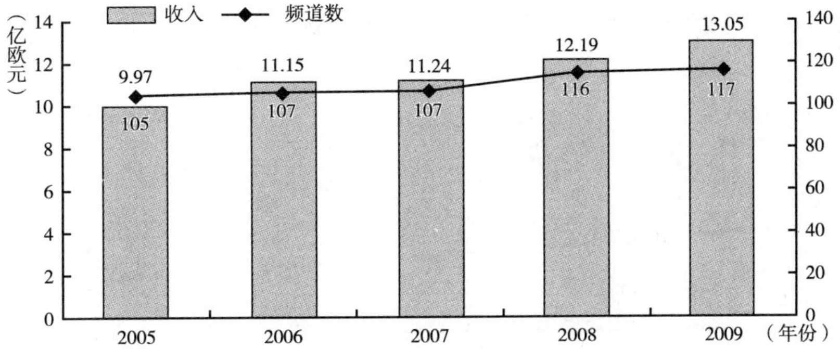

图 31　2005～2009 年法国付费电视发展状况（除 Canal + 台外）

资料来源：法国高等视听委员会 CSA，“Données de la Television”，www. csa. fr。

法国电影业的年度预算主要用于电影和录像资助、视听资助、管理费用，2009 年新增“更新设备”一项，2010 年新增“电影院数字化”一项（见表 13）。

表 13　2005～2010 年法国电影业年度预算

单位：亿欧元

项目 \ 年份	2005	2006	2007	2008	2009	2010
电影和录像资助	267	252	257	267	228	236
视听资助	224	221	224	235	221	231
更新设备	0	0	0	0	64	67
电影院数字化	0	0	0	0	0	10
管理费用	0	23	24	26	27	32
总　计	491	496	505	528	541	576

资料来源：综合参考法国文化部（Ministère de la Culture et de la Communication）2010～2011 年年报，www. culture. gouv. fr。

法国制作的电影分为法国独立制作、法国主导制作、联合制作、法国协助制作。在 2010 年的 261 部电影中，143 部为法国独立制作、203 部为法国主导制作、60 部为联合制作、58 部为法国协助制作。从近年来的趋势可以看出，法国在电影制作方面与国际的交流越来越频繁（见表 14）。

在法国的电影市场上，美国电影占据了近乎一半的市场份额，但在 2008 年法国占领了 45.4% 的市场份额，首次超过美国（43.3%），但此后两年迅速下跌，2010 年跌至 35.7%（见图 32）。

表 14　2005～2010 年法国各类方式制作的电影数量

单位：部

类型＼年份	2005	2006	2007	2008	2009	2010
法国独立制作	126	127	133	145	137	143
法国主导制作	187	164	185	196	182	203
联合制作	61	37	52	51	45	60
法国协助制作	53	39	43	44	48	58
总　计	240	203	228	240	230	261

资料来源：法国国家电影中心（Centre National du Cinéma et de l'image animée，CNC）2010 年年度报告，www. cnc. fr。

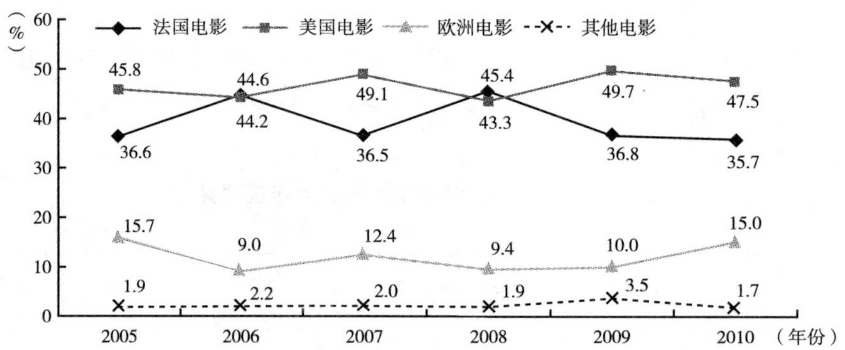

图 32　2005～2010 年法国各种来源电影的市场份额

资料来源：法国国家电影中心 2010 年年度报告，www. cnc. fr。

2. 法国两大传媒集团的市场表现

（1）维旺迪集团（Vivendi SA）。维旺迪集团（又译威望迪），前身为维旺迪环球集团（Vivendi Universal），创建于 1853 年，是法国最大的传媒跨国集团，虽然其传媒业务收入仅占集团总收入的 33%。集团主营的传媒业务涉及音乐、电视、电影、出版、电信、互联网和电子游戏等领域。集团旗下主要有环球唱片公司、摩洛哥电信公司、地球村电信公司（GVT）、法国第二大移动运营商 SFR 公司、动视暴雪游戏公司、Canal + 集团。

据媒体与传播政策协会①（Institut Für Medien- und Kommunikationspolitik，IFM）

① 媒体与传播政策协会（IFM）成立于 2006 年春，位于德国柏林，是一家独立研究机构。

的报告，2009 年，维旺迪集团的收入在世界传媒公司中排名第 9，在欧洲传媒公司中排名第 2。①

2010 年，维旺迪集团总收入为 288.78 亿欧元，较 2009 年的 271.32 亿欧元增长 6.4%。集团核心公司近年来力排金融危机的影响，除环球唱片公司之外，业绩逐年稳步上升，其中增长最明显的是新公司——地球村电信公司（GVT），从 2009 年的 1.04 亿欧元猛增至 10.29 亿欧元，增幅约 889%。SFR 公司是集团收入最高的子公司，2010 年收入 125.77 亿欧元，占总收入的 43.6%。但集团的非核心业务自 2005 年以来变盈为亏，近年来连年亏损，但因亏损金额相对较小，故对整体收入影响不大（见表 15）。

表 15　2005～2010 年维旺迪集团各部分收入状况

单位：亿欧元

公司＼年份	2005	2006	2007	2008	2009	2010
动视暴雪游戏公司	6.41	8.04	10.18	20.91	30.38	33.30
环球唱片公司	48.93	49.55	48.70	46.50	43.63	44.49
SFR 公司	86.87	96.78	90.18	115.53	124.25	125.77
摩洛哥电信公司	18.60	20.53	24.56	26.01	26.94	28.35
地球村电信公司(GVT)	0	0	0	0	1.04	10.29
Canal + 集团	34.52	36.30	43.63	45.54	45.53	47.12
其他	-0.49	-0.76	-0.68	-0.57	-0.45	-0.54
总　计	194.84	204.4	216.57	253.92	271.32	288.78

资料来源：综合参考维旺迪集团 2005～2010 年年报，www.vivendi.com。

维旺迪集团涉及的业务范围广泛，难以归类，因而该集团对于收入的统计以公司为单位，业务笼统分为产品销售、服务收入及其他三项。2010 年，维旺迪集团产品销售收入为 76.83 亿欧元，较 2009 年的 73.78 亿欧元增长 4.1%；服务收入为 211.69 亿欧元，较 2009 年的 197.34 亿欧元增长 7.3%；其他业务的收入为 0.26 亿欧元，金额较小，由于纳入统计的项目时有差别，因而在数值上呈现波动不定的特征（见表 16）。

① 资料来源：IFM，http://www.mediadb.eu/。

表 16　2005～2010 年维旺迪集团各部分收入状况

单位：亿欧元

项目＼年份	2005	2006	2007	2008	2009	2010
产品销售	57.39	57.88	58.35	67.11	73.78	76.83
服务收入	137.00	142.22	157.87	186.57	197.34	211.69
其　他	0.45	0.34	0.35	0.24	0.20	0.26
总　计	194.84	204.4	216.57	253.92	271.32	288.78

资料来源：综合参考维旺迪集团 2005～2010 年年报，www.vivendi.com。

维旺迪集团 2010 年的息税折旧摊销前利润（EBITA）为 57.26 亿欧元，较 2009 年为 53.90 亿欧元增长 6.2%；息税前利润（EBIT）为 48.71 亿欧元，较 2009 年 38.36 亿欧元增长 27.0%（见图 33）。

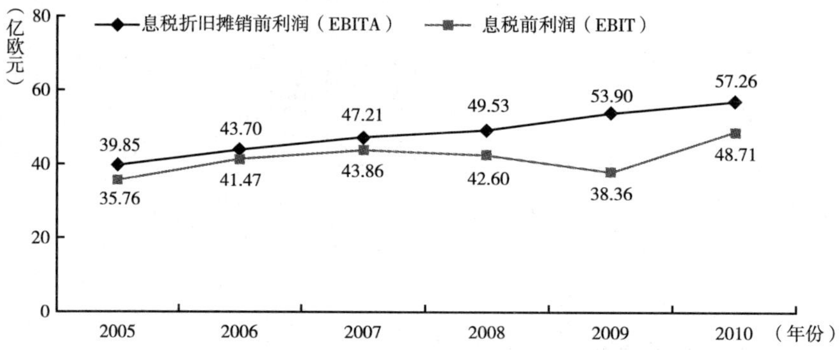

图 33　2005～2010 年维旺迪集团 EBITA 及 EBIT 情况

资料来源：综合参考维旺迪集团 2005～2010 年年报，www.vivendi.com。

从地区发展来看，维旺迪集团的主要收入还是来自于法国，2010 年，集团在法国的收入为 170.97 亿欧元，占总收入 59%，巴西的业务收入自 2009 年开始单独统计，当年收入为 1.47 亿欧元，2010 年收入猛增至 10.84 亿欧元（见表 17、图 34）。

（2）拉加代尔集团（Lagardère Group）。拉加代尔集团创建于 1992 年，是法国第二大传媒跨国集团。主营业务包括出版、传媒活动（报纸、杂志、电子刊物、广播、电视、广告、媒体产品）、商业服务（航空、铁路的商店零售）、其他（体育、知识）四个方面。

表 17　2005～2010 年维旺迪集团各地区收入状况

单位：亿欧元

地区＼年份	2005	2006	2007	2008	2009	2010
法　国	122.16	123.72	134.03	159.67	168.98	170.97
欧　洲	19.33	20.81	23.52	27.66	30.46	30.61
美　国	24.14	24.48	23.19	28.89	31.53	33.75
摩洛哥	17.73	19.60	21.39	22.21	22.48	22.96
巴　西	0	0	0	0	1.47	10.84
其　他	11.48	11.83	14.44	15.49	16.04	19.65
总　计	194.84	204.4	216.57	253.92	271.32	288.78

资料来源：综合参考维旺迪集团 2005～2010 年年报，www.vivendi.com。

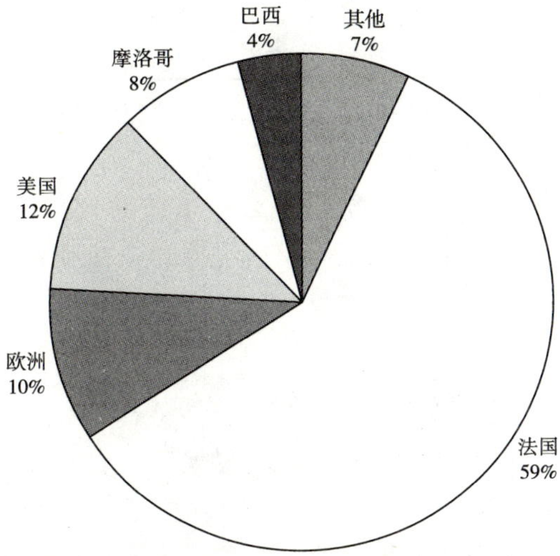

图 34　2010 年维旺迪集团各地区收入份额

资料来源：综合参考维旺迪集团 2005～2010 年年报，www.vivendi.com。

据媒体与传播政策协会报告，2009 年，拉加代尔集团的总收入在世界传媒公司中排名第 13 位，在欧洲传媒公司中排名第 3 位。①

① 资料来源：IFM，http://www.mediadb.eu/。

2010年，拉加代尔集团传媒净销售额为79.66亿欧元，其中出版业务收入为21.65亿欧元，传媒活动收入为18.26亿欧元，商业服务收入为35.79亿欧元，其他业务收入为3.96亿欧元。近年来，集团收入的峰值出现在2007年，为85.82亿欧元，受到金融危机的影响，2009年收入下降为78.92亿欧元，为近年来的最低（见表18）。

表18　2006～2010年拉加代尔集团传媒净销售额及分项销售额

单位：亿欧元

项目＼年份	2006	2007	2008	2009	2010
出版业务	19.62	21.30	21.59	22.73	21.65
传媒活动	23.34	22.91	21.11	17.25	18.26
商业服务	36.14	37.21	35.00	33.87	35.79
其　　他	5.90	4.40	4.44	5.07	3.96
总　　计	79.10	85.82	82.14	78.92	79.66

资料来源：综合参考拉加代尔集团2006～2010年年报，www.lagardère.com。

拉加代尔集团息税前利润（EBIT）近年来波动较大，2009年为最低，仅为-1.16亿欧元，2010年回升至3.54亿欧元，峰值出现在2006年，达到5.47亿欧元（见图35）。

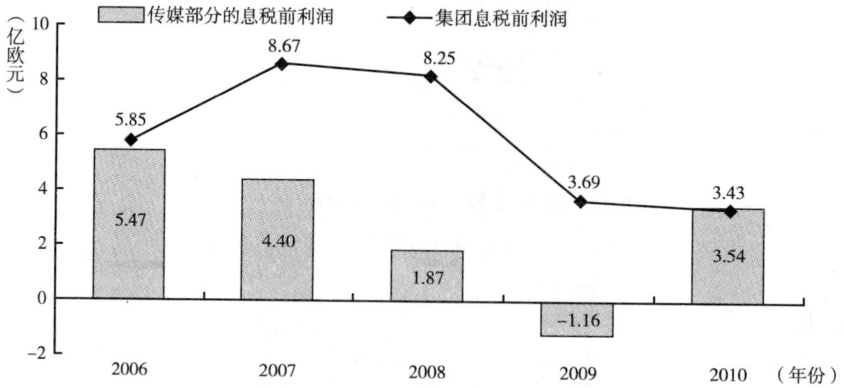

图35　2006～2010年拉加代尔集团息税前利润

资料来源：综合参考拉加代尔集团2006～2010年年报，www.lagardère.com。

拉加代尔集团传媒活动的收入来源于杂志、广播、电视业务，2007 年以后，集团将数字媒体业务也放到了传媒活动这一项目之中。2009 年，除电视收入略有增加之外，杂志和广播的收入均有较大幅度的下降（见图 36）。

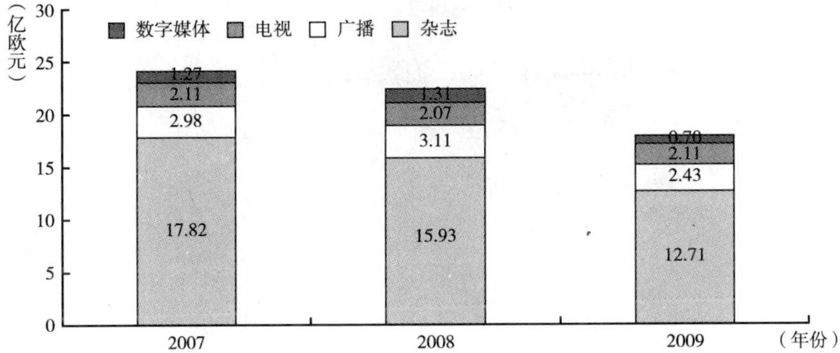

图 36　2007～2009 年拉加代尔集团传媒活动分项收入

资料来源：综合参考拉加代尔集团 2006～2010 年年报，www. lagardère. com。

拉加代尔集团是一家跨国传媒集团，在世界多个地区开展业务，从其年报来看，各项业务的侧重点各有不同，其中体育、知识等其他业务的目标市场在法国之外的其他欧洲地区，在法国仅 12% 的份额。近年来整体结构稳定，变化不大（见图 37 至图 40）。

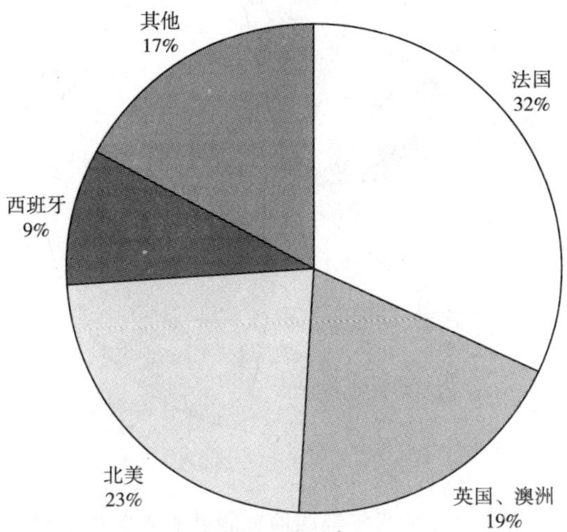

图 37　2010 年拉加代尔集团出版业务收入各地区份额

资料来源：拉加代尔集团 2010 年年报，www. lagardère. com。

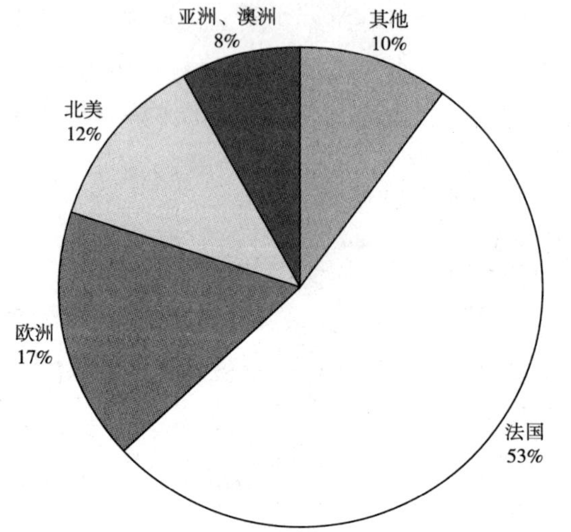

图 38　2010 年拉加代尔集团传媒活动收入各地区份额

资料来源：拉加代尔集团 2010 年年报，www. lagardère. com。

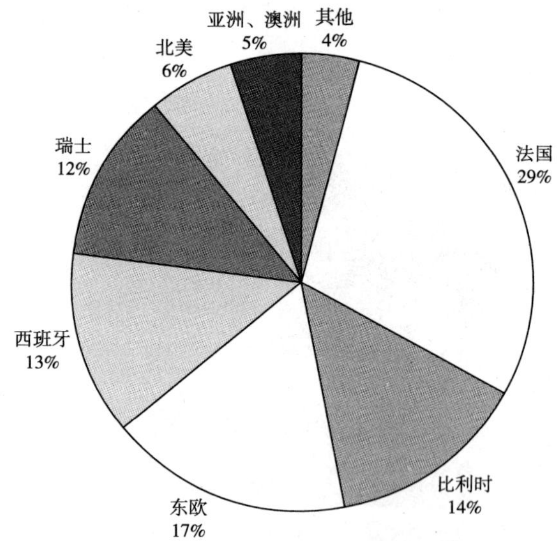

图 39　2010 年拉加代尔集团商业服务收入各地区份额

资料来源：拉加代尔集团 2010 年年报，www. lagardère. com。

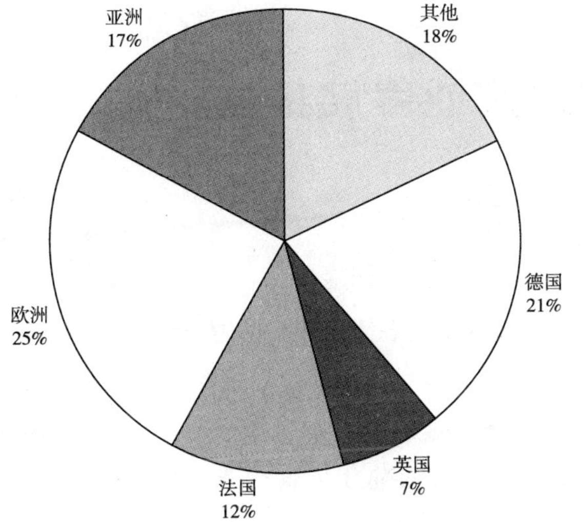

图 40　2010 年拉加代尔集团其他业务收入各地区份额

资料来源：拉加代尔集团 2010 年年报，www. lagardère. com。

B.8

葡萄牙传媒产业发展报告

张方方*

一　葡萄牙传媒产业发展总体状况

随着信息和传播技术的发展，以及葡萄牙近几届政府试图放松国家管制、鼓励投资的举措，促使葡萄牙传媒产业规模不断增长，预计 2010 年传媒产业的总产值为 48.72 亿美元，2006～2010 年的年均增长率约为 5.7%，该增长率在欧洲仅次于西班牙、意大利和希腊，但欧洲传媒大国的席位一直由英国、德国和法国占据。欧洲主要国家 2005～2010 年传媒产业规模变化如表 1 所示。

表 1　2005～2010 年欧洲主要国家传媒产业规模

单位：百万美元，%

国家＼年份	2005	2006	2007	2008	2009	2010	2006～2010 年的年均增长率
德　国	77974	82306	84491	88170	91276	94959	4.0
西班牙	29254	31349	33110	35571	37765	40152	6.5
法　国	53514	56506	59040	61992	64439	67379	4.7
希　腊	4961	5310	5590	5922	6231	6583	5.8
意大利	38794	41593	43579	46324	48668	51788	5.9
葡萄牙	3686	3924	4132	4386	4611	4872	5.7
英　国	89769	95462	100438	106500	111894	117470	5.5

注：2010 年部分数据为预计数值。

资料来源：保罗·福斯蒂诺撰《媒体的多元化、集中制与公民》，葡萄牙媒体 21 出版社，2010，第 195 页。

* 张方方，巴西南大河州天主教大学社会传播学硕士，中国传媒大学外国语学院葡萄牙语讲师。

（一）报刊

葡萄牙9%的文盲率导致葡萄牙报刊的销量在欧洲是最少的。近几年报刊业面临残酷的市场竞争，2009年葡萄牙报刊的种类、发行版次和年印数较2005年都有所下降，销量仅比2005年增加了约2%，比2008年减少了约15%。其中，报纸种类五年间减少约7%，杂志种类减少约1%，日刊和周刊在五年里缩水14%，月刊减少了约11%（见表2、图1、图2）。在葡萄牙免费报纸受到读者的欢迎，2009年48%的报刊都是免费赠送的，这一比例比2008年的53%略微降低。

表2　2005～2009年报刊发行版次、年印数、销量

年份	种数(种)	版次(次)	年印数(万份)	销量(万份)
2005	2052	35735	85359	66661.7
2006	2054	37133	91098.9	73353.4
2007	1994	36088	95113.4	79599.8
2008	1896	33903	94908.5	80052.0
2009	1910	33203	82826.3	68176.2

资料来源：现代葡萄牙数据库，www.pordata.pt。

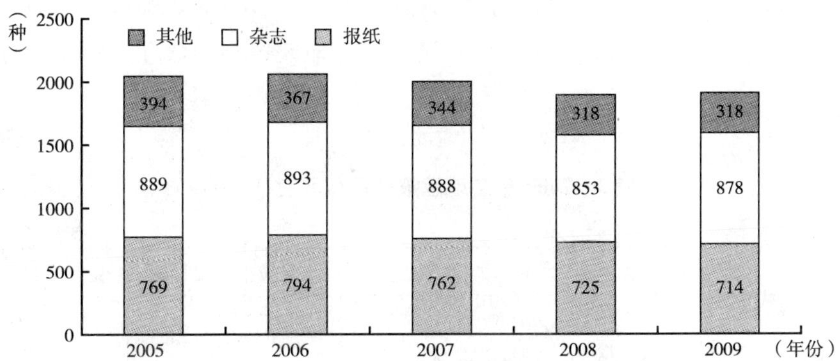

图1　2005～2009年报纸、杂志和其他发行期刊（包括简报、年报等）的种数

资料来源：现代葡萄牙数据库，www.pordata.pt。

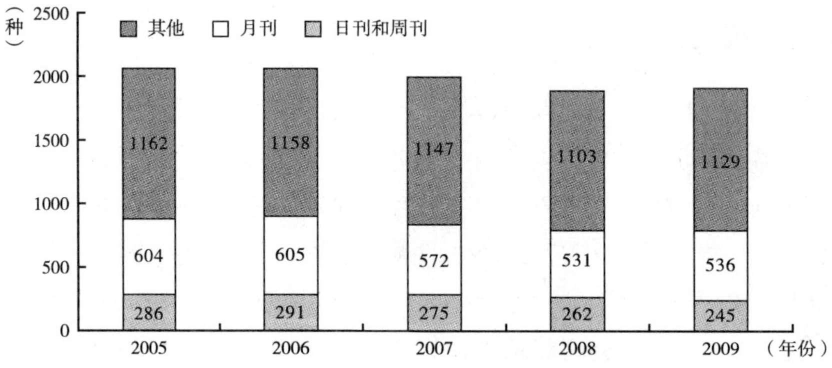

图 2　2005～2009 年日刊、周刊、月刊和其他发行期刊（包括简报、年报等）的种数

资料来源：现代葡萄牙数据库，www. pordata. pt。

据葡萄牙发行与流通监管协会（APCT）的数据统计，2009 年，《晨邮》（*Correio da Manhã*）是流通量最大的日报，发行 12.2 万份。《快报》（*Expresso*，发行 11.3 万份）和《视野》（*Visão*，发行 10.2 万份）分别在周报和新闻杂志中处于领先地位。专题类杂志，如经济、贸易、管理和社会类专题的杂志的流通量略有增加，而免费报纸的流通量则有明显下降，此外，体育类和男性、女性类杂志略有下滑。2009 年发行量前十位的报刊中排名第一的是女性时尚周刊杂志《玛丽亚》（*Maria*，发行 20.7 万份）。免费日报《葡萄牙地铁》（*Metro Portugal*，日发行 10.6 万份）排在第七位。在地域分布上，里斯本地区的报刊印数、总发行量分别占市场的 80% 和 79%。表 3 显示了各地区报刊印数和发行量的分布比例。

表 3　2009 年各地区报刊印数和发行比例

单位：%

地　区	总印数	总发行量	付费报刊发行量	免费报刊发行量
里斯本	80	79	70	90
北　部	12	12	19	4
中　部	4	4	6	2
其他所有地区	4	5	5	4
总　数	100	100	100	100

资料来源：葡萄牙国家统计局撰《2009 年文化数据》。

（二）广播

葡萄牙广播电台由全国性、区域性、地方性电台构成，其中信号覆盖全国的电台占有葡萄牙80%的广播收听市场份额。2009年葡萄牙共有347家区域性和地方性电台，其中324家为综合电台，19家为音乐电台，4家为资讯电台。葡萄牙广播集团（RDP）旗下的天线1台（Antena1）、天线2台（Antena2）、天线3台（Antena3）是3家国有公共广播电台，其余均为商业电台。20世纪90年代，广播的发展一度处于停滞状态，进入21世纪以后，随着“语音跟踪”（voice track）和“播客”（podcast）在广播电台的应用，广播内容又出现新的活力。

表4　2009年葡萄牙主要广播电台

信号覆盖全国的电台	区域和地方电台
·葡萄牙广播集团（RDP，包括天线1台、天线2台、天线3台） ·复兴集团（Renascença，包括RFM电台、复兴电台、Mega FM电台、Sim电台） ·媒体资金集团（Media Capital，包括商业电台、城市FM电台、广播俱乐部电台、最佳摇滚FM电台、M80电台） ·TSF电台	347家（包括324家综合电台、19家音乐电台、4家资讯电台）

资料来源：笔者根据相关资料整理而得。

收听方面，2009年广播每日收听时长较2008年增加了7分钟，达到每日3小时18分钟，这与2003年以来的收听时长呈逐年下降的趋势是截然相反的。其中，复兴集团（Renascença）、媒体资金集团（Media Capital）、葡萄牙广播集团（RDP）和TSF集团瓜分了葡萄牙收听市场并拥有较高的收听率，尤其是复兴集团，成为广播市场的领头羊。2009年，公共服务广播（即RDP旗下的电台）收听市场份额为10.9%，其中，RDP旗下的天线3台（Antena 3）市场份额有所下降，而天线2台（Antena 2）和天线1台（Antena 1）的市场份额共计增长了0.1%。2009年，复兴集团、媒体资金集团和TSF集团旗下的电台收听率分别为2.6%、1.4%、0.3%。复兴集团的RFM、复兴电台（Rádio Renascença）以及媒体资金集团（Media Capital）的商业电台（Rádio Comercial）是三大最受欢迎的电台。

表 5　2003～2009 年人均每天收听广播时长

单位：小时/分钟

集团及其电台	2003 年	2004 年	2005 年	2006 年	2007 年	2008 年	2009 年
复兴集团	03:14	03:01	02:59	02:53	02:59	02:56	02:57
RFM	03:29	03:13	03:07	03:06	03:01	03:02	02:59
复兴电台	02:54	02:42	02:41	02:31	02:48	02:39	02:42
Mega FM	02:28	02:22	02:31	02:13	02:29	02:10	02:14
Sim 电台	—	—	—	—	—	—	03:09
媒体资金集团	02:59	02:54	02:49	02:44	02:42	02:36	02:41
商业电台	02:52	02:47	02:48	02:50	02:48	02:37	02:37
城市 FM 电台	02:32	02:35	02:32	02:21	02:21	02:13	02:15
广播俱乐部电台	03:10	03:06	02:53	02:43	02:24	02:27	02:29
最佳摇滚 FM 电台	02:49	02:38	02:33	02:06	02:27	02:21	02:19
M80	—	—	—	—	02:54	02:38	02:55
葡萄牙广播集团	02:42	02:30	02:35	02:36	02:35	02:29	02:21
天线 1 台	02:29	02:20	02:16	02:32	02:27	02:21	02:13
天线 2 台	02:58	02:40	02:30	02:19	02:16	02:17	02:20
天线 3 台	02:51	02:34	02:46	02:35	02:41	02:31	02:22
TSF 集团	02:31	02:15	02:17	02:09	02:04	02:07	02:00
所有电台	03:26	03:20	03:19	03:13	03:12	03:11	03:18

资料来源：Marktest，“Anuário de Media e Publicidade 2009”。

（三）电视

1. 主要电视台

目前，葡萄牙共有三家主要电视台，即葡萄牙广播电视台（RTP）、独立传播公司（SIC）、独立电视台（TVI）。其中，葡萄牙广播电视台（RTP）是葡萄牙成立的第一家电视台，也是唯一的国有公共电视台，其电视节目内容以资讯、信息为主；独立传播公司（SIC）和独立电视台（TVI）成立于 20 世纪 90 年代，为私营电视台，其电视节目内容以娱乐为主。

2. 主要电视频道

有关葡萄牙主要电视频道的情况如表 6 所示。

表 6　葡萄牙主要电视频道

地面电视频道(又称开放频道、免费频道)	有线和卫星电视频道	数字电视频道	移动电视频道(手机电视频道)	网络协定电视(IPTV)
①全国覆盖型：RTP1，RTP2，SIC，TVI ②地区覆盖型：RTP 马德拉(覆盖马德拉自治区)、RTP 亚速尔(覆盖亚速尔自治区)、波尔图频道(覆盖波尔图，只经有线传播)	①全国覆盖型：21 个无条件接收型频道和 10 个有条件接收型频道(又称加密频道) ②全球覆盖型：两个公共电视频道和三个私营电视台频道	2008 年 10 月里斯本地区开始试点使用数字电视信号，2009 年 4 月 29 日正式在 RTP1，RTP2，SIC，TVI 四个频道启用数字信号传输，预计在 2012 年 4 月 26 日停止所有的模拟信号传输网	三个手机电视频道：RTP Mobile，SIC Mobile，TVI Mobile	2006 年 4 月，克里克斯(Clix)公司首先推出网络协定电视 SmarTV，目前共有克里克斯(Optimus Clix)，葡萄牙传播(PT Comunicações)，沃达丰(Vodafone)三家公司提供该服务

注：这四个频道的节目通过地面发射塔在全国范围内传播，同时经有线和卫星同步播放。因为是免费频道，所以这四个频道拥有最多观众，目前葡萄牙计划开播第五个开放频道。

资料来源：笔者根据相关资料整理而得。

3. 收视概况

观众每天平均收看免费电视频道（RTP1，RTP2，TVI，SIC）的时长自 2004 年起呈下降趋势，而 2008 年收看时长达到 2003～2009 年七年来的高峰，2009 年比 2008 年减少了约 6 分钟。而观众每日收看有线和卫星电视的时长基本呈逐年上升的趋势，除 2006 年略有下滑外。电视观众收视时长的变化反映出多媒体环境下，受众对于免费电视消费的渐趋减少，以及有线和卫星电视在细分频道、满足受众不同需求方面越来越受欢迎，在媒介市场格局逐渐由单一媒体垄断向多种媒体并存发展转化的形式下，传统媒体对受众的影响仍然不容忽视。

表 7　2003～2009 年人均每天收看免费电视频道时长

年份	2003	2004	2005	2006	2007	2008	2009
时长(时/分/秒)	3:26:48	3:34:10	3:32:09	3:30:05	3:29:36	3:35:11	3:29:06

资料来源：Marktest，“Anuário de Media e Publicidade 2009”。

表 8　2003～2009 年人均每天收看有线和卫星电视时长

年份	2003	2004	2005	2006	2007	2008	2009
时长(时/分/秒)	0:25:31	0:27:09	0:30:01	0:29:27	0:32:15	0:32:39	0:37:59

资料来源：Marktest，“Anuário de Media e Publicidade 2009”。

在全国四大免费频道中，TVI，RTP1 和 SIC 是观众喜爱的频道，从 20 世纪 90 年代中期起，一直是私营电视频道（SIC 和 TVI）主导收视市场。其中 TVI 从 2005 年起持续占有最高收视份额，虽然在 2007 年略有下滑。SIC 和 RTP1 的市场份额紧随其后，但 SIC 自 2000 年起份额逐年减少，甚至在 2007 年和 2009 年低于 RTP1。2009 年，在四大综合频道中收视率最高的十大节目里，有八个节目由 TVI 播放，另外两个节目分属 RTP1 和 SIC，收视率较高的节目为报道世界足球的体育节目和电视剧。有线电视频道所占的市场份额除了在 2006 年和 2008 年稍有下降外，七年间总体呈上涨趋势，在 2009 年达到 18.2%，每日的平均收视时长自 2003 年以来持续增长，达到每日 38 分钟。电影和电视系列片是有线电视频道最受欢迎的节目，其次是资讯节目和儿童节目。2009 年十大收视最高的有线电视节目是由 AXN 频道和 SIC 新闻频道播出的，其中犯罪调查系列片吸引了众多观众的眼球。

（四）电影

受国际金融危机影响，2009 年葡萄牙电影院数量、影院座位、放映影片和观影人次均有明显减少，但票房收入持续保持上升趋势。2010 年，越来越多的人走进电影院，观影人数创近年来的新高。预计 2010 年 1655.3 万的观影人次将会带来 8220.56 万欧元票房收入。电影制作方面，2009 年无论是独立制作的影片还是参与制作的影片数量较 2006 年均有下降（见表 9、表 10）。

表 9　2005～2010 年葡萄牙电影相关情况

年份	票房收入（万欧元）	电影院（家）	影院座位（张）	银幕（块）	放映影片（部）	场次（场）	观影人次（万人）
2005	6633.74	—	—	511	—	589110	1575.4
2006	6832.08	140	91467	479	496	591139	1636.7
2007	6912.08	176	109820	546	607	605717	1631.8
2008	6989.46	182	113792	572	740	644778	1597.9
2009	7384.16	174	110914	577	720	651325	1570.5
2010	8220.56（预计）	—	—	563（预计）	—	669638（预计）	1655.3

资料来源：现代葡萄牙数据库，www.prodata.pt。

在地域分布上，里斯本和波尔图两个地区拥有全国 42% 的电影院和 44% 的银幕。75% 的电影观众集中在里斯本、波尔图、塞图巴尔、法罗四个地区，约相当于 50% 的葡萄牙国民数。

表 10　2006 ~ 2009 年葡萄牙电影制作量

单位：部

类型＼年份	2006	2007	2008	2009
独立制作	65	51	45	50
参与制作	58	43	50	32

资料来源：葡萄牙国家统计局撰《2009 年文化数据》。

（五）互联网

据葡萄牙国家统计局数据显示，2005 ~ 2009 年，葡萄牙电脑用户和网民数量不断上升，联网数量以年均 11.7% 的比率上升，宽带上网年均增长率为 24.4%，家庭使用电脑的年均增长率为 7.7%。2010 年，59.5% 的葡萄牙家庭拥有电脑，其中，53.7% 接入因特网，在入网家庭中，50.3% 的家庭通过宽带上网。企业使用电脑、联网和拥有网页的数量也是持续快速增长（见表 11、图 3）。

表 11　2005 ~ 2010 年家庭使用电脑、联网和通过宽带上网的比例

单位：%

项目＼年份	2005	2006	2007	2008	2009	2010
电脑	42.5	45.4	48.3	49.8	56.0	59.5
网络	31.5	35.2	39.6	46.0	47.9	53.7
宽带	19.7	24.0	30.4	39.3	46.2	50.3

资料来源：现代葡萄牙数据库，www. prodata. pt。

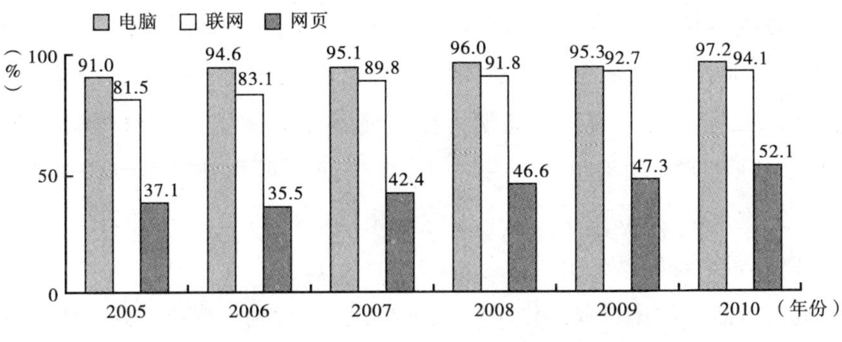

图 3　2005 ~ 2010 年企业使用电脑、联网和拥有网页的比例

资料来源：现代葡萄牙数据库，www. prodata. pt。

在网民的特点方面，男性上网的频率较高，女性网民的数量不足所有网民人数的50%。网民的年龄段主要集中在15～34岁，并且90%的网民拥有高等教育学历。电子邮件、即时通信和社交网站是网民上网的主要动因，Hi5和Facebook受到网民的极大推崇。截至2010年8月底，葡萄牙共有268多万的网民是Facebook的用户，占国民人数的1/4。博客（blog）、播客（podcast）、维客（wiki）的即时性、自主性、开放性和互动性吸引了越来越多的葡萄牙网民，关于“自媒体”的讨论在学术界和传媒界非常热烈。

随着网络与电视、广播、报刊等传统媒体的融合，出现了许多以网络为载体的新的媒体形式，如网络协定电视（IPTV）、在线广播、网络报刊等，成为媒体产业新的增长点。

（六）主要传媒集团

葡萄牙主要的传媒集团包括Zon多媒体集团（Zon Multimédia）、英布莱萨集团（Impresa）、媒体资金集团（Media Capital）、葡萄牙广播电视集团（RTP）、科菲纳集团（Cofina）、复兴集团（Renascença）、索纳康集团（Sonaecom）。其中，葡萄牙广播电视集团是公共广播电视机构，复兴集团由教会所有，其余的均为商业集团，近几年的经济和财政状况不佳导致一些集团裁员或缩减投资规模，比如科菲纳（Cofina）集团解雇了旗下《纪录》和《晨邮》的部分员工，并停止发售《太阳》。兼并与收购成为企业完善组织、成长扩展的主要策略。2008年这几家集团的营业额总量达27.32亿欧元，共雇佣员工9960人，总资产达49.55亿欧元。从规模上来说，Zon多媒体和索纳康两家集团的资产和营业额分别占到几家集团总值的67%和64%，葡萄牙广播电视集团雇佣的员工占几家集团总员工的24%。2008年，Zon多媒体集团的资产增长率最高，为34%，而科菲纳集团面临资产亏损，为－35%。同期，在营业额增长率方面，媒体资金集团以32%领先，而RTP集团为负值（－5%）。2008年，除媒体资金集团以外，其他集团的广告收入额均有下滑，其中索纳康集团的广告收入较之2007年下降了5.7%。葡萄牙主要传媒集团的信息如表12、表13所示。

为适应传播全球化、数字化时代的到来，推进葡萄牙媒体产业的发展和跨行业融合，2006年2月，葡萄牙社会传媒监管机构由原来的社会传播最高委员会（Alta Autoridade Para a Comunicação Social）改组为由媒体企业参与的社会传媒监

表 12　2008 年葡萄牙主要传媒集团数据

项目	Zon 多媒体集团	英布莱萨集团	媒体资金集团	葡萄牙广播电视集团	科菲纳集团	复兴集团	索纳康集团
总资产（百万欧元）	1323	519	448	425	244	23	1973
营业额（百万欧元）	773	269	270	297	123	24	976
EBIDA（百万欧元）	240	19	53	23	20	1	160
员工规模（人）	1545	1474	1328	2376	929	325	1983
营业额增长率（%）	8.9	0.3	32.2	-5.0	1.0	-4.3	9.4
资产增长率（%）	34.2	3.4	8.5	12.8	-34.7	3.3	12.2

注：EBIDA，Earnings Before Interest Depreciation and Amortization 的缩写，指息、折旧及摊销前收入，它排除了由公司财务或会计政策选择造成的差异，通常用来比较公司及产业间的利润率。

资料来源：Marktest，“Anuário de Media e Publicidade 2009”。

表 13　葡萄牙主要传媒集团业务信息

集团	主要业务	主要资产
Zon 多媒体集团	·订阅电视、宽带、三网融合 ·视听（制作和发行电影、录像制品、唱片等） ·其他（房地产、经营管理服务）	· Zon TV Cabo（有线电视） · Zon Serviços de Gestão Partilhados（经营管理服务） · Lusomundo Audiovisuais（视听） · Lusomundo Cinemas（电影）
英布莱萨集团	电视、出版、数字、其他	· Soincom（持有 SIC 电视台 51% 股份，另外 49% 由 Media Zoom/Impresa Digital 持有） · Impresa Publishing（报刊业） · Media Zoom/Impresa Digital（电视） · VASP（出版发行）
媒体资金集团	电视、视听节目制作、音乐、电影、广播、网络、户外广告、其他	· TVI（电视台） · MCR（广播） · MCE（报刊） · IOL（网络） · Farol（音乐）
葡萄牙广播电视集团	电视、广播、节目制作	· RTP（电视台） · RDP（广播） · RTP Meios de Produção（节目制作）
科菲纳集团	报纸、杂志	· Edisport · Edirevistas · Mediafin · Presslivre
复兴集团	广播	· Rádio Renascença（复兴电台） · Intervoz Publicidade（广告电台） · Metropolitana（都市电台）

续表

集团	主要业务	主要资产
索纳康集团	电信、信息、多媒体	· Sonaecom-Serviços de Comunicações（传播服务） · Sonae Telecom（电信） · Sonae. com（网站）
孔特林韦斯特集团	报纸、杂志、广播、电视 其他	· Jornal de Notícias（日报） · Sport TV（有线电视频道） · TSF（广播）

注："主要资产"项中只列举部分公司。

资料来源：保罗·福斯蒂诺撰《媒体的多元化、集中制与公民》，葡萄牙媒体21出版社，2010，第170～181页。

管局（Entidade Reguladora Para a Comunicação Social，ERC），负责对社会媒体进行监督和管理。2009年ERC共接到受众提交的84起投诉案，这些投诉案涉及38家传媒机构，其中81起投诉报刊，2起投诉电视节目（SIC和TVI），1起投诉广播节目。这些数据比2008年略微下降，但仍然高于2007年。如同2007年和2008年一样，报刊类的投诉案占多数。2009年ERC作出的大部分决议（39.3%）中都认为上诉者有理，这体现出对公民要求更正权的认可。2007年6月，葡萄牙实行"国家中央管理机构改组"，原有的社会传播局改组为直属部长会议办公室的社会传播办公室（Gabinete Para os Meios de Comunicação Social，GMCS），负责协助政府执行和评估有关社会传播方面的政策。葡萄牙响应欧盟数字化计划，于2002年将葡萄牙传播局（Instituto de Comunicações de Portugal）组建成国家传播委员会（Autoridade Nacional de Comunicações，ANACOM），专门对邮政、电子传播、电子商务、网络等进行监管。

二 产业与市场分析

（一）产业结构和布局

由表14、表15可以看出，2005～2010年各行业的广告经营额均有所上升，其中电视广告收入在的涨幅最大（35%）。在广告投放方面，根据Marktest统计的数据，2008 年各行业的广告投放（牌价）的总额约是 2002 年的两倍，除广播的广告投放自 2004 年以来有所下降以外，其他媒体形式的广告投放额均有所增长。

表 14　2005～2010 年葡萄牙传媒产业业态

单位：百万美元

项目＼年份	2005	2006	2007	2008	2009	2010
杂志广告经营额和发行收入	442	455	468	486	503	521
报纸广告经营额和发行收入	289	296	306	315	323	332
电视广告经营额	634	690	715	764	795	858
广播广告经营额	65	67	70	72	75	77

资料来源：保罗·福斯蒂诺撰《媒体的多元化、集中制与公民》，葡萄牙媒体 21 出版社，2010，第 206 页。

表 15　2002～2008 年葡萄牙各媒体行业广告投放

单位：千欧元

项目＼年份	2002	2003	2004	2005	2006	2007	2008
电　视	1528408	1672374	1892813	2483635	2840206	3085780	3330911
报　刊	449815	592549	675473	700606	733912	816546	835223
户　外	170871	200145	224770	250590	276730	283984	303504
广　播	169880	172080	189031	187322	184883	183458	178760
电　影	—	9903	13392	13596	14491	21976	23427
总　数	2318974	2647051	2995479	3635749	4050222	4391744	4671825

资料来源：Marktest，“Anuário de Media e Publicidade 2008”。

以报刊、广播、电视为代表的传统媒体在广告收入和广告投放额方面仍然在葡萄牙传媒产业中占据主导地位，但不可忽视的是随着网络用户数的增长，网络形式不断丰富，网络广告的收入和投放呈现快速的增长势头。葡萄牙 2008 年媒体行业的广告投放比例如图 4 所示。

（二）高度集中的市场格局

葡萄牙传媒市场主要由国家、教会和几大传媒集团瓜分。下面分别从报纸、广播、电视和电影行业来分析传媒市场的集中度。

1. 报纸

全国发行的普通消息日报、体育日报和经济日报抢占了葡萄牙的报纸市场，

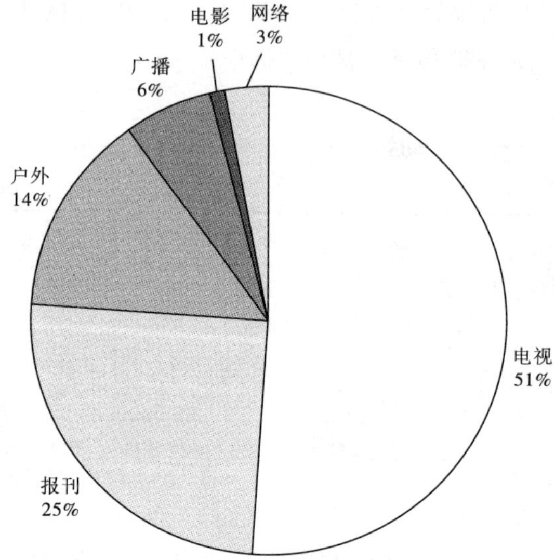

图 4　2008 年葡萄牙媒体行业广告投放比例

资料来源：葡萄牙国家传播委员会，2008。

下面选取几家传媒集团发行的这三类代表性报纸，分别从其发行市场、受众市场和广告市场来分析报纸行业的市场集中。表 16 显示了 2005 ~2009 年葡萄牙主要日报每日平均发行量。

表 16　2005 ~2009 年葡萄牙主要日报每日平均发行量

单位：份

日报＼年份	2005	2006	2007	2008	2009
孔特林韦斯特集团					
《24 小时》	51181	42490	36923	39267	29262
《新闻日报》	37992	37904	37759	45270	34063
《环球新闻》	—	—	150575	203480	104955
《赛事》	44878	41473	35976	34817	30068
《新闻报》	98637	97459	93916	109902	90892
科菲纳集团					
《晨邮》	118254	115462	118859	120688	122264
《德斯塔克报》	118803	169923	172261	173100	98585
《贸易报》	8890	8106	8261	8840	10668
《纪录》	86964	79768	76582	76322	72570
《半小时》	—	—	86496	74893	25301

续表

日报 \ 年份	2005	2006	2007	2008	2009
媒体资金集团《葡萄牙地铁》	121134	158037	176357	172982	105955
索纳集团《公众》	50701	45538	44169	42657	38229
IGD 集团《体育日报》	—	—	87818	—	—
梅加芬集团《今天》	—	12266	22935	26251	27103
SGPS 经济集团《经济日报》	13557	13392	13534	14131	15222
总　数	750991	821820	1162422	1142601	805137

注：《体育日报》仅在2007年发行，《环球新闻》、《德斯塔克报》、《半小时》、《葡萄牙地铁》、《今天》为免费报纸，《24小时》、《新闻日报》、《新闻报》、《晨邮》、《公众》为普通消息日报，《赛事》、《纪录》、《体育日报》为体育日报，《贸易报》、《经济日报》为经济日报。

资料来源：保罗·福斯蒂诺撰《媒体的多元化、集中制与公民》，葡萄牙媒体21出版社，2010，第240页。

（1）发行市场。由表16可以看出，免费报纸对日报发行量的贡献较大，2008年起随着部分免费报纸发行量的减少，总发行量也开始减少，尤其是2009年全球经济危机使广告市场活力大减，免费报纸收入大幅下滑，致使日报发行量缩水。表17反映出各集团在日报发行市场的份额，科菲纳集团和孔特林韦斯特集团处于领先地位，其次是媒体资金集团，三家占有日报发行市场90%以上的份额。

表17　2005～2009年各集团日报发行市场份额

单位：%

集团 \ 年份	2005	2006	2007	2008	2009
孔特林韦斯特集团	30.98	26.69	30.55	37.87	36
科菲纳集团	44.33	45.42	39.78	39.72	41
媒体资金集团	16.13	19.23	15.17	15.14	13
索纳集团	6.75	5.54	3.80	3.73	5
IGD 集团	0.00	0.00	7.55	0.00	0
梅加芬集团	0.00	1.49	1.97	2.30	3
SGPS 经济集团	1.81	1.63	1.16	1.24	2
总　数	100	100	100	100	100

资料来源：保罗·福斯蒂诺撰《媒体的多元化、集中制与公民》，葡萄牙媒体21出版社，2010，第247页。

虽然三家集团目前在日报市场均拥有一定实力，但报刊市场竞争激烈，很难说谁是报刊行业的绝对主宰者。一方面，报刊行业的准入壁垒较之电视和广播行业相对宽松，这吸引了新企业的加入；另一方面，周报和周刊一直在报刊市场对日报构成威胁，比如2009年周报《快报》发行量为112883份，周刊《视野》的发行量为102417份，同时区域性和地方性报纸如《观景阁》发行量为24877份，《雷丽亚地区》发行量为13091份，它们也是全国性日报的有力竞争者。

（2）受众市场。图5显示了2007年全国性主要日报的受众市场份额，此图增加了Vicra Desportiva集团发行的《足球》的数据，因为该报在日报市场占有一定比例，上文在分析发行市场中由于缺少相关数据故略去了该报的相关信息。可以看出，因为《足球》分流了一部分读者，科菲纳和孔特林韦斯特两大集团在受众市场的主导性比发行市场相对较小。

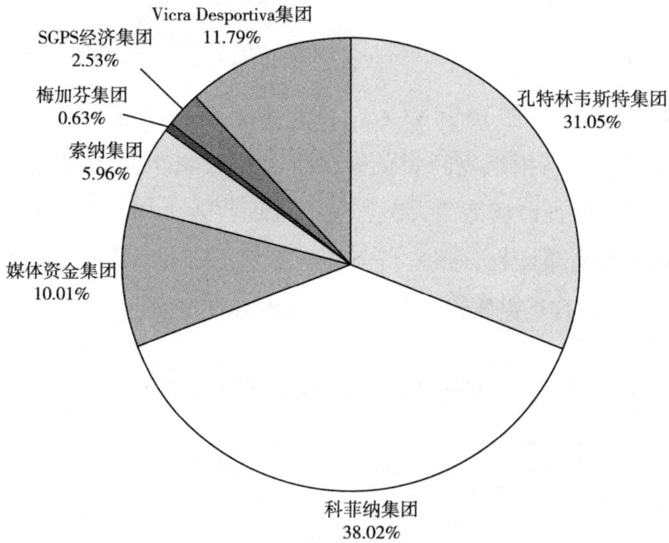

图5　2007年各集团日报受众市场份额

资料来源：保罗·福斯蒂诺撰《媒体的多元化、集中制与公民》，葡萄牙媒体21出版社，2010，第249页。

（3）广告市场。图6显示，广告商为了尽可能拓宽宣传面，把受众市场份额较高的报纸作为广告投放的对象，因此日报的广告投放向孔特林韦斯特和科菲纳两大集团倾斜。然而，日报广告市场同样面临周报和区域性报纸的强大竞争。

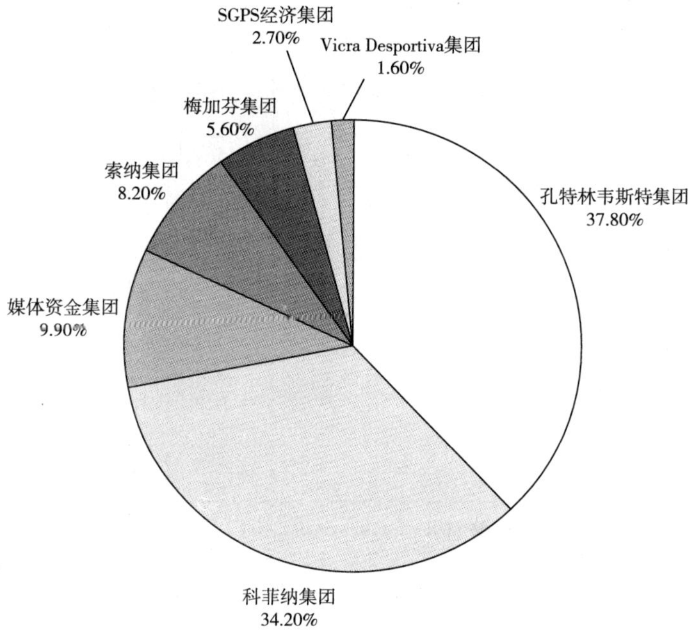

图6　2007 年各集团日报广告投放市场份额

资料来源：保罗·福斯蒂诺撰《媒体的多元化、集中制与公民》，葡萄牙媒体 21 出版社，2010，第 250 页。

2. 广播

（1）收听市场。广播收听市场（此处不考虑区域性和地方性电台）一直由教会所有的复兴集团领跑，媒体资金集团位居第二。RDP（属于 RTP 集团）作为政府所有的公共服务广播，市场份额仅在 10% 左右，TSF（属于孔特林韦斯特集团）位居末尾。表 18 显示了广播收听市场份额。

（2）广告市场。据 Marktest 数据显示，2004 ~ 2008 年广播广告投放市场萎缩了 5.4%。2008 年媒体资金集团拥有最多的广告投放额（35.4%），其次是复兴集团（35%）和孔特林韦斯特集团（29.6%）。此外，RDP 由于是公共服务广播，因此不接受广告投放。

表 18　2003～2009 年传媒集团及其电台的收听市场份额

单位：%

集团及其电台	2003 年	2004 年	2005 年	2006 年	2007 年	2008 年	2009 年
复兴集团	45.5	39.6	37.6	37.7	41.2	41.5	40.8
RFM	24.9	22.4	21.2	22.2	23.6	24.6	23.8
复兴电台	18.1	15.2	14.3	13.6	15.2	14.2	13.5
Mega FM	2.2	1.8	2.0	1.8	2.2	2.2	2.1
Sim 电台	—	—	—	—	—	—	1.4
媒体资金集团	18.8	23.4	22.7	23	21.1	22.2	23.3
商业电台	8.4	9.9	9.5	11.4	10.6	10.9	11.4
城市 FM 电台	3.3	5.2	6.7	6.3	6.0	5.9	5.4
广播俱乐部电台	3.0	5.8	4.8	3.9	2.0	1.7	1.7
最佳摇滚 FM 电台	1.5	2.0	1.3	0.9	1.0	0.8	0.8
M80	—	—	—	—	0.8	2.1	3.0
葡萄牙广播电视集团	10.2	10.7	12.2	13.1	13.1	11.9	10.9
天线 1 台	4.7	4.9	5.9	6.8	6.8	5.9	6.0
天线 2 台	0.7	0.6	0.7	0.8	0.7	0.6	0.7
天线 3 台	4.5	4.9	5.1	5.2	5.2	5.0	3.9
TSF 集团	5.6	5.8	6.5	5.4	5.0	5.2	4.5
所有电台	100	100	100	100	100	100	100

资料来源：Marktest，“Anuário de Media e Publicidade 2009”。

3. 电视

（1）收视市场。葡萄牙的电视频道可以分为免费（RTP1，RTP2，SIC，TVI）和付费两类，也可称为开放频道和订阅电视频道。根据图 7 显示，免费电视频道一直占有收视市场 80% 以上的份额，但付费频道的份额在逐年上升。

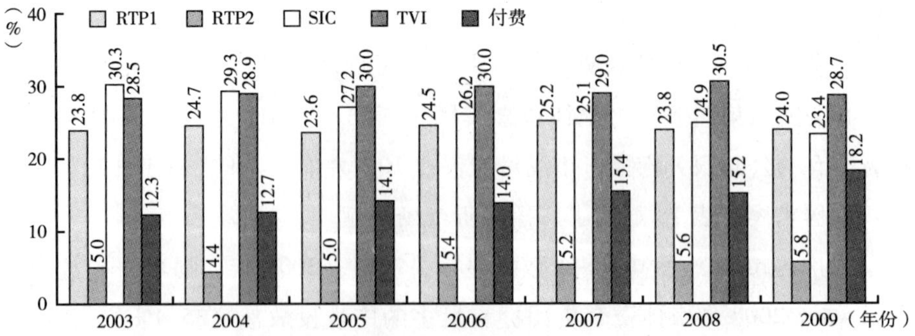

图 7　2003～2009 年免费频道和付费频道收视市场份额变化

资料来源：Marktest，“Anuário de Media e Publicidade 2009”。

四大免费频道中，RTP1 和 RTP2 属于 RTP，所有权归政府，SIC 属于英布莱萨集团，TVI 属于媒体资金集团。2003 年以来，英布莱萨集团的收视份额逐年下滑，2005 年起，英布莱萨集团丢失收视第一的位子，在市场排名中屈居第三，而政府和媒体资金集团轮流争得领头羊。不难看出，免费频道的市场竞争激烈，尤其是 20 世纪 90 年代允许私营企业进入免费电视频道的市场后，原有的政府独霸天下变成今天的三足鼎立。

在付费频道中，Zon 多媒体集团（以前称 TV Cabo 集团）拥有 73% 的订阅用户，在付费频道市场中占有绝对优势，这源于该集团是葡萄牙第一个开辟有线电视市场的企业。另外，Cabovisão，PTC，TVTEL 三家公司也在付费频道市场中分得一杯羹。表 19 显示了 2008 年几家企业拥有的付费频道的订阅率。

表 19　2008 年主要集团付费频道的订阅率

单位：%

集　　团	订阅率
Zon 多媒体集团	73
Zon 多媒体	64
Zon 亚速尔	4
Zon 马德拉	4
Cabovisão	14
PTC	7
TVTEL	3
其他(包括 ARTelecom, Clix, SmarTV)	3
总　数	100

资料来源：保罗·福斯蒂诺撰《媒体的多元化、集中制与公民》，葡萄牙媒体21出版社，2010，第257页。

（2）广告市场。在广告投放方面，付费电视的广告投放额不足 10%，毕竟付费电视是新近出现的事物，所以还难以撼动免费频道在广告市场的主导地位。表 20 显示了 2004 ~ 2008 年免费电视和付费电视的广告投放份额。

表 20　2004 ~ 2008 年免费电视和付费电视的广告投放份额

单位：%

类型　年份	2004	2005	2006	2007	2008
免费电视	91.92	92.67	90.91	90.42	90.70
付费电视	8.08	7.29	8.81	9.58	9.30

资料来源：Marktest，“Anuário de Media e Publicidade 2009”。

媒体资金、英布莱萨和 RTP 三家集团因为拥有较高的收视率，所以在广告市场也颇受广告商的青睐，占有 95% 的广告投放额。需要指出的是，RTP 集团的广告份额与其收视份额相比差异较大，这是因为 RTP 集团是公共服务电视机构，不以商业盈利为目的。媒体资金集团占有最高的广告投放份额。图 8 和图 9 显示了 2006 年和 2007 年电视广告市场份额。

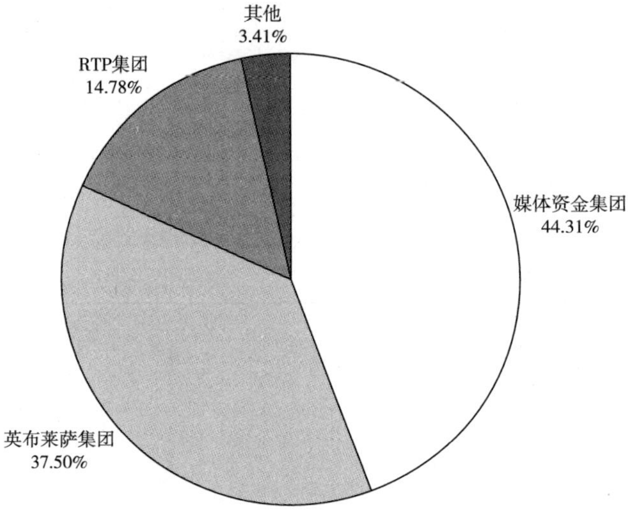

图 8　2006 年电视广告市场份额（广告投放）

资料来源：保罗·福斯蒂诺撰《媒体的多元化、集中制与公民》，葡萄牙媒体 21 出版社，2010，第 258 页。

4. 电影

（1）电影发行市场。2004～2009 年，葡萄牙电影发行市场共有 25 家企业，Zon Lusomundo Audiovisuais（属于 Zon 多媒体集团），Columbia Tristar Warner 和 Castelo Lopes Multimédia（属于媒体资金集团）是葡萄牙电影发行市场的“三剑客”。2009 年 Zon 多媒体集团在首映电影市场和受众市场均占有 49% 的份额，显示出绝对主导地位。三家主要企业拥有 90% 以上的受众市场份额。6 年间，葡萄牙首映的数字电影中 50% 以上是由 Zon 多媒体集团发行的。图 10 和图 11 分别显示了 2004～2009 年主要电影发行公司在首映电影市场和受众市场的份额。

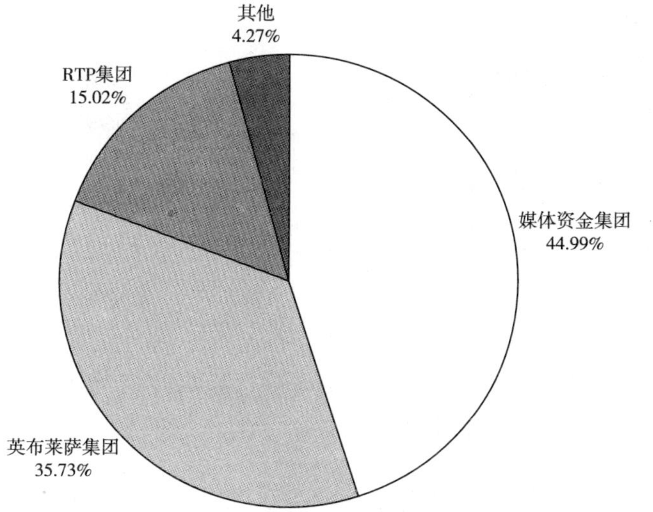

图 9　2007 年电视广告市场份额（广告投放）

资料来源：保罗·福斯蒂诺撰《媒体的多元化、集中制与公民》，葡萄牙媒体 21 出版社，2010，第 259 页。

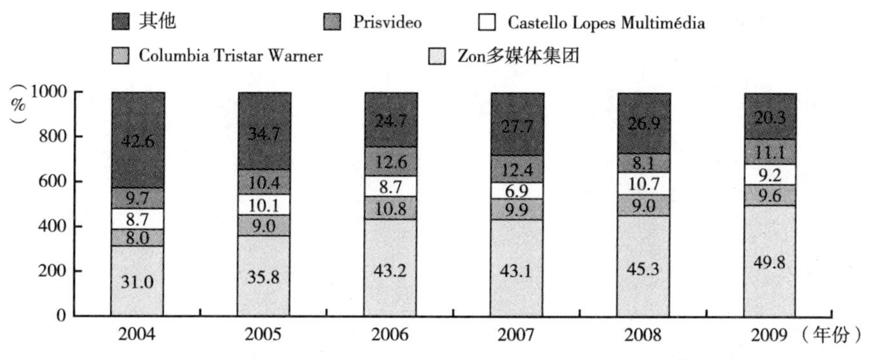

图 10　2004～2009 年主要电影发行公司首映电影市场份额

（2）电影进口市场。2004～2008 年，平均每年在葡萄牙首映 272 部影片，美国片和欧洲片的比例分别为 48% 和 35%，欧美合资片约占 13%。在票房收入方面，2004～2008 年葡萄牙电影票房收入的约 72% 来自于美国片，欧洲片的票房贡献率约为 10%，欧美合资片为 18%。2009 年国产片的票房收入是 190 万欧

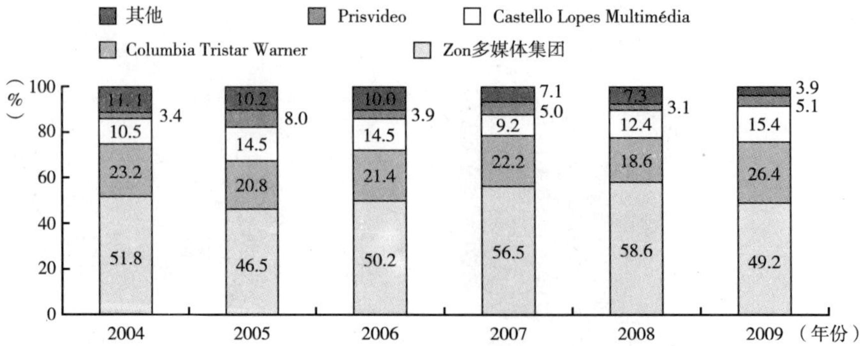

图 11　2004～2009 年主要电影发行公司受众市场份额

资料来源：葡萄牙电影和视听委员会（ICA）。

元，市场份额约为 2.5%。图 12、图 13 显示了 2004～2009 年美国片、欧洲片、欧美合资片等在首映电影市场和票房收入市场的份额。

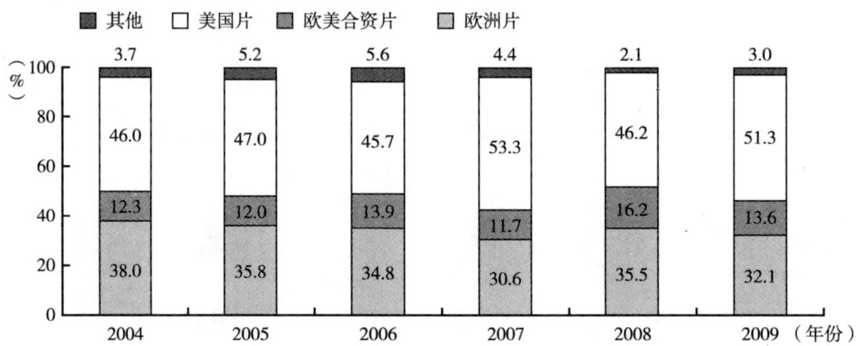

图 12　进口片首映市场份额

资料来源：葡萄牙电影和视听委员会（ICA）。

（3）电影放映市场。2009 年在葡萄牙电影和视听委员会注册登记的 109 家电影放映单位中，85 家隶属于文化协会或地方的市政府，24 家属于电影放映公司。总的来说，Zon 多媒体集团、Socorama 公司和 UCI 公司是电影放映市场的生力军。2009 年，Zon 多媒体集团和 Socorama 公司共拥有葡萄牙 55.3% 的电影银幕和 50.6% 的座位。同期，在观影人次和票房收入方面，Zon 多媒体集团的市场份额为 52%，其次是 Socorama 和 UCI 公司，份额分别是 17% 和 13%，

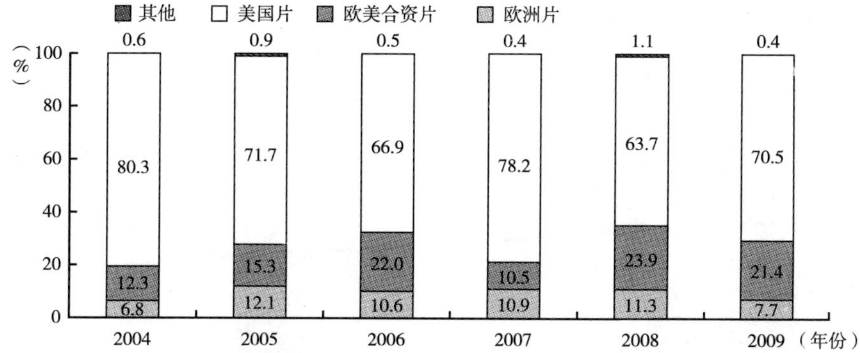

图 13　进口片票房收入市场份额

资料来源：葡萄牙电影和视听委员会（ICA）。

三家主要放映公司占有全国约 82% 的市场份额。2004 ~ 2009 年，UCI 公司的电影银幕数量增加了 221%，NLC 公司增加了 117%，Zon 多媒体集团银幕的增长率为 38%。并且新的企业进入加剧了市场竞争，如 Freeport Cinemas 公司和 FDO 多媒体公司分别于 2007 年和 2008 年进入电影放映市场。图 14、图 15 和图 16 分别显示了主要放映公司在电影银幕、座位、票房、受众和综合市场的份额。

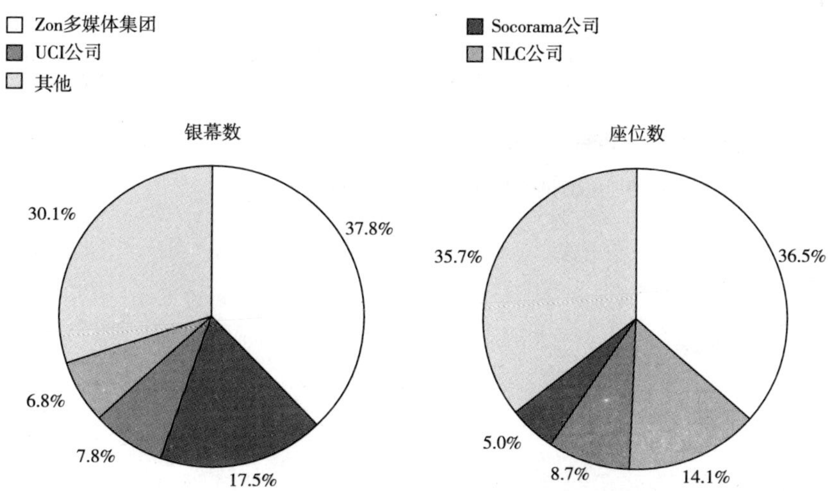

图 14　2009 年主要电影放映公司电影银幕和座位市场份额

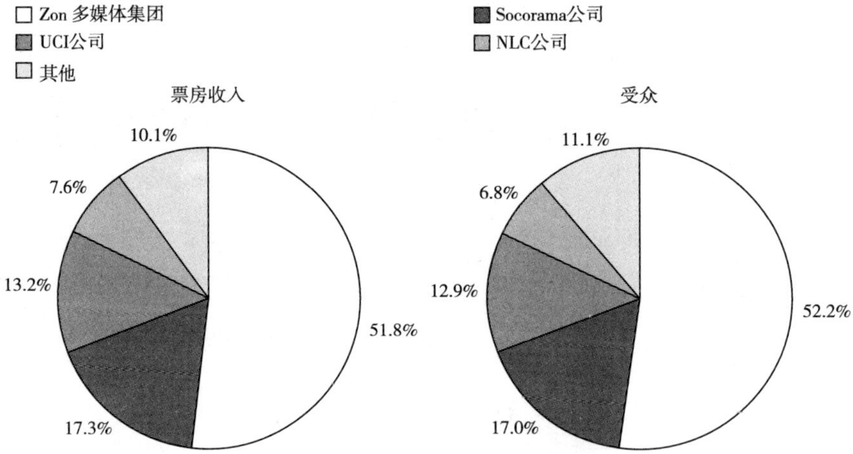

图 15　2009 年主要电影放映公司票房收入和受众市场份额

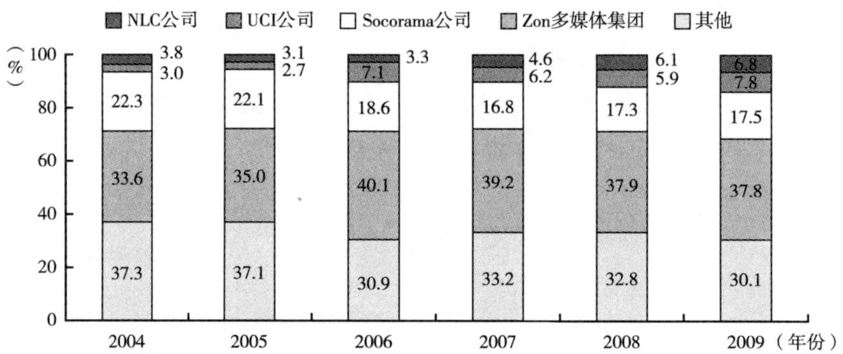

图 16　2004～2009 年主要电影放映公司综合市场份额

资料来源：葡萄牙电影和视听委员会（ICA）。

B.9
北欧五国传媒产业发展报告

甘露 刘昶 赵欢*

“千湖之国”芬兰地处欧洲北部，国土面积约33万平方公里，人口约532万。首都赫尔辛基，官方使用芬兰语（93%的人口使用）和瑞典语（6%的人口使用）两种语言。芬兰与丹麦、瑞典、挪威、冰岛等四国及法罗群岛、格陵兰和奥兰三个自治区共称北欧五国。虽然，从传媒产业的经济总量和分项指标来看，北欧五国在世界或欧洲的排名不如美国和英法等西欧国家，并且其对世界传媒产业的影响力也不那么突出，但它们的高品质生活、高水平科技创新能力、高额度的文化消费等使得它们在很多方面表现出来的特色总能引起世界的注意。

由于历史背景紧密相系，这些地区在政治和社会生活上表现出诸多相似之处，如多党议会制、社会福利高度发达、赋税高、公共部门庞大而有效等，加之密切广泛的地区间交往，使得北欧五国往往被作为一个整体对待①。共性特点也不可避免地辐射到了传媒产业，因此本部分将芬兰、瑞典、丹麦、挪威、冰岛的发展情况汇总到北欧五国的框架下，以芬兰为主线，其他四国为辅线，考察北欧五国近年来传媒产业的共性及个性。

一 传媒产业年度发展总体状况

在北欧语境中，传媒产业由印刷媒体、电子媒体和音像制品三大部分组成。

---

* 甘露，博士，中国传媒大学欧洲传媒研究中心助理研究员；刘昶，博士，中国传媒大学传播研究院副院长、欧洲传媒研究中心主任、教授、博士生导师；赵欢，中国传媒大学电视与新闻学院2010级硕士研究生。

① 北欧五国在参与政治联盟的态度上存在很大差异，如丹麦、挪威、冰岛是北约（NATO）成员，而芬兰和瑞典至今仍宣布其不联盟立场；在其他国家都加入欧盟（EU）后，挪威两次公投反对加入该组织，至今游离于EU之外；对于欧元区这一问题，绝大多数国家持谨慎态度，目前仅芬兰一国是欧元区成员。

其中，印刷媒体包括日报①、非日报纸、免费报纸、期刊、图书②、印刷广告③；电子媒体包括电视、广播和网络；音像制品包括唱片、录像制品④和电影。

（一）总体发展状况

从各国统计数据来看，市场收益、广告收入和媒体接触率是描述产业发展总体状况的三个常用维度。

1. 市场收益总量及份额

2009 年对于北欧五国的传媒产业而言是个值得注意的拐点。此前，各国传媒产业虽在产业结构上有细微变化，但总体市场收益比较稳定。2008 年，受国际金融危机的影响，北欧传媒业的市场规模遭遇了第二次世界大战后最大幅度的缩减。缩减数值的绝大部分来源于报业，而网络媒体和付费电视则持续了之前的增长势头，只是增长幅度略有减小。虽然从绝对数来看，互联网的发展很快，但相对来看，其市场份额仍然很小，并未对传统媒体产业在北欧传媒市场上的强势地位构成根本性威胁。

以芬兰为例，近几十年来，不管如何波动，传媒业的市场收益始终维持在 GDP 的 2.5% 的水平上。由图 1 可见，2005 年大众传媒市场收益在 2004 年 38.01 亿欧元的基础上增长到 39.1 亿欧元，2006 年为 40.62 亿欧元，2007 年为 42.88 亿欧元，2008 年为 44.24 亿欧元，其平均年增长率约为 4%，但 2009 年则下降至 41.84 亿欧元，同比降幅达 5.4%。

表 1、表 2 反映了 2005 ~ 2009 年芬兰印刷媒体、电子媒体和音像制品的市场收益及各自份额。

印刷媒体在芬兰传媒市场上具有绝对优势，2006 年以前占到传媒市场的 70% 以上，但其份额下滑的趋势也十分明显，2007 年跌破 70%，2009 年更是下降至 65.3%，6 年间下跌了 5.5 个百分点。而同期，日报开始出现负增长，2009 年传媒产业市场总收益较 2008 年缩减 2.4 亿欧元，其中有 2.25 亿欧元来自印刷媒体。

---

① 在北欧，日报指每周出版 4 ~ 7 次的报纸，非日报纸指每周仅出版 1 ~ 3 次的报纸。

② 此处的图书也包括芬兰图书出版协会（Finnish Book Publishers Association）成员出版的多媒体图书。

③ 主要包括人名地址录、直邮印刷品等。

④ 在欧洲市场上，录像制品主要包括 DVD 和 VHS 两种形式，家庭盒式录像带（Video Home System，VHS）仍保留有一定的市场份额。

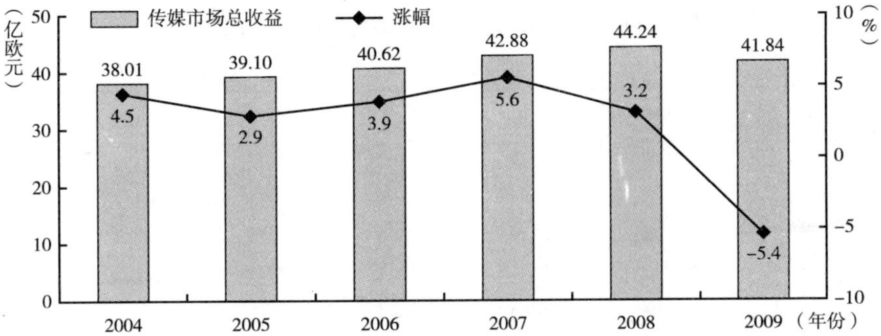

图 1　2004～2009 年芬兰传媒市场总收益和增长趋势

资料来源：芬兰国家统计局（Statistics Finland），“Mass Media & Culture Statistics”，http：//www. stat. fi。

表 1　2005～2009 年芬兰传媒市场各部分价值及同比增长

单位：百万欧元，%

类别＼项目	2005 年	同比增长	2006 年	同比增长	2007 年	同比增长	2008 年	同比增长	2009 年	同比增长
日报	982	1.2▲	1027	4.6▲	1061	3.3▲	1056	-0.5▽	946	-10.4▽
非日报	121	2.5▲	122	0.8▲	127	4.1▲	135	5.7▲	131	-3.0▽
免费报	102	2.0▲	104	2.0▲	103	-1.0▽	100	2.8▲	81	-1.9▽
期刊	710	4.4▲	720	1.4▲	752	4.4▲	760	1.1▲	700	-8.0▽
图书	527	5.4▲	536	1.7▲	564	5.2▲	566	1.2▲	570	0.7▲
印刷广告	327	0.9▲	339	3.7▲	350	3.2▲	340	1.5▲	304	-10.6▽
印刷媒体总值	2769	2.9▲	2847	2.8▲	2958	3.9▲	2956	0.7▲	2731	-7.6▽
电视	728	5.5▲	767	5.4▲	860	12.1▲	948	9.6▲	944	-0.4▽
广播	50	-2.0▽	49	-2.0▽	49	0	53	7.4▲	52	-1.9▽
网络	75	17.2▲	99	32.0▲	118	19.2▲	158	33.9▲	167	5.7▲
电子媒体总值	853	6.1▲	916	7.4▲	1027	10.8▲	1159	12.3▲	1163	0.3▲
唱片	98	-11.0▽	99	1.0▲	100	1.0▲	98	-2.0▽	85	-13.3▽
录像制品	144	2.1▲	149	3.5▲	150	0.7▲	153	2.0▲	145	-5.2▽
电影	46	-14.8▽	52	13▲	53	1.9▲	58	8.5▲	60	3.4▲
音像制品总值	288	-5.3▽	300	4.2▲	303	1.0▲	309	1.8▲	290	-6.1▽
总计	3910	2.9▲	4062	3.9▲	4288	5.6▲	4424	3.5▲	4184	-5.4▽

资料来源：芬兰国家统计局（Statistics Finland），“Mass Media & Culture Statistics”，http：//www. stat. fi。

表2 2004～2009年芬兰传媒市场各部分市场份额

单位：%

类别＼年份	2004	2005	2006	2007	2008	2009
日报	25.5	25.1	25.3	24.7	23.9	22.6
非日报	3.1	3.1	3.0	2.9	3.1	3.1
免费报	2.6	2.6	2.6	2.3	2.3	1.9
期刊	17.9	18.1	17.7	17.2	17.2	16.7
图书	13.2	13.4	13.2	12.6	12.8	13.6
印刷广告	8.5	8.3	8.3	7.9	7.7	7.3
印刷媒体总值	70.8	70.8	70.1	68.9	66.8	65.3
电视	17.8	18.6	18.9	20.1	21.4	22.6
广播	1.3	1.3	1.2	1.2	1.2	1.2
网络	1.7	1.9	2.4	2.8	3.6	4.0
电子媒体总值	21.2	21.8	22.5	24.0	26.2	27.8
唱片	2.9	2.5	2.4	2.3	2.2	2.0
录像制品	3.7	3.7	3.7	3.5	3.5	3.5
电影	1.4	1.2	1.3	1.2	1.3	1.4
音像制品总值	8.0	7.4	7.4	7.1	7.0	7.0
总计	100	100	100	100	100	100

资料来源：芬兰国家统计局（Statistics Finland），“Mass Media & Culture Statistics”，http://www.stat.fi。

电子媒体是最大赢家，价值持续增长，2007年和2008年增幅达到10.8%和12.3%，2009年在其他部分都出现较大幅度下降时，它仍能有所增长。网络媒体和付费电视的强劲发展势头是电子媒体屡创市场佳绩的主要因素。2004～2008年，网络媒体价值的年均增幅是25.6%，其间，2006年和2008年甚至达到30%以上，网络媒体价值的增长主要缘于持续增长的网络广告，在线产品的销售并未发生明显变化。由于网络媒体价值及市场份额的基数低，因此，虽近年来高速发展，但仍只是市场中的一个“小数”。

付费电视①的发展速度也很惊人。从数量来看，2000年芬兰全国订阅付费电视的家庭只有5%，到2008年这个数字增长了4倍，有1/4的家庭，即60万户家庭订阅付费电视；从收入来看，2005年的订阅收入为6000万～7000万欧元，

① 北欧国家的付费电视可以通过地面数字电视系统、有线电视系统和卫星电视系统三个渠道进行订阅。

2006年为8000万~9000万欧元，2007年增长近40%，达到1.25亿欧元，2008年则有约2亿欧元，约是2005年收入的3倍。

2. 广告收入总量及份额

经历2009年较大幅度的下滑之后，2010年北欧五国媒体广告收入有所回升。以芬兰为例，2008年媒体广告总收入约为15亿欧元，2009年为12.9亿欧元，降幅达14.3%，2010年增长4.8%，回到13.5亿欧元。①

从广告收入在各媒体的分配来看，尽管近年来受到网络媒体的冲击，印刷媒体在广告市场的份额不断收缩，但其仍分走了50%以上的广告收入，其中40%以上流向报业市场。

表3　2007年北欧国家媒体广告份额

单位：%

国家	报纸	杂志	电视	广播	电影	户外	网络	总计
丹麦	46.3	10.8	18.5	2.1	0.4	3.5	18.4	100
芬兰	51.8	16.0	20.3	3.7	0.2	3.2	4.8	100
挪威	50.6	8.3	21.0	3.8	0.9	3.3	12.1	100
瑞典	43.9	18.0	16.1	3.4	0.8	16.5	1.3	100

资料来源：北欧媒体研究中心（NORDICOM），“International Media and Communication Statistics”，2010。

2010年广告收入较之2009年有所增长，除丹麦外，其他四国报业的广告收入均有所回升，但从份额来看，其持续下滑的趋势似乎已不可逆转，而互联网广告则无论在金额还是在份额上都有明显增长。

以芬兰为例，2009年传媒业广告总额为12.9亿欧元，较2008年下降了14.3%。其中，报业广告收入为5.42亿欧元，同比降幅达21.2%；而互联网是唯一广告额不降反升的媒体，收入约为1.8亿欧元，比上年增长20.4%。2010年，传媒业广告总额为13.5亿欧元，比上年增长4.8%。其中，报业广告收入虽增加了1690万欧元，增幅为3.1%，但其份额已从2008年的45.9%下降到41.5%。而同期印刷媒体总份额则从2008年的65.7%下降到58.0%；网络媒体收入为2.06亿欧元，同比增幅达14.7%，其份额从2008年的10.0%上升到2010年的15.3%（见表4）。

① 资料来源：芬兰报业协会（Finnish Newspaper Association），http：//www.sanomalehdet.fi。

表4 2008～2010 年芬兰各媒体的广告收入和所占份额

单位：百万欧元，%

类 型	2008 年		2009 年		2010 年	
	收入	份额	收入	份额	收入	份额
日 报	537.0	35.8	417.0	32.5	427.0	31.7
非日报	67.5	4.5	57.2	4.4	58.6	4.4
免费报	83.2	5.5	67.6	5.3	73.1	5.4
报纸总计	687.7	45.9	541.8	42.2	558.7	41.5
期 刊	202.9	13.5	157.1	12.2	153.6	11.4
印刷广告	94.3	6.3	81.0	6.3	69.1	5.1
印刷媒体总计	984.9	65.7	779.8	60.7	781.4	58.0
电 视	268.1	17.9	237.0	18.4	265.9	19.7
网 络	149.3	10.0	179.8	14.0	206.2	15.3
广 播	50.5	3.4	49.7	3.9	52.0	3.9
电 影	3.1	0.2	2.4	0.2	2.9	0.2
电子媒体总计	471.0	31.5	468.2	36.5	527.0	39.1
户外广告	43.9	2.9	36.2	2.8	38.5	2.9
总 计	1499.8	100	1285.2	100	1346.9	100

注：此处网络广告收入包括分类广告、搜索广告和在线人名地址录，与芬兰传媒产业收益结构中网络部分所统计的项目（主要是广告和在线产品销售）有一定差异。

资料来源：芬兰报业协会（Finnish Newspaper Association），http：//www. sanomalehdet. fi。

2010 年上半年，丹麦广告收入总计约 6.7 亿欧元，同比下降 2%；日报广告收入同比降幅为 9%，约 1.3 亿欧元，整体份额降到 20% 以内；电视广告收入约 1.5 亿欧元，整体份额为 22%，在所有媒体中位居第一。①

3. 媒体接触总量及份额

北欧五国大众每日接触媒体的时间从约 6 小时到近 8 小时不等，整体趋势是稳中有降。芬兰是北欧五国中媒体接触时间最长的国家，2005 年，10 岁以上大众日接触媒体时间为 461 分钟（即 7 小时 41 分）；2009 年为 450 分钟（7 小时 30 分），5 年内仅下降 11 分钟。

从时间分配来看，北欧五国的情况大体相同，报纸约占 7%，期刊约占 4%，图书约占 5%，广播约占 25%，电视约占 35%，音像制品约占 10%，网络约占 15%。2009 年，芬兰媒体在时间上的份额如图 2 所示。

① 资料来源：北欧媒体研究中心（NORDICOM），“Nordic Media Policy”，2010，www. nordicom. gu. se。

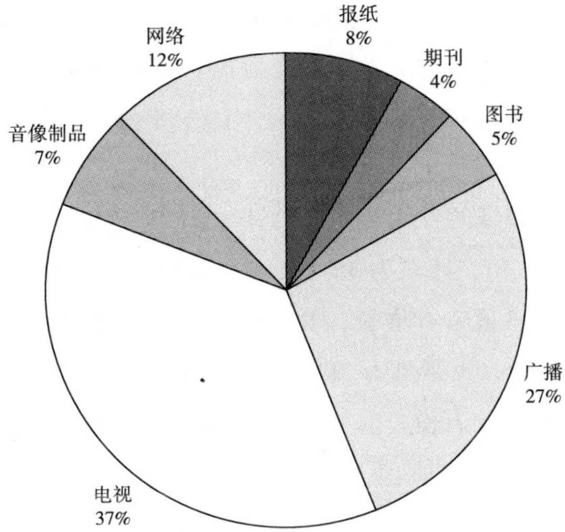

图 2　2009 年芬兰居民每日接触媒体时间分配

资料来源：北欧媒体研究中心（NORDICOM），www. nordicom. gu. se。

这个分配比率与 2005 年基本相似，2005 ~ 2009 年，居民花在报刊、图书等印刷媒体上的时间份额从 19% 降至 17%，花在电子媒体上的时间份额从 73% 上升到 76%，其中互联网所占份额增长最明显，从 8% 升至 12%。从 2009 年的调查数据看，年龄越大的居民越愿意将时间花在阅读上，45 岁以上居民的阅读时间份额为 20%，而 45 岁以下居民的阅读时间份额仅有 14.5%；与之相反，年龄越小，在互联网上花的时间则越长，10 ~ 24 岁居民有 19% 的时间用来上网，而 60 岁以上居民的上网时间仅为 4%。[①]

（二）行业表现

1. 报业

北欧五国的报业极其发达，2005 年，世界报纸人均拥有量居前 5 位的依次为挪威、日本、芬兰、瑞典和瑞士；[②] 世界报纸千人购买量最大的 4 个国家分别是日本（634 份）、挪威（626 份）、芬兰（518 份）、瑞典（481 份）。[③] 2008 年，

① 芬兰国家统计局（Statistics Finland），"Mass Media & Culture Statistics"，http：//www. stat. fi。

② 王宇：《北欧国家报业市场的变革与发展》，刊载于《青年记者》2009 年第 1 期。

③ 《世界报纸发行量和广告收入双增长，中国是世界最大报业市场》，2006 年 6 月 5 日，http：//media. people. com/GB/40606/4436328. html。

挪威、芬兰、瑞典的报纸千人购买量分别以571份、483份和460份位列世界第2~4位，北欧国家报纸千人购买量平均值为382份。① 2009年，挪威、芬兰分别以报纸千人购买量538份和462份超越日本的458份重新领先于世界，瑞典以422份紧跟其后。②

2008年北欧五国报纸的日均发行量总计3091.2万份。其中，丹麦为1061.8万份，芬兰为986.6万份，冰岛为35.1万份，挪威为367.9万份，瑞典为639.8万份。2009年较上年总量略有增长，共3144.5万份，增幅为1.7%。其中，瑞典增幅最大，达14.9%，发行量为734.9万份；冰岛持平；其余国家则有不同程度的下降，丹麦为1040.6万份，降幅2.0%，芬兰976万份，降幅1.1%，挪威为357.9万份，降幅达到2.7%。③

从北欧五国报纸数量来看，2006~2008年基本稳定在1110种左右，2009年猛增至1135种，其增量主要来自瑞典免费报纸（见表5）。发达的免费报纸系统是北欧国家报业的一大特色，出于印刷成本的考虑，这类报纸多以每周出1~3期为主，每周出4~7期的免费报纸非常少见，2009年丹麦仅3种，芬兰仅1种，冰岛2种，瑞典4种，挪威为0。

表5　2006~2009年北欧各国报纸数量

单位：种

年份	丹麦	芬兰	冰岛	挪威	瑞典	总计
2006	267	350	27	255	211	1110
2007	267	350	28	254	217	1116
2008	267	347	25	254	217	1110
2009	267	346	25	251	246	1135

注：此处及以后提及的“报纸”，如无特别说明，指付费报纸和免费报纸的总称。

资料来源：北欧媒体研究中心（NORDICOM），www. nordicom. gu. se。

在北欧五国付费报纸的收入结构中，广告和发行所占的份额基本相当，一般而言，广告比重较之发行略大。以芬兰为例，2005~2008年付费报纸广告收入

① 资料来源：European Journalism Center/Media Landscape，http：//www. ejc. net/media_ landscape。

② 资料来源：芬兰报业协会（Finnish Newspaper Association），http：//www. sanomalehdet. fi。

③ 数据基于北欧媒体研究中心（NORDICOM）公开数据计算、分析的结果。

约占报纸收入的54%，发行收入占比则稳定在46%左右。2009年芬兰报业受到巨大冲击，广告受到的影响较之发行更大，这一年两者收入所占份额均为50%。

2008年丹麦广告总收入为18.96亿欧元，较2007年的19.44亿欧元下降2.5%。其中，日报广告额从2007年的4.34亿欧元减少至3.67亿欧元，降幅达15.4%。① 2009年，丹麦日报广告额更是下降25%，而同期挪威、瑞典的日报广告额也下降20%左右。②

北欧五国付费报纸的发行分订阅和零售两种形式，其中订阅约占90%。较之邮发系统，自办晨间送报系统效率更高，两者所占份额之比为2∶8。订阅报纸的发行相对稳定，零售报纸则受外环境影响较大。如2009年受国际金融危机影响，挪威订阅报纸的发行量同比下降2%，而零售报纸的发行量同比降幅高达10%。③

表6 2005～2009年芬兰报业收入构成

单位：亿欧元，%

项目	2005年		2006年		2007年		2008年		2009年	
	价值	比重	价值	比重	价值	比重	价值	比重	价值	比重
广告收入	5.516	53.5	6.199	54	6.415	54	6.491	54.5	5.385	50
发行收入	4.794	46.5	5.281	46	5.465	46	5.419	45.5	5.385	50
总　计	10.310	100	11.480	100	11.880	100	11.910	100	10.770	100

资料来源：芬兰国家统计局（Statistics Finland），“Mass Media & Culture Statistics”，http：//www.stat.fi。

2. 期刊

据不完全统计，2009年北欧四国④消费类期刊共329种，其年发行总量约达5亿份。其中，丹麦68种，发行量9513万份；芬兰109种，发行量1.6亿份；挪威66种，发行量8535万份；瑞典86种，发行量1.56亿份。⑤

在芬兰，2009年共有4428种期刊，较2005年的4922种，减少了494种，其中2009年下降最快，同比降幅达7.2%，而2006年则只减少了8种。

① 资料来源：北欧媒体研究中心（NORDICOM），“Nordic Media Policy”，2009，www.nordicom.gu.se。
② 资料来源：北欧媒体研究中心（NORDICOM），“Nordic Media Policy”，2010，www.nordicom.gu.se。
③ 资料来源：北欧媒体研究中心（NORDICOM），“Nordic Media Policy”，2010，www.nordicom.gu.se。
④ 除冰岛以外的四国。
⑤ 资料来源：北欧媒体研究中心（NORDICOM），www.nordicom.gu.se。

从出版周期来看，芬兰的期刊可分为周刊、月刊①、非月刊②、年刊③，从2005～2009年情况来看，出版周期短的期刊的种类有增长，而出版周期长的期刊的种类减少较多。

表7　2005～2009年芬兰期刊数量

单位：种

年份	周刊	月刊	非月刊	年刊	总计
2005	45	373	3044	1460	4922
2006	60	401	3016	1437	4914
2007	57	385	2924	1435	4801
2008	55	421	2837	1456	4769
2009	57	471	2628	1272	4428

资料来源：芬兰国家图书馆（The National Library of Finland），http：//www. nationallibrary. fi。

北欧国家期刊收入由发行和广告两部分构成，发行是主要的收入来源，其中绝大多数发行通过订阅来实现。以芬兰为例，2005～2008年期刊收入结构大致保持在订阅收入占62%、零售收入占8%、广告收入占30%的状态。2009年印刷媒体广告收入全面下降，期刊也深受影响，同比降幅达22.6%，因而在期刊收入结构中，广告收入比重下降至24%，订阅收入占比上升至69%，零售收入占比保持在7%～8%。④

2008年芬兰期刊零售发行2530万份，收入为1.06亿欧元。其中，国内期刊和国外期刊的零售发行量分别为2230万份和300万份，收入分别为8700万欧元和1900万欧元。⑤

3. 广播电视

发达的公营广播电视系统是北欧国家的共同特点。丹麦广播公司（DR）、芬兰广播公司（YLE）、冰岛广播公司（RúV）、挪威广播公司（NRK）和瑞典广播公

---

① 此处月刊指一月出版1～2次的期刊。

② 此处非月刊指一年出版4～11次的期刊。

③ 此处年刊指一年出版2～3次的期刊。

④ 资料来源：芬兰国家统计局（Statistics Finland），“Mass Media & Culture Statistics”，http：//www. stat. fi。

⑤ 资料来源：芬兰国家统计局（Statistics Finland），“Mass Media & Culture Statistics”，http：//www. stat. fi。

司（SR）均在国家支持和传统优势的作用下占据了听众和观众的大部分时间。

以接触时间为市场份额划分依据的统计系统中，公营系统在广播领域的优势尤胜于电视领域，各国公营广播的份额都在50%以上。而电视领域除丹麦外，公营广播公司的份额都在50%以下，特别是瑞典广播公司更是低至33%。近年来，丹麦广播公司的电视市场份额的减少也相当明显，从2005年的69%降到2009年的56%。

表8 2005～2009年北欧五国公营广播公司广播市场份额

单位：%

公司＼年份	2005	2006	2007	2008	2009
DR	71	72	70	75	76
YLE	51	52	53	52	52
RúV	53	51	54	54	55
NRK	61	62	62	68	62
SR	63	63	63	64	66

资料来源：北欧媒体研究中心（NORDICOM），www. nordicom. gu. se。

表9 2005～2009年北欧五国公营广播公司电视市场份额

单位：%

公司＼年份	2005	2006	2007	2008	2009
DR	69	67	66	60	56
YLE	44	45	44	45	44
RúV	44	45	49	50	49
NRK	44	44	42	37	39
SVT/SR/UR*	39	38	35	34	33

*SVT/SR/UR为瑞典3家公营广播公司。

资料来源：北欧媒体研究中心（NORDICOM），www. nordicom. gu. se。

据2009年的统计数据，丹麦公营广播频道13个，私营频道343个；芬兰公营频道32个，私营频道54个；冰岛公营广播频道5个，私营频道17个；挪威公营频道19个，私营频道251个；瑞典公营频道31个，私营频道1019个。[①] 自2005年以来，频道数的变动主要发生在私营频道，公营频道数则相对稳定。

公营频道主要依靠执照费维持运营，除冰岛2009年以媒体税取代电视执照

① 资料来源：北欧媒体研究中心（NORDICOM），www. nordicom. gu. se。

费外，在目前尚收取执照费的四个国家中，丹麦年费最高，瑞典年费最低。2009年，各国收取的执照年费分别为丹麦298欧元，芬兰224.3欧元，挪威266.9欧元，瑞典195.3欧元。[①] 北欧各国执照费总收入近年都呈增长趋势，以芬兰为例，2005年其执照费总收入为3.54亿欧元，2009年为3.88亿欧元，总增长率为9.6%（见图3）。[②]

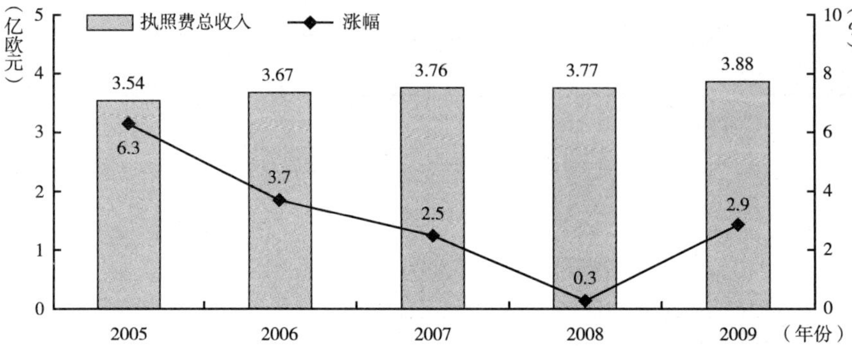

图3　2005～2009年芬兰电视执照费总收入及增长情况

资料来源：综合芬兰国家统计局与北欧媒体研究中心和芬兰广播公司（YLE）数据。

北欧五国电视市场收益包括地面电视、有线电视和卫星电视的执照费、订阅费和广告收入。以芬兰为例，2009年电视市场收益结构较之2005年已有较大变化，付费电视订阅费份额明显上升，与广告收入的份额相当（见表10）。

表10　2005～2009年芬兰电视收入结构和总金额

单位：%，亿欧元

年份	电视执照费	广告收入	付费电视订阅费	有线电视订阅费	总计	总金额
2005	48	31	9	11	100	7.39
2006	46	31	12	11	100	7.76
2007	43	30	16	10	100	8.65
2008	40	28	22	9	100	9.48
2009	42	25	24	9	100	9.44

资料来源：芬兰国家统计局（Statistics Finland），"Mass Media & Culture Statistics"，http://www.stat.fi。

① 资料来源：北欧媒体研究中心（NORDICOM），www.nordicom.gu.se。

② 资料来源：综合芬兰国家统计局与北欧媒体研究中心和芬兰广播公司（YLE）数据。

4. 互联网

北欧五国名列世界 ICT 增长指数最快的 20 国之列，增长指数均在 7 以上，其中，瑞典列第 1 位，为 7.85；丹麦、冰岛、挪威和芬兰分列第 4、6、9 和 12 位，分别为 7.53、7.23、7.11 和 7.02。①

互联网是北欧五国传媒产业中增长最快的部分，无论是接入互联网的家庭数量、使用人数和时间，还是互联网广告收入，均大幅增长。

2009 年，北欧五国接入互联网的家庭比例平均为 86%，其中冰岛、挪威最高，均达到 90% 以上，芬兰最低为 73%。② 而 2005 年北欧五国的平均值为 73%。2005 ~2009 年增长最快的是芬兰，增幅达 26%（见表 11）。

表 11　2005 ~2009 年北欧五国接入互联网家庭比例

单位：%

年份	丹麦	芬兰	冰岛	挪威	瑞典
2005	74	58	84	74	74
2006	83	65	83	79	80
2007	83	70	84	83	83
2008	85	76	88	85	84
2009	86	73	90	91	89

资料来源：北欧媒体研究中心（NORDICOM），www. nordicom. gu. se。

2010 年，北欧五国日使用互联网的用户数量所占总人口数比例均增长到 70% 以上，无论比例的绝对数还是比例增长速度，均位居欧洲国家之前列，仅有荷兰（76%）、卢森堡（74%）和英国（66%）三国能与之相比。

北欧五国的互联网服务收入由内容服务和接入服务两部分组成，其中内容服务被计入传媒产业的收益中，接入服务计入通信业或信息产业的范畴。在芬兰，无论内容服务还是接入服务，2009 年的收益几乎均较 2005 年的收入翻了一番。

① 资料来源：ITU，“Measuring the Information Society 2010”，http：//www. itu. int/ITU－D/ict/publications/idi/2010/index. html。

② 资料来源：北欧媒体研究中心（NORDICOM），www. nordicom. gu. se。欧盟数据略有差距，五国平均值为 85%，其中丹麦为 82%，芬兰为 79%，冰岛为 90%，挪威为 88%，瑞典为 86%，与统计时间存在差异有关。

表 12　2005 ~ 2010 年北欧五国日使用互联网用户占各国总人口数比例

单位：%

年份	丹麦	芬兰	冰岛	挪威	瑞典
2005	57	49	65	50	57
2006	65	56	71	59	61
2007	66	62	74	66	58
2008	71	66	78	72	69
2009	72	68	82	76	73
2010	76	72	84	81	74

资料来源：北欧媒体研究中心（NORDICOM），www. nordicom. gu. se；欧盟数据（Eurostat Database），http：//epp. eurostat. ec. europa. eu/portal/page/portal/information_ society/data/main_ tables。

表 13　2005 ~ 2009 年芬兰互联网服务收益

单位：亿欧元

年份	内容服务	接入服务	总计
2005	0. 75	4. 00	4. 75
2006	0. 99	4. 55	5. 54
2007	1. 18	5. 00	6. 18
2008	1. 58	5. 80	7. 38
2009	1. 67	8. 00	9. 67

资料来源：芬兰国家统计局（Statistics Finland），“Mass Media & Culture Statistics”，http：//www. stat. fi。

5. 电影、图书出版以及音像制品

2009 年，丹麦全年共放映 666 部电影，其中 216 部首映；芬兰全年共放映 418 部电影，其中 174 部首映；挪威和瑞典首映电影数量分别为 223 部和 269 部。

表 14　2005 ~ 2009 年北欧五国电影年度总放映数和首映数

单位：部

年份	总放映数				首映数				
	丹麦	芬兰	冰岛	瑞典	丹麦	芬兰	冰岛	挪威	瑞典
2005	653	409	175	749	233	184	163	230	270
2006	683	401	183	666	233	181	168	241	255
2007	682	410	200	665	235	163	176	237	250
2008	624	391	185	—	213	169	166	221	254
2009	666	418	—	—	216	174	—	223	269

资料来源：北欧媒体研究中心（NORDICOM），www. nordicom. gu. se。

2009 年，丹麦、芬兰、挪威、瑞典的电影院数量分别为 163 家、170 家、204 家和 499 家。近年来，电影院数字化计划的推进，使得一些无力支持这一转型计划的地方电影院被迫关门，因而，北欧各国电影院数量总体呈下降态势（见表 15）。电影屏幕数量也随着电影院数量的变化呈现类似趋势（见表 16）。

表 15　2005～2009 年北欧五国电影院数量

单位：家

年份	丹麦	芬兰	冰岛	挪威	瑞典
2005	164	219	21	241	609
2006	165	208	22	235	591
2007	167	203	20	229	551
2008	164	196	18	219	514
2009	163	170	—	204	499

资料来源：北欧媒体研究中心（NORDICOM），www. nordicom. gu. se。

表 16　2005～2009 年北欧五国电影屏幕数量

单位：块

年份	丹麦	芬兰	冰岛	挪威	瑞典
2005	386	332	45	426	970
2006	385	330	46	420	974
2007	385	326	43	415	934
2008	397	320	41	424	848
2009	400	306	—	422	845

资料来源：北欧媒体研究中心（NORDICOM），www. nordicom. gu. se。

近年来在政策大力扶持之下，北欧五国电影产业有很大发展，不断创造历史最好成绩。除芬兰峰值出现在 2010 年外，其他国家峰值均出现在 2009 年。2010 年，丹麦共销售电影票 1300 万张，较上年下降 6%；芬兰 730 万张，较上年增长 9%；冰岛 156 万张，较上年下降 8%；挪威 1100 万张，较上年下降 13%，挪威人全年在观看电影上花费 3. 36 亿欧元，包括票房、电影售卖和租赁、合法下载电影等方面；瑞典 1580 万张，较上年下降 9%（见表 17）。

表 17　2005～2010 年北欧五国年度电影票销售量

单位：万张

年份	丹麦	芬兰	冰岛	挪威	瑞典
2005	1220	610	140	1130	1460
2006	1260	670	150	1200	1530
2007	1210	650	150	1010	1490
2008	1310	700	160	1190	1520
2009	1390	670	169	1270	1740
2010	1300	730	156	1100	1580

资料来源：北欧媒体研究中心（NORDICOM），www. nordicom. gu. se。

表 18　2005～2009 年北欧五国年度票房总收入

单位：亿欧元

年份	丹麦	芬兰	冰岛	挪威	瑞典
2005	1. 055	0. 449	0. 122	0. 979	1. 209
2006	1. 132	0. 503	0. 122	1. 058	1. 299
2007	1. 105	0. 508	0. 130	0. 986	1. 275
2008	1. 217	0. 545	0. 098	1. 117	1. 311
2009	1. 309	0. 571	0. 093	1. 191	1. 452

资料来源：北欧媒体研究中心（NORDICOM），www. nordicom. gu. se。

图书出版方面，从图书种类数量来看，2009 年除丹麦外，其他四国均呈现下降趋势，其中瑞典最为明显。丹麦共出版 13669 种图书，较 2008 年增长 10. 6%；芬兰 12714 种，较 2008 年下降 5. 3%；挪威 7919 种，较 2008 年下降 10. 4%；瑞典 19829 种，较 2008 年下降 24. 3%（见表 19）。

表 19　2005～2009 年北欧五国年度出版图书种类数量

单位：种

年份	丹麦	芬兰	冰岛	挪威	瑞典
2005	13227	13667	1438	8431	21413
2006	13402	13656	1514	8477	21765
2007	13434	14154	1533	8442	22785
2008	12354	13419	—	8835	26182
2009	13669	12714	—	7919	19829

资料来源：北欧媒体研究中心（NORDICOM），www. nordicom. gu. se。

2000 年开始，北欧五国的音乐销售量出现下滑，而数字音乐销售量却呈上升态势。丹麦 2009 年数字音乐的销量比 2006 年翻了两番，达到音乐总销售的 23%，同期挪威、瑞典的数字音乐销售分别增长了 3 倍和 2 倍，分别达到所在国音乐总销售的 15% 和 16%。2009 年丹麦音乐销售总额为 7189 万欧元，其中数字音乐销售额为 1652 万欧元；挪威总额为 6794 万欧元，数字销售额为 1020 万欧元；瑞典总额为 8110 万欧元，数字销售额为 1323 万欧元；芬兰数字音乐销售尚有很大发展空间，总额为 4177 万欧元，数字销售额仅为 280 万欧元，占 6.7%；冰岛总额为 465 万欧元。①

北欧五国 DVD 收入包括租赁收入和售卖收入两部分，总体来说，各国租赁业务的份额远远小于售卖业务，但在不同时期不同国家表现有所差异（见表 20）。

表 20　2005～2008 年北欧五国 DVD 年度收入及结构

单位：亿欧元，%

年　份		2005	2006	2007	2008
丹麦	总收入	2.55	2.73	2.58	—
	租赁收入占比	28	25	25	—
	售卖收入占比	72	75	75	—
芬兰	总收入	1.32	1.54	1.62	—
	租赁收入占比	16	15	15	—
	售卖收入占比	84	85	85	—
冰岛	总收入	0.20	0.28	0.29	21
	租赁收入占比	51	50	44	37
	售卖收入占比	49	50	56	63
挪威	总收入	3.69	4.12	3.98	—
	租赁收入占比	32	29	20	—
	售卖收入占比	68	71	80	—
瑞典	总收入	3.06	3.85	4.28	—
	租赁收入占比	36	34	39	—
	售卖收入占比	64	66	61	—

资料来源：EAO Yearbook 2008（Vol：3 Film and home video）。

2005 年以后芬兰的音乐磁带不再有市场，同期下载和移动制品开始销售，并且销量逐年迅速递增。2005～2009 年，录制产品的销售额在 2006～2007 年达到峰值（约 1 亿欧元），此后两年则持续下降，至 2009 年仅有 8500 万欧元。

① 资料来源：北欧 2010 年数据年报（Nordic statistical yearbook），2010。

表 21　2005～2009 年芬兰录制产品销售数量及销售额

年　份	2005	2006	2007	2008	2009
CDs 和微型碟片(万份)	920	1020	1000	970	810
LP(万份)	10	10	10	20	20
音乐磁带(万份)	0	0	0	0	0
实体产品总金额(亿欧元)	0.98	0.99	0.95	0.89	0.75
下载和移动制品(万份)	110	160	240	—	—
下载和移动制品总金额(亿欧元)	0.008	0.015	0.049	0.060	0.096
录制产品销售总额(亿欧元)	0.99	1.01	1.00	0.95	0.85

资料来源：芬兰国家统计局（Statistics Finland），“Mass Media & Culture Statistics”，http：//www.stat.fi。

（三）市场主体

北欧五国的媒体绝大多数都依靠于某个传媒集团，极少单一发展。北欧传媒集团的发展非常稳定，在所在国的市场份额和排名近十年来几乎没有变化。不过，虽然大型传媒集团在当地影响力大，但从世界或欧洲范围来看，实力并不突出。如 2005～2008 年电视公司收入排名世界前 30 位中，无一来自北欧；2009 年欧洲 25 家收入最高的媒体公司中，瑞典 Bonnier 集团位列第 14 名，芬兰新闻集团（Sanoma）位列第 19 名。①

北欧五国年收入最高的五家传媒集团分别为瑞典 Bonnier 集团、芬兰新闻集团(Sanoma)、瑞典 MTG/Metro 集团、挪威 Schibsted 集团和丹麦 Egmont 集团。各集团的年收入在 2007 或 2008 年达到峰值，而在 2009 年均有不同程度下跌（见表 22）。

表 22　2005～2009 年北欧五国前五大传媒集团的年收入

单位：亿欧元

年　份	2005	2006	2007	2008	2009
Bonnier	21.61	21.89	31.58	30.93	29.13
Sanoma	26.22	27.42	29.26	30.30	27.68
MTG/Metro	11.78	14.52	15.58	16.66	15.55
Egmont	11.19	12.54	15.14	15.82	14.78
Schibsted	12.27	14.47	16.97	16.74	14.59

资料来源：北欧媒体研究中心（NORDICOM），www.nordicom.gu.se。

① 资料来源：北欧媒体研究中心（NORDICOM），www.nordicom.gu.se。

北欧五国前五大传媒集团在收入上有类似的梯次特点，第一集团具有绝对市场优势。近年来丹麦 TDC 集团发展较快，在 2009 年终与 Aller、DR 和 JP 集团收入相当；芬兰 Alma Media 集团收入下降，TS Group 经过 2005 ~ 2007 年的高速发展后，自 2008 年开始下降，并在 2009 年跌至 2. 22 亿欧元。值得注意的是，北欧五国的公营广播公司实力雄厚，均出现在各国排名中的第 2 或 3 位。

表 23　2005 ~ 2009 年北欧各国前五大传媒集团年收入

单位：亿欧元

年　份	2005	2006	2007	2008	2009
丹麦					
Egmont	11. 19	12. 54	15. 14	15. 82	14. 78
Aller	5. 11	5. 31	5. 46	5. 77	5. 19
DR	4. 54	4. 53	4. 81	4. 88	5. 05
TDC(You See)	2. 83	3. 29	3. 80	4. 27	4. 83
JP/Politikens Hus	4. 51	4. 73	4. 97	4. 81	4. 41
芬兰					
Sanoma	26. 22	27. 42	29. 26	30. 30	27. 68
YLE	3. 75	3. 84	3. 85	3. 81	3. 94
Alma Media	2. 86	3. 02	3. 29	3. 41	3. 08
Otava-Kuvalehdet	2. 33	2. 46	2. 34	2. 37	2. 23
TS Group	3. 09	3. 39	3. 36	3. 06	2. 22
冰岛					
365 hf.	1. 94	1. 26	1. 41	0. 67	—
Ríkisútvarpie-RúV	0. 45	0. 44	0. 47	0. 35	—
árvakur hf.	0. 42	0. 43	0. 47	0. 29	—
Skjárinn ehf.	0. 04	—	0. 30	0. 19	—
Birtíngur útgáfufélag ehf.	—	0. 05	0. 10	0. 08	—
挪威					
Schibsted	12. 27	14. 47	16. 97	16. 74	14. 59
Telenor Broadcast	6. 89	7. 63	8. 72	8. 51	9. 70
NRK	4. 61	4. 82	5. 00	5. 30	5. 22
A – pressen	3. 71	4. 21	5. 91	5. 96	5. 16
TV 2 Group	2. 43	2. 87	3. 26	3. 34	2. 79
瑞典					
Bonnier	21. 61	21. 89	31. 58	30. 93	29. 13
MTG/Metro	11. 78	14. 52	15. 58	16. 66	15. 55
SVT/SR/UR	7. 65	7. 62	7. 64	7. 19	6. 48
Stampen	1. 92	3. 26	5. 47	5. 32	4. 78
Com Hem	2. 41	2. 56	3. 82	3. 98	3. 85

资料来源：北欧媒体研究中心（NORDICOM），www. nordicom. gu. se。

二 传媒产业与传媒市场发展分析

（一）产业结构和市场构成

北欧五国报业按发行地区可分为全国性报纸、区域性报纸和地方性报纸；按出版周期可分为日报和非日报。在北欧的统计体系中，往往采用出版周期而非地区作为指标。

2009 年芬兰共有 201 种付费报纸，其中，日报（周出版 4 ~ 7 次的报纸）51 种，占 26%；非日报（周出版 1 ~ 3 次的报纸）150 种，占 74%。2009 年，芬兰付费报纸发行量为 29.6 亿份，其中，周 7 刊 15.62 亿份，占 52.8%。同期，日报总发行 20.49 亿份，占 69.2%；非日报总发行 9.11 亿份，占 30.8%。2005 ~ 2009 年各出版周期报纸数量和所占比例基本相似，总体上呈逐年下降趋势（见图 4、图 5、表 24、表 25）。

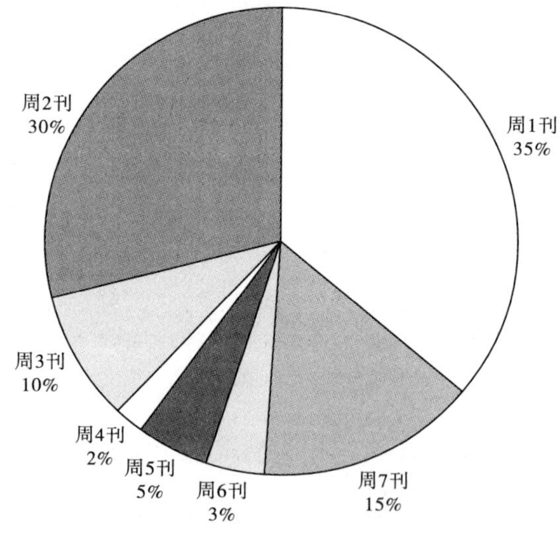

图 4 2009 年芬兰不同周期付费报纸种数比例

资料来源：芬兰国家统计局（Statistics Finland），“Mass Media & Culture Statistics”，http：//www.stat.fi。

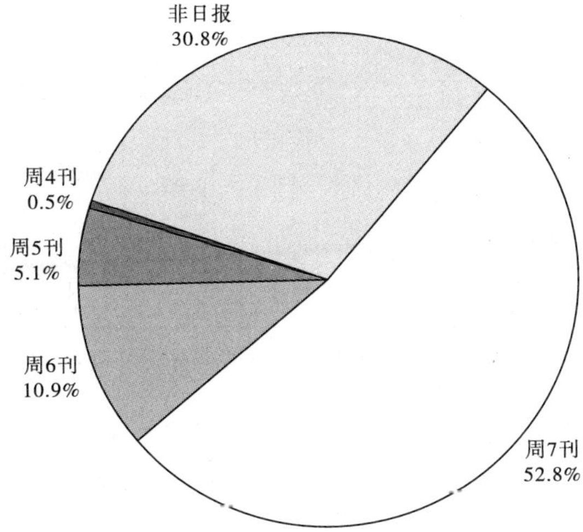

图 5　2009 年芬兰不同周期付费报纸发行量比例

资料来源：芬兰国家统计局（Statistics Finland），“Mass Media & Culture Statistics”，http：//www. stat. fi。

表 24　2005～2009 年芬兰不同周期付费报纸种数

单位：种

年份	周 7 刊	周 6 刊	周 5 刊	周 4 刊	日报	周 3 刊	周 2 刊	周 1 刊	非日报	总计
2005	31	7	11	4	53	20	61	71	152	205
2006	32	8	9	4	53	19	59	73	151	204
2007	32	8	9	4	53	19	59	73	151	204
2008	31	8	8	4	51	18	59	73	150	201
2009	31	7	10	3	51	18	59	73	150	201

资料来源：芬兰国家统计局（Statistics Finland），“Mass Media & Culture Statistics”，http：//www. stat. fi。

表 25　2005～2009 年芬兰不同周期付费报纸发行量及份额

单位：亿份，%

年份	项目	周 7 刊	周 6 刊	周 5 刊	周 4 刊	日报	非日报	总计
2005	发行量	16. 23	3. 88	1. 97	0. 32	22. 40	9. 69	32. 09
	份　额	50. 6	12. 1	6. 1	1. 0	69. 8	30. 2	100
2006	发行量	16. 29	3. 84	1. 77	0. 34	22. 25	9. 58	31. 83
	份　额	51. 2	12. 1	5. 6	1. 1	69. 9	30. 1	100

续表

年份	项目	周7刊	周6刊	周5刊	周4刊	日报	非日报	总计
2007	发行量	16.19	3.72	1.77	0.33	22.02	9.54	31.56
	份额	51.3	11.8	5.6	1.1	69.8	30.2	100
2008	发行量	16.03	3.48	1.43	0.32	21.27	9.39	30.66
	份　额	52.3	11.4	4.7	1.0	69.4	30.6	100
2009	发行量	15.62	3.22	1.50	0.15	20.49	9.11	29.60
	份　额	52.8	10.9	5.1	0.5	69.2	30.8	100

资料来源：芬兰国家统计局（Statistics Finland），“Mass Media & Culture Statistics”，http://www.stat.fi。

从覆盖面积来看，北欧五国的广播电视频道可分为全国频道、区域频道和地方频道，有的国家甚至还有社区性频道，如瑞典，还有一种类全国频道，为芬兰所特有。2005～2009年北欧五国的区域以上级别广播频道数量稳定，基本没有变化。公营广播公司只有全国频道和区域频道，所有类全国频道、地方频道和社区频道都在私营范畴，瑞典私营广播系统没有全国频道和区域频道。私营频道数量之所以有较大变化，是由地方以下级别的频道数量的变化造成，如丹麦地方频道2005年314个，2009年341个，增幅8.6%；芬兰地方频道2005年67个，2009年44个，降幅34.3%；瑞典社区频道2005年1080个，2009年1030个，降幅4.6%（见表26）。

表26　2009年北欧五国各级广播频道数量

单位：个

国　家	丹麦	芬兰	冰岛	挪威	瑞典
全国频道	6	7	4	5	4
类全国频道	—	9	—	—	—
区域频道	9	26	3	16	27
地方频道	341	44	15	249	89
社区频道	—	—	—	—	1030
总　计	356	86	22	270	1050

资料来源：北欧媒体研究中心（NORDICOM），www.nordicom.gu.se。

近年来，北欧各国出台优惠政策促进国产电影发展，力图改变电影市场长期被美国电影强势占领的局面，虽然取得一些收效，但美国电影在各国的电影市场中仍占有50%以上的份额，在冰岛的份额甚至达到80%以上。

表 27　2005～2009 年北欧五国不同来源电影票房份额

单位：%

年份		2005	2006	2007	2008	2009
丹麦	国产	32	25	26	33	17
	欧洲	10	16	14	14	24
	美国	56	58	58	52	57
	其他	2	1	2	1	2
	总计	100	100	100	100	100
芬兰	国产	15	24	22	22	17
	欧洲	20	14	20	18	14
	美国	63	61	55	59	68
	其他	2	1	3	1	1
	总计	100	100	100	100	100
冰岛	国产	4	8	6	8	—
	欧洲	12	9	13	9	—
	美国	83	81	80	83	—
	其他	1	2	1	0	—
	总计	100	100	100	100	—
挪威	国产	13	16	16	22	21
	欧洲	11	9	18	13	20
	美国	74	74	65	64	58
	其他	2	1	1	1	1
	总计	100	100	100	100	100
瑞典	国产	22	19	21	20	32
	欧洲	16	14	13	10	11
	美国	60	65	66	69	54
	其他	2	2	0	1	3
	总计	100	100	100	100	100

资料来源：北欧媒体研究中心（NORDICOM），www. nordicom. gu. se。

（二）传媒产业集中度分析

北欧五国传媒产业高度集中，体现在两个方面：一是绝大多数媒体依附于集团而发展，很少有不属于任何集团的单个媒体；二是各国前几大传媒集团几乎将市场瓜分殆尽，留给其他媒体公司生存与发展的空间已所剩无几。而北欧五国至今没有专门针对媒体集中度和垄断的法律和规制。

报业方面，2009年丹麦最大的两家报业公司JP/Politikens Hus和Berlingske Media的日报发行量之和占到丹麦日报发行总量的58%，芬兰新闻集团（Sanoma Oyj）、阿尔玛集团（Alma Media Oyj）等五大公司日报发行量之和占国内日报发行总量的59%，挪威Schibsted，A－pressen等前四大公司日报发行量之和占国内日报发行总量的68%，瑞典Bonnier AB，Schibsted ASA等前五大公司日报发行量之和占国内日报发行总量的73%，冰岛365 mielar ehf.，árvakur hf. 等四大公司占据了冰岛全部日报市场（见表28）。

电视方面，2009年，丹麦4岁以上居民观看丹麦TV2，DR，MTG，SBS四家公司电视节目时间之和占其电视接触时间总量的81%，芬兰10岁以上居民观看YLE，MTV，Nelonen三家公司电视节目时间之和占其电视接触时间总量的91%，挪威12岁以上居民观看NRK，TV2，MTG，SBS四家公司电视节目时间之和占其电视接触地间总量的87%，瑞典3岁以上居民观看SVT，TV4，MTG，SBS四家公司电视节目时间之和占其电视接触时间总量的88%，其中MTG和SBS两家公司在挪威和瑞典的时间份额都在10%左右（见表29）。

表28　2009年北欧报业巨头的日报发行量和所占份额

单位：份，%

国　家	公司名称	发行量	份　额
丹　麦	JP/Politikens Hus	304000	29
	Berlingske Media	301000	29
	两大公司之和	605000	58
	日报发行总量	1040000	100
芬　兰	Sanoma Oyj	683000	22
	Alma Media Oyj	597000	19
	Keskisuomalainen Oyj	254000	8
	TS－yhtymä Oy	173000	6
	Ilkka-Yhtymä Oyj	109000	4
	五大公司之和	1816000	59
	日报发行总量	3066000	100
挪　威	Schibsted	854000	31
	A－pressen	484000	18
	Edda Media	275000	10

续表

国　家	公司名称	发行量	份　额
挪　威	Polaris Media	252000	9
	四大公司之和	1864000	68
	日报发行总量	2740000	100
瑞　典	Bonnier AB	868000	26
	Schibsted ASA	544000	16
	Stampen AB	540000	16
	MittMedia Förvaltnings AB	273000	8
	Norrköpings Tidningar Media	219000	7
	五大公司之和	2445000	73
	日报发行总量	3554000	100
冰　岛	365 mielar ehf.	103000	37
	ɑ́rvakur hf.	158000	57
	Birtíngur útgɑ́fufélag ehf.	13000	5
	Framtíearsyn ehf.	4000	1
	四大公司之和	278000	100
	日报发行总量	278000	100

资料来源：北欧媒体研究中心（NORDICOM），www. nordicom. gu. se。

表 29　2005～2009 年北欧五国电视公司收视时间份额和接触电视时间总量

单位：%，分钟

国　家	公司名称	2005 年	2006 年	2007 年	2008 年	2009 年
丹　麦	TV2	40	40	40	39	39
	DR	33	33	31	29	27
	MTG	9	9	9	9	9
	SBS	6	6	5	6	6
	四家公司之和	88	88	85	83	81
	其他	12	12	15	17	19
	总　计	100	100	100	100	100
	日观看电视时间	152	150	148	167	189
芬　兰	YLE	44	45	44	45	44
	MTV	37	34	33	31	32
	Nelonen	11	12	12	14	15
	三家公司之和	92	92	89	90	91
	其他	8	8	11	10	9
	总　计	100	100	100	100	100
	日观看电视时间	169	169	166	177	176

续表

国家	公司名称	2005年	2006年	2007年	2008年	2009年
挪威	NRK	44	44	42	37	39
	TV2	30	31	32	30	28
	MTG	6	6	6	9	10
	SBS	11	10	10	11	10
	四家公司之和	90	91	90	87	87
	其他	10	9	10	13	13
	总　计	100	100	100	100	100
	日观看电视时间	164	156	154	174	184
瑞典	SVT	40	38	35	34	33
	TV4	26	26	27	29	29
	MTG	14	15	16	16	17
	SBS	10	10	10	10	9
	四家公司之和	89	89	89	90	88
	其他	11	11	11	10	12
	总　计	100	100	100	100	100
	日观看电视时间	146	154	157	160	166

资料来源：北欧媒体研究中心（NORDICOM），www. nordicom. gu. se；并根据数据计算几大公司所占收视时间份额之和。

电影方面①，2009年，丹麦 United International Pictures，SF Film 等前六大电影发行公司发行的电影，其收入占国内电影票房总额的98%；芬兰 Finnkino，FS Film 等前七大公司发行的故事片种数占当年国内首映电影数的90%，其收入占国内票房总额99%；冰岛 Sam-félagie，Sena，Myndform 三家公司发行的故事片种数占当年国内首映电影数的99%；挪威相对比较分散，SF Norge AS，United International Pictures AS 等前十大公司发行的故事片种数占当年国内首映电影数的83%；瑞典 Walt Disney，Sony Pictures Releasing 等八大公司发行的电影，其收入占国内电影票房总额的94%（见表30、表31）。值得注意的是，北欧著名传媒集团瑞典 Bonnier 传媒集团、芬兰新闻集团（Sanoma）、挪威 Schibsted 传媒集团和丹麦 Egmont 传媒集团所属公司是北欧集团与美国及其他欧洲传媒集团争夺本地电影市场的主要力量。

① 此处统计的发行公司不仅仅是北欧各国国内公司，还包括国外所有权的公司。

表 30　2009 年北欧国家主要发行公司发行首映电影数量及份额

单位：部，%

国 家	发行公司	数 量	份 额	所有者
芬 兰	Finnkino	26	15	Sanoma Oyj
	FS Film	35	20	Bonnier
	Nordisk Film Theatrical Distribution	17	10	Egmont
	Sandrew Metronome Distribution Finland	22	13	Schibsted
	Walt Disney Studios Motion Pictures Finland	29	17	Disney
	Scanbox Finland	14	8	Scanbox Entertainment Group
	Cinema Mondo	13	7	Private persons
	七大公司之和	156	90	
	其他	18	10	
	总 计	174	100	
冰 岛	Sam-félagie	66	40	Family owned
	Sena(原 Skífan)	56	34	Dagur Group1
	Myndform	43	26	Family owned
	三大公司之和	165	99	
	其他	1	1	
	总 计	166	100	
挪 威	SF Norge AS	37	17	Bonnier
	United International Pictures AS	28	13	Viacom and General Electrics
	Sandrew Metronome Norge	21	9	Schibsted
	Nordisk Film Distribusjon	20	9	Egmont AS
	Arthaus-Stiftelsen for filmkunst	15	7	Non-profit organisation
	CCV AS/Oro Film AS	11	5	Diopter AS
	Walt Disney Studios Motion pictures Norway	25	11	Disney
	Scanbox Entertainment Norway	10	4	Scanbox Entertainment Group
	20th Century Fox Norge AS	10	4	News Corp. (Murdoch)
	Euforia Film	10	4	Storm Group / Kjetil Omberg
	十大公司之和	187	83	
	其他	37	17	
	总 计	224	100	

资料来源：北欧媒体研究中心（NORDICOM），www. nordicom. gu. se；并根据数据计算几大公司发行首映电影之和及其份额之和。

表 31　2009 年北欧国家主要发行公司电影收入所占票房份额

单位：%

国　家	发行公司	票房份额	所有者
丹　麦	United International Pictures	12	Viacom and General Electric
	SF Film	19	Bonnier
	Walt Disney Studios Motion Pictures	20	Disney
	Sandrew Metronome	17	Schibsted
	Nordisk Film	28	Egmont
	Scanbox Film	2	Scanbox Entertainment Group
	六大公司之和	98	
	其他	2	
	总　计	100	
芬　兰	Finnkino	15	SanomaWSOY
	Walt Disney Studios Motion Pictures	23	Disney
	FS Film	24	Bonnier
	Nordisk Film Theatrical Distribution	17	Egmont
	Sandrew Metronome Distribution Finland	16	Schibsted
	Cinema Mondo	2	Private persons
	Scanbox Finland	2	Scanbox Entertainment Group
	七大公司之和	99	
	其他	1	
	总　计	100	
瑞　典	Walt Disney	9	Disney
	Sony Pictures Releasing	10	Sony
	20th Century Fox	13	News Corp. (Murdoch)
	UIP	12	Viacom and General Electricl
	SF, Svensk Filmindustri	10	Bonnier
	Sandrew Metronome	5	Schibsted
	Warner(Sandrew)	9	Time Warner
	Nordisk Film	26	Egmont
	八大公司之和	94	
	其他	6	
	总　计	100	

资料来源：北欧媒体研究中心（NORDICOM），www. nordicom. gu. se；并根据数据计算几大公司电影收入票房份额之和。

（三）北欧前两名传媒集团市场表现

1. Bonnier 传媒集团（瑞典）*

Bonnier 传媒集团是北欧最大的传媒集团，创建于 1804 年，由 Bonnier 家族所有，总部在瑞典斯德哥尔摩，目前旗下共 175 家公司，分布在全球 17 个国家。集团媒体主营业务涉及图书、广播电视、晚报、财经媒体、数字媒体、娱乐、期刊、早报。

2010 年对于 Bonnier 集团而言是成功的一年，经历 2009 年的艰难时刻后，该集团所有主营领域的业绩都强势回升。税前利润较 2009 年增长 1.37 亿欧元，达到 1.11 亿欧元①。除去商誉价值摊销的收益是 2 亿欧元，较 2009 年增长 0.73 亿欧元，息税折旧摊销前利润（EBITA）增长 1.03 亿欧元，达到 2.34 亿欧元，由于其他货币兑换瑞典克朗的汇率低，以瑞典克朗为计量单位的销售额较 2009 年稍有下降，为 305.8 亿瑞典克朗（34.1 亿欧元），广告额较 2009 年增长 7.7%。

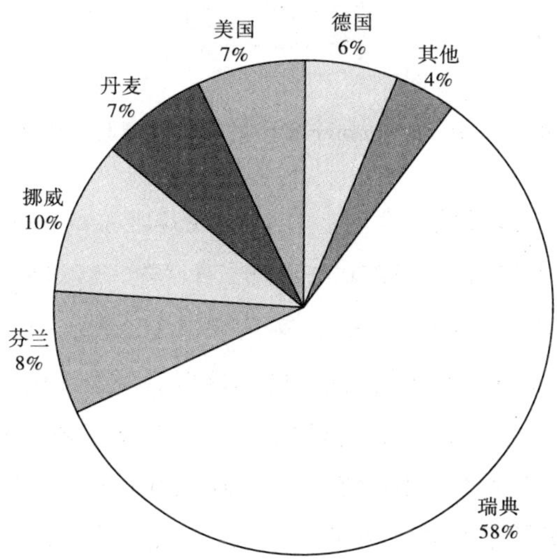

图 6　2010 年 Bonnier 集团在各国销售份额

---

* 为便于比较，在此处将地方货币换算成欧元，使用当下汇率：1 瑞典克朗（SEK）=0.1113 欧元（EUR）。由于汇率的变化，因而此处数据不可避免与前文有所差异。此部分所有数据均来源于 Bonnier 集团 2008～2010 年年报。

① 2009 年税前利润为 -0.26 亿欧元。

从地区来看，2010 年 Bonnier 集团销售额有 83% 来源于北欧国家，这一份额在 2009 年为 81%；从销售渠道来看，广告、订阅、零售、直销、票房和其他渠道的份额与 2009 年相比，变化不大，广告收入提升 2 个百分点，达到 33%（见图 7）。

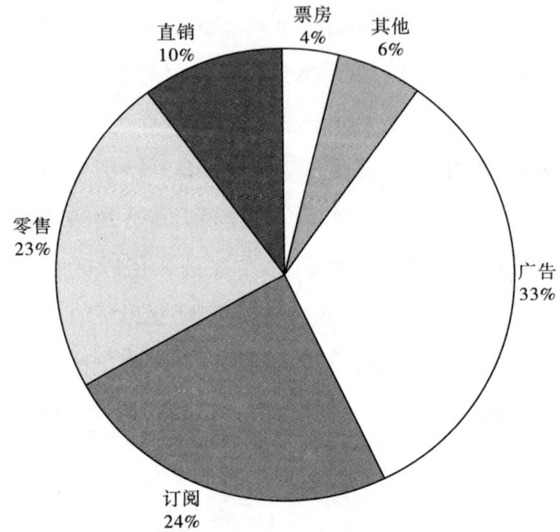

图 7　2010 年 Bonnier 集团各销售渠道收入份额

在 Bonnier 集团所涉及的业务中，广播电视与晚报的销售额和 EBITA 最高，2010 年销售额为 11.1 亿欧元，较 2009 年增长 4.8%，EBITA 为 1.40 亿欧元，较上年增长 27.1%；其次为图书，销售额为 7.0 亿欧元，虽然较 2009 年下降 6.6%，但图书业务的 EBITA 却较上年增长 1.4%，为 0.80 亿欧元（见图 8、图 9）。从 2007～2010 年主营业务的销售情况来看，广播电视与晚报业务增长最快，图书比较稳定，其他业务则稳中有降。从 2007～2010 年 EBITA 情况来看，图书、广播电视与晚报、娱乐业务较为稳定，而期刊、商业媒体和早报业务波动较大（见表 32、表 33）。

2. Sanoma 集团（芬兰）*

芬兰新闻集团（Sanoma）是芬兰最大的传媒集团，据其在 2010 年的年报中称，

* 由于芬兰为欧元区成员国，因而其所有数据本身已为欧元，此处不再做汇率换算。此部分所有数据均来源于 Sanoma 集团 2005～2010 年年报。

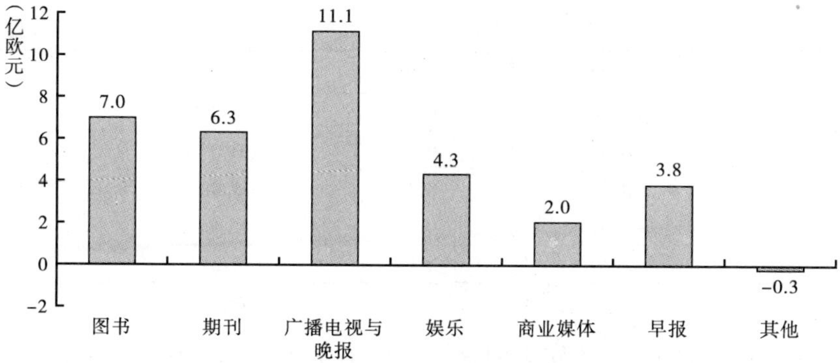

图8　2010 年 Bonnier 集团不同业务销售额

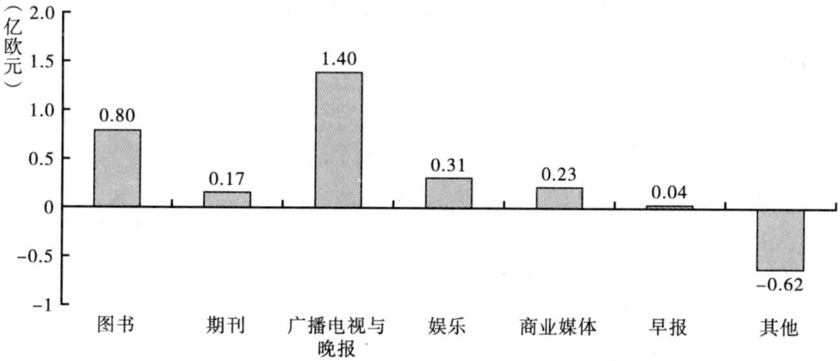

图9　2010 年 Bonnier 集团不同业务 EBITA 值

表 32　2007～2010 年 Bonnier 集团主营业务销售额及总额

单位：亿欧元

年份	图书	期刊	广播电视与晚报	娱乐	财经媒体	早报	其他	总计
2007	7. 0	6. 7	7. 8	4. 5	2. 8	4. 1	－0. 5	34. 1
2008	6. 6	6. 9	8. 6	4. 4	2. 8	4. 1	－0. 4	34. 4
2009	7. 5	6. 3	10. 6	4. 7	2. 1	3. 6	－0. 3	33. 0
2010	7. 0	6. 3	11. 1	4. 3	2. 0	3. 8	－0. 3	32. 5

表 33　2007～2010 年 Bonnier 集团主营业务 EBITA 及总额

单位：亿欧元

年　份	2007	2008	2009	2010
图书	0. 75	0. 63	0. 79	0. 80
期刊	0. 78	0. 52	－0. 01	0. 17
广播电视与晚报	1. 29	1. 53	1. 10	1. 40

续表

年　份	2007	2008	2009	2010
娱乐	0.28	0.28	0.28	0.31
财经媒体	0.38	0.22	0.07	0.23
早报	0.04	-0.18	-0.42	0.04
其他	-0.35	-0.31	-0.5	-0.62
总　计	3.17	2.69	1.31	2.35

该集团已位列欧洲15大传媒集团之中。该集团成立于1999年，由Sanoma和WSOY两家芬兰传媒公司合并而成，总部在芬兰赫尔辛基，在全球20多个国家开展业务。主营业务由媒介、专业服务和零售三部分组成，涉及所有媒体业务。

2010年，Sanoma集团的销售总额为27.61亿欧元，与2009年的27.68亿欧元基本持平，降幅仅0.25%。除非经常项目的营业利润是2.45亿欧元①，比2009年的2.30亿欧元增长6.5%。据该集团预计，2011年的销售额和利润将与2010年持平。

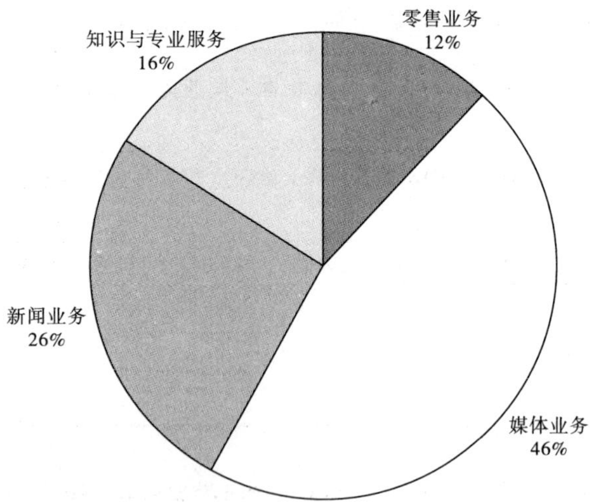

图10　2010年Sanoma集团不同业务销售份额

① 总利润为3.93亿欧元，较2009年1.96亿欧元增长101%。由于加入非经常项目后波动过大，不能准确反映集团主营业务的发展情况，因而在一般统计中主要考查除非经常项目的利润。

Sanoma 集团的媒体业务主要包括期刊、网站、广播电视，2010 年销售额为 13 亿欧元，除非经常项目利润为 1. 46 亿欧元；新闻业务主要包括报纸和数字媒体，2010 年销售额为 4. 38 亿欧元，除非经常项目利润为 0. 47 亿欧元；知识与专业服务主要包括提供印刷版或数字版的知识性资料和问题解决方案、国际商业信息、图书出版、语言服务等，2010 年销售额为 3. 50 亿欧元，除非经常项目利润为 0. 53 亿欧元；零售业务主要包括书报亭、书店和电影院的销售，2010 年销售额为 8. 26 亿欧元，除非经常项目利润为 0. 19 亿欧元（见表 34）。

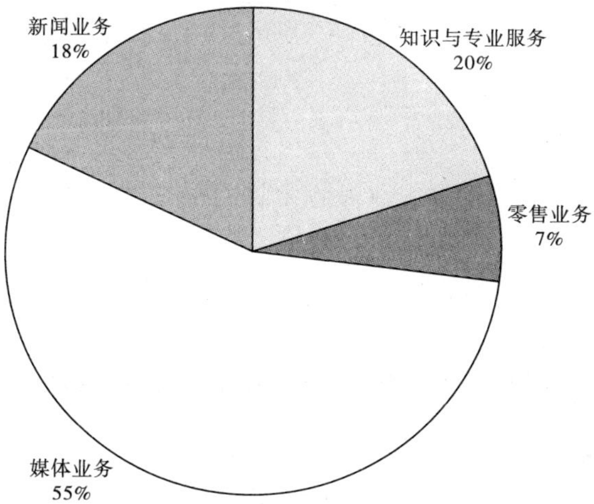

图 11　2010 年 Sanoma 集团不同业务除非经常项目利润份额

表 34　2006～2010 年 Sanoma 集团各业务销售额及总额

单位：亿欧元

业务＼年份	2006	2007	2008	2009	2010
期刊	11. 56	12. 38	12. 47	11. 11	11. 10
新闻	4. 57	4. 81	4. 75	4. 29	4. 38
娱乐	3. 09	1. 46	1. 57	1. 57	1. 38
知识与专业服务	1. 32	3. 23	3. 9	3. 45	3. 50
零售	8	8. 49	8. 67	8. 28	8. 26
其他	－1. 12	－1. 1	－1. 05	－1. 02	－1. 01
总　计	27. 42	29. 27	30. 31	27. 68	27. 61

从地区来看，Sanoma 集团在芬兰、荷兰、俄罗斯、乌克兰和中东欧国家、其他国家的销售份额与 2009 年持平，其中，份额最大为芬兰（51%）（见图

12）。从销售渠道来看，零售业务收入份额增长明显，从2009年的21%增长至2010年的30%，超过广告收入，成为第一收入来源，广告收入份额增加2个百分点，为23%，其余基本持平，略有升或降（见图13）。

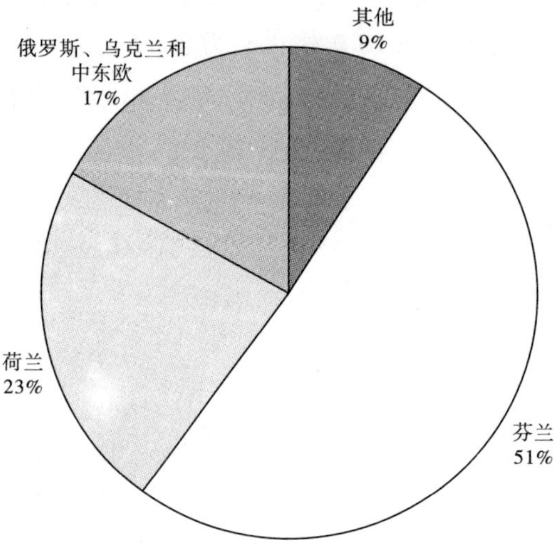

图12　2010年Sanoma集团在各国销售份额

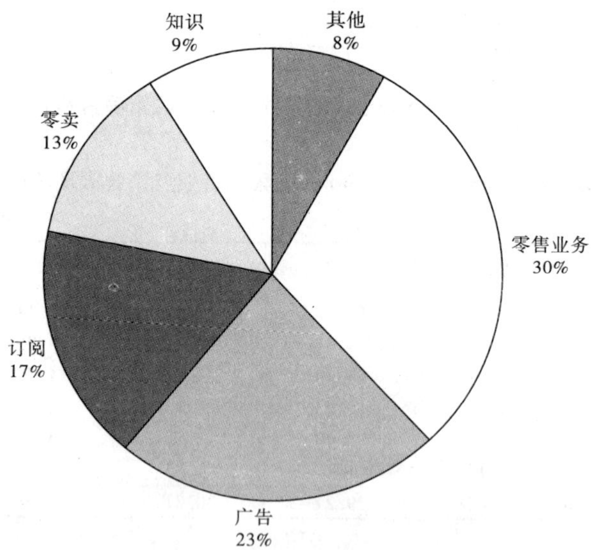

图13　2010年Sanoma集团各销售渠道收入份额

B.10 俄罗斯传媒产业发展报告

王雨琼*

一 传媒产业年度发展总体状况

1. 产业规模和总量、行业数量、收入总量和消费总量

据 Интерфакс 统计，截至 2010 年 6 月 8 日，在俄罗斯注册的传媒企业共有 93532 家，其中，90% 是非国有企业。有 330 家电视台、2246 家广播电台和以互联网为代表的新媒体。印刷媒体是传播范围最广的媒介，2009 年初，注册有 27425 种报纸和周刊，其中，14000 种报纸正常发行，约 1000 ~ 1500 种杂志和 300 ~ 500 种报纸运营较为成功；5824 家出版社，其中 1280 ~ 1305 家出版社平均每月出版 1 本图书。

表 1　2007 ~ 2009 年俄罗斯传媒产业市场总量

单位：十亿美元

年份	市场总量	电视	广播	电影	互联网			报纸			杂志		图书
					上网费	游戏	广告	销售	广告	数字报纸	销售	广告	
2007	26.39	—	—	1.1	4.5	—	0.35	2.1	0.47	0.9	0.64	0.83	2.3
2008	23.53	—	—	1.4	2.6	12	0.51	2.3	0.551	0.14	0.67	0.98	3.06
2009	16.38	6.0	—	1.2	2.9	2	0.57	1.6	0.28	—	0.48	0.429	2.4 ~ 2.5

资料来源：http：//gtmarket.ru/news/media－advertising－marketing；http：//www.fapmc.ru/news/info。

2. 传媒产业中不同行业、地域的发展状况

广告是俄罗斯传媒产业经济的风向标，其 2005 ~ 2010 年的发展轨迹和特征，也代表了俄罗斯传媒产业在此期间的发展历程。

---

* 王雨琼，上海大学影视学院讲师，上海大学影视与产业研究基地研究人员。

2008年是传媒广告市场的拐点，此前市场保持了近10年的持续增长。2005~2008年，借助于强有力的国家发展政策和行业竞争优势，电视和电视广告位居行业之首；新媒体有着诱人的发展前景，互联网正逐步成为瞩目的广告传播渠道并保持着高速发展态势。2009年传媒广告市场总量因受到国际金融危机的影响而出现大幅下滑，其中，广播、印刷媒体广告和户外广告受到的影响最大，而互联网广告是唯一保持正增长的传媒广告。

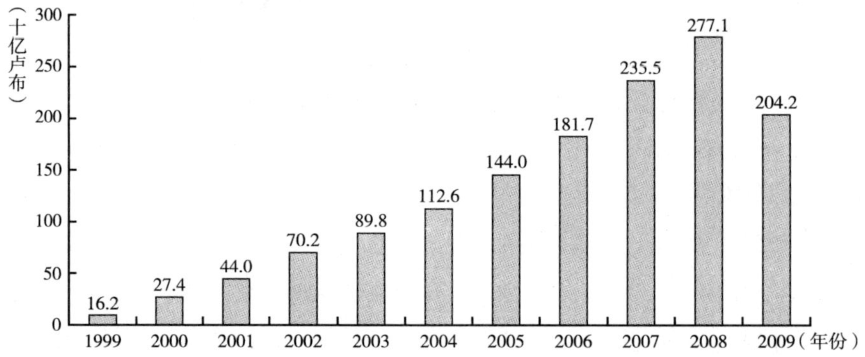

图1　1999~2009年俄罗斯传媒广告市场总量

资料来源：《2010年俄罗斯传媒广告市场：停滞还是复苏?》，http：//www. akarussia. ru/investigations/，2011年1月27日。

2010年是俄罗斯传媒广告市场全面复苏的一年，市场总额为2320亿卢布（含税），较2009年增长了14%，但仍未达到2008年的市场总体水平。其中，增长最多的依然是互联网广告（增长率为37%），增长最少的是期刊报纸广告（增长率为7%）（见图2）。

2009年，电视广告总额为1140亿卢布（含税），2010年则为1300亿卢布，年增长14%，市场份额逐年扩大，由2000年的29%逐步扩大到2008年的56%，目前仍处在这个历史定点区域内（见图3）。

俄罗斯传媒业地域分布的特点，与其经济和人口地域分布一样，呈现严重的地域分布不均，绝大多数的各类媒体都聚集在莫斯科、圣彼得堡和其他大型城市中，市场产出和市场竞争也相对集中在这些区域。同时，新媒体的区域差别也尤为明显，比如，在开展手机增值业务的公司中，60%是全国性的公司，23%是莫

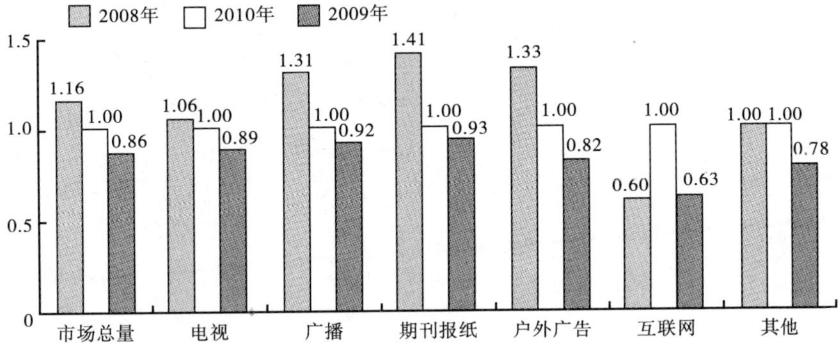

图 2　2008～2010 年俄罗斯传媒广告市场总量及各子市场广告收入比例

注：图中以 2010 年的数据为基准数 1，计算出 2008 年、2009 年的相对值。

资料来源：http：//www. adindex. ru/files2/access。

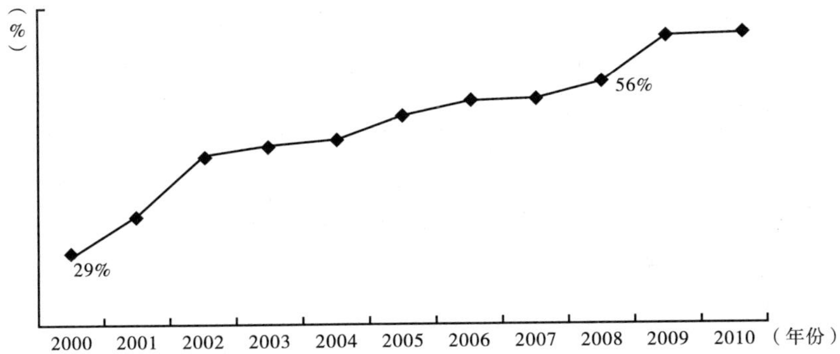

图 3　俄罗斯电视广告在传媒广告中的份额及发展轨迹

资料来源：《俄罗斯传媒广告市场和电视广告》，http：//www. adindex. ru/files2/access/2010_ 12/58152_ 2. pdf。

斯科地区的公司，9% 是圣彼得堡公司，只有 7% 是其他地区的公司。① 此外，图书出版业也高度集中在莫斯科等中心地区。因此，俄罗斯传媒产业目前的首要问题是解决俄罗斯与发达国家之间、俄罗斯中心区与其他地区之间在传媒技术、数字化、内容等方面的不协调。

互联网发展依然迅速，虽还未在小城市和农村普及，但在这些地区的增速却非常惊人：在人口少于 10 万的城市或乡镇中，互联网 2010 年的普及速度增长了

① 移动市场调研公司，http：//www. advertology. ru/article70850. htm，2010 年 11 月 20 日。

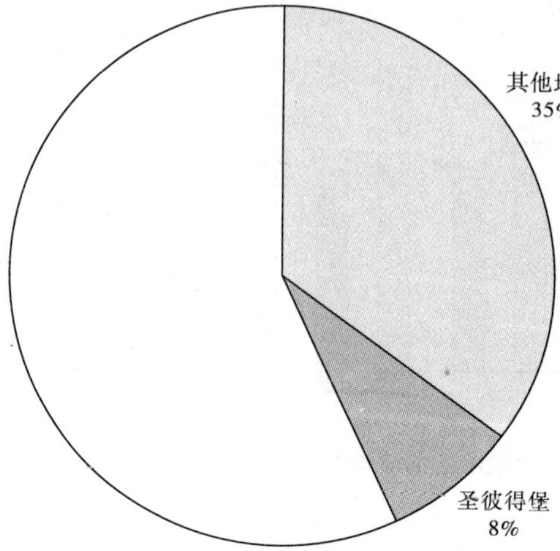

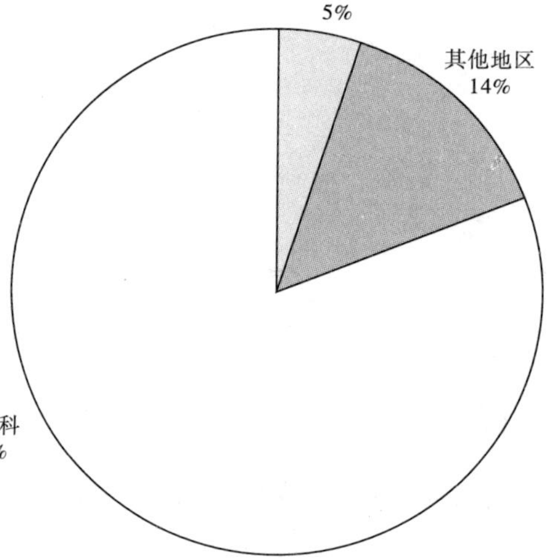

图4　图书产业区域分布图（分别按出版书名数和印刷量统计）

资料来源：http：//expert - rating. ru/expert/index. php？ option = com_content&task = view&id = 317&Itemid = 116。

28% ~31%。据 ФОМ 统计，2010 年，俄罗斯互联网月用户数为 4330 万户，占成年居民人数的 40% 以上，其中 69% 的互联网用户年龄为 25 ~54 岁，28% 的用户收入水平高于俄罗斯平均收入水平的 2 倍以上，属于活跃而有支付能力的广告消费群体。目前，1/6的互联网用户居住在莫斯科和圣彼得堡，并且该地区互联网用户数保持持续增长。Ru 域名注册数量也高速增长，2009 年增速达 37%，是增长最快的互联网国家域名。截至2010年2月底达到260万个，其中，44.7%的Ru域名注册来自莫斯科，7%来自圣彼得堡。2010年，莫斯科的Runet用户数量同比增长9%，而圣彼得堡同比增长-4%。

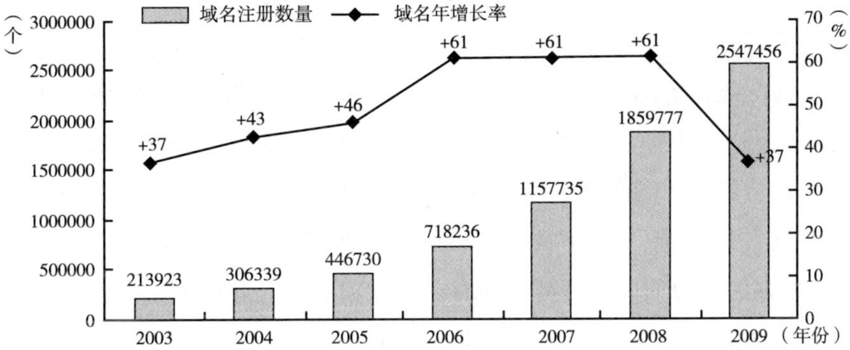

图5　2003~2009年Ru域名注册数量及增长情况

资料来源：http：//www.fapmc.ru/news/info/item9624.html。

与其他传媒产业不同的是，广播电台在各地区均衡发展：从广播电台数量来看，广播电台在俄罗斯国内分布均匀，中心区莫斯科有99家，远东边疆区有56家。此外，如按人均拥有率计算，远东边疆区的电台数（每11.5万人拥有1家广播电台）多于中心区莫斯科（每37.1万人拥有1家广播电台）（见图6）。

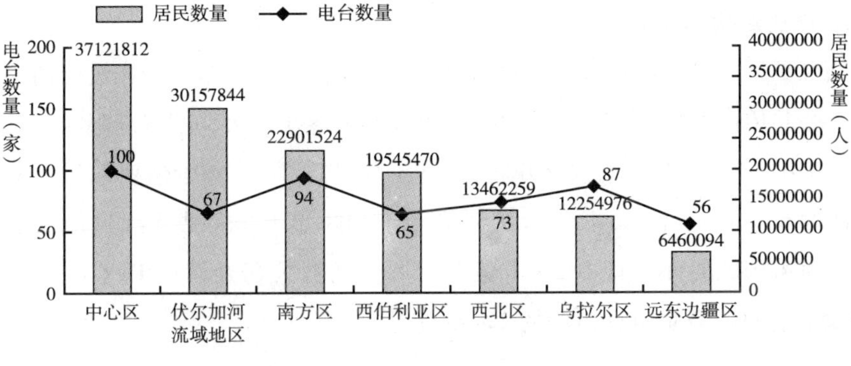

图6　俄罗斯各地区广播电台数量和人口对比情况

资料来源：http：//www.fapmc.ru/news/info/item9624.html。

3. 主要全球性传媒集团发展概况

俄罗斯全球性传媒集团海外业务的地区发展模式主要有两种：在苏联境内和在世界范围内使用俄语的区域发展业务。如有线数字卫星电视公司“宇宙－TV”的国内业务主要集中在莫斯科地区，用12种语言播放80个世界电视频道节目和17个俄罗斯无线电视频道的数字节目；而海外业务主要集中在乌克兰和白俄罗斯国家。俄气传媒集团下属的NTV－Pluc卫星电视公司除在俄罗斯全境进行卫星电视播放外，还把业务拓展到欧洲、北美、澳洲等使用俄语的区域。大多数俄罗斯全球性传媒集团的海外业务只涉及单个传媒行业，而未进行全部业务的海外拓展。如俄气传媒集团只开展了卫星电视海外业务；在全国传媒集团中只有《消息报》在海外设立印刷分部，同时在西欧和乌克兰等国家或地区发行和销售报纸；传媒3集团中的《论点与事实》周报在60多个国家和地区（包括独联体、波罗的海地区、西欧、美国、加拿大、澳大利亚、以色列等）发行，该集团拥有俄罗斯最广泛的地区性编辑部——俄罗斯境内66个、海外17个。

近年来，随着俄罗斯MTC手机移动公司的业务范围向乌克兰、白俄罗斯及印度扩展，与MTC长期合作的Максима广告公司也随即在这些地区开设了分部。

二　产业与市场分析

1. 产业结构和布局

电视是最主要的传媒形式，目前仍是俄罗斯向国内大多数居民进行消息传播的唯一公共传播方式。近年来收费电视市场规模逐步扩大，不只局限在较发达的地区。2010年，近30%的家庭开通了非模拟电视。2007年，俄罗斯付费电视市场总额为6.5亿美元，2008年为9亿美元。2008年上半年非无线电传输电视市场总量为4.9亿美元，其中，4.1亿美元属于商业公司经营；IPTV市场总量为24万美元，只占收费电视市场的2%左右。①

① 《经济危机影响下的俄罗斯付费电视市场：现状、趋势和发展前景》，http：//marketing.rbc.ru/research/562949953906900.shtml。

表 2 俄罗斯传媒产业的部分行业数量

电视		广播	印刷传媒		互联网	
类型	数量(个)	数量(家)	类型	数量(种)	类型	数量
全国电视频道	16	2246	报纸	27425	Ru 注册域名(万个)	260
国际频道	7		杂志	20433	用户(万户)	4330
地区频道	180		集刊	787		
小城市和乡镇频道	30		汇编	1297		
卫星电视频道	117		公报	1519		
			电子出版物	214		
			出版社(家)	5824		
总　计	330	2246		57499		

资料来源：http：//www. fapmc. ru/news/info/item9626. html； http：//www. fapmc. ru/news/info/item9628. html， http：//www. fapmc. ru/news/info/item9625. html； http：//www. fapmc. ru/news/info/item9624. html。

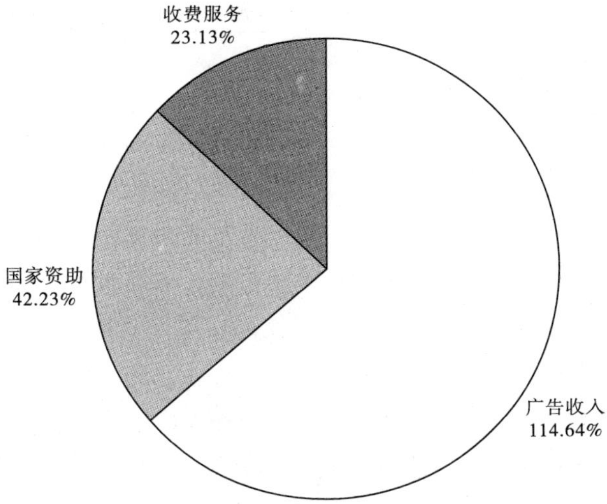

图 7 2009 年俄罗斯电视产业的财政来源

资料来源：http：//www. fapmc. ru/news/info/item9626. html。

互联网的发展速度位居新媒体市场的首位，其他新媒体，如卫星电视、IP－TV、HD－TV、3D－TV、手机电视等，目前只局限在少数受众群体中，未在俄罗斯得到普及，还处在市场的雏形阶段，市场格局极不稳定，除 NTV－Plus、三色电视、彩虹－TV 外，其他卫星电视公司此生彼灭、频繁更替。

各媒体在俄罗斯不同地区的受欢迎程度也不尽相同，截至 2010 年 10 月，10 个被媒体引用次数最多的俄罗斯媒体如表 3 所示。

表 3　截至 2010 年 10 月 10 个被媒体引用次数最多的俄罗斯媒体

排行名次	电视	报纸	杂志	广播
1	НТВ	КоммерсантЪ	Forbes	Эхо Москвы
2	Россия 24	Ведомости	The New Times	Радио Свобода
3	Первый канал	Комсомольская Правда	Русский Newsweek	Русская служба новостей
4	Россия 1	Российская Газета	КоммерсантЪ-Власть	Маяк
5	Russia Today	Независимая газета	Эксперт	Русская служба BBC
6	ТВ Центр	Новая газета	Профиль	Голос России
7	EuroNews	Московский Комсомолец	Финанс	Вести FM
8	РЕН	РБК daily	Итоги	Радио России
9	Петербург - Пятый канал	Известия	КоммерсантЪ-Деньги	Business FM
10	РБК ТВ	Время Новостей	Огонек	Коммерсант FM

注："Медиалогия" 确定引用率最高的俄罗斯大众传媒。

资料来源：http：//www. advertology. ru/article84765. htm。

2. 市场结构、行为和绩效

第一频道、俄罗斯、独立电视台、STS 和 TNT 是电视市场的"五星"频道。电视市场按收视率划分，呈现一强独占半壁市场、次强与专业电视台和其他电视台逐鹿另半壁市场的格局。电视广告主要控制在俄罗斯第一频道和独立台手中。2010 年，77% 的电视广告出自全国电视台，23% 出自地区电视台。

广播市场结构有明显的地域特征，主要表现在以下几个方面。

（1）不同的市场代表：在莫斯科地区以俄罗斯传媒集团（PMГ）和俄气传媒集团（Газпром-Медиа）为代表，在圣彼得堡地区以欧洲传媒集团（EMГ）为代表，在百万人口城市以《选择广播吧》（ГК"Выбери Радиа"）为代表，在超百万人口城市以专业传媒广播公司（ВКПМ）、俄气传媒集团和《选择广播吧》为代表，在 30 万 ~70 万人口城市以全俄国家电视广播公司为代表。

（2）市场垄断程度不同：垄断最严重的是莫斯科地区，近 50% 的广播广告市场集中在 EMT 和 ВКПМ 手中；其他地区的垄断程度在 22% ~34%；地方广播电台最集中的地区是伏尔加河流域和乌拉尔地区。

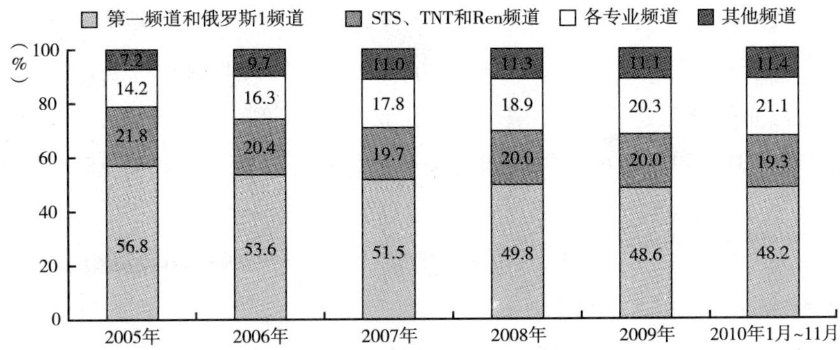

图8　2005～2010年俄罗斯主要电视台收视率比率

资料来源：《俄罗斯传媒广告市场和电视广告》，http：//www.adindex.ru/files2/access/2010_ 12/58152_ 2.pdf。

（3）私有资本比重不同：圣彼得堡地区44%（12个）是私有广播电台，而莫斯科地区只有26%。在一些边远地区，国家电台所占比重加大。

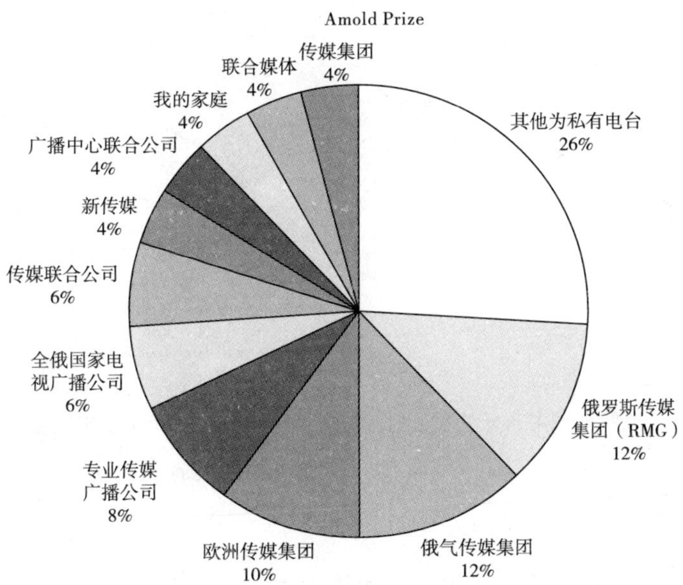

图9　莫斯科FM广播电台公司的资本结构和市场比重图

注：除其他26%为私有电台外，国中其余区域均为各国有资本电台。

资料来源：http：//www.fapmc.ru/news/info/item9625.html。

期刊报纸市场近几年来呈现多种媒介联合经营的趋势，主要集中在 50 家民族传媒企业手中，它们占据了期刊报纸市场近 50% 的营业额和 60% 的广告收入，期刊报纸行业虽只是这些传媒集团的次要业务（如俄气传媒集团、专业传媒广播公司等），但它们却能控制俄罗斯的期刊报纸行业。此外，还有 25% 的营业额和广告收入集中在 90 ~ 100 家跨地区和地区传媒公司手中。

财经类传媒市场主要有 Родионова 出版社、商人出版社和经济报出版社等平面媒体和 Эксперт 集团、РБК 集团。

图书市场如按出版量或出版书目数量计算，ACT 和 Э КС МО 都是图书市场的领袖。

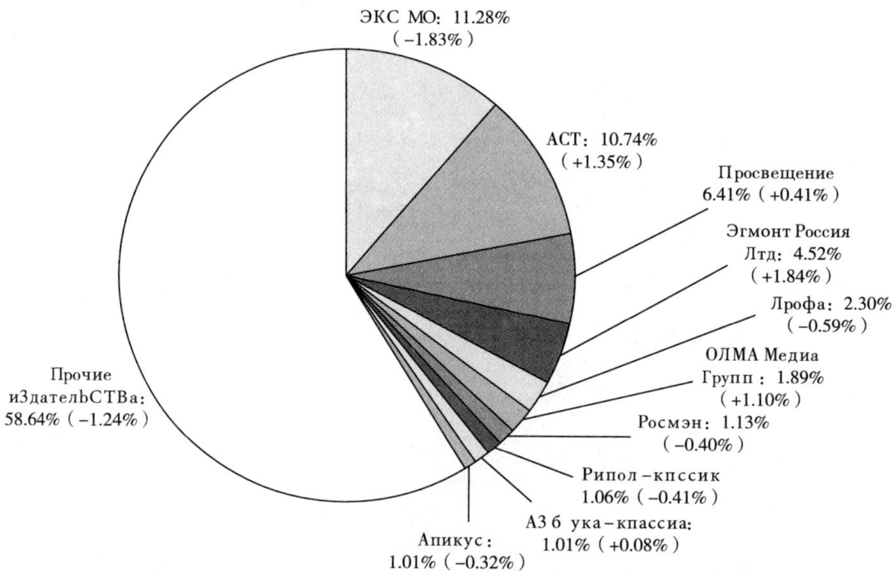

图 10　俄罗斯图书市场主要出版商的市场份额（按 2009 年出版量计算）

资料来源：http：//expert - rating. ru/expert/index. php? option = com _ content&task = view&id = 317&Itemid = 116.

广告市场准入标准低，处在自营和代理并存的运营阶段。市场的潜规则是，任何广告代理商都可以从广告销售商处取得 15% 的价格折扣，而广告主（无论规模大小）则没有这种可能，因此经常出现广告销售商丢失大客户的现象。TNS 和 AKAP 的市场报告是确定传媒广告价格的定向标。

Видео Интернешл，Газпром-медиа 和 Алькасар 是俄罗斯三大电视广告运营

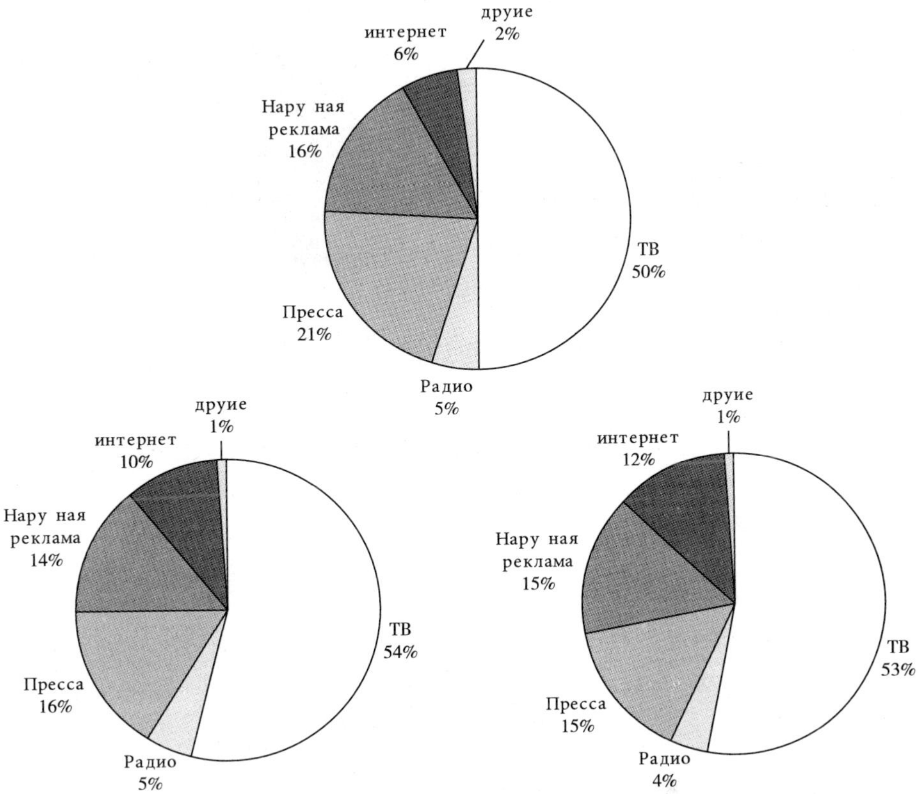

图 11　2008～2010 年俄罗斯传媒广告市场构成

资料来源：《俄罗斯传媒广告市场和电视广告》，http：//www. adindex. ru/files2/access/2010_ 12/58152_ 2. pdf；http：//www. adindex. ru/access/，2010 年 12 月 9 日；《2010 年俄罗斯传媒广告市场：停滞还是复苏?》，http：//www. akarussia. ru/investigations/，2011 年 1 月 27 日。

商，而第一频道、ВГТРК 和 СТС-Медиа 则是俄罗斯三个最大的电视广告自营商。在全国无线电视中，第一频道、TNT、音乐 TV、MTV、STS 是电视广告市场的活跃分子。电视广告的市场需求量巨大，但广告价格水平与其他国家相比还不算太高，全国无线电视广告价格（含税）在 2. 33 万～8. 54 万卢布/GRP，其中，第一频道的广告收入最多，全年共计 229 亿卢布。① 此外，因电视广告时间有限，往往出现广告主排队等待做广告的现象。

① Рейтингам набили цену，http：//www. kommersant. ru/doc. aspx? DocsID = 1581324.

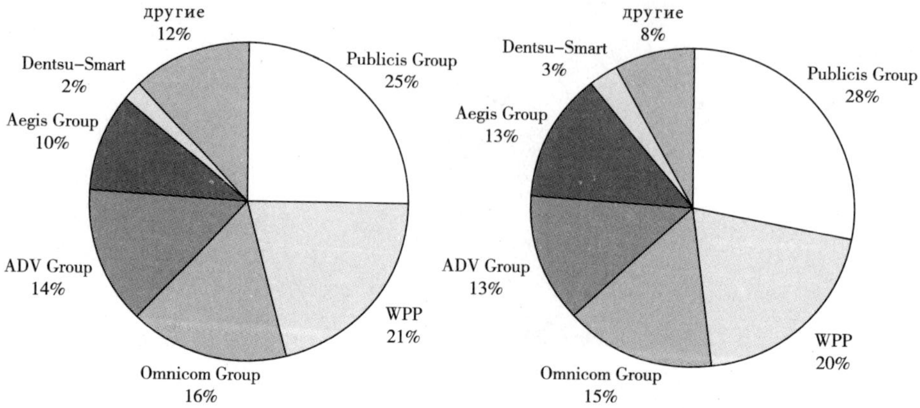

图 12　2009 年、2010 年俄罗斯全国电视广告市场份额结构图

资料来源：http：//www. adindex. ru/files2/access/2010 _ 12/58152 _ 2. pdf；http：//www. adindex. ru/access/.

互联网广告的 15% 是地区性广告代理商，主要以 Victroy SA，Mediastars，Promo Interactive，Prior，Maxima 为代表。在俄罗斯，互联网广告普遍没有长期固定的定价，广告价格随市变化（通常是上涨），这导致大型广告主无法签订长期合同，同时互联网也因此难以成为主流广告。

3. 主导企业的运营、竞争和发展状况

俄罗斯对传媒企业没有经营行业的限制，传媒企业可以是专门从事某种媒介的单一性传媒企业，也可以是同时从事多种媒介经营的跨媒体企业。据 Коммерсантъ 2011 年 2 月 15 日公布的排行榜，俄罗斯六大媒介集团如表 4 所示。值得注意的是，位居第 6 位的 Mail. ru Group 是以经营互联网业务为主的新媒体公司，可见，俄罗斯新媒体强劲的发展势头。

表 4　俄罗斯六大媒介集团排行榜*

单位：十亿卢布

序号	媒介集团名称	主要的媒介资产	2009 年销售收入
1	俄气传媒集团（Газпром-медиа）	电视：НТВ（独立电视台）和 ТНТ 广播：Эхо Москвы（莫斯科回声），Next FM，Relax FM，Первое популярное радио、Детское радио，Сити FM 出版社：ИД“7 Дней”（七天出版社） 影视制作中心：НТВ-Кино 影院：Октябрь（十月电影院）和“Кристалл Палас”	34087

续表

序号	媒介集团名称	主要的媒介资产	2009年销售收入
2	专业传媒集团公司(ПрофМедиа)	电视:ТВ－3,MTV,2x2 电影公司:Централ Партнершип 广播:"Авторадио","Юмор FM",NRJ,"Романтика" 影院连锁:"Синема парк" 跨媒体联合集团:"Афиша"出版社和Rambler Media网络公司联合集团	16113
3	STS传媒(СТС Медиа)	电视:СТС(STS),"Домашний"(家庭),ДТВ(DTV),"31 канал"(31频道) 影视制作公司:"Сохо медиа"和"Костафильм"	16012
4	全国传媒集团(Национальная Медиа Группа)	电视:РЕН(REN),"Пятый"(第5频道) 报纸:"Известия"(消息报) 有线电视:"Национальные телекоммуникации"(全国电视传播)**	14000
5	3传媒(Медиа 3)	报纸:АиФ,"Труд"(《劳动报》),"Экстра М","Центр Плюс" 印刷厂:"Медиа Пресса","Экстра М" 发行公司:"Ариа-АиФ"	11800
6	Mail. ru Group	Mail. ru门户网站,сеть"Одноклассники. Ру"(俄罗斯同学网),ICQ(聊天室),сеть"В контакте"(交友网)(24.99%)	5071

注：* 本排行榜根据媒介集团公布的财务报表进行统计，故未统计不对外公开财务情况的大型媒介集团，如第一频道、ВГТРК、ЮТВ（音乐－TV和7TV）、News Outdoor户外广告公司、Sanoma Independent Media出版社（Cosmopolitan和Esquire杂志及消息报等）、共青团真理报出版社、Коммерсантъ商人出版社、Conde Nast出版社（Vogue杂志等）、Ньюс медиа出版社（社会周报等）、Burda出版社（Playboy，Burda等）等。

** 2011年集团有收购或出售媒介资产的活动，资产组合已发生变化。

资料来源：http：//www. kommersant. ru/doc. aspx？DocsID＝1586017，2011年3月9日。

4. 产业运作模式和创新

广播电台在原有运营模式上，增加新服务项目，即为听众增加收听时直接录制音乐、手机点播歌曲等功能，成为俄罗斯广播传媒争相采用的新运营模式。

几乎每个大型广告集团都成立了专门的互联网广告公司和新媒体广告公司，如Group M（隶属WWP集团）的互联网广告公司是互联网媒体代理集团，而Aegis Media/OKS的则是Isobar。在俄罗斯互联网领域取胜的法宝是，快速建立专业公司，依托新的合作伙伴（往往是善于进行复杂工作和集团作战的大型公司）全面开展新业务。

网站为中小企业新广告主专门开设每月费用不超过3000卢布的简单广告，使CPC广告数量不断增多，仅在2009年夏到2010年夏Яндекс. Директа就新增4.4万新广告客户。

期刊报纸普遍采用跨媒体经营模式，和纸张母报一起销售的还有电子报、各种数字产品，包括音像、图书等。俄罗斯财经类传媒除生产印刷和音像等传统形式的媒介产品外，还扩展在线服务等新型业务。

图书业为应对市场竞争的不利局面，利用俄罗斯民法第4条关于支持发展电子图书出版物和互联网贸易等有关条款，大力发展电子图书和互联网网购业务。

美洲篇

Report on American countries

B.11 美国传媒产业发展报告

李继东*

根据北美工业分类体系（NAICS），美国传媒产业纳入到包括书报刊和软件出版业、电影和录音业、广播电视业、通信业、互联网以及像图书馆等信息服务业在内的信息产业之中，美国人口普查局（U. S. Census Bureau）也是按照这一分类统计的。[①] 本文所述集中在传媒领域，阐述报纸、杂志、广播、电视、电影和互联网产业的发展情况。

一　产业总体状况概述

1. 图书报刊出版业收入比重仍居首位，互联网增长幅度最大

美国人口普查局公布的最新数据截止到2009年。据统计，2009年美国信息

* 李继东，博士，中国传媒大学广播电视研究中心副教授。

① U. S. Census Bureau, "The 2012 Statistical Abstract: Information & Communications", http://www.census.gov/compendia/statab/cats/information_ communications.html，2011年3月5日。

传播产业的总收入达10768.33亿美元，比2008年减少了2.8%，这也是近年来首次出现负增长。不过，2005～2008年增长幅度持续下降，由4.7%降到了3.3%。从各行业所占的比例来看，传媒业与电信业平分天下，传媒业占总额的53%，计5758.79亿美元，其中，报刊图书等出版所占比例最大，占24%，计2636.89亿美元；其次是互联网（网络服务提供商、网络搜索门户、数据处理服务）加上网络出版和广电占12%，计1223.25亿美元；广播电视占9%，计989.19亿美元；最后是电影和录音占8%，计909.46亿美元（见图1）。

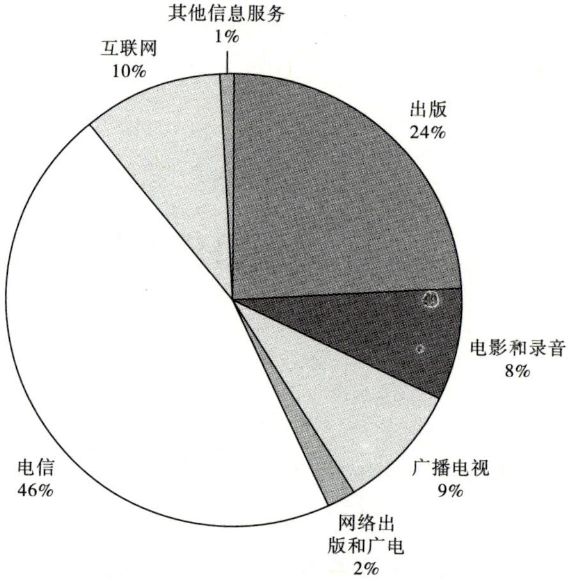

图1　2009年美国信息产业的各行业收入比例情况

资料来源：U.S. Census Bureau，"Information Sector（NAICS 51）－Estimated Revenue for Employer Firms：2005 Through 2009"，http：//www.census.gov/prod/2011pubs/11statab/infocomm.pdf。

2005～2009年，在出版产业中，软件出版所占比重和增长幅度均高于书报刊及目录出版（见图2）；在广播电视产业收入中，电视所占比重最大（见图3），增长幅度最大的则是互联网广播电视，2006～2009年的增长率分别为22.7%、30.6%、18.1%和9.8%，而同期，传统广播和电视分别下降了12.6%和12.7%。此外，有线电视保持持续增长，2006～2009年的增长率分别为9.5%、9.8%、10.3%、4.0%；同期，电影产业的增长也较为稳定，增长率分别为5.8%、3.1%、0.6%和3.8%。

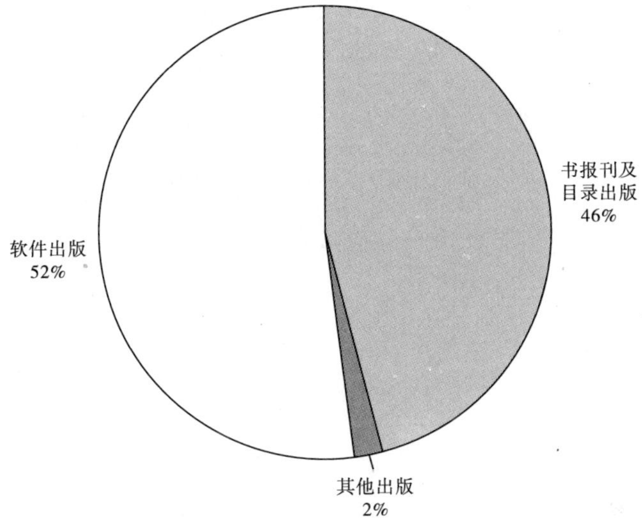

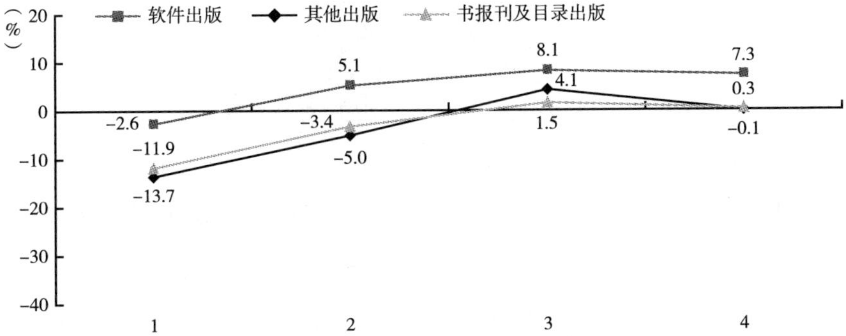

图2　2005～2009年美国出版产业增长幅度变化情况

注：1为2009年与2008年之比，以此类推。

资料来源：U. S. Census Bureau，“Information Sector（NAICS 51）– Estimated Revenue for Employer Firms：2005 Through 2009”，http：//www.census.gov/prod/2011pubs/11statab/infocomm.pdf。

我们从汽车销售行业广告投放比重的变化更能看出互联网的迅猛发展，2009年美国汽车销售行业在各媒介广告投放总额为54亿美元，尽管报纸所占的比例仍居首位，但近年来呈明显下降趋势。2009年比1999年下降了近30%（2.3倍多），而广播、电视和互联网所占比例则在上升，特别是互联网的增幅最大，增长了近5倍（见图4）。实际上广播和电视变动幅度不大，报纸的跌幅和互联网的增幅则较大，特别是2005年以来互联网增长迅速（见图5）。

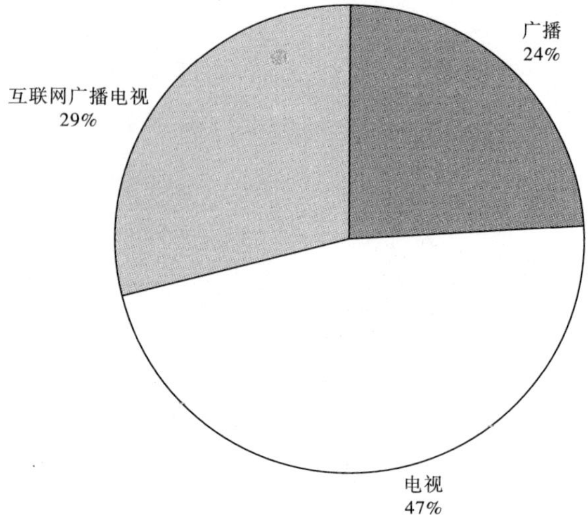

图 3　2009 年美国广播电视产业收入比重

资料来源：U. S. Census Bureau，“Information Sector（NAICS 51）– Estimated Revenue for Employer Firms：2005 Through 2009”，http：//www. census. gov/prod/2011pubs/11statab/infocomm. pdf。

2. 电视观众所占人口比重最高，互联网用户增长最快

据美国旗舰型受众研究机构 GFK Mediamark Research & Intelligence LLC 对 2010 年秋季美国主要传媒受众的人口比重统计表明，首先是电视观众的人口比重居于首位，高达 92. 91%（电视黄金时段观众人口比重为 83. 06%，有线电视观众为 82. 61%）；其次是广播听众，比重为 82. 14；再次是报纸读者，为 67. 19%；最后是互联网，为 77. 31%。不过看电视的主流人群集中在 35 岁以上，比重为 92. 42% 以上，其中 65 岁以上人群高达 97. 07%；而互联网的主流用户则集中在18 ~24 岁，比重为 92. 7%。从教育程度来看，美国电视观众分布比较均衡，高中文化程度的最高，达 94. 2%，大学以上文化程度的最低，但也高达 91. 3%；而互联网用户则差距较大，最高的是大学以上文化程度，达 95. 4%，最低的则是高中以下文化程度，为 42. 4%。同样，从收入水平来看，电视观众分布处于高位均衡，而互联网用户则相差比较悬殊，家庭年收入在 10 万美元以上的最高，占 94. 97%，而低于 1 万美元的最低，仅为 44. 66%。①

① GFK Mediamark Research & Intelligence LLC，“Multimedia Audiences Fall 2010”，http：//www. census. gov/prod/2011pubs/12statab/infocomm. pdf.

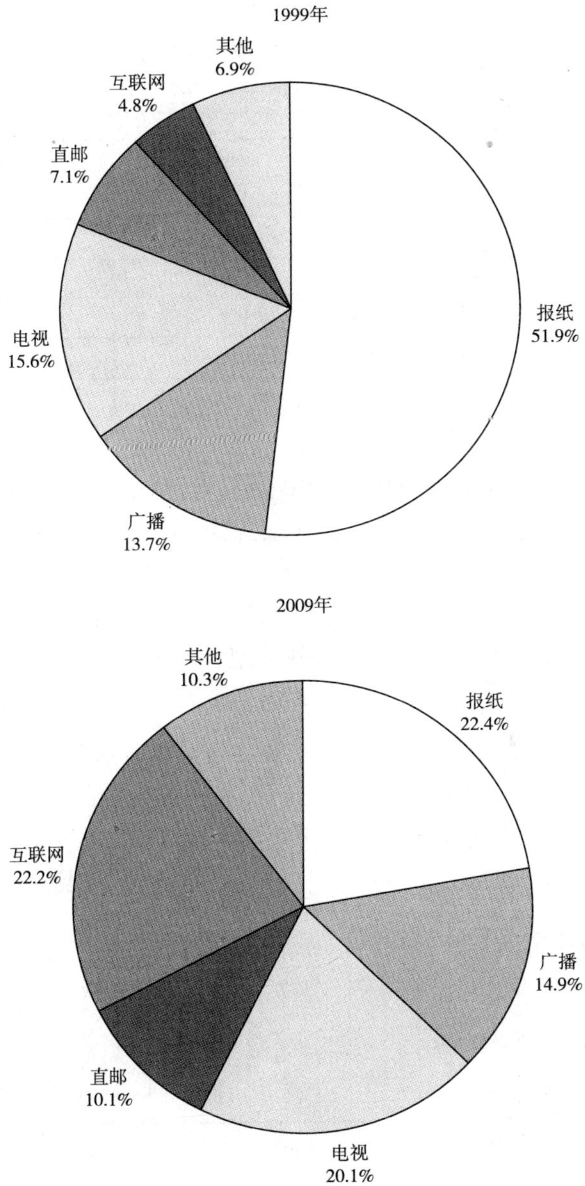

图 4　1999 年和 2009 年全美汽车销售行业媒介广告投放比例

资料来源：National Automobile Dealers Association，http：//www. nada. org。

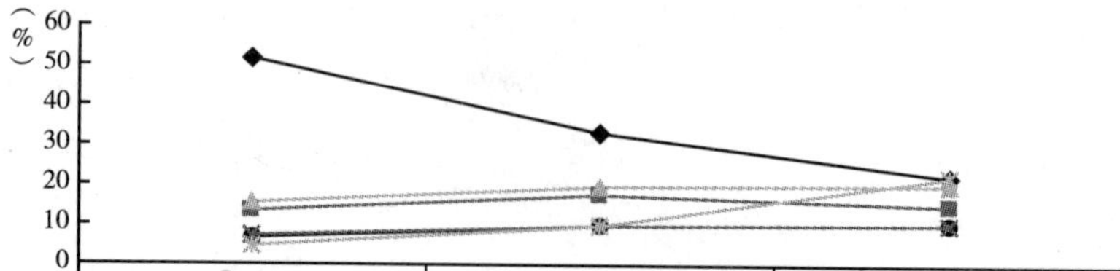

	1999年	2005年	2009年
报纸	51.9	33.0	22.4
广播	13.7	17.7	14.9
电视	15.6	19.5	20.1
直邮	7.1	10.0	10.1
互联网	4.8	9.9	22.2
其他	6.9	9.9	10.3

图 5　1999 年、2005 年和 2009 年美国汽车销售行业媒介广告投放比例变化

资料来源：National Automobile Dealers Association，http：//www. nada. org。

从媒介使用情况来看，2009 年与 2005 年相比，除报纸读者出现负增长外，其他媒介使用者均有所增长。首先是互联网用户增长的幅度最大，是成人人口增长率的 4. 4 倍多；其次是杂志读者，超过成人人口增长率 0. 1 个百分点；再次是户外媒介、电视和广播均低于成人人口增长率（见图 6）。

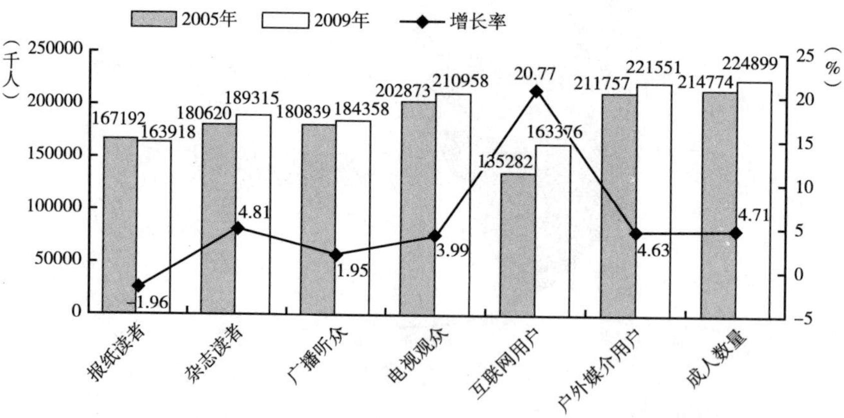

图 6　2005～2009 年美国成人媒介使用走势

资料来源：MRI，MPA，“Circulation Vitality White Paper”，http：//www. magazine. org/ASSETS/D58FC5CF200F4FFBB1731E9EFD59C450/MAG－Circulati on－Vitality－2009. pdf。

3. 营利性机构居于主导地位，传输平台保持平稳态势

据美国普查局公布的有关传媒机构的最新数据，截至2008年，美国有8375家报社、8000家杂志社、3097家图书出版社、20533家电影公司、7181家广播公司、2235家电视公司。[①] 从结构上看，美国传媒产业组织包括公司（Corporation）、独资企业（Sole Proprietor-ship）和非营利机构三种主要类型，其中前两种营利性机构居于主导地位，非营利机构只占很小一部分。就信息产业整体而言，非营利机构只占到3.6%，在传媒产业中非营利机构所占比例略高一些，达9.5%。其中，广播电视行业中非营利机构的比重最高，达18.7%，共计1191家，其次是书报刊、电影和互联网（见图7）。从主要传输平台变化上来看，基本保持平稳态势，电台和电视台稳中有升，有线电视网络和报纸数量持续下滑（见图8）。

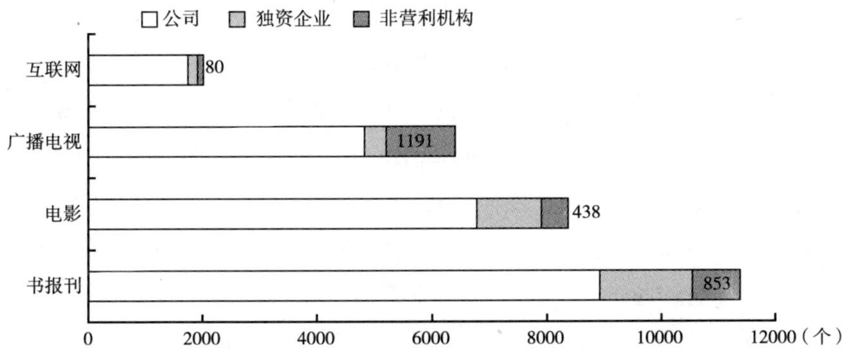

图7　美国传媒机构主要类型

资料来源：U. S. Census Bureau，“The 2012 Statistical Abstract”，http：//www. census. gov/prod/2011pubs/12statab/infocomm. pdf。

4. 美国新媒介公司领跑于世界，大型传媒集团雄霸市场

近年来，新媒介公司迅猛发展，基于互联网、现代通信的新兴传媒公司业绩增长迅速，据国际市场研究明略行公司（Millward Brown Optimor）公布的2011年全球最具价值品牌百强榜中，美国的苹果、谷歌和GE等新媒介公司居于前列，苹果公司2011年品牌价值比2010年增长了84%，达1532.85亿美元，位居榜首；谷歌公司2011年品牌价值比2010年下降了2%，为1114.98亿美元，位

① U. S. Census Bureau，“The 2012 Statistical Abstract”，http：//www. census. gov/prod/2011pubs/12statab/infocomm. pdf.

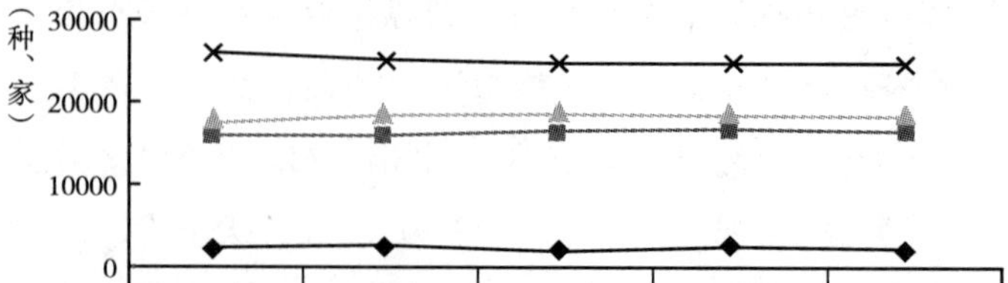

	2005年	2006年	2007年	2008年	2009年
—◆— 报纸数量	2366	2344	2329	2310	2316
—■— 电台	13660	13837	13977	14253	14420
—▲— 电视台	1750	1756	1759	1759	1782
—×— 有线电视网络	7926	7090	6635	6101	6203

图 8　美国主要传媒覆盖情况

资料来源：U. S. Census Bureau，“The 2012 Statistical Abstract”，http：//www. census. gov/prod/2011pubs/12statab/infocomm. pdf。

居第二。同时，在全球品牌价值增长幅度最大的 20 强中，社交传媒 Facebook 最高，2011 年比 2010 年增长了 246%，达 191. 02 亿美元；苹果公司排第 5 位，亚马逊公司（Amazon）排第 13 位，2011 年比 2010 年增长了 37%，达 376. 28 亿美元。① 可见，美国新媒介公司发展非常迅速，而且领航于全球传媒市场。

大型传媒集团在美国传媒产业中居于主导地位，这些公司往往垂直和横向整合传媒生产和传输的各个环节，形成了完善的产业价值链。有关统计数据表明，2009 年收入排名在前 6 位包括：通用电器（1570 亿美元）、迪士尼（361 亿美元）、新闻集团（304 亿美元）、时代华纳（258 亿美元）、维亚康姆（136 亿美元）和 CBS（130 亿美元），这六家公司总收入占 2009 年美国传媒业总收入的近 48%，近乎半壁江山，足见美国传媒市场的集中度之高。②

二　行业及市场分析

（一）报纸

1. 早报和周末报逆势上扬，发行量全线持续下滑

2005 年以来，美国报纸数量总体上呈下降趋势，特别是晚报下降幅度最大，

① Millward Brown Optimor，“2011BrandZ Top100”，http：//www. millwardbrown. com/BrandZ/Default/Categories. aspx.

② Ownership Chart，“The Big Six”，http：//www. freepress. net/ownership/chart/main.

而早报和周末报却逆势上扬。晚报从2005年的645种下降到了2009年528种，降幅达18%；早报则从2005年以来持续上升，到2009年达869种，比2005年增长了6%；周末报2009年比2005年增加了5种，比2008年增加了17种，2006~2008年持续下跌，特别是2008年减少到902种，为近年来最低（见图9）。从结构上看，日报占60%（其中，早报占37%、晚报占23%），周末占40%（见图10）。

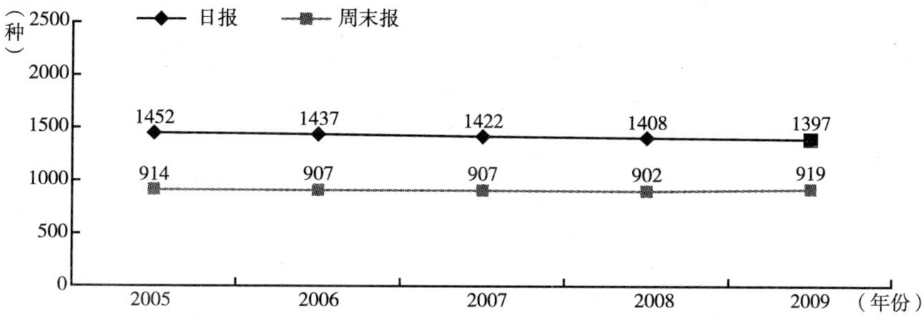

图9　2005~2009年美国报纸数量变化情况

资料来源：U. S. Census Bureau，"The 2012 Statistical Abstract"，http：//www. census. gov/prod/2011pubs/12statab/infocomm. pdf。

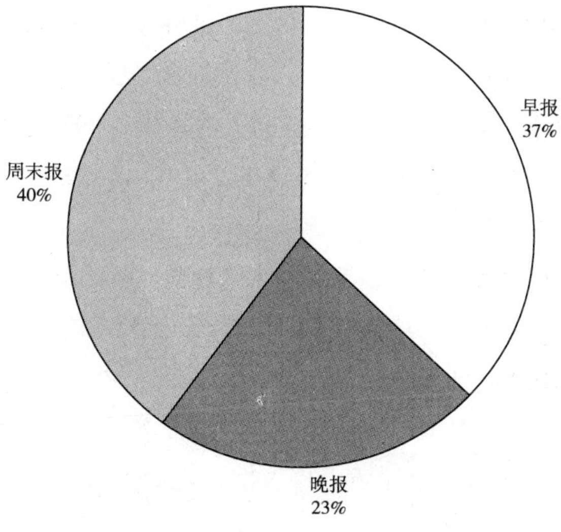

图10　2009年美国报纸种类结构

资料来源：U. S. Census Bureau，"The 2012 Statistical Abstract"，http：//www. census. gov/prod/2011pubs/12statab/infocomm. pdf。

从发行量上看，近年来无论是日报还是周末报均呈现持续下滑趋势。日报从2005年的4610万份下降到2009年的4080万份，周末报也从2005年的5530万份下降到2009年的4680万份，其中晚报的下降幅度最大（见表1）。从人均发行量来看，这种下降趋势尤为明显，晚报从2005年起人均发行量就下降到了0.02份，早报也从2005年的0.16份下降到了0.13份，周末报则从0.19份下降到了0.15份。①

表1　2005～2009年美国报纸发行量变化情况

年　份	2005	2006	2007	2008	2009
周末报	5530	5320	5120	4910	4680
晚　报	720	690	620	580	550
早　报	4610	4540	4450	4280	4080

资料来源：U. S. Census Bureau，“The 2012 Statistical Abstract”，http：//www. census. gov/prod/2011pubs/12statab/infocomm. pdf。

2. 综合性报纸和纸介报纸居于绝对优势地位，纸介报纸收入持续大幅下滑

从报纸收入来源结构上看，综合性报纸、纸介报纸仍占绝大部分。2009年美国综合性报纸收入为296.33亿美元，占报纸收入总额的82%（印刷和发行服务收入除外）；纸介报纸收入为298.85亿元，占总额的95%，网络报纸13.2亿美元，占总额的4%（见图11）。不过纸介报纸的收入从2005年起呈持续大幅下滑趋势（见图12）。②

3. 广告收入仍居主导地位，但整体呈下降趋势

从报纸的收入结构上看，广告无疑还是报纸创收的老大，其次是订购和零售。2009年，美国报纸广告收入达到230.16亿美元，占总额的69%；订购和零售收入为84.46亿美元，占25%，印刷、发行服务等其他收入为20.84亿美元，占6%（见图13）。从纵向变化上看，广告收入呈大幅下降趋势，2009年比2005

① U. S. Census Bureau，“The 2012 Statistical Abstract”，http：//www. census. gov/prod/2011pubs/12statab/infocomm. pdf.

② U. S. CensusBureau，“The 2012 Statistical Abstract”，http：//www. census. gov/prod/2011pubs/12statab/infocomm. pdf.

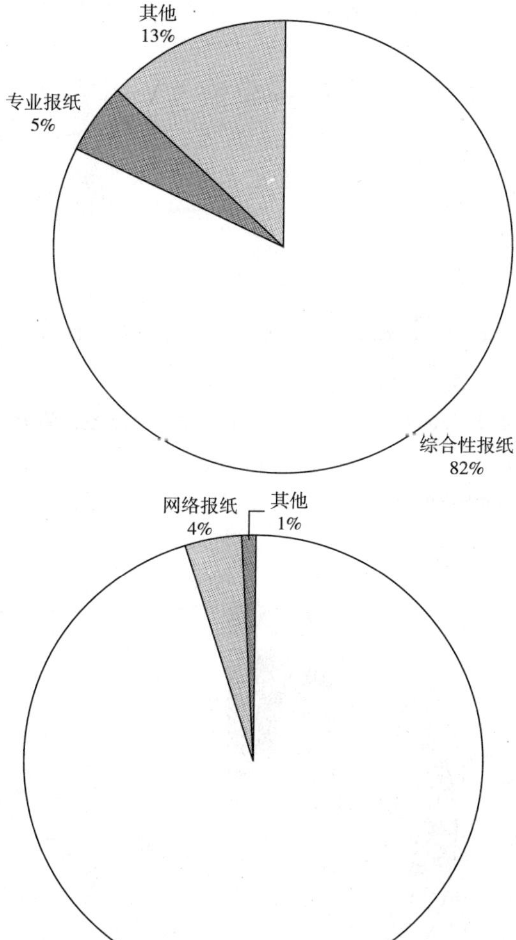

图 11　2009 年美国报纸收入来源构成情况

资料来源：U. S. Census Bureau，“The 2012 Statistical Abstract”，http：//www. census. gov/prod/2011pubs/12statab/infocomm. pdf。

年减少了 121. 89 亿美元，下降了 36%；订购和零售也呈下滑趋势，但相对而言幅度不大（见图 14）。

4. 主流读者群体呈中老年化和低端化趋势

美国报纸协会（Newspaper Association of America）的最新统计表明，35 岁以上、高中文化程度及以下、家庭年收入在 5 万美元以下的男性是报纸的主流读

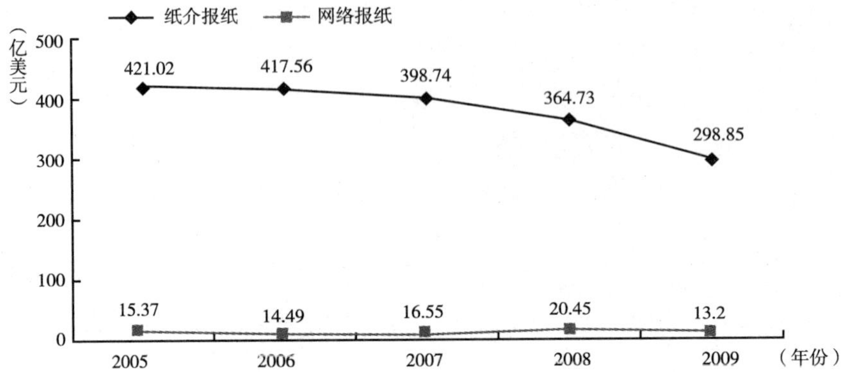

图 12　2005～2009 年美国纸介报纸、网络报纸收入变化情况

资料来源：U. S. Census Bureau，"The 2012 Statistical Abstract"，http：//www. census. gov/prod/2011pubs/12statab/infocomm. pdf。

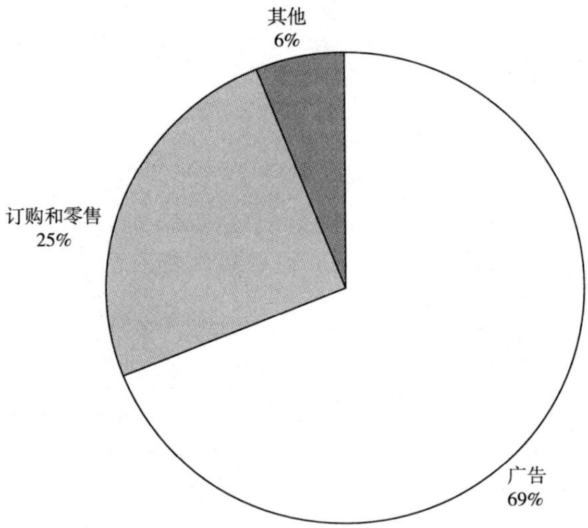

图 13　2009 年美国报纸收入结构

资料来源：U. S. Census Bureau，"The 2012 Statistical Abstract"，http：//www. census. gov/prod/2011pubs/12statab/infocomm. pdf。

者。2010 年，18 岁以上报纸读者总量达 233837787 人，其中，性别结构上看，男性占 52%，女性占 48%；从年龄结构上看，18～34 岁占 22%，35 岁以上占 53%，55 岁以上占 25%（见图 15）；从教育程度上看，高中及以下文化程度的占 45%，1～3 年制大学文化程度占 30%，4 年制大学文化程度占 15%，研究生

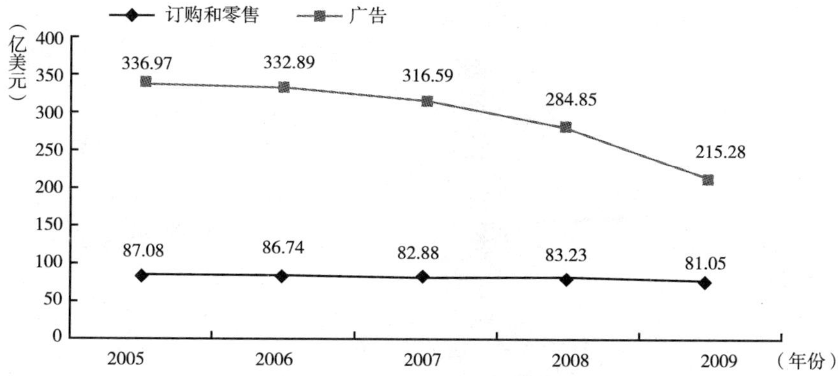

图 14　2005～2009 年美国综合性报纸广告收入变化图

资料来源：U. S. Census Bureau，"The 2012 Statistical Abstract"，http：//www. census. gov/prod/2011pubs/12statab/infocomm. pdf。

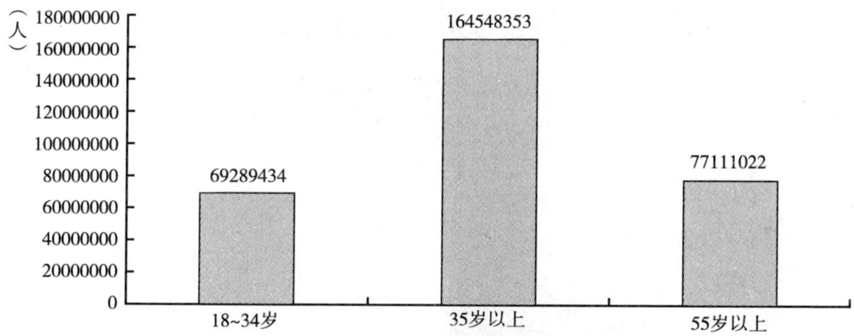

图 15　2010 年美国 18 岁以上报纸读者性别和年龄结构情况

资料来源：Newspaper Association of America，"Newspaper Readership & Audience 2010"，http：//www. naa. org/TrendsandNumbers/Readership. aspx。

及以上文化程度占 10%（见图 16）。从家庭收入来看，家庭年收入 5 万美元以下的占读者总量的 48%，其次是家庭收入 5 万～9. 9 万美元的占 32%，收入在 10 万美元及以上的家庭只占 20%（见图 17）。

（二）杂志

1. 杂志种类数量整体缓慢上升，发行量随宏观经济形势而变动

从杂志种类数量上看，整体呈缓慢上升趋势，但因受宏观经济形势的影响，（2008～2009 年经济滑坡）直接导致杂志数量下降，特别是消费类杂志（见图 18）。

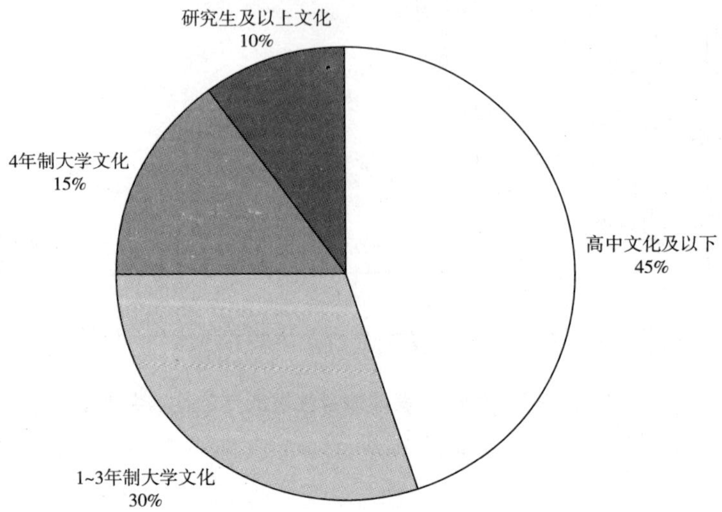

图 16　2010 年美国 18 岁以上报纸读者文化程度构成情况

资料来源：Newspaper Association of America，“Newspaper Readership & Audience 2010”，http：//www. naa. org/TrendsandNumbers/Readership. aspx。

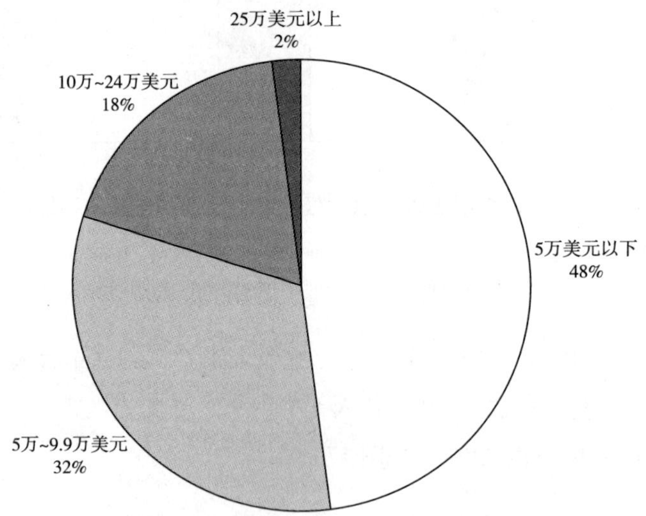

图 17　2010 年美国 18 岁以上报纸读者家庭收入结构图

资料来源：Newspaper Association of America，“Newspaper Readership & Audience 2010”，http：//www. naa. org/TrendsandNumbers/Readership. aspx。

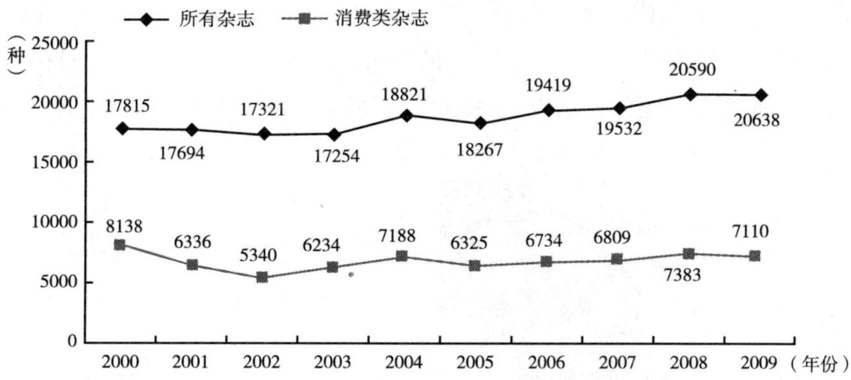

图 18　2000～2009 年全美杂志数量变化情况

资料来源："National Directory of Magazines", *Magazine Handbook*, http://www.magazine.org/ASSETS/5EAC524003A54698B5F6EE2A9099157A/2010-11-MPA-Handbook.pdf。

由于经济整体疲软，2010 年，美国杂志发行总量比 2009 年下降近 6.2%，其中单本零售下降了近 8.7%，订购量下降了近 6%；同期，订购量仍占总发行量的 90%，单本零售量仍占 10%。从 2006～2010 年的情况看，2006 年和 2007 年订购部分均有所增长，但 2008 年开始下滑，而单本零售量从 2006 年一直在下降（见图 19）。

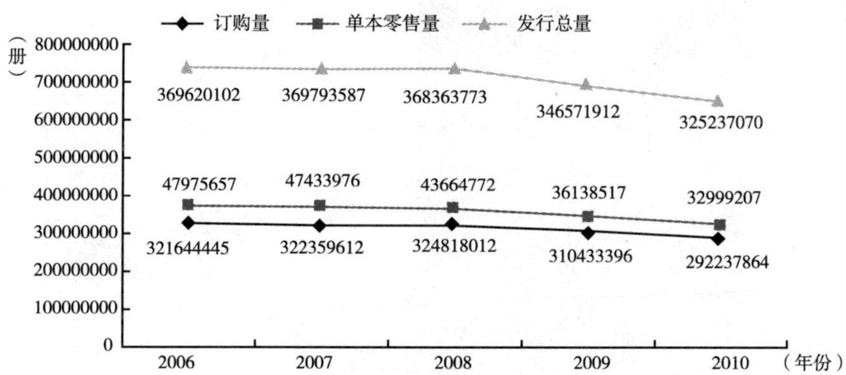

图 19　2006～2010 年美国杂志综合发行量情况

资料来源：*Annual Combined Circulation*（*2006～2010*）。

2. 综合性杂志和纸介杂志仍占主导地位，互联网杂志发展迅猛

从 2009 年收入来源结构来看，首先是综合性杂志为最高，达 170.97 亿美元，占44%，其次是内容版权印刷等服务收益、专业和学术杂志，最后是其他类杂志；同时，纸介杂志收入达220.3亿美元，占85%，其次是互联网和其他介质杂志（见图20）。此外，纸介杂志的收入持续下降，从2005年的291.7亿美

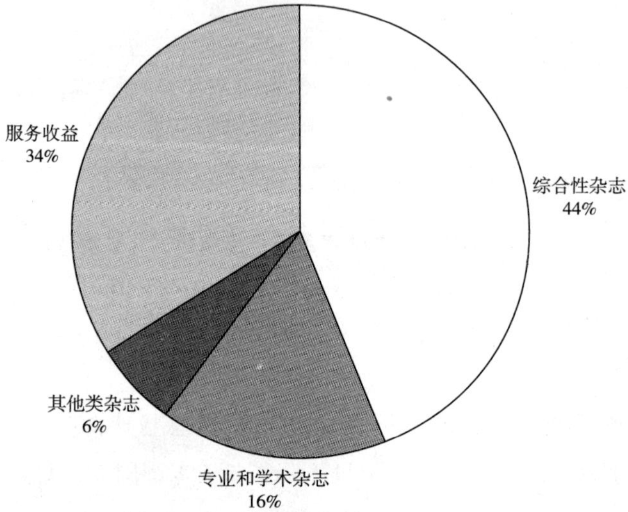

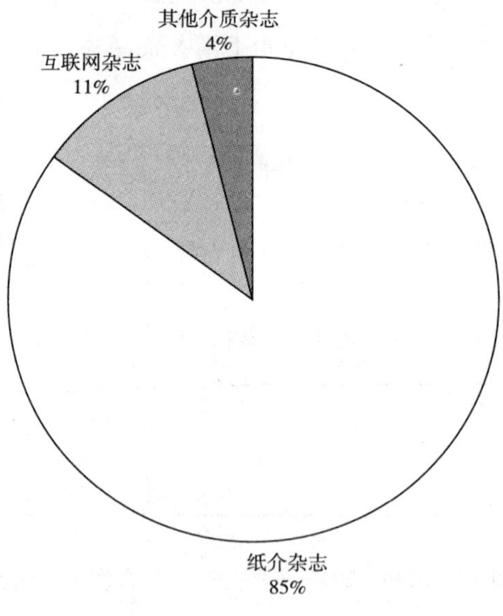

图20　2009年美国杂志收入来源构成情况

资料来源：U.S. Census Bureau，"The 2012 Statistical Abstract"，http：//www.census.gov/prod/2011pubs/12statab/infocomm.pdf。

元下降到 2009 年的 220.3 亿美元，而互联网杂志则整体上呈上升趋势，从 2005 年的 21.91 亿美元上升到 2009 年的 29.06 亿美元（见图 21）。

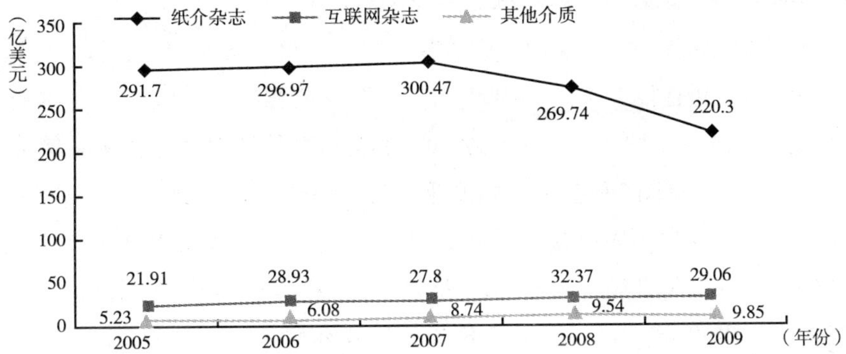

图 21　2005 ~ 2009 年美国纸介、互联网等杂志收入变化

资料来源：U. S. CensusBureau，"The 2012 Statistical Abstract"，http：//www. census. gov/prod/2011pubs/12statab/infocomm. pdf。

Media Finder 2010 年的统计表明，在现有订购者中，有 53% 的人同时需要数字版，而在 61% 只选择数字版的零售用户中，只有 39% 同时选择纸介和数字版的；87% 有兴趣读杂志的同时需要数字版和纸介；60% 的美国消费者（18 岁以上）在未来1 ~ 3年计划购买电子阅读器。此外，杂志网站从 2006 ~ 2010 年增长了 50%（见图 22）。

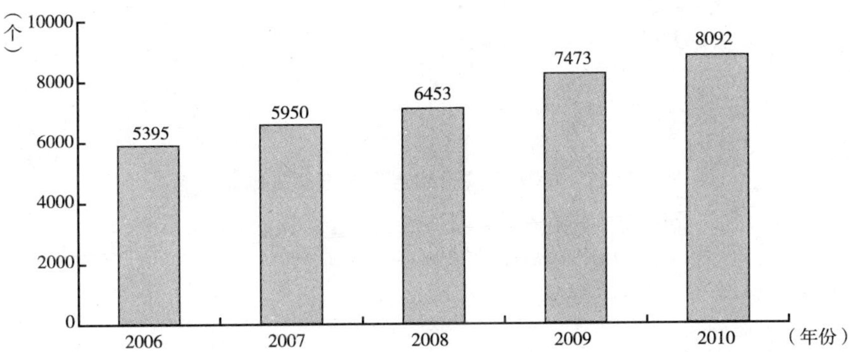

图 22　2006 ~ 2010 年美国杂志网站数量变化

资料来源：Media Finder 2010，http：//www. magazine. org/ASSETS/5EAC524003A54698B5F6EE2A9099157A/2010 - 11 - MPA - Handbook. pdf。

此外，网上订购杂志发展迅速，2009 年网上订购比 2006 年增长了近 70%，占订购总量的比重也由 2006 年的 13% 上升到 22%。①

3. 不同类型杂志收入结构不同，专业和学术期刊收入持续下降

从收入结构上看，整体来说，广告收入所占比重是最大的，不过综合性杂志与专业和学术期刊有很大不同。2009 年，综合性杂志的广告收入占总额的 64%（109.18 亿美元）（见图 23），而专业和学术期刊则是订购和零售占总额的 64%（40.61 亿美元）（见图 24）。从纵向变化上看，综合性杂志受宏观经济变化的影响较大，2005 ~ 2007 年无论是广告收入还是订购和零售收入都在逐年上升，而 2007 ~ 2008 年后则都开始下滑（见图 25）；专业和学术期刊则呈持续下降趋势，广告收入从 2005 年的 31.97 亿美元下降到 2009 年的 25.16 亿美元，订购和零售收入从 2005 年 47.93 美元下降到 22.47 亿美元（见图 26）。②

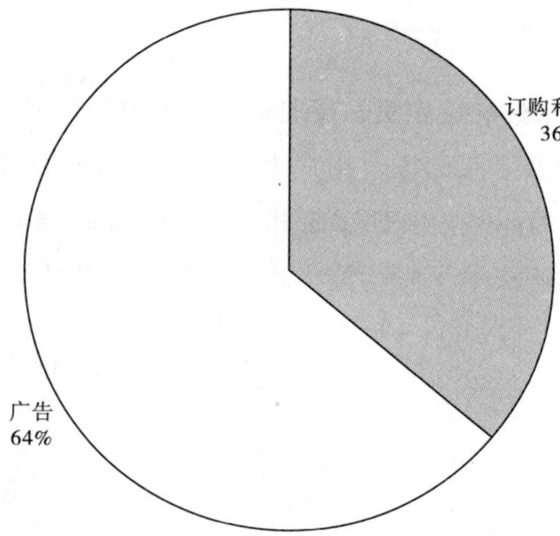

图 23　2009 年美国综合性杂志收入结构

资料来源：U. S. Census Bureau，"The 2012 Statistical Abstract"，http：//www. census. gov/prod/2011pubs/12statab/infocomm. pdf。

① MPA，"The Full Story on Magazine Circulation Vitality"，http：//www. magazine. org/ASSETS/D58FC5CF200F4FFBB1731E9EFD59C450/MAG – Circulation – Vitality – 2009. pdf.

② U. S. Census Bureau，"The 2012 Statistical Abstract"，http：//www. census. gov/prod/2011pubs/12statab/infocomm. pdf.

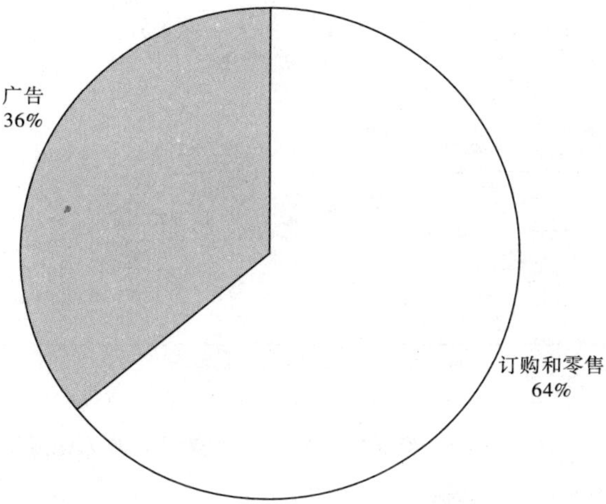

图 24　2009 年美国专业和学术期刊收入结构

资料来源：U. S. Census Bureau，"The 2012 Statistical Abstract"，http：//www. census. gov/prod/2011pubs/12statab/infocomm. pdf.

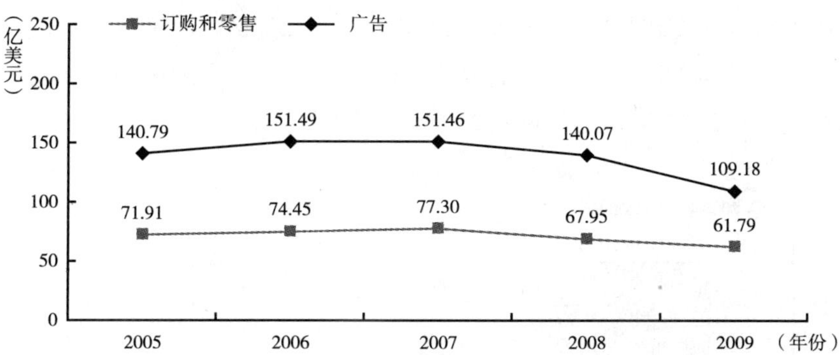

图 25　2005～2009 年美国综合性杂志收入来源变化

资料来源：U. S. Census Bureau，"The 2012 Statistical Abstract"，http：//www. census. gov/prod/2011pubs/12statab/infocomm. pdf。

（三）广播

1. 广播产业收入整体下滑，电台收入远高于广播网收益

美国广播产业有两种模式，一种是商业运营的电台，另一种是公共服务广播

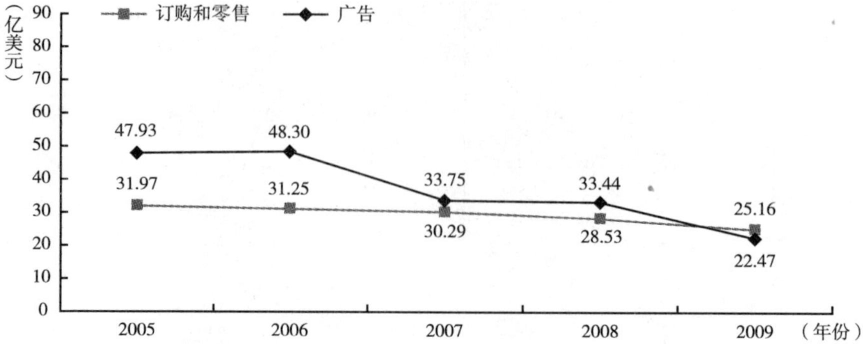

图 26　2005～2009 年美国专业和学术类杂志收入来源变化

资料来源：U. S. Census Bureau，"The 2012 Statistical Abstract"，http：//www. census. gov/prod/2011pubs/12statab/infocomm. pdf。

网，严格意义上讲，这部分不应纳入到产业统计中，不过美国人口普查局等机构还是将广播网也列入了产业统计范畴，因此，本文也将此项纳入。相较于 2008 年，2009 年美国广播产业收入有所下降，其中，电台下降了 16% 左右（为 22. 65 亿美元），广播网也略有下降（见图 27）。从产业收入结构上看，2009 年广播产业总收入为 159. 92 亿美元，其中，电台占 73%，为 116. 93 亿美元；广播网占 27%，为 42. 59 亿美元（见图 28）。

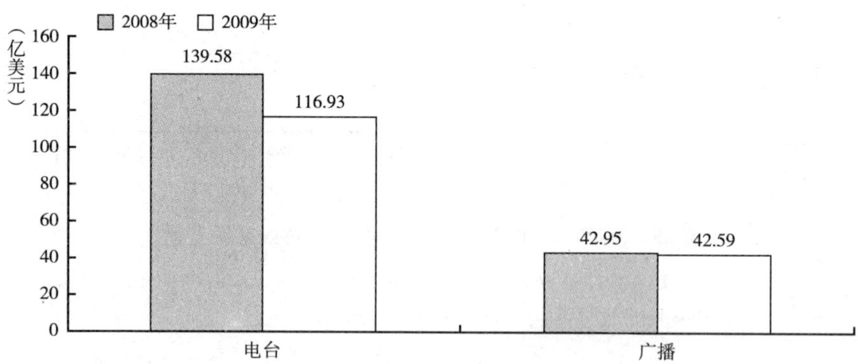

图 27　2008～2009 年美国广播产业收入变化

资料来源：U. S. Census Bureau，"The 2012 Statistical Abstract"，http：//www. census. gov/prod/2011pubs/12statab/infocomm. pdf。

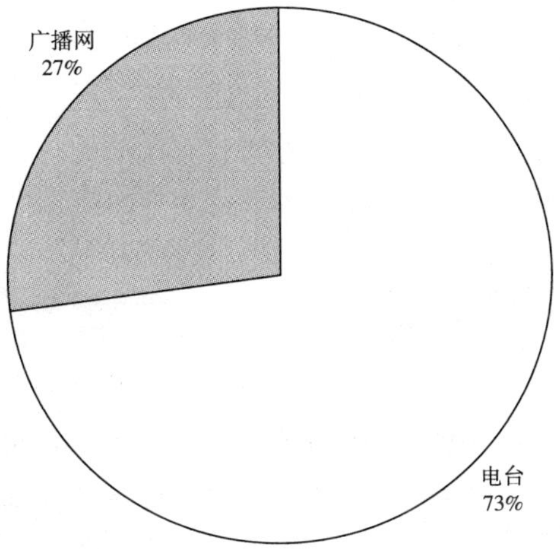

图 28　2009 年美国广播产业收入结构

资料来源：U. S. Census Bureau，“The 2012 Statistical Abstract”，http：//www. census. gov/prod/2011pubs/12statab/infocomm. pdf。

2. 地方时段收益是电台收入的主体，非时段收益则是广播网收入的主体

从收入来源上看，电台主要靠时段收益，而地方时段收益占大部分。2009 年，电台时段收益占总额的 84%（98. 23 亿美元）（见图 29）。其中 2008 ~ 2009 年地方时段收益分别为 88. 86 亿美元和 73. 41 亿美元，占时段收益的 74%、75%（见图 30），可见美国电台的地方性很强。

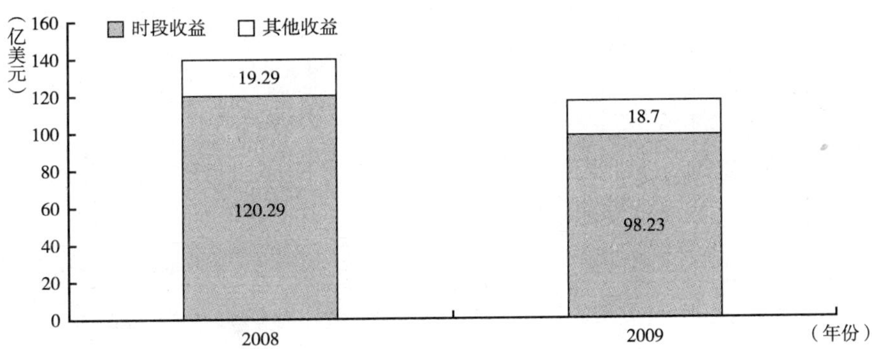

图 29　2008 ~ 2009 年美国电台收益结构

资料来源：U. S. Census Bureau，“The 2012 Statistical Abstract”，http：//www. census. gov/prod/2011pubs/12statab/infocomm. pdf。

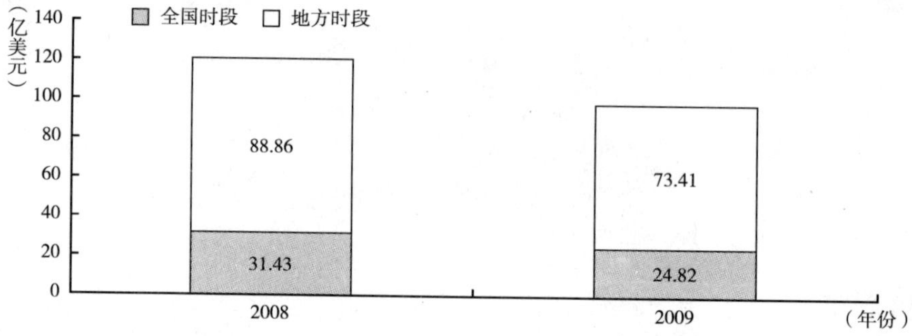

图30　2008～2009年美国电台时段收益结构

资料来源：U. S. Census Bureau，“The 2012 Statistical Abstract”，http：//www. census. gov/prod/2011pubs/12statab/infocomm. pdf。

广播网与电台不同，其主要收入来源于非时段收益，包括公共节目收入、补贴和其他收入，而且在时段收益上全国和地方并无多大差异。2009年，其他收益占广播网收入的近81%（见图31）；在时段收益上，2009年全国时段收益为4.11亿美元，地方性时段收益仅高出400万美元左右，为4.15亿美元，基本上平分天下（见图32）。实际上，公共节目收入、补贴收入也只占广播网收入的很小一部分，2009年约为16%，其他收入则靠广播网其他经营收入。

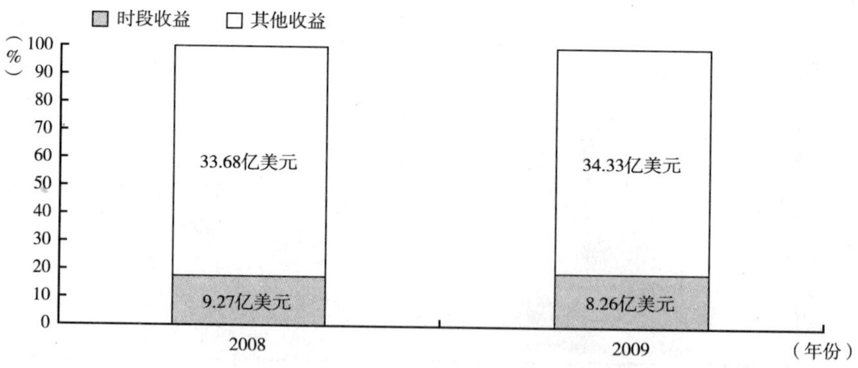

图31　2008～2009年美国广播网收益结构

资料来源：U. S. Census Bureau，“The 2012 Statistical Abstract”，http：//www. census. gov/prod/2011pubs/12statab/infocomm. pdf。

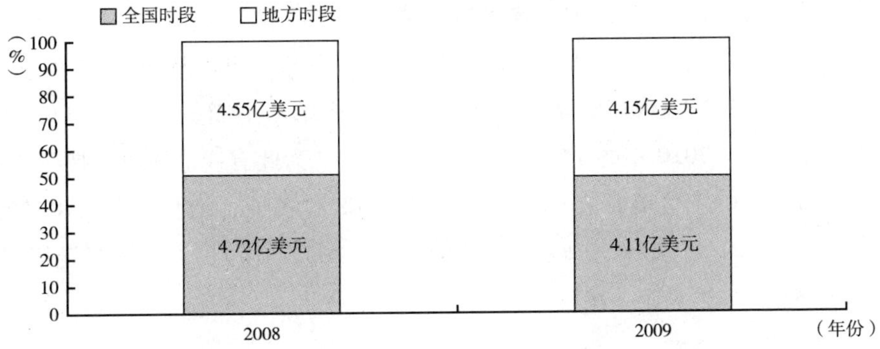

图 32　2008～2009 年美国广播网时段收益结构

资料来源：U. S. Census Bureau，"The 2012 Statistical Abstract"，http：//www. census. gov/prod/2011pubs/12statab/infocomm. pdf。

（四）电视

1. 电视广播收入下降，时段收入居于主导地位

美国电视产业统计中通常包括电视广播（TV broadcasting）、有线电视和付费电视（premium TV）三部分。据统计，2009 年电视广播收入比 2008 年下降了 45. 61 亿美元，时段收入占总收入的 76% 左右（见图 33），成为主要收入来源。①

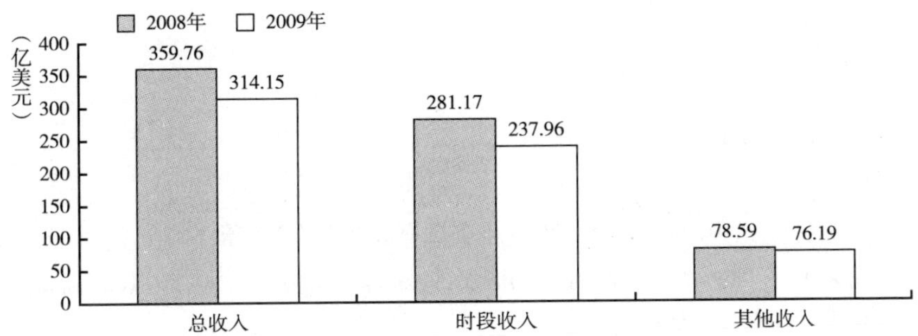

图 33　2008～2009 年美国电视广播收入变化及结构

资料来源：U. S. Census Bureau，"The 2012 Statistical Abstract"，http：//www. census. gov/prod/2011pubs/12statab/infocomm. pdf。

① U. S. Census Bureau，"The 2012 Statistical Abstract"，http：//www. census. gov/prod/2011pubs/12statab/infocomm. pdf.

2. 有线电视用户不断减少，收入却持续增加

据统计，美国有线电视基本用户数量近年来不断减少，从2006年的65319万户下降到2010年的60958万户，不过月平均费用却不断提高，从2006年的41.17美元增加到2010年的47.89美元（见表2）。为此有线电视收入持续增长，从2006年的718.87亿美元上升到2010年933.68亿美元，增长了214.81亿元，近30%（见图34）。其中，节目订购费收入从2005年的373.7亿美元上升到2009年的515.52亿美元，增长了近38%。①

表2　2006～2010年美国有线电视用户及月均费情况

单位：万户，美元

用户情况＼年份	2006	2007	2008	2009	2010
基本用户	65319	65141	64274	62874	60958
月平均费用	41.17	42.72	44.28	46.13	47.89

资料来源：U.S. Census Bureau, "The 2012 Statistical Abstract", http://www.census.gov/prod/2011pubs/12statab/infocomm.pdf。

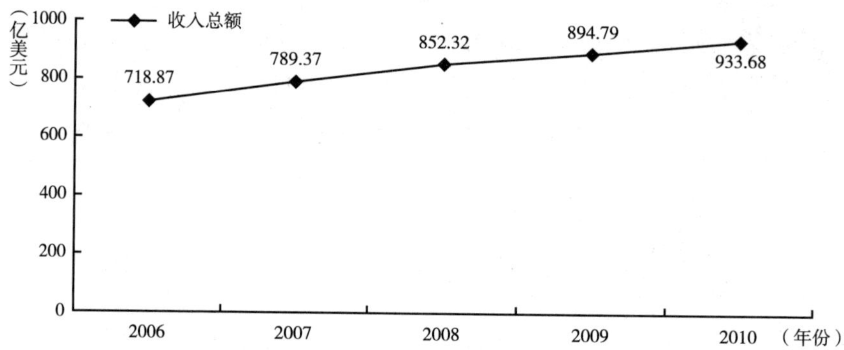

图34　2006～2010年美国有线电视收入变化

资料来源：U.S. Census Bureau, "The 2012 Statistical Abstract", http://www.census.gov/prod/2011pubs/12statab/infocomm.pdf。

3. 收费电视节目稳步增长，月均收费小幅上扬

据统计，美国收费电视节目总数呈持续上升趋势，从2006年的132951档节目增长到2010年的166241档，增加了25%。其中，有线收费节目数（通过有线

① U.S. Census Bureau, "The 2012 Statistical Abstract", http://www.census.gov/prod/2011pubs/12statab/infocomm.pdf.

电视播放的节目）目前高于其他收费节目数，不过近年来增长幅度不大，在2009年还有所减少，2010年又有所回升；而其他收费节目（通过其他渠道播放的节目）则一直保持较高幅度增长，从2006年的47514档上升到2010年77882档，增加了近64%（见图35）。

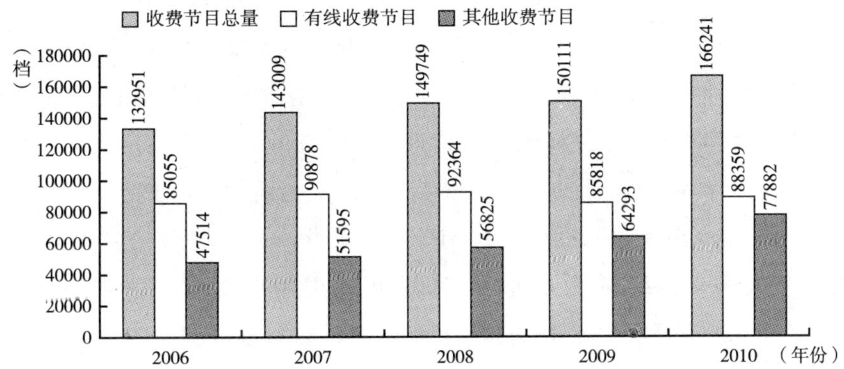

图35　2006～2010年美国收费电视节目总量变化情况

注：有线收费节目和其他收费是指在有线电视和其他渠道播出的节目数量，其中其他收费节目平台包括MDS、STV、MMDS、SMATV、C－BAND卫星电视、DBS卫星电视和Telco Video等多种传输平台和服务。

资料来源：U.S. Census Bureau，"The 2012 Statistical Abstract"，http：//www.census.gov/prod/2011pubs/12statab/infocomm.pdf。

从收视费的变化来看，2006年以来一直在小幅增加，年加权月均涨幅在0.03～0.04美元，2010年比2006年增加了0.14美元，达10.15美元（见图36）。

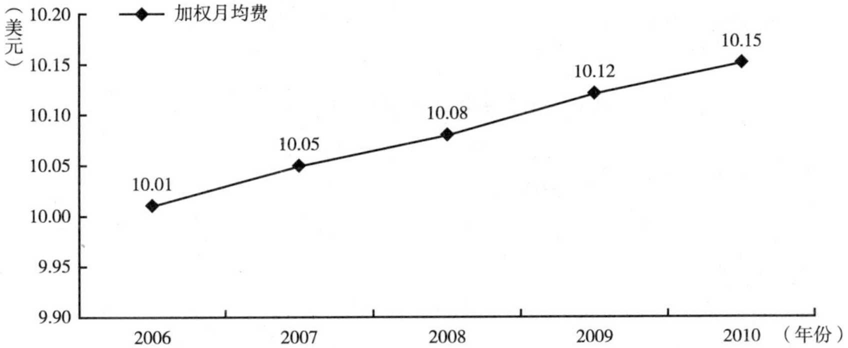

图36　2006～2010年美国收费电视单个节目加权月平均收费

资料来源：U.S. Census Bureau，"The 2012 Statistical Abstract"，http：//www.census.gov/prod/2011pubs/12statab/infocomm.pdf。

4. 电视流通服务发展迅速且多样化，家庭和个人用户处于绝对优势地位

通过有线网络等平台编排、包装和分发节目等流通/发行服务收入也是美国电视产业重要经营收益之一，近年来发展很快，一直保持持续增长趋势。据统计，其从2005年的797.23亿美元增长到2009年的1142.84亿美元，增长了43%。主要收入来源是多频道节目编排、打包分发等服务（Multichannel Programming Distribution Services）的收入，2009年多频道服务收入占总额的58.5%，达668.84亿美元（见图37）。其中，基本包居于首位，占总额的74.5%，计498.47亿美元；其次是收费包（19.9%）和单次付费收入。而其他服务收入也很多样化，除时段之外，还涉及了网络电话等通信业务、设备安装等服务，其中互联网接入收入最高（占41%）（见图38）。从用户类型上看，首先是家庭和个人用户占绝对优势地位，2009年此类用户收入占总额的91%，计1039.72亿美元，其次是企业和非营利机构，最后是政府（见图39）。

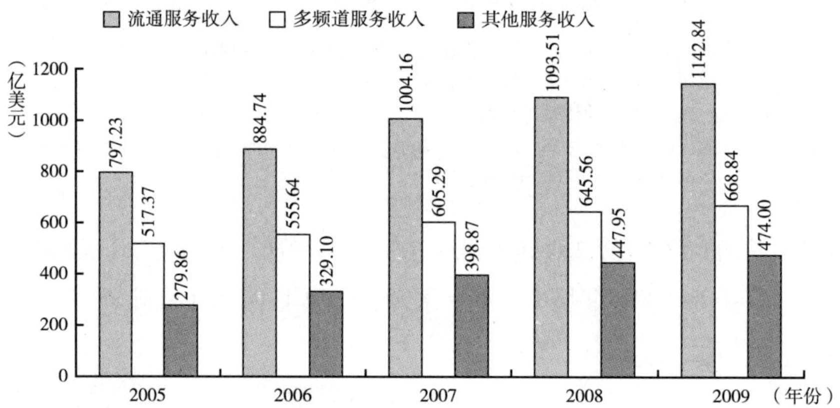

图37　2005～2009年有线网络等流通服务收入变化

资料来源：U. S. Census Bureau，"The 2012 Statistical Abstract"，http：//www. census. gov/prod/2011pubs/12statab/infocomm. pdf。

（五）电影

1. 电影票房整体呈上升趋势，电影部数有所减少

近年来，美国国内电影票房总量呈上升趋势，不过2010年和2008年略有下滑，2010年国内票房收入达105.65亿美元，比2009年略有减少，但比2006年增

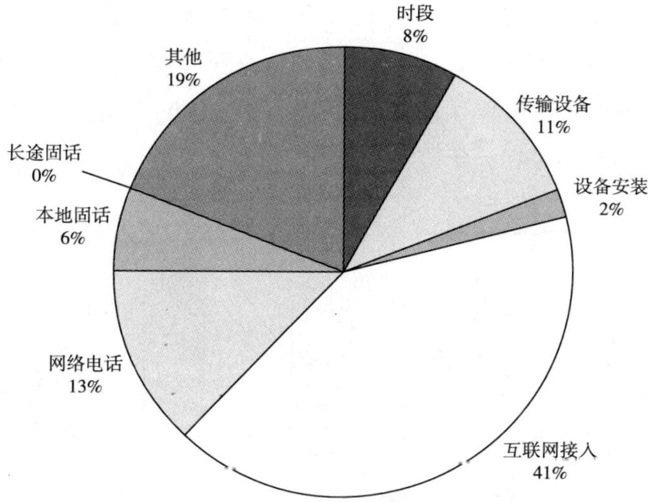

图 38　2009 年其他流通服务收入结构

资料来源：U. S. Census Bureau，"The 2012 Statistical Abstract"，http：//www. census. gov/prod/2011pubs/12statab/infocomm. pdf。

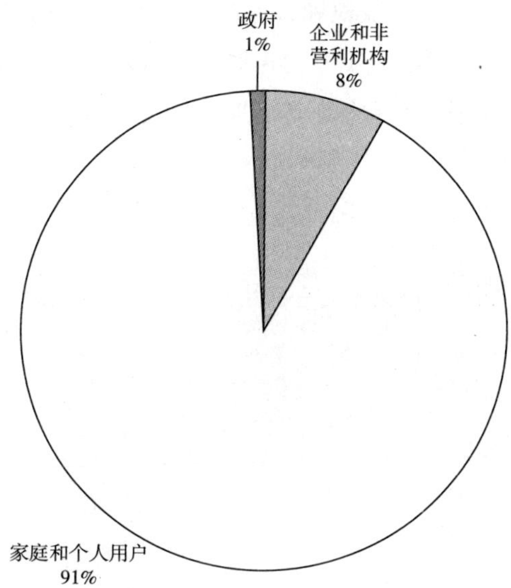

图 39　2009 年电视流通服务用户结构

资料来源：U. S. Census Bureau，"The 2012 Statistical Abstract"，http：//www. census. gov/prod/2011pubs/12statab/infocomm. pdf。

长了 14.7%（见图 40）。近年来，放映电影部数呈下降趋势，由 2006 年的 608 部减少到 2010 年的 531 部，这是因为单部影片收益在增长，同时也是缘于平均票价有所提高，从 2006 年的 6.55 美元提高到 2010 年的 7.89 美元。

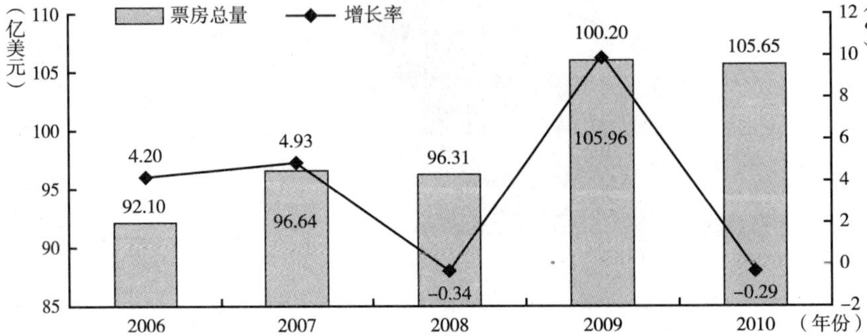

图 40　2006～2010 年美国国内票房收入情况

资料来源：Box Office Mojo，Yearly Box Office，http：//boxofficemojo.com/yearly/。

2. 版权收入居于首位，产业收入总体上呈增长趋势

从收入来源结构上看，2009 年版权销售收入占美国电影产业收入的六成以上。据统计，首先是美国电影产销（版权和音像产品销售）收入占收入总额（760.98 亿美元）的 76%，达 580.1 亿美元；其次是电影展览收入，占 17%，达 132.62 亿美元；最后是有关音像制品、电影实验和复制等后期服务收入，为 48.26 亿美元（见图 41）。

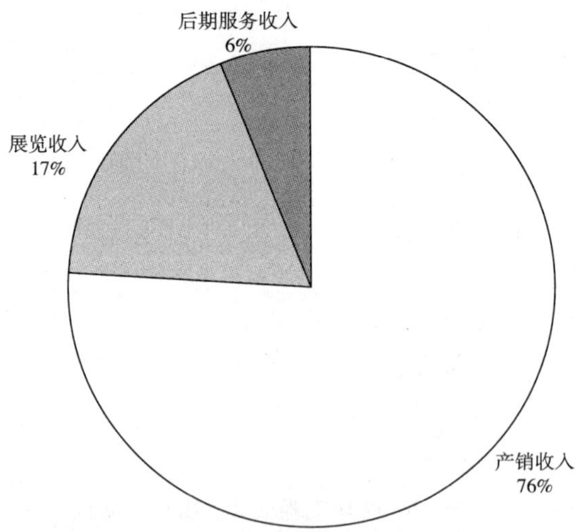

图 41　2009 年美国电影收入结构

资料来源：Box Office Mojo，Yearly Box Office，http：//boxofficemojo.com/yearly/。

而产销收入主要来源于国内外版权费（版权销售收入），为475.11亿美元，约占总额的62%，居于首位，其中国内电影、电视版权收入又是版权费收益的主体，占产销收入的53%，而国际版权费仅占23%（见图42）。

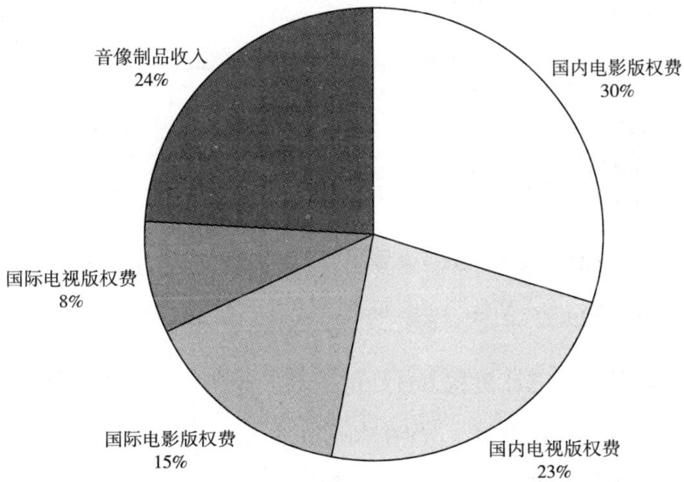

图42　2009年美国电影产销收入结构

资料来源：Box Office Mojo，Yearly Box Office，http：//boxofficemojo.com/yearly/。

2005年以来，美国电影产业收入总体上呈上升趋势，2009年因宏观经济形势不好而略有下降。其中，以版权为主的产销收入从2005年的568.26亿美元上升到2009年580.10亿美元，而2008年曾达到621.61亿美元；以故事片为主的电影展览收入这些年一直保持平稳上升态势，从2005年的116.54亿美元上升到2009年的132.62亿美元（见图43）。

3. 电影制作机构数量庞大，市场高度集中

据美国人口统计局的最新统计表明，美国电影产销机构总数达20533家，其中，电影制作机构有12396家、电影发行机构有544家、电影展览机构有5140家、电影产销后期服务机构有2453家。[①] 而从市场份额上来看，排名前五位的电影制作机构占据了近75%的市场份额，前十位的机构占据了近95%的市场份

① 资料来源：U. S. Census Bureau，"The 2012 Statistical Abstract"，http：//www.census.gov/prod/2011pubs/12statab/infocomm.pdf。

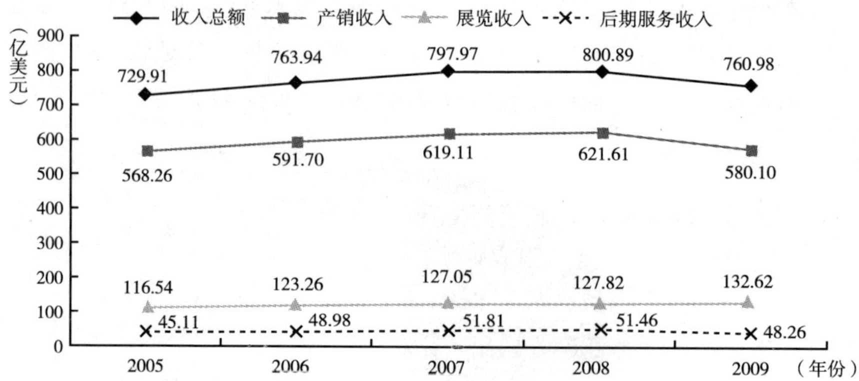

图 43　2005～2009 年美国电影产业收入结构变化图

资料来源：Box Office Mojo，Yearly Box Office，http：//boxofficemojo. com/yearly/。

额，这从美国票房权威统计机构 Box Office Mojo 2010 年的统计数据可见，前五位公司的市场份额均超过了 10%，华纳兄弟、派拉蒙和 20 世纪福克斯公司 3 家公司的总额就接近半数（见表 3），足见市场集中度之高。

表 3　2010 年全年美国前 10 家电影公司市场份额及收入总额

单位：%，亿美元

排　名	公　司	市场份额	收入总额
1	华纳兄弟	18. 2	19. 239
2	派拉蒙	16. 2	17. 145
3	20 世纪福克斯公司	14. 0	14. 822
4	博伟	13. 8	14. 564
5	索尼－哥伦比亚	12. 1	12. 829
6	环球	8. 3	8. 82
7	顶峰娱乐	5. 0	5. 232
8	狮门	4. 9	5. 161
9	福克斯探照灯	1. 4	1. 526
10	序曲电影公司	0. 8	0. 818

资料来源：Box Office Mojo，"Studio Market Share"，http：//boxofficemojo. com/studio/? view = company&view2 = yearly&yr = 2010&p = . htm。

4. 电影观众占人口总数的2/3以上，人均购票数趋于下降

从观众人口构成上看，2010 年有 68% 的人至少会看 1 场电影，其中经常看电影的人仅为 11%，却占购票总数的 51%（见图 44）。而经常看电影的人群集中在 12 ~ 39 岁，女性观众多于男性观众，实际上许多女性观众的票是由男性观众购买的（见图 45）。2006 年以来，美国和加拿大年人均购买电影票数趋于下降，从 2006 年的 4. 4 张下降到了 2010 年的 4. 1 张（见图 46）。

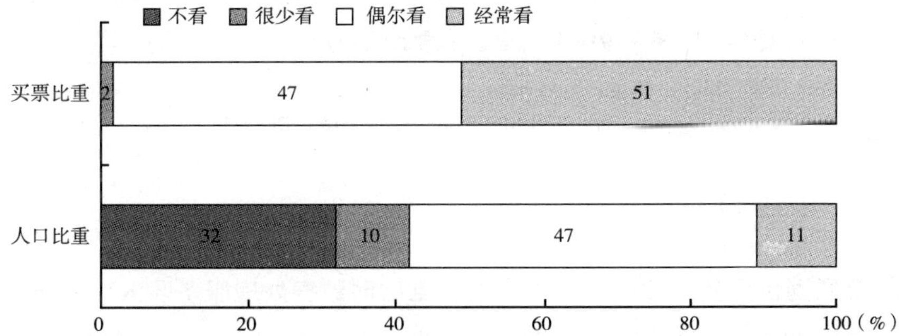

图 44　2010 年美国、加拿大电影观众人口比重和购票比重（2 岁以上）

注：很少看 =1 年 1 次，偶尔看 =1 月少于 1 次，经常看 =1 月一次以上。

资料来源：Motion Picture Association of America，“2010 Theatrical Market Statistics”，http：//www. mpaa. org/Resources/93bbeb16 – 0e4d – 4b7e – b085 – 3f41c459f9ac. pdf。

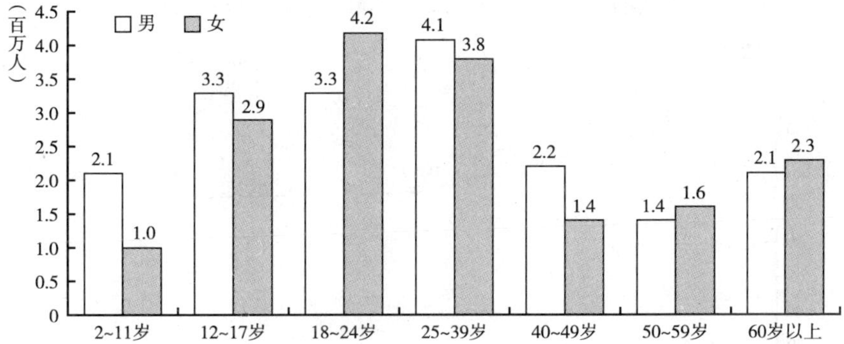

图 45　2010 年美国、加拿大经常看电影人群构成情况

资料来源：Motion Picture Association of America，“2010 Theatrical Market Statistics”，http：//www. mpaa. org/Resources/93bbeb16 – 0e4d – 4b7e – b085 – 3f41c459f9ac. pdf。

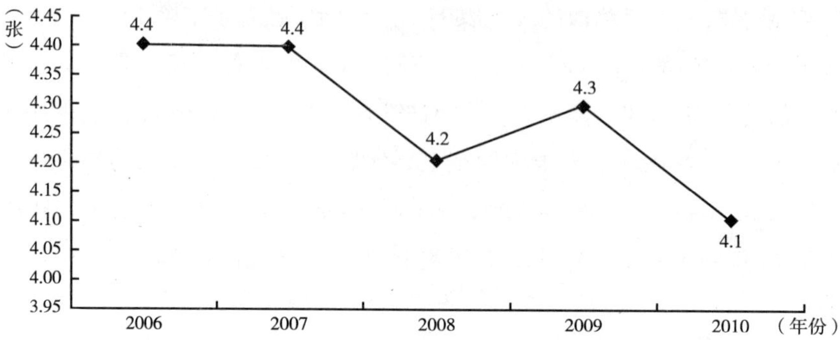

图 46　2006～2010 年美国、加拿大人均购买电影票数走势

资料来源：Motion Picture Association of America，“2010 Theatrical Market Statistics”，http：//www. mpaa. org/Resources/93bbeb16 –0e4d –4b7e –b085 –3f41c459f9ac. pdf。

（六）互联网

1. 互联网供应商营业收入趋于下滑，互联网数据处理服务收入不断增长

美国互联网经营收入统计通常包括互联网供应商经营收入（包括互联网接入服务、网络广告等）、数据处理及相关服务收入（包括数据处理基础设施和托管服务、IT 设计和技术支持等服务）和网络出版及广电等。

据统计，2005～2009 年美国互联网供应商经营收入逐年减少，从 2005 年的 137. 6 亿美元下降到 2009 年的 103. 4 亿美元，降幅近 25%（见图 47）。而互联网数据处理及相关服务的收入却在稳步增长，2009 年比 2005 年增长了 148. 49 亿美元，增幅约 25%（见图 48）。

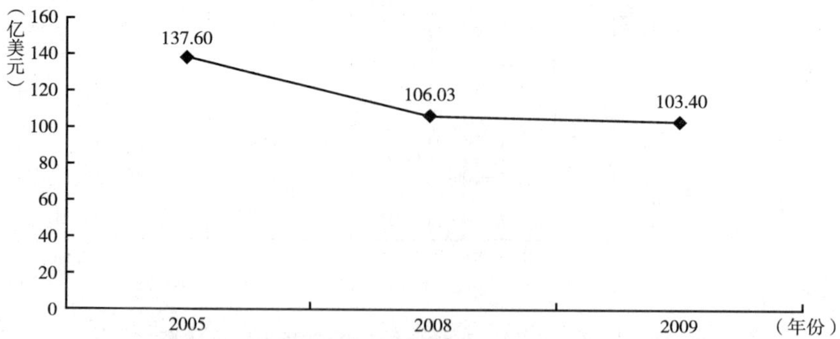

图 47　2005～2009 年互联网供应商营业收入变化

资料来源：U. S. Census Bureau，“The 2012 Statistical Abstract”，http：//www. census. gov/prod/2011pubs/12statab/infocomm. pdf。

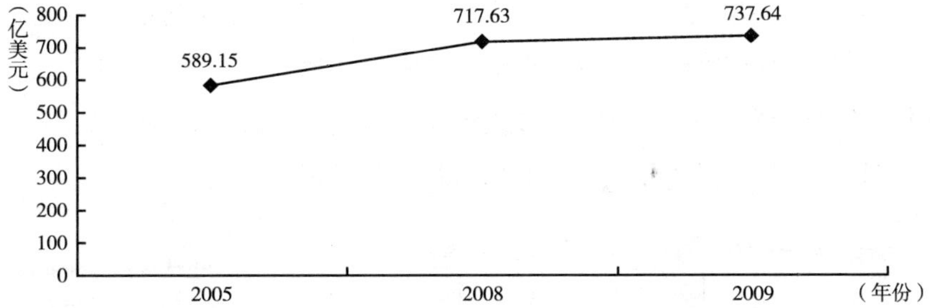

图48　2005～2009年互联网数据处理等服务收入变化

资料来源：U. S. Census Bureau，"The 2012 Statistical Abstract"，http：//www. census. gov/prod/2011pubs/12statab/infocomm. pdf。

2. 网络出版和广电发展迅速，收入年均增长率超20%

美国网络出版和广播电视的收入（包括网络出版和广电内容服务、广告和知识产权服务销售等收入）增长迅猛，从2005年的93.78亿美元上升到2009年的195.04亿美元，增加了约108%，年均增长率达20.33%（见图49）。

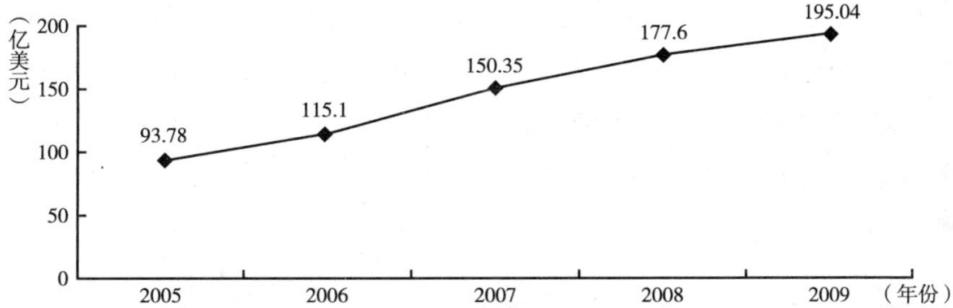

图49　2005～2009年网络出版和广播电视收入变化

资料来源：U. S. Census Bureau，"The 2012 Statistical Abstract"，http：//www. census. gov/prod/2011pubs/12statab/infocomm. pdf。

3. 互联网普及率高，高学历、高收入成为主流用户

2006～2009年，美国互联网用户数持续上升，家庭用户数呈现高普及度、高学历和高收入等特点。从2006年的210720368人上升到2009年的239893600人，增加了13.8%；按照每百人互联网用户率来看，2009年比2006年增长了近8个百分点，由70.6%增长到了78.1%；每百人固定宽带用户率也从2006年的20.17%增长到2009年的27.78%。据统计，2010年美国互联网家庭用户中在家使用互联网的比重为71.06%，随处使用互联网的比重达80.23%，不使用互联网的仅占19.77%。

从性别上看，男性略高于女性。从年龄结构上看，互联网使用率最低是55岁以上的人群，但其比重也达66.72%，其他群体所占比重均在87%以上，最高的使用人群集中35～44岁，其使用比率高达91.55%。此外，各年龄段权重均值也达84.31%，足见美国互联网普及率之高（见图50）。

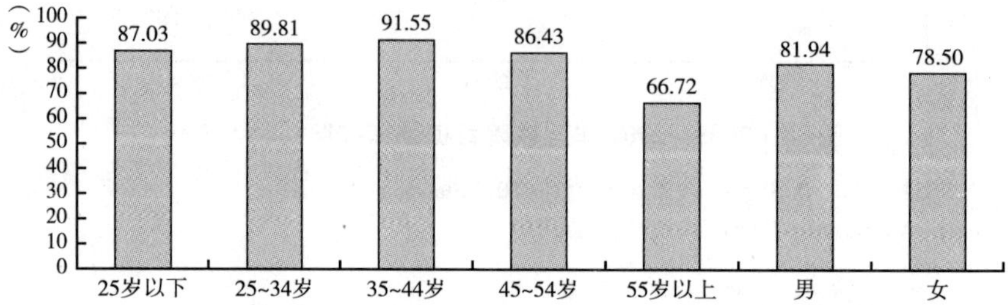

图50　2010年美国互联网家庭用户人口特征

资料来源：据国际电信联盟的《世界电信发展报告》和数据库及世界银行的相关数据估算而得，http：//data.worldbank.org.cn/indicator/IT.NET.USER.P2？display = default，2011年5月2日。

从教育程度上看，获得学士学位及以上的人群所占比例最高，达93.83%，而最低的是初中以下文化程度，为41.38%。从家庭收入看，年收入在15万美元以上的互联网用户权重高达98.97%，年收入在5万美元以上的超过了93%，而年收入不足1.5万美元则为57.24%，也超过了半数（见图51）。

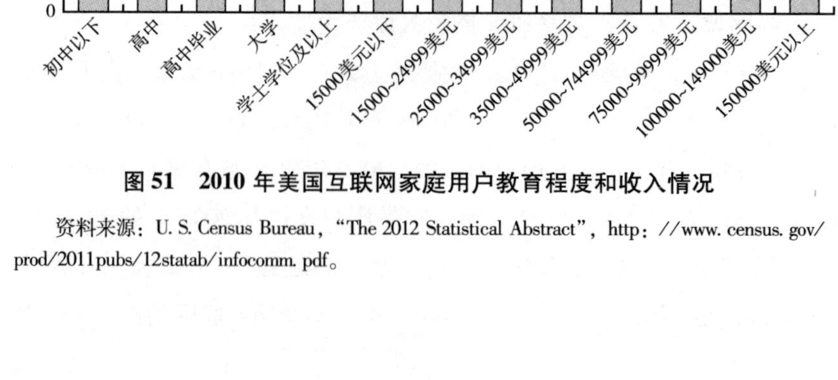

图51　2010年美国互联网家庭用户教育程度和收入情况

资料来源：U. S. Census Bureau，"The 2012 Statistical Abstract"，http：//www.census.gov/prod/2011pubs/12statab/infocomm.pdf。

B.12

墨西哥传媒产业发展报告

张　晴*

一　墨西哥传媒产业总量概述

墨西哥是世界上面积第15大国家，人口达到1.12亿，官方语言为西班牙语。在新自由主义全球化的鼎盛时期，拉丁美洲，这个乌拉圭作家马里奥·木迪蒂（1987）笔下的“巨大发展中的省份”越来越像一个由强大的跨国集团和其区域合作伙伴所控制的媒介大庄园。

据统计，2009年在全球娱乐传媒产业最大的20个国家中，拉美国家有两个名列其中——巴西和墨西哥，分列第11位和第17位。

在拉美地区，巴西和墨西哥是文化传媒产业的两大超级市场。拉美的四大运营商分别是：墨西哥电视集团，委内瑞拉西斯尼洛集团，巴西环球电视台和阿根廷号角集团。这些大型集团巨头的业务涉及文化和传媒产业的方方面面，影响力无处不在。

2010年，墨西哥的经济逐步从全球金融危机的影响中走出，国内生产总值同比增长5.5%，但是媒体行业只占4.8%。其中，电影、录像和音乐的同比增长率最高，达到10.3%，是近十年的最高水平；而传媒产业的核心部分，如印刷、广播和电视这样的传统媒体同比只增长了4.4%；此外，网络继续呈下降趋势（见表1）。

表1　墨西哥经济发展的相关情况（年浮动）

单位：%

项　目	2009～2008年	2010～2009年	项　目	2009～2008年	2010～2009年
国内生产总值	-6.1	5.5	网络	-5.1	-1.8
大众媒体信息国内生产总值	0.8	5.6	电信	2.4	5.9
印刷、广播和电视	-4.7	4.4	信息项目		
电影、录像和音乐	0.9	10.3	传媒	-3.8	4.8

注：传媒包括印刷、广播、电视、电影、录像、音乐和网络，不包括电信。

资料来源：墨西哥统计协会（INEGI）。

* 张晴，北京外国语大学，西班牙语专业拉丁美洲国情方向硕士，中国传媒大学外国语学院欧洲语系西班牙语专业讲师。

完全放开不加调控的私有化政策使得墨西哥的传媒市场一直被两大集团（墨西哥电视集团和阿兹特克电视集团）所垄断。它们能自由地制作影视产品，不受任何限制。这两家私有集团拥有了墨西哥国内98%的电视台，分别保持着对电视市场约70%和30%的控制率。

2011年对于墨西哥的广播电视事业来说，是充满希望和变革的一年，2010年9月，卡尔德隆总统欲将原定于2021年关闭的电视模拟信号提前至2015年，但最终没有获得最高法院的通过。数字电视的发展到底走向何方，人们对新法规的出台拭目以待。另外，2011年也就是新一轮总统竞选前的一年，即将离任的卡尔德隆，终于兑现他在上台第一年曾许下的承诺：促进传媒行业的公平竞争，为此政府将对免费电视和广播频道实行公开招标，这将是史无前例的。另据墨西哥联邦电信委员会（Cofetel）的消息称，广播的数字化也已纳入日程。出于地缘和市场的考虑，将会采纳美国的带内同频（In Band On Channel，IBOC）标准。

媒介集中化的发展趋势威胁着墨西哥的文化多样性，并限制了信息来源的多样性，贫困的国家和人民在了解和参与公共事务上处于劣势。此种状况不是新近出现的，突出反映了经济、文化和技术等不公平状况的加剧，制约了拉美国家的发展。为了追求经济利益，这些私有集团逐渐摒弃了媒体本身应有的传播信息、寓教于乐的职责。

从地域上看，作品题材的发生环境也多以城市且是墨西哥城这样的大都市为背景。为了产品畅销，全球高度集中的电视制作业使得文化产品内容单一化，有学者提出为保证墨西哥文化传播的多样性，政府应加以管控和引导，大力发展公共教育频道。

在新自由主义的政策和全球化趋势的背景下，多媒体资源不断聚集在极少数金融寡头手上，墨西哥更是极少数人掌控传媒资源的典范。与此同时，集团越庞大，它的触角越可以遍及信息文化传播的各个领域，传播内容的同一化正在慢慢侵蚀墨西哥这个古老的民族。

二　行业发展情况

1. 报刊

墨西哥全国最有影响力的两大报业集团环球报（El Universal）和至上报（El Excélsior）分别始创于1916年和1917年。三大全国畅销报纸是《环球报》

(El Universal)、《日报》(La Jornada) 和《改革报》(Diario Reforma)，分别支持中间派、左派和右派。各州及各大城市都有自己地方发行的报纸且销量也不低于这三家。为了迎接新科技给出版物市场带来的挑战，且吸引新的客户。墨西哥的七大杂志出版集团公司：墨西哥电视集团（Televisa），诺特穆萨（Notmusa），Expansión，Impresiones Aéreas（IASA），传媒集团（Grupo Medios），Grupo Armonía 和康德纳什（Condé Nast）联合创建了墨西哥杂志协会，该协会在 2011 年推出商务平台作为新的营销模式，共同进行市场研究和推广，通过提供更高品质的出版物来提高销售量。协会成员出版的杂志将占整个杂志出版业的 85%，拥有 2400 万的读者，占整个市场的 72%。

从表 2 中可以看出，自 2000 年以来，墨西哥报纸的出版印刷数量没有明显的变化。

表 2　2000～2007 年墨西哥报纸的印刷量和销售量

单位：千份，%

年份	印刷量	同比增长	销售量	同比增长
2000	901283	4.7	792196	4.9
2001	872136	-3.2	763975	-3.6
2002	856235	-1.8	751227	-1.7
2003	883855	3.2	780704	3.9
2004	891092	0.8	764945	-2.0
2005	872996	-2.0	778085	1.7
2006	827784	-5.2	694775	-10.7
2007^{P}	832898	0.6	710825	2.3

注：报纸包括早、中、晚三版；p 为初步数据。

资料来源：墨西哥统计协会（INEGI），月工业调查报告数据，http：dgcnesyp. inegi. gob. mx/。

2. 电视

墨西哥的电视市场多年来一直被墨西哥电视集团（Televisa）和阿兹特克电视集团所控制，它们在墨西哥的各个州都有各自下属的地方电视台，因此收视率很高。墨西哥城和首府大区的主要电视频道有 Canal 11，Canal 22，Proyecto 40，以及 Cadena 3。像 Telemundo，Fox，ESPN 这样的美国电视公司在提华纳州和下加利福尼亚州都拥有自己的频道。墨西哥全国各州共有 26 个公共电视频道，制作的节目内容和形式明显不同于其他的商业频道。其中的两个频道（第 22 台和第11台）遍布全国大部分地方电视和付费电视。另有国家特许的24家电视台，由政府出资支持并且不能进行商业宣传。还有三家是大学主办的电视台：墨西哥国立自治大学电视台、索诺拉大学电视台和新莱昂自治大学电视台。

20世纪90年代末到21世纪伊始，广播电台是墨西哥最主要的媒体。AM信号基本上早已覆盖全国，普及到90%以上的家庭。2000年，墨西哥国家行动党战胜了统治国家70余年的革命制度党获得政权，在随后的一系列总统选举过程中，广播行业进行了全程新闻报道，建立了对所有竞选成员和意见都开放的空间，几乎所有广播电台都转播总统竞选辩论，这对墨西哥民主的发展起到了关键作用。墨西哥的主要广播集团有：ACIR集团、方程式广播集团（Fórmula）、印象广播集团（imagen）、中央广播集团、摩尼特广播集团Monitor、MVS广播集团、墨西哥电视集团广播集团（Televisa）、多媒体广播集团（Multimedios）、普罗莫麦迪奥斯广播集团（Grupo Promomedios Radio）、乌尼迪福森广播集团（Grupo Unidifusión）、NRM集团。

2003年10月，墨西哥国家广播电视产业协会（CIRT）在墨西哥城通过XHFAJ－FM电台进行了数字音频调频广播带内同频（IBOC FM）和EUREKA 14频道的数字系统测试，同时，还演示了调幅带内同频（IBOC－AM）广播。目前，墨西哥的广播市场很庞大，大约有1600家当地和区域的电台以及几个主要的集团。墨西哥北部边境一些大型的电台已经将信号发送到了有利可图的美国市场。一些广播集团在墨西哥城、瓜达拉哈拉和蒙特雷拥有所有频段的电台，在下加利福尼亚州的三大城市（恩塞纳达、墨西卡利和蒂华纳）各个频段的电台也都齐全。据墨西哥国家科技综合学院（Ibope AGB México）2009年发布的媒介表现（Media Performance）研究表明，由于甲型H1N1流感在墨西哥的传播，2009年广播收听率有了明显的增长，比2008年增长了7.6%，从周一至周五增长率为8.7%。2009年，政府在广播事业的投资中55%用于宣传抗甲流病毒的预防措施，因此广播内容也主要是宣传这个主题。

墨西哥谷地广播协会集中了墨西哥16家重要的广播集团，其下有51家电台。据该协会的统计数据，广播的人群覆盖率是20%。在墨西哥城，每人每周平均收听39.6个小时的广播节目。

墨西哥国家统计局2009年的调查显示，在2650万户有电视的家庭中，13.6%的住户已经配有数字信号接收器，其中190万户家庭用以接收付费电视业务，而另外的160万户家庭还只是用以接收免费信号。无论是模拟信号还是数字信号，电视在墨西哥的普及率已经达到95%，仅有130万户家庭还没有数字信号接收装置。此外，86.3%的家庭还在使用模拟信号的电视机。

墨西哥境内共有付费电视频道243个，外资电视频道占较大比例且以美国频道为主，有160个，而墨西哥本土频道只有83个。

表3　1994~2010年主要年份广播电台、电视台及付费电视台数量

单位：家，千户

类型 \ 年份	1994	2000	2004	2005	2006	2007	2008	2009[P. R]	2010[E]
广播电台和电视台[a]	1892	2906	3280	3330	3365	3487	3456	3505	—
广播电台	1371	1461	1513	1519	1523	1597	1560	1592	1607
商业电台[a]	1125	1146	1154	1154	1154	1154	1152	1152	1152
非营利公共电台	156	225	269	275	279	352	317	349	365
电视台	521	1445	1767	1811	1842	1890	1896	1913	—
商业台	352	462	459	460	460	460	461	460	460
公共台	104	117	199	225	220	270	241	231	234
有线电视用户[b]	1501	3235[R]	4775[R]	5454	6036[R]	6516[R]	7041[R]	8027	—

注：a. 自2004年起包括短波电台；b. 1994年数据包括有线和微波电视用户，2000年起包括卫星电视用户；E. 年底预估数据。商业台和公共台数据取自《第四号政府报告》；P. 年底初步数据；R. 经订正修改的数据。

资料来源：墨西哥联邦电信委员会（Cofetel）。

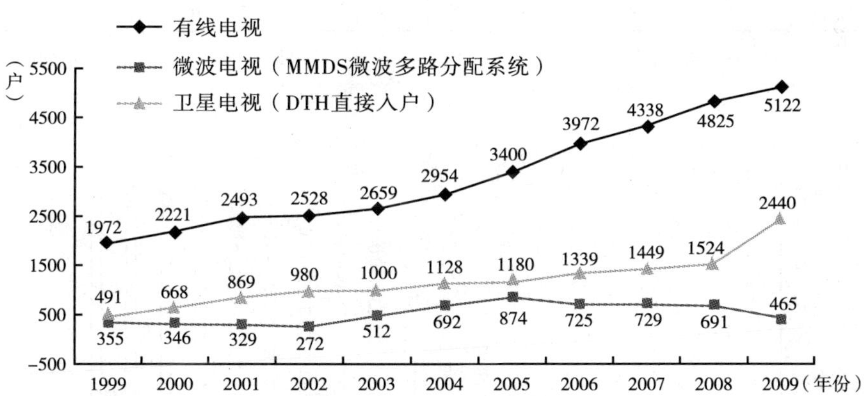

图1　墨西哥有线电视用户数

资料来源：墨西哥联邦电信委员会（Cofetel）。

3. 电影

2010年，墨西哥的电影是除了免费电视之外的一大重要的付费娱乐项目，观看电影的1210多万名观众中有950万名观看了由政府出资制作的电影。观影人次居世界第四，仅次于美国、印度和法国，是拉美唯一进入排名前十的国家。2010年最佳票房影片是《非你即我》（No erestú，soy yo），这部由FIDECINE基金支持制作的电影，获得了290余万人次的影院观众，排在之后的是《地狱》（El infierno）和《伊达尔哥》（Hidalgo），观众数量也超过200万人次。票房较高的电影还是以国外制作的大片为主，如《玩具总动员3》是当年票房第一，其次是《爱丽丝梦游仙境》、《永远的史莱克》、《阿凡达》等国际大片。

值得一提的是，21世纪初，墨西哥每年上映电影不超过25部，由政府出资支持的电影不到15部，影院年平均观众少于600万人次。2010年的数据显示，上映电影数量和观影人次已经翻倍——从2003年的25部到2010年54部，2003年的460万人次到2010年1210万人次，公共资金制作并在国内上映的电影几乎增加了两倍——从2003年的15部达到2010年的42部。

表4　2001～2010年墨西哥上映的电影及观影人次

单位：部，百万

年　　份	2001	2002	2003	2004	2005	2006	2007	2008	2009	2010
墨西哥上映电影	19	17	25	18	25	33	43	46	54	54
政府出资支持的上映电影	10	10	15	8	14	22	34	37	42	42
观影人次	5.6	7.1	4.6	5.2	4.2	7.2	10.1	10.5	10.3	12.1

资料来源：墨西哥国家影视产业协会（Cámara Nacional de la Industria Cinematográfica y del Videograma）。

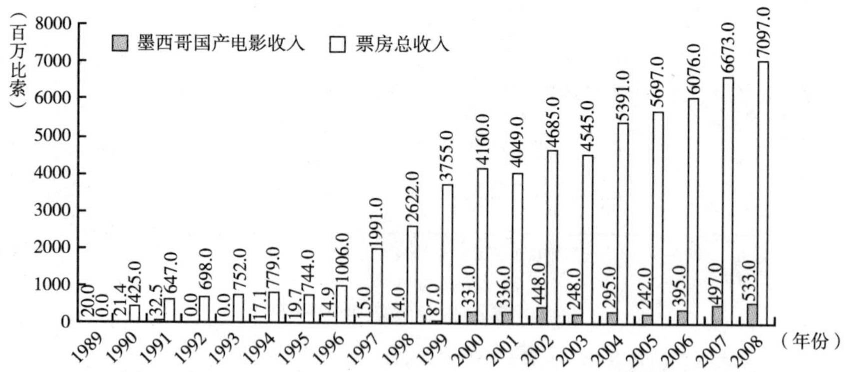

图2　1989～2008年墨西哥票房总收入和国产票房数据

资料来源：墨西哥电影研究院，http://www.imcine.gob.mx/。

2010 年，墨西哥联邦政府通过各种扶持机制在电影制作方面投入了 7 亿多比索，这是墨西哥电影研究院建立 25 年多以来国家对电影制作的最大投入。2010 年，由国家资金支持制作的长篇电影达到了 70 部：由墨西哥电影研究院、高质量电影制作基金（FOPROCINE）、电影投资和激励资金（FIDECINE）支持制作的 38 部，其余 32 部是通过所得税法第二百二十六条规定的“税收激励措施”（EFICINE 226）获得资助的投资项目制作的影片。因此，墨西哥电影研究院大大提高了电影年产量，从 21 世纪初每年不超过 10 部，到 2005 年年产 42 部，2008～2010 年超过了 55 部。这使得即使在墨西哥完全由私人资金投资制作的长篇电影逐年减少的情况下，2005～2010 年的电影年均产量仍达到 65 部（见表 5）。

表 5　2002～2010 年墨西哥电影制作情况

单位：部

年　份	2002	2003	2004	2005	2006	2007	2008	2009	2010
私人资金制作的长篇电影	7	12	11	11	30	29	13	9	10
国家支持的墨西哥长篇电影	7	17	25	42	34	41	57	57	58
总　数	14	30	36	53	64	70	70	66	68

资料来源：墨西哥国家影视产业协会（Cámara Nacional de la Industria Cinematográfica y del Videograma）。

1983～1993 年，墨西哥的长篇电影年产量超过 50 部，最高峰在 1989 年达到 92 部，但都以私人制作为主，国家支持量较少。2003 年以后，国家支持制作的电影数量呈持续增长状态，数量也较为稳定，1994～2003 年，年常量不超过 30 部，自 2004 年起增长加快。

由于墨西哥国产电影制作实力与美国相差悬殊。因此，尽管墨西哥国产电影数量不断增加，但美国制作的电影在墨西哥市场仍占绝对优势，墨西哥国家文艺局 2010 年关于文化产品消费行为和习惯的调查结果显示，90% 的被访者去电影院并不是看墨西哥国产电影。此外，42% 的人喜欢看动作片，14% 的人喜欢看喜剧片。

4. 互联网

根据世界互联网统计数据（Internet World Stats），2010 年墨西哥的网络用户突破 3000 万户，墨西哥的网络渗透率是 24.8%，是拉美地区最低的国家之一，与水平较高的智利（50%）相比还有一定的差距。和世界平均水平（25.6%）相

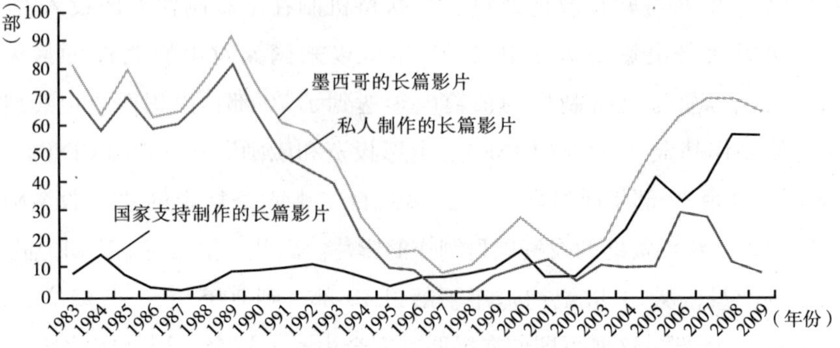

图 3　1983～2009 年墨西哥制作的长篇影片

资料来源：笔者根据墨西哥电影研究院数据制作。

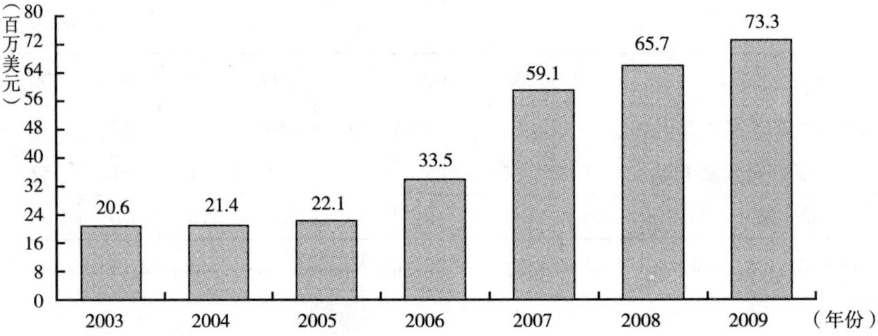

图 4　2003～2009 年墨西哥国家各年为电影发展投入的资金额

资料来源：墨西哥电影研究院。

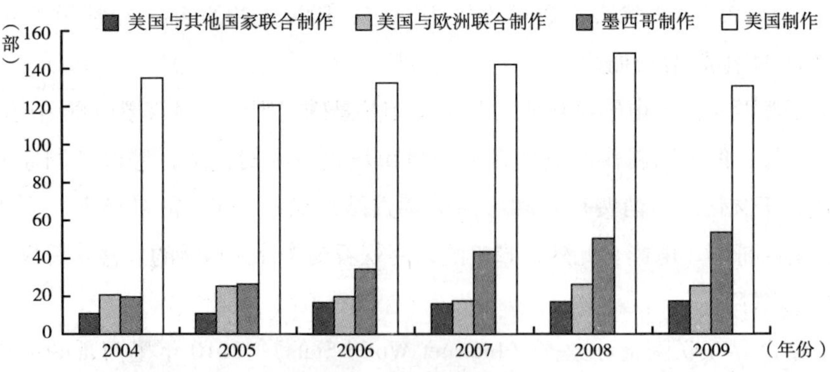

图 5　2004～2009 年在墨西哥上映电影的制作国家（按影片数量表示）

资料来源：笔者根据墨西哥电影研究院数据制作。

比还差0.8%，也不及拉美及加勒比地区的平均水平（30.5%）。根据全球互联网研究计划（World Internet Project）2009年的数据，26.3%的用户集中在墨西哥城区域，20.3%在北部，这两个区域互联网普及率达41%。但数字基础设施仍显不足，网络接入速度与世界平均水平相比仍较低，平均速率为1.5～2.0 Mb/s。

表6　1999～2009年墨西哥互联网使用者及用户数

年份	用户数(千户)					订户数(户)			
	总数[a]	政府	教育	家庭	商务[b]	互联网[c]	每100居民中互联网用户	宽带[d]	每100居民中宽带订户
1999	1822	167	66	478	1010	ND	ND	ND	ND
2000	5058	ND	ND	2569	2489	1135	1.14	112	0.11
2001	7097	ND	ND	3228	3869	1884	1.87	111	0.11
2002	10718	ND	ND	3921	3797	2096	2.05	231	0.23
2003	11883	ND	ND	4505	7378	2444	2.36	428	0.41
2004	13983	ND	ND	5126	8857	3191	3.01	1057	1.00
2005	17967[R]	ND	ND	6015	11952	3882	3.72	1922	1.84
2006	20564	ND	ND	6917	13647	4806	4.56	3087	2.93
2007	22104	ND	ND	8313	13791	5848	5.50	4564	4.30
2008[P]	23260	ND	ND	9139	14121	8273	7.72	7597	7.09
2009[P]	28439	ND	ND	13202	15237	10315	9.55	9921	9.19

注：a. 因为四舍五入，各部分之和可能不与总数相符；b. 2000年起，指“在家庭之外使用网络”（包括在教育、商务、娱乐和政府办公场所使用）；c. 用户总数包括通过宽带和拨号上网连接到网络的用户；d. 包括X数字用户线路、同轴电缆、综合业务数字网、专用链路、卫星（satelital）、多信道多点分配业务和其他业务；P. 年底初步数字；R. 已校正修订数据；ND. 无数据。

资料来源：墨西哥联邦电信委员会（Cofetel）。

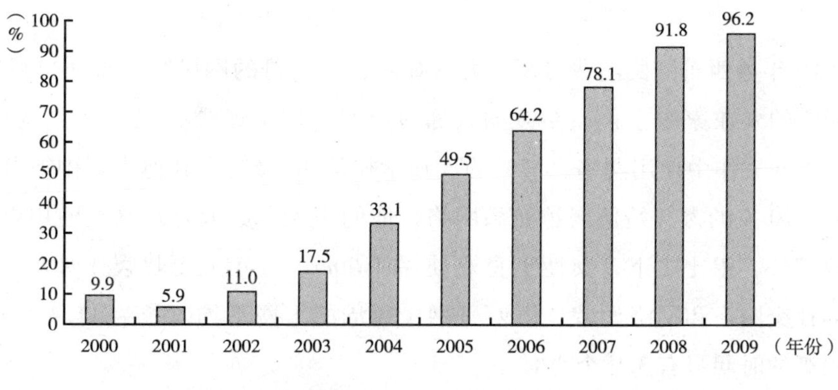

图6　宽带用户数占总互联网用户数百分比

资料来源：墨西哥联邦电信委员会（Cofetel）。

2011 年 3 月，专业数字媒体研究公司 Com Score 发布了拉美互联网市场增长的最新研究成果。该研究显示，2010 年拉美互联网用户增加了 15%，总数达 11127 万户。2010 年墨西哥的互联网用户增幅达 21%，总数达 1810.9 万户（研究对象仅为 15 岁以上用户），平均在线时长为 25.3 个小时。

墨西哥和巴西是拉美网民最多的国家，两国网民总数占到整个拉美用户数的一半。

表 7 是墨西哥互联网计划（World Internet Project）通过对墨西哥的民众进行调查得出的，可以发现一个特别的现象就是在墨西哥对网络不感兴趣的人数占比不算低并且还在大幅增加，从 2008 年的 31% 上升到 2009 年的 52%。

表 7　用户拒绝使用因特网的原因分析

单位：%

类型＼年份	2008	2009
不感兴趣	31	52
没有电脑	28	32
不知道怎么用	24	42
没时间	15	28
太贵	12	16
其他	5	8

注：由于是多选项，因此这几项之和会超过 100%。

资料来源：墨西哥互联网计划（World Internet Project）。

2010 年墨西哥网民消费习惯的调查显示，墨西哥的网民数量位居世界第 15 位。48% 的人在家中上网，34% 的人通过咖啡、网吧或公共场所接入互联网，19% 的人在工作中使用网络，11% 的人在学校使用，5% 在其他人家中或其他方式。54～70 岁的人开始越来越熟悉网络，他们中大多数人是在网吧使用电子邮箱查收邮件。相比之下，女性更喜欢使用 Twitter，青年人更热衷于如 Facebook 这样的社交网络和网络游戏。墨西哥网民每周的上网平均时长为 11.4 个小时，而看报纸的时间只有 3.9 个小时。

5. 广告

墨西哥的媒体针对每个目标群体进行细分，并不断引进新的媒体。但是，主要的投资仍集中在免费电视、报纸、广播领域，同时互联网投资正日益增长。

数字媒体的飞速发展，使得广告商越来越多地将预算分配到数字媒体上。数字媒体的优势在于可衡量、可细分、可掌握动态，并能适应沟通方式的趋势的变化，同时也因为能根据目标客户调整传达的信息而得到消费者的有效反馈。

根据互动广告署（IAB）提供的信息，2005～2009 年世界网络广告业务不断发展，增幅达 800%。

2011 年初，与欧洲最大绩效营销集团 Adsmarket. com 合并的拉美网络媒体集团艾格斯在线广告集团（Ergos Online Advertising Group）预计，2011 年墨西哥在线广告业务将增长至 46 亿比索（约 3. 84 亿美元）以上，其认为墨西哥 2011 年网络营销和广告的主要趋势有以下几方面。

（1）在社交网络上投入增加。各大品牌将向这一渠道投入大量预算，在 Twitter 和 Facebook 上增加活动，社交网络也会更好地融入媒介组合。同时，社交网站用户将继续成倍增加。

（2）效果营销。一系列新公司在墨西哥的落户使得电子商务再次繁荣，这些公司包括：格鲁博（Groupon）、克里克内罗（Clickonero）、格鲁帕里阿（Groupalia）、名品俱乐部（Brandsclub）、吉贝（Geelbe）、西佩克（Hipxik），它们推出的名为“效果营销”的项目将继续跟随国际形势，在搜索和会员方面都会有显著增长。

（3）广告交易。现在越来越多的媒体代理通过拥有技术的媒体网络进行投资，这些技术使他们可以通过拍卖购买成千上万的网站清单。墨西哥的大型网站都已发布采用这类技术的相关网络，以促进广告代理和客户在这一广告交易平台上的活动。

（4）广告视频增加。追求“品牌化”的广告商力图吸引客户的注意力，在电视里播放的商业广告视频也可以在网络上播放，广告视频将会获得长足发展，只是投资额仍不会太大。

（5）手机的市场营销业务增长并呈现多样化。尽管通过手机进行市场营销的投资量一段时间内仍会比较小，但会一直保持快速增长；而且，智能手机日益普及、平板电脑的选择越来越多，必将对应用程序的开发市场产生影响。

三　产业与市场分析

1. 高度垄断的墨西哥媒体市场

墨西哥媒体一直是由传统上占主导地位的墨西哥电视集团（Televisa）控制，这个集团曾经因与执政党（革命制度党）有着很紧密的联系而受惠。墨西哥电视集团一度是墨西哥的电视业绝对霸主，同时也是全球最主要的西语节目的供应商。

1993 年，阿兹特克电视集团的出现打破了墨西哥电视集团独家垄断的局面。但直到现在，墨西哥传媒市场上的竞争还是十分有限的，墨西哥电视集团和阿兹特克电视两大私有集团一直鼎力并存，政府不仅允许传媒所有者之间进行横向整合，而且也不限制它们各自的垂直整合，这就使得大型的传媒公司能够尽可能地扩张，占有丰富的制作资源和多种传输渠道，从而成长为庞大的多媒体集团。

1982 年的经济危机过后，墨西哥政府开始推行新自由主义的政策，墨西哥政府放开经济的同时，在传媒产业实行大规模的私有化，墨西哥的影视和电信产业经历了巨大的变革。20 世纪 90 年代墨西哥经济发展相对稳定，但深受世界特别是美国经济的影响。由于墨西哥一直推行自由化经济政策，在签订《北美自由贸易协定》之时，政府也没有对文化产业提出任何保护的要求。按照其新自由主义政策的逻辑，文化产业像其他产业一样也无需政府的调控，其有能力实行自我保护。而同为成员国的加拿大就主动采取了保护文化产业的措施，禁止外资的介入。墨西哥在《北美自由贸易协定》中提出的仅有的几条限制条款是：①付费电视的国外投资不得超过 49%；②对引进的影视作品译制成西班牙语提出了一些要求，同时墨西哥本土电影的放映率为 30%（但是后来的几年这个比例几乎降为零），③在一定程度上限制外国人拥有转播台的资产比例。

为了争取内容的多样化发展，2002 年，一些学者、传媒人士和立法委员曾尝试通过法令限制传媒公司在墨西哥任一城市的市场占有率不得超过 25%，但却没有得到当时总统福克斯的支持。2006 年，参议院通过新的广播法案，这项重大的改革被称为“联邦广播电视法”也称为“Televisa 法”，顾名思义，最大的受惠者是墨西哥电视集团。

该法允许使用模拟信号的电视台免费使用数字频谱，这相当于将数字频谱这一国家公共财产赠给了私有媒体，并由其任意支配。虽然该法出台就遭到多方质疑，反对者认为新法限制竞争，加强了电视双寡头墨西哥电视集团和阿兹特克电视集团的势力，加剧了产业结构的不均衡发展，使得电视产业集中在少数人手中，十分不利于公共媒体的健康发展。但至今该法也未有任何实质性的修改。

2. 主要的传媒公司

2010 年，墨西哥全国 500 强的排名中显示，共有 13 家娱乐及媒体企业列入销售排名，其中由墨西哥电视集团和阿兹特克电视集团处于领军位置，多年来这两家集团一直垄断着墨西哥的电视市场。这两家私有集团拥有了墨西哥国内 98% 的电视台，分别持有电视市场约 70% 和 30% 的控制率。

表 8　2010 年主要娱乐及媒体企业销售排名列入墨西哥全国 500 强的企业名单

单位：名，百万比索

排名	公司名称	员工	金额	主营业务
34	墨西哥电视集团(Televisa)	24362	52353	电视
136	Sky 卫星电视	0	10005	电视
137	阿兹特克电视集团	5000	9968	电视
142	美洲娱乐公司(Corp. Interamericana de Entretenimiento)	9549	9470	文娱
148	西内波利斯集团(Cinépolis)	14240[e]	8770[e]	电影
179	麦卡有线电视集团(Megacable Holdings)	8115	6895	有线电视
279	印象广播集团(Grupo Imagen)	0	3304	广播
347	墨西哥电影集团(Grupo Cinemex)	2600[e]	1966[e]	电影
384	环球报(El Universal)	1075	1520	报刊杂志
422	诺姆沙出版集团(Grupo Editorial Notmusa)	955	1144	报刊杂志
424	波罗格莱索印刷装潢集团(Impresora y Encuadernadora Progreso)	309	1141	印刷品
441	墨西哥西内马克集团(Cinemark de México)	1215	1012	电影
486	中央广播集团(Grupo Radio Centro)	562	786	广播

注：e 为估计值。

资料来源：笔者根据 CNN Expansión 发布的 2010 年墨西哥 500 强企业相关数据计算而得，http://www.cnnexpansion.com/rankings/2010/las-500-empresas-mas-importantes-de-mexico-2010。

3. 两大电视集团

（1）墨西哥电视集团（Televisa）。墨西哥电视集团（Televisa）是世界上最大的西班牙语电视娱乐节目输出机构，1930 年由阿斯卡拉加（Azcárraga）家族在墨西哥城以运营电台起家的。自 1997 年埃米利奥·阿斯卡拉加（Emilio Azcárraga）接管集团以来，墨西哥电视集团（Televisa）得到了稳固的发展，在墨西哥其主要运营广播电视频道，同时通过附属子台补充其网络覆盖范围。集团通过制作馈送给国内和国外的付费频道，用户遍布拉美、美国、加拿大、欧洲及亚太地区，同时向全世界的电视网络提供节目和制式。截至 2009 年底，集团向约 57 个国家出口节目共计 65449 个小时。截至 2009 年底，该集团电视频道用户从开机到关机收视率达到70.8%。

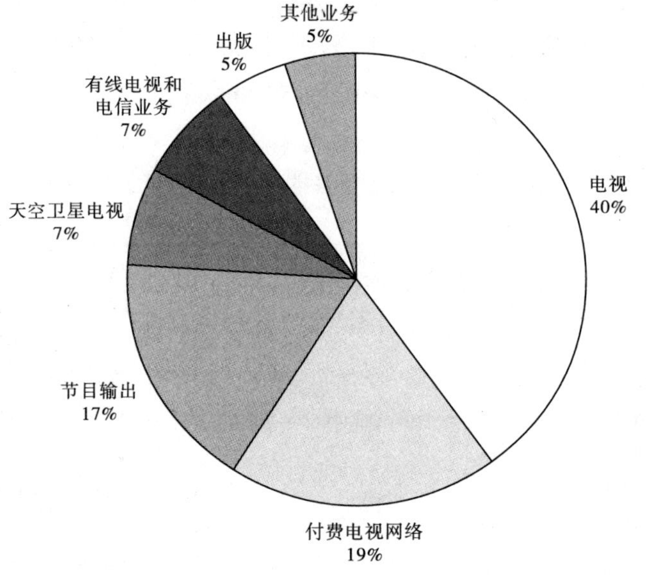

图 7　墨西哥电视集团各业务板块净销售额比例

资料来源：据墨西哥电视集团相关资料整理而得。

墨西哥电视集团还拥有美国最著名的西班牙语电视集团联视（Univisión）的股权。2010 年 10 月，集团同意出资 12 亿美元收购美国最大的西班牙语广播机构联视传媒（Univision Communications Inc.），以拓展其在美国的市场。墨西哥电视集团同时还是墨西哥三大有线电视公司 Cablevision，Cablemas 和 TVI 的股东，同时，控制国内第二大有线电视台 Cablevision（超过 500 万用户）51% 的股份，以及控制数字高清直播卫星电视信号英诺瓦集团（Innova）（25000 用户）60% 的股份。拥有天空卫视（Sky）公司 58.7% 的股份。集团与拉美首富、墨西哥电话公司（Telmex）所有者卡洛斯·斯利姆之间一直有贸易协定。墨西哥电视集团还在出版和广播等领域有着可观的利益。

2009 年，集团销售总额达 535. 19 亿比索（约 44. 6 亿美元），比 2008 年增长 44. 24 亿比索。经营业务收入 2009 年为 207. 45 亿比索（约 17. 3 亿美元），比 2008 年增长 8. 28 亿比索。

图 8 显示，电视节目的发行和制作是墨西哥电视集团主要的业务板块，也是主要的收入来源，此外控股的天空卫星电视以及三大有线电视公司也是其业务和收入的重要组成部分。

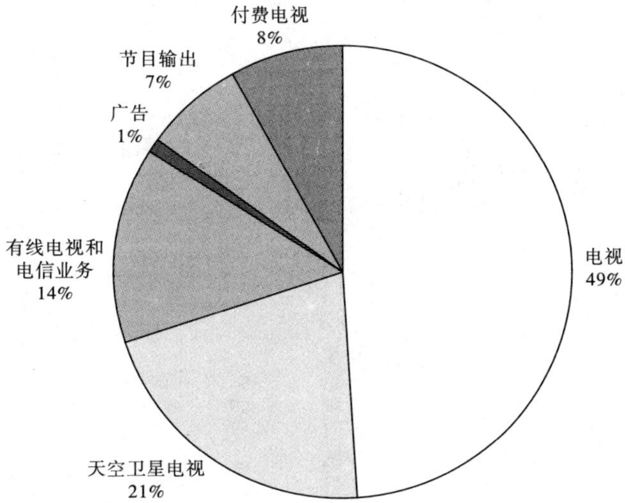

图 8　墨西哥电视集团各经营业务收入分布

资料来源：墨西哥电视集团 2009 年报。

集团各个板块业务简介和成就参见表 9。

墨西哥三大有线电视提供商——Megacable，Cablemás 和 Cablevisión 加强发展有线电视、宽带网络和电话的三网融合业务。2010 年初，传媒巨头墨西哥电视集团获得收购移动运营商 Nextel 股权的批准，四网融合的势态即将出现。这次收购可能使该集团能与主导固话、宽带、移动的运营商 Telmex 和 Telcel 抗衡。卫星电视市场方面，Dish Mexico 公司由于用户迅速增长获得初步成功。Axtel 同样也获得在 2010 年开通卫星电视和提供电视宽带三网融合业务的许可。

表 9　2009 年墨西哥电视集团的业务数据

业　务	内　容	数　据	成　绩
电视	墨西哥电视集团(Televisa)在墨西哥拥有 4 个频道——2、4、5 和 9 频道,通过遍布全国的 258 个附属台播出;是世界西班牙语电视内容的主要制作方	2009 年制作的免费卫星电视节目大约 58000 个小时	平日黄金时段收视率平均达到 72.4%
付费电视网络	制作 21 个付费电视频道。在美国通过 TuTV 发布其中 5 个频道,TuTV 是墨西哥电视集团(Televisa)与 Univision50∶50 的合资公司	2009 年为 21 pay - TV 公司制作的付费频道节目大约 13000 个小时	23 万以上的付费电视用户
节目输出	向全世界的电视网络出口节目和模式,并在美国通过 Univision 推广	在中国推出《丑女无敌》,收视排名靠前	覆盖全球约 57 个国家
天空卫星电视	墨西哥领先的直接到户卫星电视系统;Sky 在中美洲和多米尼加共和国也有业务	通过新服务包 Mi Sky 和 Ve TV 发展新用户	196 万用户
有线电视和电信业务	Cablevision, Cablemás 和 TVI 三家公司在墨西哥城、蒙特雷和其他城市提供付费电视、语音和数据服务;Bestel 是一家电信公司,在墨西哥和美国提供数据和长途电话服务解决方案	YOO 是一次全国品牌之间联合以提升市场竞争力的尝试,将墨西哥电视集团(Televisa)三线投资的三网融合产品与 Megacable 公司合作,在同一品牌下推出各自能提供的最优惠的三重服务包	Megacable, Cablemás 和 Cablevisión(业绩参见后文这三大有线电视公司介绍)
出版	西班牙语杂志出版商,通过 117 个不同的品牌发行 178 种刊物	通过如下数字平台普及刊物:Vanidades. com, Jambitz. com, MuyInteresante. com. mx, NationalGeographic. com. mx	在 20 个国家发行,并在其中 18 个国家处于主导地位
其他业务	TIM:墨西哥电视集团(Televisa)互动媒体;墨西哥电视集团通过几个门户网站实现完全数字娱乐; 游艺:宾果游戏厅和网上彩票业务; 球队:三支墨西哥职业足球队; 阿兹特克电视体育场:是墨西哥最大的体育场; 广播:由 121 家自有和附属电台组成的广播网	将广播内容推广到网络,听众能自由选择平台: 40 Principales (www. los40. com. mx), Ke buena (www. kebuena. com. mx), W Radio (www. wradio. com. mx)	Esmas. com,服务超过 240 万的用户;拥有 26 家宾果游戏厅 Play City bingo parlors; América, Necaxaand San, Luis 三支足球队;阿兹特克电视体育场:能容纳 108000 人;广播覆盖墨西哥 75% 的领土
零散业务(Unconsolidated Businesses)	La Sexta.(西班牙免费电视频道), Ocesa Entretenimiento.(墨西哥现场娱乐节目公司), Volaris.(廉价航空公司)	2009 年末, ocesa. com. mx 网站平均日访问量达 1000 次,页面访问量近 130 万次	La Sexta:(40.5%)收视率不断升高;Ocesa:(40%)已举办 10 届 Vive Latino 伊美音乐文化节;Volaris:(25%)运营飞往 23 个墨西哥城市和 3 个美国城市的航班

资料来源：墨西哥电视集团 2009 年报。

表 10　墨西哥电视集团旗下三家有线电视公司 2009 年报的用户数量和状况

单位：户

有线电视公司	视频用户	宽带用户	语音用户
Cablevisión	632061	250550	133829
Cablemás	912825	289006	146406
TVI	237062	112105	75779

资料来源：墨西哥电视集团 2009 年报。

值得一提的是，墨西哥电视集团的互动媒体平台业务，其数字业务策略是通过寻找创新的伙伴关系，创建吸引观众的传输平台及服务来扩展节目库的覆盖面，并增加其活力。2009 年，该集团下的 esmas. com 网站访问量约达 67700 万，相关网页浏览量每月超过 45 亿，2009 年该网站流量增长 51%。

表 11　墨西哥电视集团互动媒体平台

平　台	内　容
esmas. com	拉丁美洲领先的数字娱乐门户网站
esmas. TV	以网上订阅为基础的主流媒体视频服务
Tarabu. com	墨西哥在线数字音乐商店
Tvolucion. com	美洲领先的垂直多格式高级视频
deportes. com	主要在线体育新闻来源

资料来源：墨西哥电视集团 2009 年报。

截至 2009 年底，Tvolucion. com 提供了 181 部电影、85 场演出、超过 6545 集系列节目、61 部连续剧、最重要的体育赛事的短片，以及新闻和娱乐内容。Tvolucion. com 建立了一个包括 29500 个短片和 7000 多个小时节目内容的目录。

墨西哥电视集团在墨西哥几大城市运作有线资产，截至 2009 年底，电视网覆盖 560 万户家庭，拥有超过 170 万户的视频用户，约 65000 户宽带用户和超过 355000 户的电话用户。同时，通过三网融合业务不断加强集团在语音和数据业务领域的影响。

电视剧一直是墨西哥电视集团的主打节目，2009 年，墨西哥电视集团制作了 800 多部电视连续剧，这一节目类型至今仍像十年前一样成功。

（2）阿兹特克电视集团。阿兹特克电视集团是一家主要涉足娱乐产业和电视传播的墨西哥公司。阿兹特克电视集团主要运营两个电视网络——阿兹特克电

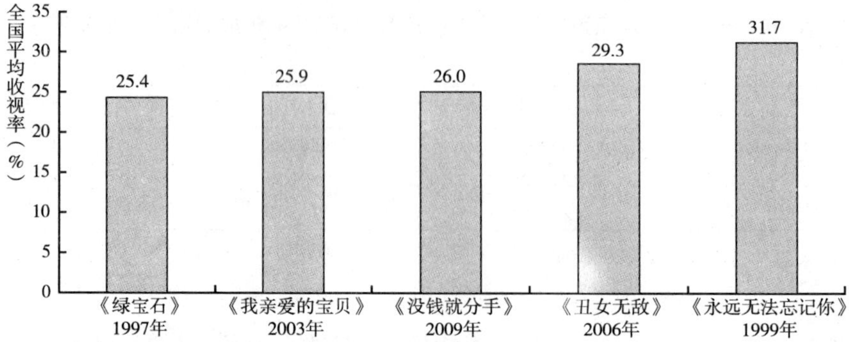

图 9　墨西哥电视集团收视率最高的电视剧

资料来源：墨西哥电视集团 2009 年报。

视 7 套和阿兹特克电视 13 套，通过 300 多个转播站向全国发送信号的，并在墨西哥城播放超高频频道——第 40 频道（Proyecto 40）。拥有阿兹特克电视台、阿兹特克商业电视台、阿兹特克电视国际网络、阿兹特克电视工作室、阿兹特克电视剧、阿兹特克国际电视等子公司。通过子公司的运营，阿兹特克电视网已经在北美、中美、南美、欧洲、亚洲和非洲建立了固定业务。1999 年，卫星数字技术投入使用，2000 年 2 月，开始运行其数字系统。277 家转播站每周全天候转播来自墨西哥城主站发送的电视节目和广告，另有下属 44 家电视台进行地方节目转播。1993 ~ 2008 年，为了提高电视信号质量和扩大覆盖范围，阿兹特克电视集团投入了 108.7 万比索。截至 2009 年底，公司最大股东是阿兹特克电视 Holdings SA de CV 控股集团，拥有 52.9% 的权益。

阿兹特克电视集团制作的电视产品主要有电视剧、真人秀、新闻、体育转播、音乐节目、竞赛类和综艺类节目。在电视剧的制作方面，从 1996 年开始制作电视剧，1996 ~ 2008 年在节目制作团队方面共投入了 1460 万美元，2006 ~ 2008 年共制作了 19 部、共 1957 个小时的电视剧，在覆盖全国的阿兹特克电视 13 套播放，获得了较高的收视率，其中的三部名列全国收视率前十名。

近几年墨西哥电视集团的收视率一直好于阿兹特克电视集团，并且拥有较多的传媒资源，因此在广告销量方面墨西哥电视集团自然也略胜一筹。

与墨西哥电视集团不同的是，阿兹特克电视集团在很大程度上要依靠其子公司聘用的管理和业务人员。因此，需要挑选、培训和留住高素质的人才才能保证公司有长远的发展。2008 ~ 2009 年的全球金融危机也让阿兹特克电视集团饱尝了资金周转困难的痛苦，截至2008年底约有17.83%的负债是美元债务，但是公司的收入来源主要是本国货币——墨西哥比索。随着经济危机时期，墨西哥比索对美元比价的不断贬值，阿兹特克电视集团甚至不得不在当时的年度报告中明确指出，无法确保能偿还所欠的到期债务。

它在美国与AIC公司合作发展的西班牙语——美洲阿兹特克电视台也渐渐不能与联视（Univision）和NBC等公司旗下的西班牙语频道相抗衡。无论是联视（Univision）还是NBC都拥有着庞大的公司网络和金融资源。尤其在美国西班牙语电视频道资源丰富的环境中，美洲阿兹特克电视台更显得势单力薄。

墨西哥电视集团

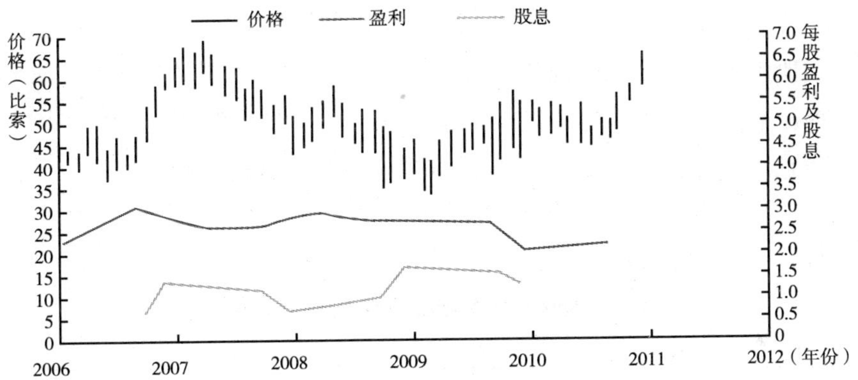

阿兹特克电视集团

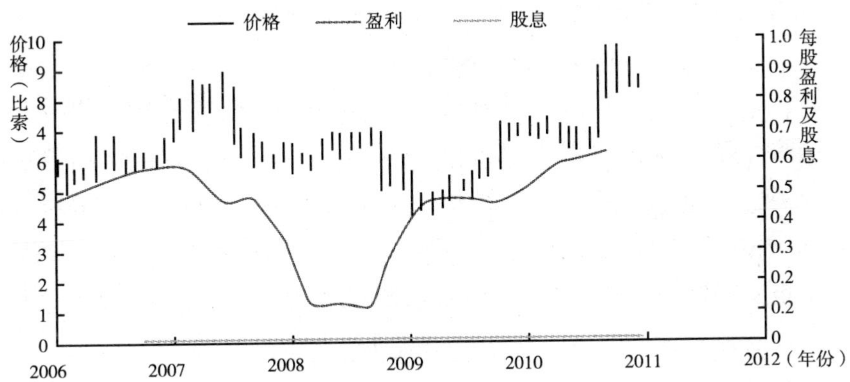

图10　2006～2010年墨西哥电视集团和阿兹特克电视集团的每股盈利及股息

资料来源：http：//www.corporateinformation.com/。

B.13

巴西传媒产业发展报告

颜巧容*

一　传媒产业年度发展总体状况

巴西传媒产业包括广播、电视、图书报刊出版与发行、广告、电影、数字媒体及其他媒体行业，规模为拉美最大。近10年来，巴西传媒产业在国家宽松的管理政策及自由的市场环境双重推动下快速、稳步发展，2005~2007年，传媒产业总产值有了一个新的飞跃，2007年的总产值比2005年翻了一番（见表1）。

表1　2002~2008年巴西传媒产业总产值

单位：亿雷亚尔

年　　份	2002	2003	2004	2005	2006	2007	2008
生产总值	330.31	379.96	423.89	492.24	—	983.69	1152

资料来源：Mídia Dados 2010，http：//www.gm.org.br/page/midia-dados。

根据巴西统计局（IBGE）与巴西广告协会（Abap）于2010年底联合发布的最新巴西传媒产业分析报告《传媒产业官方数据及其对巴西经济的影响2008》，2008年巴西传媒产业总产值为1152亿雷亚尔，占国内生产总值的4%，比2007年增长了17.1%。创税127亿雷亚尔。整个传媒产业由11.3万家企业构成，从事相关行业的人员达86.6万人。① 巴西广告协会主席路易斯·劳拉认为

* 颜巧容，澳门大学社会科学与人文学院语言学博士研究生，巴西南大河州联邦大学应用语言学硕士，中国传媒大学外国语学院葡萄牙语负责人、讲师。

① Números Oficiais da Inústria da Comunicação e Seu Impacto na Economia Brasileira，http：//www.abapnacional.com.br/images/publicacoes/abap_ ibge_ web.pdf.

这一报告清楚地显示了巴西传媒产业在巴西经济中占重要地位，其是保持国家持续健康发展的有利因素。

巴西传媒产业的发展不单体现在总产值的增长，还体现在产业内部行业类别增多，分工细化。2007～2008 年报告提供的数据表明，在广告、广播、电视、报刊等传统传媒行业之外，网站设计等新媒体及会展、娱乐演出等衍生行业全部列入传媒产业的范畴（见表2）。

表2　2007～2008 年巴西传媒产业各行业市场规

单位：亿雷亚尔

行业＼年份	2007	2008
广告	89.93	113.29
广播	20.74	24.54
免费电视节目	141.70	160.58
有线电视节目	16.54	21.26
电视运营商(有线、微波和卫星)	95.65	123.04
书籍、报刊等商业活动	169.85	214.06
书籍、报刊等出版	32.79	34.07
书籍、报刊等纸质传媒的印刷与出版	172.59	172.33
网络供应商、门户网站、网页设计	88.92	105.86
电话销售	59.95	80.71
市场调研	11.49	14.45
摄影、摄像活动	9.44	8.73
电影、录像制作及电视	37.47	40.01
交易会、展览会、会议和庆典	27.99	24.15
艺术、创意和娱乐	24.27	26.56
体育(不包括社交俱乐部)	7.82	10.82
娱乐和休闲	9.80	13.76

注：已将原始数据四舍五入。
资料来源：巴西广告协会 Abap。

从几大传统媒体行业的市场发展情况来看，2005～2009 年，各行业的市场份额相对稳定，除报纸的市场份额有所下降外，其他行业的市场份额均没有出现急剧的增长或下降（见表3）。

表 3　2005～2009 年主要传统媒体市场份额变化情况

单位：%

媒体＼年份	2005	2006	2007	2008	2009
报　纸	29	31	29	25	23
杂　志	9	9	9	9	9
广　播	4	3	4	4	4
电　视	50	49	50	50	52
付费电视	8	8	8	8	8
电　影	1	1	1	1	1
互联网	9	9	9	9	9

资料来源：Mídia Dados 2010。

尽管各行业的市场份额没有太大的变化，但值得注意的是，与 2008 年相比，2009 年互联网、广播、公共及付费电视的总产值有所增加，而报纸、杂志、电影的总产值有所下降（见表 4）。

表 4　2008～2009 年各传媒行业产值变化情况

单位：雷亚尔

种类＼年份	2008	2009
指南类及清单类印刷品	443075471	335771997
互联网	759342248	950367728
报　纸	3411681802	3134937206
户外媒体	586730093	658886622
广　播	902452967	986876314
杂　志	1824640757	1711960708
电　视	12605206146	13569342943
付费电视	802711026	822917401
电　影	88334654	81644904
总产值	2018367083	22272705424

资料来源：Mídia Dados 2010。

巴西传媒产业具有极强的地域集群特征，根据 2007～2008 年的传媒产业报告显示，巴西国内东南部地区产值最高，传媒企业数量最多，且集中在两大商业城市所属州郡——里约热内卢州及圣保罗州（见图 1）。里约热内卢州传媒产值为 219.11 亿雷亚尔，圣保罗州为 562.94 亿雷亚尔，两州总产值约占全国传媒产业中产值的 67.88%。

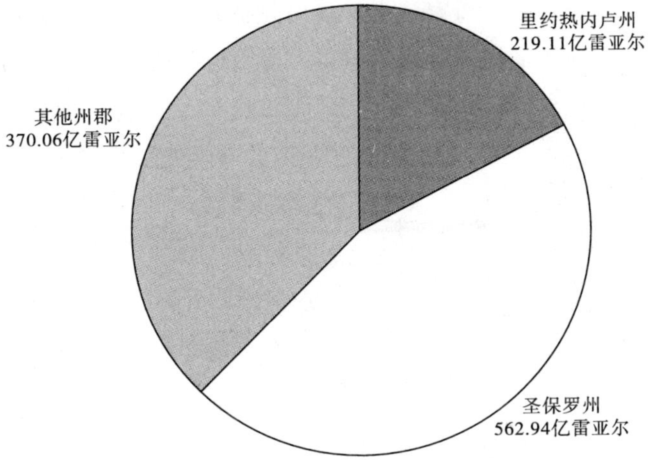

图1　2008 年巴西传媒产业地理分布情况

资料来源：Mídia Dados 2010。

（一）报刊行业

1. 报业

2001～2009 年，巴西报业总体走向持稳步增长趋势，报纸种类总数增加（见图 2），但发行量有起有落（见图 3）。受经济危机的影响，2009 年巴西报纸的日发行量为 819.3 万份，比 2008 年的 848.7 万份略有减少，但根据巴西报纸协会 2010 年前几个月的数据显示，报纸的销售量创 2004 年以来历史新高，因此

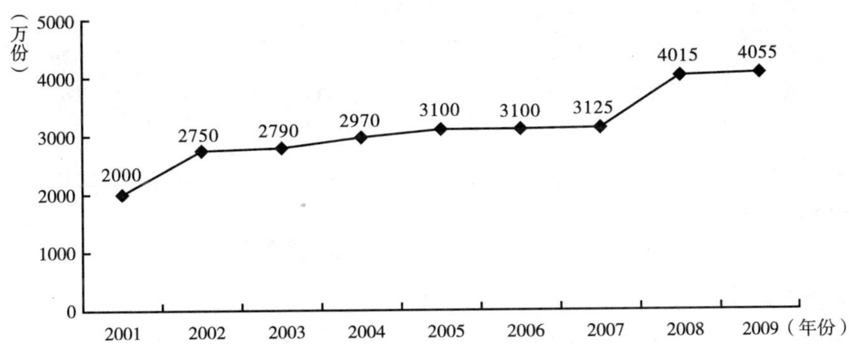

图2　2001～2009 年巴西报纸种类增减情况

资料来源：Mídia Dados 2010。

整个行业呈复苏态势。有分析家认为，报刊行业要在目前激烈的竞争中生存并发展，依然要走与其他传播媒介合作的道路，比如与电视、网络等的合作。

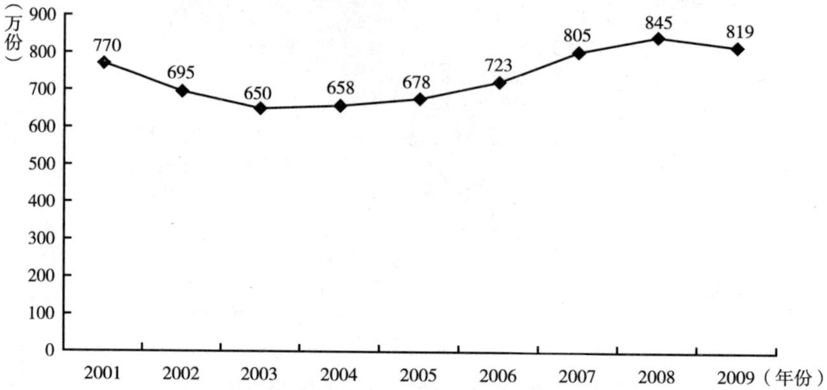

图 3　2000～2009 年巴西报刊平均日发行量

资料来源：Mídia Dados 2010。

根据巴西报纸行业协会（ANJ）提供的数据显示，2009 年巴西共有报纸 3446 种，其中日报 682 种，周报及其他 2764 种。报纸种类地域分布如表 5 所示。从表 5 可见，东南部地区的报纸种类最多，其次是南部地区。

表 5　2009 年巴西报纸种类地域分布表

单位：种

地　区	日　报	非日报	总　数
北　部	37	73	110
东北部	65	111	176
东南部	356	1689	2045
南　部	175	736	911
中西部	49	175	224

资料来源：Mídia Dados 2010。

2. 杂志

巴西的杂志发行量近十年来总体呈减少趋势，但近年来有回升态势（见图 4）。

根据巴西杂志出版行业协会（ANER）的统计数据，2009 年巴西杂志年发行量达到 4.2 亿份，杂志种类达到了 4432 种。从地区分布来看，出版物发行监督

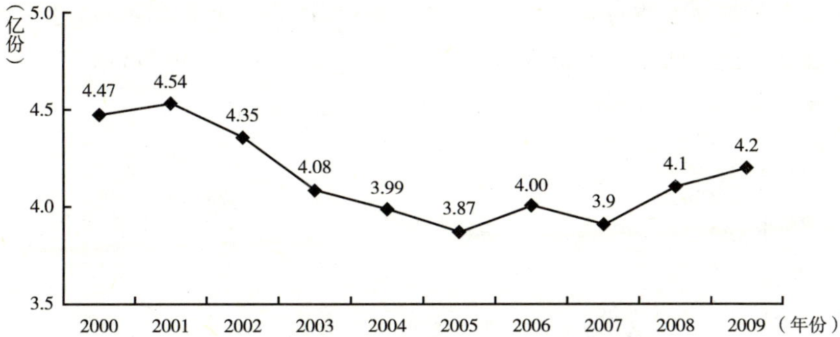

图4 2000～2009年巴西杂志发行量走势

资料来源：Mídia Dados 2010。

权威机构发行量监控局（IVC）下属的463种期刊中，东南部地区就占了405种，体现了该行业区域集中地特点（见表6）。

表6 发行量监控局（IVC）下属刊物地区分布情况

单位：种

地　区	报刊总数	地　区	报刊总数
北　部	4	南　部	24
东北部	19	中西部	11
东南部	405	总　数	463

资料来源：IVC。

（二）广播

1922年9月7日，巴西第一家电台在里约热内卢开播，截至2009年，全国广播用户有5350万，电台有4003家，频道有8601个。广播广告投入比2008年增长了9.4%。业内人士认为，虽然广播这种传统媒体的发展目前仍面临着许多困难，但如果与其他传媒渠道相结合，仍可获得较大的广告投资额。

表7 2009年巴西电台数量

单位：家

波段	FM	社区广播	AM	Tropical waves	短波	教育FM
电台数	2426	3817	1771	74	66	447

资料来源：MINICOM。

从电台的地域分布来看，根据圣保罗传媒集团提供的数据来看，FM 调频听众数量最多。每个州单位人群拥有量（2 万 ~6 万人拥有一家电台）与当地经济及人口情况有关，里约热内卢州的电台密度最大（见图 5）。

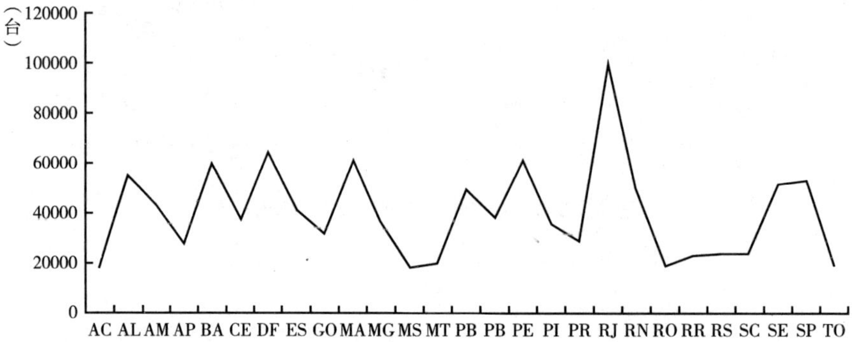

图 5　区域单位人群电台拥有量

资料来源：圣保罗传媒集团相关资料。

虽然里约热内卢州的人均拥有电台数最多，但从区域产值来看，圣保罗及大圣保罗州所占比重最大，为 45.5%（见图 6）。

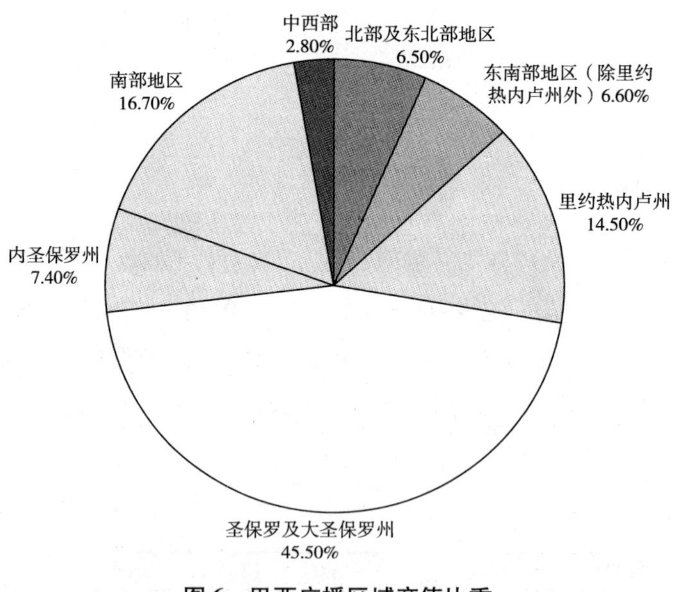

图 6　巴西广播区域产值比重

资料来源：圣保罗传媒集团相关资料。

从电台的发展趋势来看，FM 电台占据有利竞争地位，与 2000 年相比，2009 年 FM 电台数量增加了 83.5%。近年来，FM 电台的听众数逐年增加，包括手机和网络用户。而 AM 电台在保持市场份额方面遇到诸多困难，主要还是不能像 FM 电台一样适应新的科技发展，将传播渠道扩展到手机和网络。

传播距离为 1 公里的社区电台是 FM 电台的一种重要方式，为社区提供资讯、文化、休闲娱乐等信息。社区电台不能以盈利为目的，也不能从政党或者宗教团体处获得资金支持，也不能有广告收入。截至 2009 年 9 月，获准播出的社区电台一共达到 3817 万家，比 2004 年的 2213 家增加了 72.5%。

（三）电视

根据巴西大众传播部电信总局提供的数据，2009 年，巴西共有电视台 498 家，比 2003 年的 416 家增加了 82 家。其中，295 家为商业电视台，201 家为教育电视台。而巴西电视转播台的数量也已过万。在巴西传媒产业中，电视所占的市场份额最大。2009 年高清电视迅速发展，与手机用户的合作，更是促进了电视行业的发展。随着地区经济的发展，更多的广告投入，也促进电视行业的发展。

在电视领域，近年来付费电视的发展不容小觑。巴西付费电视市场 10 年来保持持续扩张状态（见图 7）。截至 2010 年，共有 860 万家庭用户，受众达 3000 多万人，其中有 76% 来自中高收入家庭。可选频道约 200 个，付费运营商总收入达到 980 万雷亚尔（见图 8）。所有频道的广告总收入达 8200 万雷亚尔。投放

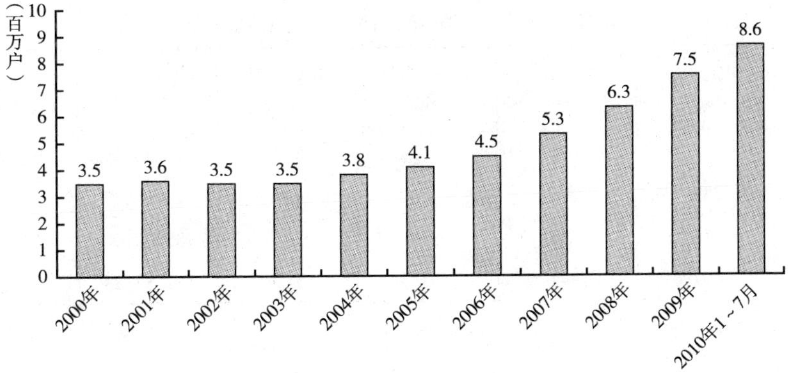

图 7　2000～2010 年巴西付费电视用户数

资料来源：Ancine。

广告商家达800余家，在这些商家中，45%表示2010年会增加在付费电视中的广告投资额，26%表示会保持2009年的广告投资规模。

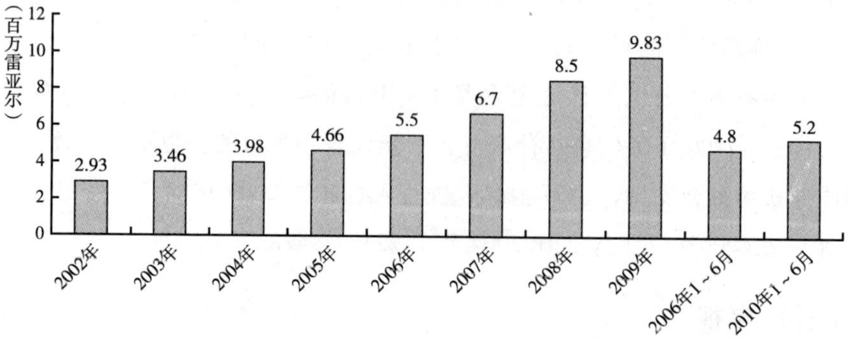

图8　2000~2010年巴西付费电视运营商营业额

资料来源：Ancine。

（四）电影

2009年，巴西共有电影院647家，放映厅2141个，总共有319部电影上映，观众总数近1.13亿人次，票房总数近9.7亿雷亚尔。近年来，虽然电影总票房及观众总数呈增长态势，但电影院、放映厅及放映电影总数却在逐年减少（见表8）。

表8　2006~2009年巴西电影行业基本数据

年份	电影院（家）	放映厅（个）	3D放映厅（个）	电影总数（部）	观众总数（人次）	总票房（雷亚尔）
2006	—	2095	9	332	90283635	694965217
2007	783	2159	24	326	90914437	702061111
2008	816	2278	64	323	89960164	729522782
2009	647	2141	107	319	112683383	969783736

资料来源：Ancine。

而从电影院的地区分布来看，东南部的电影院数量最多，拥有最多的电影资源。从传媒产业的发展模式来看，跨区域、跨行业的集团化经营已成主流（见表9）。

表9　2009年电影放映厅的地区分布情况

单位：个

地　区	电影放映厅总数	地区	电影放映厅总数
北　部	42	南　部	266
东北部	248	中西部	201
东南部	1149		

资料来源：Ancine。

根据传媒支柱（Donos da Midia）研究项目提供的报告指出①，巴西共有全国性的传媒集团41家。而41家集团拥有551家下属机构，而这些下属机构涵盖了传媒产业的各个领域。

以巴西排名第一的传媒集团——环球传媒集团为例，该集团2009年年收入达83.86亿雷亚尔，比2008年的76.02亿雷亚尔，增长了10%，业务范围涵盖电视和娱乐业、纸质媒体和电台、发行及数字信号传输等领域，几乎将触角伸到传媒产业产业链的各环节，构成一个巨大的传媒帝国（见图9、图10）。

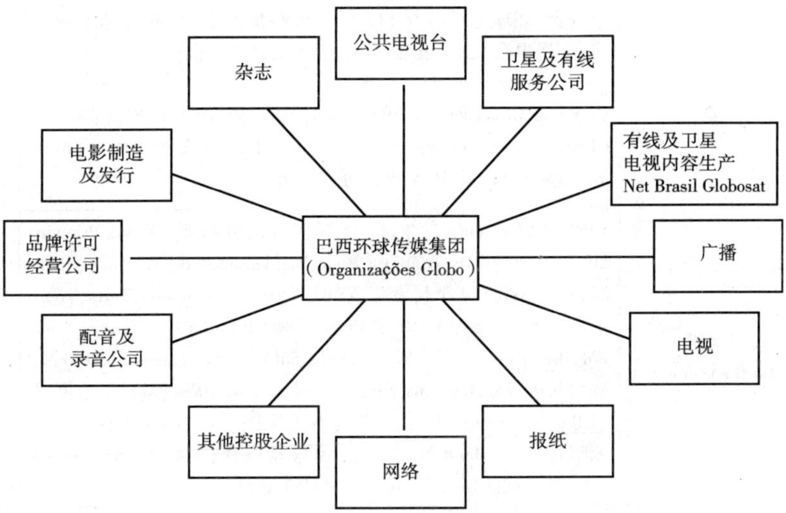

图9　环球传媒集团组织机构

资料来源：Ancine。

① http：//www. donosdamidia. com. br/.

综上所述，巴西传媒业近年来的发展呈现以下几大特点：①传媒行业分工细化，衍生行业越来越受到重视。②传统媒体整体规模巨大，无论是数量及产值基本保持稳步上升态势。电视媒体仍占主要地位。在新媒体的冲击下，传统媒体采用新的营销方式或与新技术结合，寻找发展之路。③行业集群区域化明显。以圣保罗州、里约热内卢州为代表的东南部经济发达区，与以南大河州、圣卡达丽娜州为代表的南部经济发达区，仍是传媒行业主要集中地，同时也是主要传媒集团的主要集中地。④传媒产业主要采取集团化经营形式。传统媒体主要由国家级或地区级传媒集团控制。传媒集团业务通常涉及产业链的各个环节，但也有其主要侧重点。

表 10　巴西主要传媒集团概况

单位：亿雷亚尔

序号	集团名称	概况	年收入
1	环球传媒集团(Organizações Globo)	环球电视网是一家巴西电视媒体，本部设在里约热内卢，由记者 Roberto Marinho 于 1965 年 4 月 26 日建立，如今环球电视台已成为拉美地区最大、最具影响力的电视媒体并是世界第四大商业电视台，环球电视网有 113 个分台和加盟台，拥有环球电视网络、广播电台，以及报纸《环球》和《圣保罗日报》	83.86(2009 年)
2	四月集团(Grupo April)	由 Victor Civita 创立于 1950 年的传媒集团，旗下有 Veja，Exame，Claudia，superinteressante 及 Playboy 4 本杂志，2 个出版社(ática 和 Scipione)以及 MTV 巴西分支频道	31(2009 年)
3	旗手传媒集团(Grupo Brandeirantes)	1967 年成立的传媒集团，旗下拥有两种报纸(Metro Primeiro Mão)，3 个公共电视频道(Rede Bandeirantes de Televisão，Rede 21，Terra viva)，4 个付费频道(BandNews，BandSports，Terra Viva，Band Internacional)，10 家电台调频(Rádio Bandeirantes，Band FM，BandNews FM，Nativa FM，SulAmérica Transito，89 FM，Mitsubishi FM，Ipanema FM，Educadora FM，MPB FM)，2 个网站(EBand，Primeira Mão)，此外还有 1 家图片社(Band Imagem)，1 家唱片公司(Band Música)，1 家移动电视公司(TV minuto)，1 家有线电视网络公司(Rede Cidade)	—
4	记录传媒集团(Grupo Record)	记录传媒集团的记录电视网络覆盖全国，而国际记录电视台则覆盖全世界多个国家，该传媒集团拥有网络平台 R7、早间记录广播电台(Rádio Record AM)、网络之家电视台(Rede Família de Televisão)、Guaíba 广播电台(Rádio Guaíba AM/FM)、巴伊亚社会广播电台(Rádio Sociedade da Bahia)、Aleluia 网络广播电台以及报纸《人民邮报》、《当天》	30(2010 年)

续表

序号	集团名称	概况	年收入
5	晨报传媒集团(Grupo Folha da Manhã)	拥有报纸《圣保罗报》、《圣保罗晚报》,以及网络平台 UOL	27 (2010 年)
6	联合集团(Grupo Associados)	巴西第六大传媒集团,拉美最大的传媒集团之一,由 Assis Chateaubriand 于 1924 年建立,前身是 Chatô,拥有 15 家报纸、12 家电台、8 家电视台、9 个门户网站	—
7	RBS 传媒集团(Grupo RBS)	拥有电视台 RBS,报纸《零时刻》,网站"每周向导"和"Oba Oba"以及门户网站 Clic RBS	9.78 (2008 年)
8	Silvio Santos 传媒集团(Grupo Silvio Santos)	Silvio Santos 传媒集团拥有 40 家公司,其中最著名的是巴西系统电视公司(SBT),拥有公共电视台 SBT,是巴西传播面最广的电视台,该传媒集团旗下还有 Alphaville 电视公司以及城市电视公司,其推出的电视节目涉及农业、食品、化妆以及银行等多个方面	8.11 (2010 年)
9	圣保罗州传媒集团(Grupo Estado de São Paulo)	拥有报纸 Estado de São Paulo 和电台(Rádio Eldorado)	—

二 产业与市场分析

1. 产业结构和布局

根据巴西传媒支柱(Donos da Midia)的传媒集中度研究项目提供的数据,巴西传播媒介有关的机构共有 9448 家,有的属于传媒集团,有的加入某一电视网,有的则是独立运作(见表 11)。

表 11 巴西传媒产业机构类型及数量

单位:家,种

类型	数量	类型	数量
卫星直播电视台(DTH)	10	电视(TV)	421
付费电视(TVA)	25	报纸	1013
数据广播(OC)	66	杂志	1260
电信广播(OT)	75	中波电台(OM)	1686
数字微波电视(MMDS)	83	调频电台(FM)	2052
付费频道(Canal TV)(个)	103	社区电台	2408
有线电视(TV C)	276		

资料来源:Ancine。

在巴西，传媒中心系统是由国家级电视网构建起来的，或者说是由五大私营电视网（环球 Globo、骑士 Band、巴西电视网 SBT、记录者 Record 及电视网 Rede TV）构建。这些电视网直接或间接地控制了国家主要的传媒机构。从 1960 年开始，国家电视网络就形成了两大特点：公共资源的支持以及建立在地区私营集团加盟基础上的经营模式。目前，有 1/3 的市政府及其他国有企业资助这些商业电视网的信号在当地落户。根据统计数据显示，巴西一共有 34 个电视网，下属机构有 1151 家，占总数的 15.94%（见表 12）。而全国共有 FM 与 OM 广播网 20 个，下属机构有 910 家，占总数的 9.6%（见表 13）。

表 12　巴西主要电视网的电视台数及覆盖城镇情况

单位：家，个

电视网	电视台数	覆盖城镇
环球电视网	122	5484
巴西电视网	101	4814
旗手	39	4299
电视网	36	3182
CNT	6	232
TV Gazeta São Paulo	1	291

资料来源：Ancine。

表 13　巴西主要广播网及覆盖城市数量

单位：个

广播网	覆盖城镇	广播网	覆盖城镇
Rede Gaúcha SAt	145	Rede Bandeirantes AM – FM	81
Jovem Pan Sat	58	Rede Transamerica HITS	48

资料来源：Ancine。

另外的经营模式是传媒集团。国家级的传媒集团通常包括企业、基金会或公共机构，控制多家传媒机构，经营范围超过两个州郡。通常国家级集团也在巴西传媒体系中占据中心地位，因为大部分国家级集团控制了主要的电视网。巴西国内共有国家级传媒集团 41 家，下属机构 551 家（见表 14）。

这些传媒集团的经营范围涉及传媒产业产业链的各个环节，但却各有侧重，通常在某几个行业独占鳌头，具有绝对竞争力。比如四月集团，就侧重于报纸杂

表 14　控制主要电视网的 10 个主要国家级传媒集团

单位：家

集　团	下属电视网	下属机构数
四月集团(Grupo Abril)	音乐电视(MTV)	74
环球(Globo)	环球电视网(Rede Globo)	69
骑士(Band)	骑士(Band)	47
Gov. BR	EBC	46
IURD	Record	27
Associados	SBT	19
Sisac	Novo Tempo FM	14
Renascer	EBC	11
Assembl eia de Deus	Rede TV	10
FJPII	Canção Nova	10

资料来源：Ancine。

志等出版物的经营。2010 年，四月集团的出版物占据了 73.3% 的市场份额。① 而在广播、电影、电视方面，环球传媒集团都占据较大市场份额，分别占 40%、45% 及 85%。

除了国家级集团，地区集团也在传媒产业中占据重要作用。地区传媒集团指的是控制不止一家传媒机构，经营范围不超过两个州的传媒集团。2010 年，巴西共有 142 家地区性传媒集团，下属机构 688 家。这些地区集团加盟了主要的电视网（见表 15）。

表 15　巴西主要区域传媒集团

单位：家

集　团	加盟电视网	机构数	集　团	加盟电视网	机构数
RBS	Globo	57	ORM	Globo	15
OJC	Globo	24	CBV	Band	14
Sistema Mirante	Globo	22	RIC	Record	14

资料来源：mídia Donos。

2. 消费结构及消费习惯

无论哪个阶层，电视及广播都是最普及的传播媒介（见表 16），而由于各

① http://www.gm.org.br/page/midia-dados.

阶层收入水平的差异、知识层次及对新科技的接受程度不同，对付费电视、互联网、电影的使用或消费都呈现较大差异。

表 16　巴西各阶层传媒消费结构

单位：%

社会等级	电视	付费电视	广播	杂志	报纸	电影	互联网
A1	92	80	78	72	75	50	86
A2	94	71	82	67	72	43	82
B1	96	56	84	59	66	32	74
B2	97	35	82	46	56	19	55
C	98	15	80	32	42	8	31
D	96	5	74	21	25	2	15
E	84	1	65	16	17	1	5

注：A1 到 E 表示按收入从高到低排序。

资料来源：Mídia Dados 2010。

而从年龄结构来看，电视广播也拥有较大的消费人群。但是，面对互联网的飞速发展，30 岁以下的年轻人群使用网络媒体的比重较大（见表 17）。

表 17　巴西民众各年龄段消费结构

单位：%

年龄段	电视	付费电视	广播	杂志	报纸	电影	互联网
10 ~ 14 岁	98	25	77	60	26	14	55
15 ~ 19 岁	98	30	85	47	44	28	71
20 ~ 29 岁	97	29	84	43	52	24	59
30 ~ 39 岁	97	26	82	39	51	12	39
40 ~ 49 岁	97	24	80	32	50	9	30
50 ~ 64 岁	97	24	77	29	48	6	22
65 岁以上	96	18	68	24	40	5	7

资料来源：Mídia Dados 2010。

根据相关研究，从巴西人获得国家层面信息的来源来看，55.9% 选择电视，20.4% 选择网络，10% 选择报纸，7.8% 选择广播，2.7% 选择社会关系，1.8% 选择在线报纸，0.8% 选择纸版杂志，0.1% 选择网络杂志。

而从获得日常生活资讯来源来看，99.3%选择电视，83.5%选择广播，69.4%报纸，52.8%新闻网站及记者博客，51.1%选择杂志，42.7%选择社会关系（Twitter，Orkut，Facebook），37.4%选择在线报纸，22.8%选择在线杂志。

综上所述，电视、广播、报纸、杂志等传统媒体仍拥有较大消费人群，但随着网络的出现，网络媒体也成为巴西大众生活的一部分。虽然目前在网络的使用中年轻人所占的比重较大，但随着时间的推移、社会的发展，网络新媒体将越来越受到更广泛的关注。

非 洲 篇

Report on Africa Countries

B.14

南非传媒产业发展报告

蒋佳惠*

一 南非传媒产业的发展概况

南非位于非洲大陆最南端，是非洲最发达的国家。其国土面积仅占非洲大陆总面积的4%，人口仅占非洲总人口的5%，但南非2005年的国内生产总值占全非洲的26.5%（占撒哈拉以南非洲的41.6%），对外贸易额占整个非洲大陆的23.3%。根据联合国的分类，南非是一个中等收入发展中国家，财经、法律、通信、能源、交通业发达，完备的股票交易市场居全球前20名。2008年的国内生产总值排在全球第25位，在非洲位居首位。南非因而被人们称为“发展中国家中的发达国家，发达国家中的发展中国家”。与经济发展相一致，南非的传媒产业规模和现代化水平在非洲也同样位居首位，在非洲尤其是南部非洲具有相当大的影响力。

* 蒋佳惠，荷兰莱顿大学硕士，中国传媒大学外国语学院欧洲语系第一教研室主任。

南非的政权更替以及政府的政策变化对传媒产业的发展产生了深远的影响。1652年至19世纪初期，荷兰和英国先后在南非建立了殖民统治。英布战争（1899～1902年）结束后，南非的传媒体制在英国传媒体制的影响下推行构建自由主义模式。1948年白人国大党赢得政权，开始推行更为残酷的种族隔离政策。当局对传媒业进行了严格控制，利用各种法规限制新闻报道。20世纪70年代，议会立法规定：南非联合新闻社在宣传上要为官方服务；允许军队和警察介入，控制新闻传播。以致南非在这一时期的新闻自由被基本剥夺。1993年10月，德克勒克政府通过了新的广播条例，即《独立广播权限法案》（Independent Broadcasting Authority Act）规定所有广播节目必须独立于政府。这个法案赋予了传媒业不受政府左右的权利，保障了媒体的独立性和自主权，允许媒体对南非境内外的新闻事件进行客观、公正的报道。这个法案的通过被视为南非传媒业朝着自由化迈进的一个重要标志。南非传媒业自此获得了自由发展。同一时期，在1994年，国大党黑人主席曼德拉在大选中获胜，当选为南非总统，标志着南非进入了一个新的历史时期。新政府不仅全面废除种族隔离制度，在传媒方面也采取多种措施，例如颁布一系列规范电视和广播事业的法令法规，以推进该领域的改革。1994年废除了1971年制定的《报刊注册法》；成立独立广播局（Independent Broadcasting Authority，IBA），专门负责向私营广播电视公司发放执照；规定管理法规，管理和调控整个广播电视市场。1998年该局批准建立了南非第一家私营免费商业电视公司——电子电视台（E－TV），开播仅3个月就取得了覆盖南非人口60%的佳绩。1999年南非政府出台的广播法令，规定了广播的三大类传播服务，即公共服务、商业服务及社区服务。它明确了南非传媒业的发展方向，加快了民营化改革的进程。2000年南非电讯管理局和南非独立广播管理局合并，形成一个类似美国联邦通信委员会（Federal Communications Commission，FCC）式的监管电信和广播业的机构：南非独立通信监管局（Independent Communications Authority of South Africa，ICASA），负责发放广播和电视许可证以及管理外国投资。2002年南非政府为促进媒体的发展，还专门成立了媒体发展和多样化办公室（Media Development and Diversity Agency，MDDA），向社区和小型商业媒体项目提供资金支持。自2004年首次提供支持以来，截至2008年1月，该办公室已为172个媒体项目提供了5500万兰特的资金支持。尤其值得一提的是，其中40个媒体项目是在该办公室成立以后才建成的。

政府良好的政策环境为南非的传媒产业提供了自由发展的空间。

在当今信息化的社会中，信息的动态已越来越多地呈现多元性特征。尽管对多样性的认可不能满足所有兴趣的需要，但仍然有不少广播公司试图通过窄播将多元化作为一种制度，其中包括荷兰的柱式系统（pillar system）、澳大利亚特别节目广播事业局（SBS）以及南非广播公司（South African Broadcasting Corporation，SABC）的多语言服务。南非宪法中规定了南非有英语、南非语（又称“南非荷兰语”）、祖鲁语等11种官方语言，因此单一语种的信息资源远远不能满足社会各阶层的信息需求。

根据尼尔森公司发布的南非2009～2010年度数据来看，南非各类媒体近年来的广告收益如表1所示。

表1　南非各类媒体近年来的广告收益

单位：百万兰特，%

类　别	1998年	同比增长	2007年	同比增长	2008年	同比增长
日报	1104.5	15.2	3533.4	15.1	3485.8	14.2
周末报刊	448.0	6.2	1413.8	6.0	1544.0	6.3
有色人种报刊	151.2	2.1	—	—	—	—
社区报纸	422.8	5.8	1547.9	6.6	1520.6	6.2
消费类杂志	732.7	10.1	2114.1	9.0	2202.9	9.0
贸易、技术、经济	366.9	5.1	512.4	2.2	531.4	2.2
出版物总量	3226.4	44.5	9121.6	39.0	9294.7	37.8
电视	2938.8	40.5	9379.4	40.1	9961.6	40.6
无线广播	795.3	11.0	2964.8	12.7	3345.2	13.6
电影业	76.8	1.1	359.5	1.5	358.1	1.5
户外	210.9	2.9	1161.1	5.0	1079.9	4.4
直接邮寄广告	—	—	139.9	0.6	150.5	0.8
互联网	—	—	272.0	1.2	375.9	1.5
总计	10474.3	100	32519.9	100	33850.6	100

资料来源：Nielsen。

不难看出，出版业和电视产业在南非的传媒业市场一直占据着最大的比重，并且在政策的保护和倾斜下一直有着稳固的发展。而缺少产业巨头的南非在电影业方面的发展一直没有太大起色。同时，相比其他国家蒸蒸日上的互联网行业在南非却由于受到光缆等条件限制，从价格和速度等方面对互联网的发展形成了很大程度的制约。

根据南非国内 2009 年 3 月对媒体产业的报告显示，南非国内现有日报 21 种，主要的周报 27 种，660 种消费类杂志，735 种企业间的出版物，470 种社区报纸及杂志，92 家电视台和 137 家广播电台和超过 65 个直通家庭数字卫星电视频道。南非广告研究基金会（South African Advertising Research Foundation，SAARF）的调查数据显示，南非有近 2200 万人观看电视，超过 2500 万人收听电台，不足 1100 万人阅读杂志。然而南非对印刷媒体的技术处理水平在全世界处于领先水平，在信息急速更新的年代，这也为南非的报纸和杂志处于屹立不倒的地位提供了良好的平台和保障。

二　产业与市场分析

（一）报纸

南非是非洲报业最发达的国家之一。SAARF2008 年的调查结果显示，南非的成年人（超过 16 周岁）中有 48.6% 阅读报纸，31.4% 阅读日报，35.4% 阅读周报。南非印刷媒体最早始于 19 世纪初，绝大部分的报纸依照英国模式出版发行。近年来，南非传统报业的发展相对稳定，但是以地区读者为目标受众的各种小型报纸却发展显著。南非销数审计局（Audit Bureau of Circulation，ABC）的调查结果显示，南非的主流报纸发行量相对偏低，但是小型报纸的迅猛增长使数据得以平衡。2007 年第 1 季度 ABC 的统计数据表明，针对中层阶级读者的报纸的发行量较低。而《邮政卫报》却成为例外，其发行量由 2006 年的 42000 份上升至 47000 份。2008 年的同期数据中，报纸的发行量总体而言没有明显的增长势头，地区性周报发行量降低了 11.3%，社区报纸的发行量因为 6 种新报纸的创刊而有了 6.2% 的增长，免费报纸的发行量因为 13 种新报纸的创刊而增长了 12.9%。2008 年 10 ~ 12 月，报纸的发行量增长了 12.4%，每周的发行量达到 58258 份（而 2006 年同期的销量仅为 48292 份），创造了 25 年来的最高纪录。

南非的地区性报纸，包括小型周报，多使用英语或南非荷兰语发行，且相当部分使用双语发行。近年来，南非的报纸中唯有以工人阶层的黑人读者为主要受众目标的报纸发行量有了迅猛增长。以小型报纸《每日太阳报》（*Daily Sun*）为例，其 2007 年第 1 季度的日发行量由 2006 年的 452000 份增长至了 508000 份。

而2009年同期的销量已达到513291份。另一份报纸《城市新闻》（*City Press*）2008年的周发行量由2007年的185000份增长至201000份。与此增长趋势相反的是《映象报》（*Beeld*），其发行量由2007年的日均105184份跌至2009年的日均101972份。

《每日太阳报》是南非第一份以工人阶层的黑人读者为主要受众目标的报纸。2002年7月创刊，由全国传媒集团下属的媒体24小时集团控股。在发行后的短短几年时间里，《每日太阳报》就成为了发行量最大的日报。该报在豪登省、林波波省、姆普马兰加省、西北省的发行量已超过50万份，并且该报的影响力已扩大到夸祖鲁纳塔尔、自由州、东开普省，在这些省份的发行将增加该报的总发行量。

《星报》（*The Star*）总部位于约翰内斯堡，其发行范围遍布南非全国。其中销量最好的地区是豪登省。

《索维托人报》（*Sowetan*）与《每日太阳报》相同，其发行对象是以英语为使用语言的黑人读者，它也是《每日太阳报》最大的竞争对手。该报最初以周报形式问世，于1981年改为日报，由Avusa公司掌管。种族隔离时期，该报重点报道黑人群体在南非经济和社会发展等方面所发挥的作用，以及当地黑人生活变迁的情况。新南非成立后，黑人的社会地位有了很大提高，为此，报纸内容逐步扩展到指导黑人如何消费、理财和运用法律保护自己等方面。由于贴近黑人生活，该报被称为当地经济效益最好的报纸之一。

南非主要的中文报纸有《华侨新闻报》、《南非华人报》和《非洲时报》。

表2　自2006年以来南非主要日报及周报的日均发行情况

单位：份

报刊名称	发行周期	语言	2006年下半年	2008年第1季度	2009年第1季度
《映象报》(*Beeld*)	周一至周五,早报	南非荷兰语	99162	105149	95914
Die Burger(日报)	周一至周五,早报	南非荷兰语	91216	84545	80220
Die Burger(周报)	周一至周五,早报	南非荷兰语	103862	88603	84976
《商报》(*Business Day*)	周一至周五,早报	英语	41914	41975	39516
《开普守卫者》(*The Cape Argus*)	周一至周五,早报	英语	73414	70401	60552
《开普时报》(*Cape Times*)	周一至周五,早报	英语	49647	50621	47514

续表

报刊名称	发行周期	语言	2006 年下半年	2008 年第 1 季度	2009 年第 1 季度
《公民报》(*The Citizen*)日报	周一至周五,早报	英语	71432	55448	52242
《公民报》(*The Citizen*)周报	每周六	英语	52217	71324	67872
《城市报》(*City Perss*)	每周日	英语	183101	201790	181816
《每日快讯》(*Daily Dispatch*)	周一至周五,早报	英语	31666	32194	32919
《日报》(*Daily News*)	周一至周五,早报	英语	50229	52018	42274
《每日太阳报》(*Daily Sun*)	周一至周五	英语	494875	499436	507328
《钻石地产广告报》(*Diamond Fields Advertiser*)	周一至周五,早报	英语	9364	10138	10178
《号角报》(*The Herald*)	周一至周五,早报	英语	26860	25978	25502
Ilanga Lnagesonto	周末	祖鲁语	100906	90096	90158
Ilsolezwe	周一至周五,早报	祖鲁语	96485	99098	102454
《星期六独立报》(*Independent on Saturday*)	每周	英语	59905	53999	50895
《邮政卫报》(*Mail and Guardian*)	每周	英语	48292	52067	52485
The Mercury	周一至周五,早报	英语	40683	38916	37080
《邮政报》(*Post*)	每周三	英语	47151	46649	45454
《比勒陀利亚新闻》(*Pretoria News*)日报	周一至周五,早报	英语	29776	28202	26918
《南非日报》(*Rapport*)	每周	南非荷兰语	300338	301827	282260
《星期六星报》(*Saturday Star*)	每周	英语	137196	138269	130435
Soccer-Laduma	每周	英语	303461	292701	317571
《索维托人报》(*Sowetan*)	周一至周五	英语	134818	145173	130435
《星期日世界》(*Sunday World*)	每周日	英语	155997	203460	180255
《星报》(*The Star*)	周一至周五,早报	英语	163332	68993	167214
《星期日独立报》(*Sunday Independent*)	每周	英语	42617	43290	38284
《星期日太阳报》(*Sunday Sun*)	周末	英语	200315	202524	214357
《星期日时报》(*Sunday Times*)	周末	英语	504475	504193	504163
《星期日论坛报》(*Sunday Tribune*)	每周日	英语	113681	109452	101105
《人民日报》(*Volksblad*)	周一至周五	南非荷兰语	28476	29924	26574
《人民日报》(*Volksblad*)周报	周末	南非荷兰语	23877	24469	23475
《周末开普守卫者》(Weekend Cape Argus)	周末	英语	104013	104738	95022
《周末邮政报》(*Weekend Post*)	周末	英语	28788	24821	26445
《见证报》(*Witness*)	周一至周五	英语	23089	12620	22187
《商报周末版》(*Weekender*)	每周六	祖鲁语	—	23187	140895
Son	周一至周五,早报	南非荷兰语	—	102402	107899

资料来源：根据 ABC 相关统计数据整理。

根据南非印刷媒体协会在南非年鉴中公布的调查结果显示，自 2001 年以来，南非历年报业的主要获奖情况如表 3 所示。

表 3　2001 年以来南非报业的获奖情况

年份 \ 报刊名称 \ 奖项	Frewin[1]	Mc Call[2]	Cronwright[3]	Hultzer[4]	Joel Mervis[5]
2001	《星报》(*The Star*)	*The Mercury*	《纪事报》(*Chronicle*)	《波切夫斯特鲁姆号角报》(*Herald Potchefstroom*)	《南非日报》(*Rapport*)
2002	《映象报》(*Beeld*)	《纳塔尔见证报》(*Natal Witness*)	《帕尔报》(*Paarl Post*)	《号角报》(*Herald*)	《南非日报》(*Rapport*)
2003	《映象报》(*Beeld*)	《商报》(*Business Day*)	《南岸号角报》(*South Coast Herald*)	*Springs*, *Brakpan Advertiser*	《邮政卫报》(*Mail & Guardian*)
2004	《映象报》(*Beeld*)	《见证报》(*Witness*)	《帕尔报》(*Paarl Post*)	*Eikestadnuus*	*Naweek-Beeld*
2005	《见证报》(*Witness*)	《见证报》(*The Witness*)	—	—	《周末见证报》(*Weekend Witness*)
2006	*Die Burger*(日报)	《见证报》(*The Witness*)	《地区报》(*District Mail*)	*Eikestadnuus*	《邮政卫报》(*Mail & Guardian*)
2007	《映象报》(*Beeld*)	*Mercury*,《商报》(*Business Day*)	《帕尔报》(*Paarl Post*)	《波切夫斯特鲁姆号角报》(*Potchefstroom Herald*)	《邮政卫报》(*Mail & Guardian*)
2008	《映象报》(*Beeld*)	《见证报》(*The Witness*)	*Springs Advertiser*	《帕尔报》(*Paarl Post*)	《周末见证报》(*Weekend Witness*)
2009	《映象报》(*Beeld*)	《商报》(*Business Day*)	*Lowvelder*	《波罗克瓦尼观察者报》(*Polokwane Observer*)	《南非日报》(*Rapport*)

注：[1] 发行量在 50000 份以上的最佳日报，[2] 发行量在 50000 份以下的最佳日报，[3] 发行量在 15000 份以上的最佳社区报纸，[4] 发行量在 15000 份以下的最佳社区报纸，[5] 最佳都市周报。

资料来源：南非印刷媒体协会。

（二）杂志

南非的杂志产业竞争激烈。尽管电子媒体和互动媒体给世界带来了很大的冲击，但是在南非，依然不断有新的杂志被创刊。尽管在过去的几年间，杂志读者的总数一度锐减，但超市和书店的书架上新刊物仍源源不断，说明印刷刊物依旧吸引着大量读者。

针对特定市场而创建专门刊物的做法在南非的杂志业中很普遍，这一战略也使得南非的杂志刊物数量在过去 10 年中有了 40% 的增长。根据 ABC 的统计，这一增长速度在 2007 年 12 月至 2008 年 9 月间一度达到 11.7%。此外，南非的杂志业的另一发展趋势是双语刊物增长迅速。

在 ABC 对 2007 年 12 月至 2008 年 9 月间的调查统计中，消费类杂志依然在所有刊物中占有最大比重，刊物数量达到 187 种，2008 年中新创刊物数量达到 17 种，淘汰刊物数量为 23 种；企业间出版物的刊物数量共计 174 种，其中在 2008 年的新创刊物数量为 26 种，淘汰刊物数量为 13 种；购物杂志总量达到 66 种，新创刊物为 19 种，淘汰刊物数量为 5 种；免费杂志的数量为 53 种，新创刊物数量为 19 种，淘汰刊物数量为 29 种。

南非最大的杂志周刊为家庭杂志《议员伴侣》（*Huisgenoot*）和时尚杂志《*You*》。在月刊中，女性杂志依然是销量最好的刊物，但近年来发行数量有所下降。2008 年 3 月和 12 月，南非女性杂志的发行情况如表 4 所示。

表 4　2008 年 3 月和 12 月南非女性杂志的发行情况

单位：份

刊物名称	2008 年 3 月	2008 年 12 月
Essentials	44069	39830
Glamour	98948	94973
Oprah	74961	50994
Real Magazine	66188	64166
Real Simple	36022	20447
Rooi Rose	111828	109482
Cleo（新增刊物）	0	24918

在男性杂志方面，2007 年 12 月至 2008 年 9 月发行量最大的为 *FHM*，总发行量达到 71408 份。同期，*Popular Mechanics* 的销售量增长了 5%，达到 46282

份，而 *Men's Health* 的销售量下降了 9%，总销量为 69718 份。

同期在家庭杂志方面，*Move*！无论在销售总量还是所占比重方面都占据了市场的领先地位，销量增长了 48%，即 64000 份。*Big Issue* 的销量下降了 34%。而下降最多的 *You/Huisgenoot*，年度减量 17424 份。

近几年来，青年杂志的种类呈现良好的发展态势，但是各杂志的销量也因国际金融危机而受到了不同程度的冲击。*Barbie* 的发行量由 2007 年的 16000 份下降至 2008 年的 11663 份，*National Geographic Kids* 的发行量由 44367 份略降至 43226 份。

健康杂志在 2008 年的销量也略微有所下降，销售数量为 70247 份。其中，*Longevity* 的发行数量从 2007 年的 27332 份下降至 2008 年的 20033 份，同期，*Shape* 的发行量由 51782 份下降至 41511 份。

育儿类杂志无论在发行总数还是每期的读者数方面均保持稳定。

行车类杂志总体而言销售有所下降，总发行量由 2007 年的 354810 份下降至 2008 年的 305187 份。其中 *Bike SA* 和 *Auto Trader* 的发行量相对稳定，但其他诸多杂志，例如 *Car*，*Cars in Action*，*Speed and Sound*，*Wiel* 等的发行量均略微减少。

旅游类杂志尽管在 2008 年有了许多新增刊物，但是发行总量与上年相比还是下降了 5%。其中，最大的刊物 *Weg/Go* 的年发行量下降至 85505 份。此类刊物中发行量得以增长的仅有两份刊物，即 *Caravan* 和 *Outdoor Life*。

在体育和兴趣类杂志方面，2008 年的总发行量为 24339 份。其中 *SA Rugby* 的发行量有了不可思议的增长，数量达到 18956 份，与上年相比增长 34%。而同期 *Golf Digest* 的发行量则下降了 31%，发行数量为 11113 份。

在经济和新闻类杂志中，*Finweek* 发行量从 2007 年的 66566 份锐减至 2008 年的 30802 份。相比之下，*Financial Mail* 的销量较为稳定，从 2007 年的 32761 份减少至 2008 年的 29158 份。

（三）广播和电视

在南非，电视节目主要由南非广播公司和商业公司提供。成立于 1963 年的南非广播公司见证了南非传媒业改革发展的历史，其变革之路与南非民主政治的发展息息相关。在《独立广播权限法案》的保障下，南非广播公司实现了私有化改造，于 1999 年正式开始公司化运作。改制后的南非广播公司仍由国家控股，但政府并不能干涉其经营和新闻报道的自由。政府官员不再是南非广播公司的最高领导者，而改由一个经国会选举产生、再由总统任命的董事会负责制定政策。董事会再委任一个独立的行政总裁负责公司日常工作，以实现公司的各项发展目标。其他的管理层成员也大部分从外面聘请，力求做到知人善任。公司的原有雇员也不再是国家公务员，而是实行聘用制。南非广播公司实现私有化之后的财政来源和70%以上的收入来自节目的广告费和赞助费。电视牌费也是南非广播公司收入的来源之一。南非政府规定，收看南非广播公司的节目，每台电视机每年需缴纳208兰特。南非广播公司还将剩余资金用于投资娱乐、教育、音乐制作、电子商务、多媒体技术等领域。自此，南非广播公司不再完全依靠政府资助。如今，作为公共广播的渠道，南非广播公司的独立性受到法律保护。而该公司也不断进行改革和调整，从而更好地履行其职责。

南非广播公司是南非最大的广播电视机构，也是目前南非唯一的全国性公共广播电视机构，它同时为广播和电视提供时事新闻及服务。该公司在南非国内设有13个新闻编辑部，同时通过悉心部署的新闻局、外国记者和国际新闻机构提供国际新闻。

1. 广播

南非的收音机持有量大约为1000万台。听众可通过卫星和互联网接收电波。多数的主流电台，甚至包括少量的社区电台，同时在它们的网站上提供实时播放。这些电台除使用11种官方语言外，还使用德语、印地语、葡萄牙语等进行广播。南非的广播电台大致可分为三类：公共广播电台、商业广播电台和社区广播电台。

南非广播公司是南非唯一的公共广播电台，它共有19家广播电台，广播网点覆盖全国，以FM、中波和短波的形式向全国乃至国外发射。其电台包括11家公共电台和8家商业电台与社区电台。据2008年的统计结果显示，南非广播公司平均每日电台成人听众数量达到1900万人。电台新闻每日的新闻内容涵盖的文字数量约百万个，经过全天24小时的编辑，每周通过27个时事节目播放300条新闻快报。南非广播公司的电台服务包含11种官方语言，并且每一种语言均拥有一家公共广播服务电台。此外，该公司还管理着一家名为非洲频道（Channel Africa）的面向国外广播的电台，该电台广播网涵盖四种语言服务，并使用英语、法语、葡萄牙语、斯瓦西里语、齐切瓦语（Chinyanja）和洛齐语（Silozi）对全非洲数以百万计的听众广播。该台的主要受众为非洲及印度洋岛屿的听众，集中提供关于非洲的节目，其主要目的是通过广播新闻和资讯节目建立南非和国际社会的联系，并对外树立真正的南非形象。

早在种族隔离时期，南非就已拥有两家独立的广播电台：702 电台（Radio 702）和首都电台（Capital Radio）。随着时代的进步以及广播自由化，除南非广播公司以外的商业电台数量在 20 世纪 90 年代后期迅猛增长，但其规模仍远不足以与南非广播电台相抗衡。

除上述两种电台以外，伴随文化与教育交流需求的增多，社区广播电台有着不可估量的潜力。自 1994 年以来，南非的广播局受理了数以百计的来自各类社会团体的社区广播电台的许可申请，其中包括农村妇女合作社、南非荷兰语社区以及各类宗教团体等。目前，南非已有 100 多家社区广播电台以不同的语言播出。它们的播出范围和覆盖面差异巨大。多至 50 万名听众（例如 Joburgers），少到 1000 名听众（例如东开普省的 Llitha 社区广播电台）。这些电台在播送节目时使用各类土著语言，确保当地居民能通过自己熟知的语言来获取所需信息，目前这已成为南非广播不可或缺的一部分。

2. 电视

南非的电视广播 1975 年在国内部分主要城市开播，南非也由此被视为西方化国家中电视广播服务起步最晚的地区。在很长一段时期，南非的种族隔离政体认为电视广播对社会会产生消极影响。1971 年，南非当局宣称电视广播的设立可以促进南非人民的自我发展。当南非推出电视广播时，它成为了非洲大陆第二个可提供彩色服务的电视服务系统。因此尽管南非的电视广播于 1976 年 1 月才成为全国性的电视广播，但观众人数很快就达到了 5000 万，受众遍布南非国内和非洲其他地区。南非的电视节目用 11 种官方语言，外加德语、印地语、葡萄牙语以及手语播出。

在南非，电视节目主要由南非广播公司和商业广播公司提供。南非广播公司于 1976 年 1 月 5 日引进了单频道电视服务。截至 2009 年，该公司已拥有 3 个免费电视频道和 1 个以非洲观众为目标群的 24 小时播放的收费频道。它共播出 11 种语言的节目，播出内容包括南非本地和国际社会的新闻、体育、喜剧和戏剧等，平均每天观众总数多达 2000 万人。南非广播公司播出的电视节目中有 50% ~60% 出产于南非本地。该公司在全国各地设立了新闻团队。他们使用先进的便携式电子摄影机和线路连接设备，通过 220 多个电视发射台向公司传输新闻。所有新闻均可通过特设卫星从事件发生的现场传送至广播公司。新闻快报用全部 11 种官方语言播出。在黄金时间段，南非广播公司的电视频道播出时间的 18% ~20% 都用来播送新闻及新闻相关类节目。此外，南非广播公司的在线新闻服务，即 SABC News. com 每月的浏览量多达 60 万。南非广播公司从模拟数字信号改为数字电视信号的试播于 2009 年年中完成，以期遵从国际电信联盟（International Telecommunications Union，ITU）在 2015 年前关闭南部非洲模拟信号的规定。南非广播公司的电视服务中一套节目是南非收视率最高的频道，也是关注年轻人的免费频道，用英语、祖鲁语、科索萨语、恩德贝莱语、斯威士语 5 种语言播送，节目内容主要包含新闻、娱乐和体育节目，覆盖 70. 6% 的成年人口。其第二套节目是关注家庭的免费频道，用英语、南非荷兰语、索托语、聪加语等 7 种语言播送，覆盖 60% 的成年人口。这个频道的节目中本地节目占了很高比重，也涵盖了多数的南非荷兰语节目。第三套节目为世界观众提供娱乐和信息的免费商业频道，播出内容包括美国和英国的喜剧片及戏剧，主要用英语播送，覆盖了 47. 6% 的成年人口。此外，南非广播公司还通过非洲台（SABC Africa）向非洲大陆播出节目，主要包括新闻和娱乐栏目。付费电视频道则用英文为观众提供非洲新闻、资讯和娱乐节目。

南非广播公司的销售经营公司围绕 SABC 的广播和电视网络形成了两个主要的经营领域。同时，还拥有了自己的网上销售平台，销售旗下各电视台和制作公司的产品，主要包括 CD 或 DVD 光盘、教育类节目、体育类节目、图书等。在部分脱离政府的资助后，南非广播公司 70% 以上的收入来自所播放节目的广告费、赞助费。同时，南非政府规定，收看南非广播公司的节目的观众要支付电视牌费，每台电视机每年需缴纳 208 兰特。根据南非广播公司的统计，南非历年累计销售电视机约 804 万台，家庭电视机的拥有率为 60% 左右。同时，南非广播公司除了电视与广播节目以外，也涉足娱乐与教育等相关行业。对于一些南非人比较喜欢和热门的领域，它成立了专门的制作部门并设立相关机构，其涉及内容包括新闻、体育、教育、宗教等诸多领域。它涉足的商业经营中最主要的是电子商务，除此以外还有收视率调查、非洲音乐的制作和推广，以及多媒体技术等。

1986 年电子媒体网络有限公司（M－Net）成立，成为南非第一家私人电视公司，隶属私营公司米拉德国际控股集团公司（MIH）。它的出现打破了南非广播公司的垄断地位。目前，包括南非在内的50多个非洲国家以及临近的印度洋岛屿的100多万用户订购观看电子媒体网络有限公司的节目。中国中央电视台第四套和第九套节目也已通过该公司落户非洲。

自1994年起，南非广播公司和其他私营公司共同引入了一系列全新的电视频道。南非广播公司和电子媒体网络有限公司的播送范围都扩大至整个非洲。

多选台公司（Multi Choice Africa，MCA）是目前南非唯一的数字直播电视节目公司。它是电子媒体网络有限公司的姐妹公司，成立于1995年，目前付费电视的订购客户已超过150万人。该公司向全非洲和印度洋的48个国家提供收费电视服务和用户管理服务。收费电视服务由陆地的模拟网络和3个卫星传播的直通家庭数字卫星电视（DStv）组成。多选台公司在南非提供的模拟陆地频道由体育和电影，以及其他类型数字化的电视节目组成。该电视公司开设了50多个视频通道和40个音频音乐频道，全天24小时不间断播出。截至2007年年中，DStv在南非国内的订购人数超过了120万。2008年7月，多选台公司在南非市场首度推出高清晰度电视（High Definition Television，HDTV），播出的第一档节目即为北京2008奥运会。截至2009年年中，DStv在南非的订购人数已超越240万。至今，DStv已设有80多个视频通道、40多个音频音乐频道、30多个广播频道和3条交互式渠道，全天24小时运作，覆盖16.8%的成年人口。

1998年10月开播的电子电视台（E－TV），是南非第一家私营免费商业电视公司。它从1999年2月1日开始24小时全天播放。该电视台节目内容广泛，涉及新闻、体育和娱乐等，其中以播放各类娱乐节目为主，吸引了南非各类人种、不同的年龄阶层和不同收入水平的人群。电子电视台80%的节目用英文播放，其余用当地语言播放。截至2008年，该电视台已覆盖南非总人口的78%。截至2009年底，该电视台覆盖的人口比例已升至80.5%。

除上述传媒公司以外，南非还有两家公司从事卫星广播信号传输业务，即Sentech公司和Orbicom公司。前者是国有公司，主要服务于南非国家广播公司并负责向偏远及地面电视信号弱的地区通过卫星传输加密和不加密的电视节目；后者是米拉德国际控股集团公司的子公司，服务于多选台公司。

专 题 篇

Special Report

B.15

传媒产业国际竞争力评价研究

蔡继辉 王润珏*

20世纪90年代以来，随着经济全球化进程的加快，国际竞争日趋激烈，国际政治、经济格局发生了重大变化，国际竞争力问题备受各国政府、学术界所瞩目。国际竞争，从内涵上讲包括经济、军事和科技竞争等，形式上则主要体现在国家、产业、企业等层次的竞争。国际经济发展和竞争格局演变的历史表明，产业竞争力成为一个国家或地区国际经济地位的决定性因素，不管发达国家还是发展中国家，都纷纷把培植优势产业，开拓国际市场作为经济发展的重中之重。

传媒业作为融合了意识形态、文化、创意、技术、信息、娱乐等多种元素的精神产品生产行业，作为国家的战略性产业，其资源转化能力、满足需求能力、国际市场拓展能力等对于一个国家的经济乃至政治、文化发展具有举足轻重的作用。从世界传媒产业的发展看，以美国为首的西方发达国家占据了绝对优势，四

* 蔡继辉，社会科学文献出版社副编审，中国社会科学院青年人文社会科学研究中心常务理事；王润珏，中国传媒大学传播学博士后。

大西方主流通讯社——美联社、合众国际、路透社、法新社每天发出的新闻量占据了整个世界新闻发稿量的4/5；西方50家跨国媒体公司占据了世界95%的传媒市场；美国控制了全球75%的电视节目的生产和制作；许多第三世界国家的电视节目有60%～80%的栏目内容来自美国；美国电影产量仅占全球影片产量的6.7%，却占据了全球50%以上的总放映时间。① 从产业国际竞争力的角度研究传媒产业，建立传媒产业国际竞争力监测系统，分析我国传媒产业在国际竞争中的实力和地位，发现影响我国传媒产业国际竞争力的因素，对于我国传媒产业的发展具有重要的价值和意义。

一　产业国际竞争力的内涵及理论基础

1. 竞争、竞争力、国际竞争力

（1）竞争。竞争力（Competitiveness）的概念源于竞争（Competition）。根据《不列颠百科全书》的解释，竞争最初源于生态学，指在一个群落中生活在一起的同种或异种生物在资源不足以满足所有生物的需要时对同种资源的利用，后指两个或两个以上的个体或群体在一定范围内为了夺取其所共同需要的对象而展开较量的过程。

竞争法中的竞争是指市场经济活动主体为了自己的最大利益而以其他竞争者为竞争对手的争取交易机会和市场的行为。经济学上的竞争是指经济主体在市场上为实现自身的经济利益和既定目标而不断进行的角逐过程。

总之，从经济学的角度来说，竞争是指由于基于资源的稀缺性及利益主体的理性人假设条件下，处于不同生态系统下的经济活动的主体为获得最大利益，而对有利的生产条件和销售条件等进行的斗争。

（2）竞争力。有了竞争，就有了对竞争以及竞争力的研究。

竞争力是参与者双方或多方的一种角逐或比较而体现出来的能力。它是一种相对指标，必须通过竞争才能表现出来，笼统地说竞争力有大有小，有强有弱。

20世纪80年代，“竞争力”的相关问题开始引起美、英、日等国政府、机

① 中投顾问产业研究中心：《2010～2015年中国传媒产业投资分析及前景预测报告》，http://www.ocn.com.cn/reports/2006143chuanmei.htm。

构和学者的广泛关注。

1983年，美国成立了由30名专家组成的“工业竞争力总统委员会”。1985年1月，该委员会向总统提交了题为《全球竞争——新的现实》的研究报告，该报告对竞争力的定义、计算方法以及美国竞争力的现状进行了分析。1986年，美国成立“竞争力委员会”，其成员来自企业界、高等院校和劳工组织。同年，世界经济论坛（World Economic Forum，WEF）发表《关于国际竞争力的报告》，提出了国际竞争力研究的理论、评价方法和指标体系，并对一些工业化国家的国际竞争力进行了评估和排序。从1990年开始，世界经济论坛和瑞士洛桑国际管理发展学院（International Institute for Management Development，IMD）合作，提出了“竞争力=竞争力资产×竞争力过程”的竞争力理论，通过涉及8个领域的300多项指标对24个经合组织成员和10个新兴工业化国家或地区的国际竞争力进行评估、排序和分析，并按年度定期发布《全球竞争力报告》，成为国际范围内最具影响力的竞争力评价报告。

从研究的范围来看，竞争力的研究一般包括国家竞争力、产业竞争力和企业竞争力三个层次，当研究范围超出国界时，就产生了对国际竞争力的研究。

（3）国际竞争力。20世纪90年代以后，国际竞争日益加剧，国际竞争力问题开始引起经济、政治等更多领域学者的关注，国家和机构纷纷增加研究投入，竞争力研究发展迅速，新的理论和研究方法层出不穷。同时，各国政府对竞争力研究的介入和关注程度显著提高，一大批政府或准政府研究机构开始进行竞争力的相关研究。竞争力研究的相关成果对国家政策、产业规划、投资策略，甚至是国家间经济交往的意义也更为突出。1992年，英国政府贸易与产业部开始每年发布不同主题的竞争力相关研究报告。1993年，欧盟公布了关于欧盟竞争力研究的总结性报告《增长、竞争力和就业：通向21世纪的挑战与出路》；1995年1月，欧盟成立了竞争力咨询小组，专门负责向欧洲议会、欧盟首脑会议提供欧洲竞争力方面的政策建议。欧洲各国、日本、韩国、新加坡等也都在这一时期建立了专门的竞争力研究机构。

20世纪90年代开始，中国的竞争力研究获得高速发展。1993年中国加入WEF和IMD国际竞争力评价体系。1996年国家体制改革委员会经济体制改革研究院、深圳综合开发研究院联合中国人民大学成立了中国国际竞争力研究课题组，并于1997年3月出版了《中国国际竞争力发展报告（1996）》。该报告通过

381个指标，对中国国民经济的国际竞争力进行了分析和评价，涉及宏观经济、科学技术、企业管理、产业组织等多方面内容。① 与此同时，以金碚、裴长洪、倪鹏飞为代表的一大批学者开始专注于竞争力研究，他们围绕竞争力理论、竞争力评价和中国竞争力的具体问题展开研究，出版了《中国工业国际竞争力——理论、方法与实证研究》、《竞争力经济学》、《中国国家竞争力报告》等理论著作并发表了大量的学术论文，成果颇丰。

对国际竞争力的概念问题，各国学者从不同角度发表了不同的看法。工业经济学家认为，国际竞争力主要是一国的制造业能力和水平，即工业实力，而工业实力主要取决于企业的生产和经营状况。制度经济学家认为，17世纪在技术基础及文明程度不如中国的西欧发生工业革命是同西欧的社会政治制度密切相关的，这种制度容易激发创新，所以国际竞争力实际上就是制度竞争力。发展经济学家认为，国际竞争力的提高是经济发展的必然结果，促进经济发展的各种措施会带来国际竞争力的提高。

在学术界，关于国际竞争力的评价有两个权威机构，一个是总部设在日内瓦的世界经济论坛（World Economic Forum，WEF），一个是瑞士洛桑国际管理发展学院（International Institute for Management Development，IMD）。

世界经济论坛认为国际竞争力是“一国企业能够提供比国内外竞争对手更优质量和更低成本的产品和服务的能力”，之后，又从经济增长的前景来研究竞争力，认为国际竞争力是一国能够实现以人均国内生产总值增长率表示的持续高经济成长的能力。洛桑国际管理发展学院认为国际竞争力是一个国家或一个企业在全球市场上均衡地生产出比竞争对手更多财富的能力。

中国人民大学竞争力与评价研究中心研究组提出了国际竞争力的权威概念，认为国际竞争力是指“一个国家在世界经济的大环境下，与各国的竞争力相比较，其创造增加值和国民财富持续增长的能力”。

从国内外对国际竞争力的定义来看，各有侧重。借鉴国内外关于国际竞争力研究的成果，我们认为：①国际竞争力是一个相对概念，只有在国际比较中才有意义；②国际竞争力的主体是一个国家或地区；③国际竞争的范围是在经济领域，竞争的空间是市场；④国际竞争力是包括一个国家或地区的诸多方面在内的

① 参见国家体改委经济体制改革研究院等《中国国际竞争力发展报告》，中国人民大学出版社，1997。

复杂过程；⑤国际竞争力具有层次性，可以分为宏观层面的国家竞争力、中观层面的产业竞争力、微观层面的企业竞争力和产品竞争力。

2. 产业竞争力与国家竞争力、企业竞争力

许多文献将竞争力分为企业、产业与国家竞争力等三个层次。就企业层次而言，公司在与产业内厂商竞争的过程中，若能通过独特的资源能力的培养形成相对的竞争优势，就可以使产品在价格或质量上优于竞争对手，进而获得较佳的销售额与市场占有率，公司整体的获利能力也会提升，该公司即拥有较强的竞争力。而国家竞争力的含义则相当复杂，不同学者间的看法也有其差异。迈克尔·波特认为国家竞争力指的是一个国家在某一产业的国际竞争过程中，是否能创造一个良好的商业环境，使得该国企业获得竞争优势的能力，其定义其实近似于产业竞争优势，但具有多层次的含义。而 IMD 则认为国家竞争力是一个国家创造附加价值，进而增进国民财富的能力。而一般探讨国家竞争力时，关心的焦点主要是一个国家经济成长及整体社会福利的提升。

产业层次的竞争力关注的则是一个国家某个产业在全球市场上是否具有优势，竞争的对象则是其他国家的产业。产业由企业组成，又存在于国家之中，因此影响产业层次竞争力的因素也同时包括了来自企业、产业与国家层次等各项因素的影响。而由于产业的竞争以全球为舞台，因此产业层次的竞争力关注的焦点多集中在国际贸易上的表现，一般衡量产业竞争力也多集中于探讨产业在进出口的价格、数量与质量等方面的表现。张金昌博士在《国际竞争力评价的理论和方法》一书中认为，产业竞争力是产业内企业整体的竞争力，也是一个国家产业的竞争力。从比较角度来看，它是产业内企业能力的差异、产业发展所需的资源条件的差异和产业发展环境的差异的反映；从产业自身来看，它是产业组织结构、产业的市场竞争结构、产业整体素质和国家的产业政策的反映。

产业竞争力作为一个中观层次的概念，必定与国家竞争力、企业竞争力之间存在着十分密切的关系。

（1）产业竞争力与国家竞争力。从对各层次的竞争力的研究结果可以看出，国家竞争力是指一个国家在全球竞争中所具有的生存和发展并由此获得收益的能力，国家的生存和发展能力是以产业、企业的竞争力不断提升为基础。国家在竞争中获取收益表现为综合国力不断增强和人民生活水平持续提高。迈克尔·波特认为，在国家层面上“竞争力”的唯一意义就是国家生产力。“国家与产业竞争力的关系，也正是国家如何刺激产业改善和创新的关系”。他还进一步指出，“产业有竞争力，国家自然会有竞争力”，“一国的竞争力依赖于它的产业创新与升级能力”。很显然，在波特看来，产业竞争力决定着国家竞争力，同时，国家又通过“环境的塑造”来影响产业竞争力。国家竞争力会影响产业和企业的国际竞争力的成长。

（2）产业竞争力与企业竞争力。产业的竞争力同样也是同一属性的企业的竞争力的集合。同一属性的企业构成一个产业，产业内企业竞争力的增强是该产业竞争力增强的基础，但产业竞争力并非企业竞争力的简单相加。一国的某一产业的竞争力，是一国在该产业范围内各个企业的竞争力综合起来形成的，这正是一个复杂的“力的合成”过程，企业竞争力是产业竞争力的前提和基础，产业竞争力是企业竞争力的集中表现。

3. 产业竞争力与产业国际竞争力

对产业竞争力的研究有两种分支：一是同一产业的国际间的竞争力研究，即产业国际竞争力研究；二是一个国家或区域不同产业的竞争力的比较研究，即产业间竞争力研究。两者的研究目的有着明显的不同，产业间竞争力研究的目的是找出在不同的产业之中，哪一个产业比其他产业更具有发展优势或者劣势，而产业国际竞争力研究则限定为某一特定的产业，在不同的国家之间的竞争力的比较研究。

产业国际竞争力是一个由国际竞争力衍生而来的概念。一般认为从产业的投入产出的角度出发，以分析、研究产业为目的，比较、评价一个国家某一特定产业的国际竞争力或一个国家的整体国际竞争力，即为产业国际竞争力。

迈克尔·波特是第一位从产业层次研究国际竞争力的学者。他把产业定义为生产直接相互竞争产品或服务的企业集合。这样定义产业就把企业、产业和国家结合起来分析，从而为全面、正确地分析产业国际竞争力提供一个分析框架。波特认为，一国在某一产业的国际竞争力是一个国家能否创造一个良好的商业环境，使该国企业获得竞争优势的能力。新贸易理论的代表者克鲁格曼（P. Krugman）认为，产业国际竞争力主要取决于规模经济基础上的收入递增和产品差别化，他认为规模经济效益和产品多样化结合在一起，就会形成一种新型的竞争优势，使不同国家之间同一行业内或发达国家间工业产品的双向贸易日益扩大。中国社会科学院金碚教授是国内从事产业国际竞争力研究的第一位学者，他提出产业竞争力归根结底是一个产业组织的问题；形成有效竞争的市场结构和产业组织结构，是培育和增强产业竞争力的根本途径和决定性条件。

总之，因竞争范围不同，产业竞争力有产业国际竞争力和国内区域产业竞争力之分，本文所讨论的产业竞争力主要是指产业国际竞争力，即特定产业——传媒产业的国际竞争力研究。我们可以将传媒产业国际竞争力定义为，某国或某一地区的传媒产业相对于他国或地区的传媒产业在生产效率、满足市场需求、持续获利等方面所体现的竞争能力。

4. 产业国际竞争力的理论基础

任何理论研究都有其理论基础和渊源，产业竞争力理论基础主要有两个：比较优势理论和竞争优势理论。

（1）比较优势理论。古典经济学家亚当·斯密于1776年首次提出了绝对优势理论，此后，另一位古典经济学家大卫·李嘉图在其代表作《政治经济学及赋税原理》中提出了比较优势理论。比较优势理论认为，国际贸易的基础是生产技术的相对差别（而非绝对差别），以及由此产生的相对成本的差别。每个国家都应根据“两利相权取其重，两弊相权取其轻”的原则，集中生产并出口其具有“比较优势”的产品，进口其具有“比较劣势”的产品。根据他的理论，商品的相对价格差异（也就是比较优势）是国家之间进行贸易的基础。两个国家分工专业化生产和出口其具有比较优势的商品，则两国都能从贸易中得到利益。

李嘉图虽然没有明确提出竞争力概念，也没有说明一国的比较优势与产业竞争力之间的关系，但实际上已经指出生产技术的差别是影响产业竞争力的因素，在生产技术上处于最有利地位的产业，即具有比较优势的产业及其产品在国际上最具竞争力。可以说，李嘉图的比较优势理论作为竞争力研究的重要理论渊源，对国际贸易和各国经济发展起到了巨大的理论指导作用，成为对后期经济发展影响最大的理论之一。

（2）竞争优势理论。20世纪80年代，迈克尔·波特提出了竞争优势理论。波特认为，一个国家的竞争优势，就是企业、行业的竞争优势，也就是生产力发展水平上的优势。一国兴衰的根本原因在于能否在国际市场中取得竞争优势，竞争优势形成的关键在于能否使主导产业具有优势。

波特认为，传统经济理论如比较优势理论、规模经济理论都不能说明产业竞争力的来源，因为“在产业竞争中生产要素非但不再扮演决定性的角色，其价值也在快速消退中”，“规模经济理论有它的重要性，但该理论并没有回答我们关心的竞争优势问题”。进而他指出，必须采用竞争优势理论来解释产业竞争力问题。竞争优势有别于比较优势，它是指各国或各地区相同产业在同一国际竞争环境下所表现出来的不同的市场竞争能力。

波特认为，一国的贸易优势并不像传统的国际贸易理论宣称的那样简单地取决于一国的自然资源、劳动力、利率、汇率，而是在很大程度上取决于一国的产业创新和升级的能力。由于当代的国际竞争更多地依赖于知识的创造和吸收，竞争优势的形成和发展已经日益超出单个企业或行业的范围，成为一个经济体内部各种因素综合作用的结果，一国的价值观、文化、经济结构和历史都成为竞争优势产生的来源。波特的国家竞争优势模型（又称钻石模型）包括四种本国的决定因素和两种外部力量。四种本国的决定因素包括生产要素，需求条件，相关和支持性产业，企业战略、结构和同业竞争；两种外部力量是随机事件和政府作用。

我们认为，尽管比较优势和竞争优势是存在区别的一组概念，但两者都是产业竞争力形成的基础。两者的区别是，比较优势强调同一国家不同产业间的比较关系，而竞争优势强调不同国家同一产业间的比较关系。前者强调各国产业发展的潜在可能性，后者则强调各国产业发展的现实态势。与区别相比，两者之间的联系更为重要：一国一旦发生对外经济关系，比较优势与竞争优势会同时发生作用；一国具有比较优势的产业往往易于形成较强的国际竞争优势；一国产业的比较优势要通过竞争优势才能体现。因此，比较优势是产业竞争力的基础性决定因素，而竞争优势是直接作用因素。比较优势是产业国际分工的基础，也是竞争优势形成的基础，但比较优势原理却不能直接用来解释产业竞争力水平的高低，而竞争优势原理作为一种研究思路和分析方法可直接用于解释产业竞争力的形成机理。

二　产业国际竞争力评价理论模型和评价体系

（一）产业国际竞争力理论模型和评价系统

1. 迈克尔·波特的钻石模型及其发展

竞争力理论的创始人哈佛大学商学院教授迈克尔·波特是第一个从产业层面

研究国际竞争力的学者。他在对多个国家的产业国际竞争力的实证研究后得出结论：一个国家经济环境对企业和产业的竞争能力有很大影响，也就是说一个国家或地区的特定产业是否具有国际竞争力取决于该国或该地区经济环境中四个因素，即生产要素，需求条件，相关和支持性产业，企业战略、结构和同业竞争，外部机会和政府作用也是产业竞争力的重要影响因素，这六个方面的因素共同构成了影响产业竞争力的钻石模型（见图 1）。[①] 钻石模型是双向强化模型，任何一个因素的改变都会引起其他因素的变化。

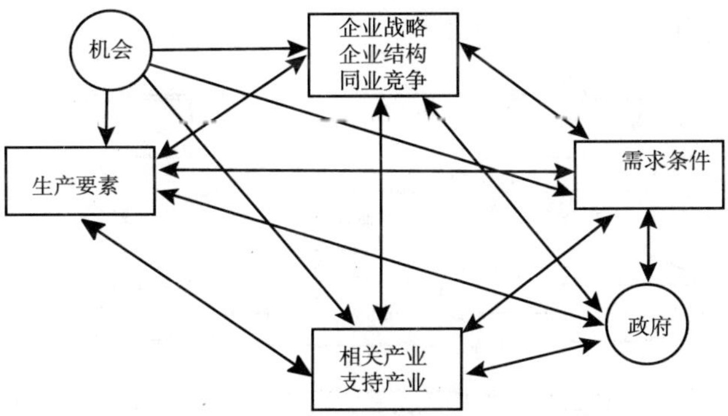

图 1　迈克尔·波特的钻石模型

资料来源：〔美〕迈克尔·波特著《国家竞争优势》，李明轩、邱如美译，华夏出版社，2002，第 119 页。

其中，“生产要素条件”包括人力资源、自然资源、资本资源、基础设施、政府支持等方面，这是产业集群必备的竞争要素；“需求条件”是指市场对该产业所提供的产品或服务的需求如何，主要表现为三个方面：国内市场的性质、国内市场的大小与成长速度、国内市场需求转换为国际市场需求的能力；“相关和支持性产业”重点关注上、下游产业的竞争优势及其影响；“企业战略、结构和同业竞争”是指支配企业如何创建、组织与管理的国内条件，以及国内竞争性质；“机会”大致包括基础科技的发明创新、传统技术出现断层、生产成本突然提高、全球金融市场或者汇率的重大变化、全球或者区域市场需求剧增、外国政府的重大决策以及战争等打破事物原本状态的具有偶然性的情况；“政府作用”主要考察政府的政策调节对竞争优势的影响。

① 〔美〕迈克尔·波特：《国家竞争优势》，李明轩、邱如美译，华夏出版社，2002，第 119 页。

2. 九因素模型

韩国学者赵东成（Dong-Sung Cho）认为，钻石模型在分析发展中国家产业竞争力时存在解释力不足的问题。因此，应建立能够反映发展中国家竞争力及其构成，并提示竞争力提升途径的新模型。2000 年，他结合波特钻石模型和韩国产业发展现状提出了对钻石模型进行修正的九因素模型（见图 2）。该模型着重强调了人力因素在竞争力形成中的作用，并将其细化为工人、制定并执行经济计划的政治家和官僚、承担投资风险的企业家、管理经营的职业经理和运用新技术的工程师各种因素。

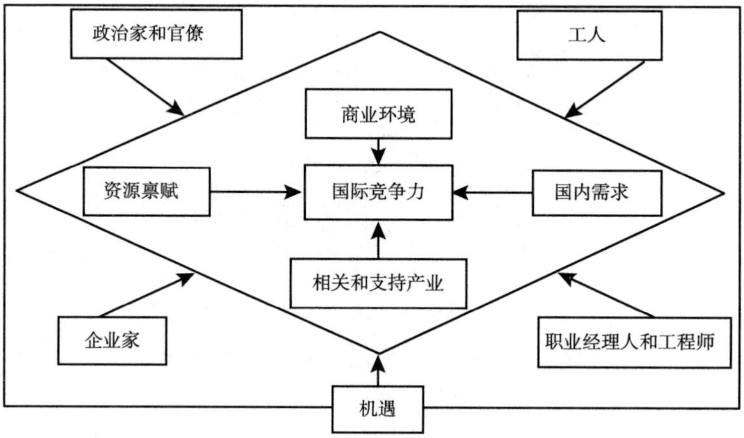

图 2　产业竞争力九因素模型

3. WEF 和 IMD 竞争力模型

世界经济论坛和瑞士洛桑国际管理发展学院一直是竞争力研究，特别是国家竞争力的研究的领军者，其竞争力模型也颇具权威性。它们认为竞争力是竞争力资产和竞争力过程的统一，即“竞争力 = 竞争力资产 × 竞争力过程”。其中，资产是指固有的或创造的能为国家带来经济利益的经济资源；过程是指将资产转化为经济结果，并通过国际化所产生出来的竞争力。竞争力主要取决于变革因素、变革过程、环境、企业家信心和工业序位结构。以该模型为基础，WEF 和 IMD 建立了复杂的评价体系和数百个评价指标。该模型的建立是立足于国家竞争力的视角，但对产业竞争力模型的建立具有重要的借鉴意义。

我们认为，尽管国内外产业竞争力理论发展还远未达到成熟，但产业竞争力理论框架已初步形成，主要由两个方面的内容组成：一个是以波特的钻石模型为代表的产业竞争力成因理论，该理论以定性分析为主要分析方法；一个是产业竞争力计量分析理论，国内外学者已在该领域作出了不小的贡献。产业竞争力理论体系的初步形成，为我们进一步的理论研究打下了坚实的基础。

（二）文化产业竞争力评价相关研究

近年来有不少学者着手研究和建构文化产业竞争力指标体系，对传媒产业竞争力评价体系的建构具有一定的借鉴意义。

1. 中国文化产业竞争力评价体系（中国人民大学）①

中国人民大学应用统计研究中心提出的中国文化产业竞争力评价体系在结合文化产业的内涵及中国文化产业发展特征的基础上设计了 7 个要素，27 个子要素，共 106 个指标，如表 1 所示。

表 1　中国文化产业竞争力评价体系

文化实力竞争力	总体水平、发展潜力、就业规模、文化消费需求
市场收益竞争力	文化出版市场、文物市场、艺术演出市场、音像传播市场、娱乐经营市场
文化产出竞争力	艺术演出市场、文物业市场、音像发行市场、出版市场
公共文化消费竞争力	图书馆服务、公共文艺服务、公共文化活动
人才和研创竞争力	人力资本、文化科研、文化装备、文化教育
政府文化竞争力	文化艺术投入、群众文化投入、科研教育投入
文化资源和基础设施竞争力	文化资源、图书馆设施、文物与文化教育设施、娱乐表演设施

2. 文化产业竞争力评估体系（湖南省社会科学院）②

文化产业竞争力评估体系以我国国家统计局发布的《文化及相关产业分类》中界定的文化产业范畴为研究对象，围绕文化产业的整体创新能力、市场拓展能

① 赵彦云、余毅、马文涛：《中国文化产业竞争力评价和分析》，《中国人民大学学报》2006 年第 4 期。

② 王毅：《文化产业竞争力评价方法与测度分析》，《求索》2007 年第 2 期。

力、成本控制能力和可持续发展能力设计评估体系，共分为7类，30项指标。该评价体系侧重于对区域文化产业竞争力的评估。

表2　文化产业竞争力评估体系

一级指标	二级指标	三级指标
市场拓展能力	产业实力	本地文化产业年均贡献值增长率(%)
		本地文化产业年贡献值占GDP总量的比重(%)
		本地文化产业年利税总额(万元)
		本地文化产品年出口总额(万元)
		本地文化服务年出口总额(万元)
成本控制能力	产业效益	本地文化产业全员劳动生产率(万元)
		本地文化产业万元资产利税率(万元)
		本地主要文化产品的国际市场占有率(%)
		本地文化产业从业人员占当地就业岗位总数的比率(%)
		本地当年文化产业原创上映和上演的电影、电视剧和大型演出项目(部)
	产业关联	本地文化产业对本地相关产业增长的拉动率(%)
		本地人均教育文化娱乐服务支出额(万元)
		年海外游客人次占本地常住人口总数的比率(%)
		外国留学生数量占本地在校大学生和研究生总数的比重(%)
整体创新能力	产业资源	本地人类发展指数(HDI)
		本地拥有世界自然遗产和文化遗产数量(个)
		本地万人口艺术家、科学家和工程师数量(人)
		本地文化产业研发投入(R&D)占文化产业GDP总量的比重(%)
	产业能力	本地文化产业年获得专利数量(%)
		本地年举办国际展览数量(个)
		本地文化产业年获得省市以上科技成果奖项的数量(个)
		本地文化产业年获得省市以上文化艺术奖项的数量(个)
可持续发展能力	产业结构	本地文化产业上市公司总市值占文化产业总值的比重(%)
		本地文化产业的外贸依存度(%)
		高新技术类文化企业占本地文化产业企业总数的比重(%)
		文化产业跨国公司地区总部及业务中心在本地的数量(个)
	产业环境	本地颁布和实施的有关文化产业法律法规数量(个)
		本地当年人均创业投资额(万元)
		本地人均每天使用互联网时间(人/天/分钟)
		本地人均公共文化服务设施使用面积(平方米)

3. 中国文化产业国际竞争力评价体系（祁述裕）①

该评价体系根据文化产业竞争力的内涵和竞争力系统层次，按照系统性、层次性及文化产业竞争力整体性评价的原则，建立了由三大模块（核心竞争力、基础竞争力、环境竞争力）、五大要素（生产要素、需求状况、相关产业集群、文化企业战略、政府行为）、17 个竞争面、67 个竞争力评价指标，构成了全面反映文化产业竞争力的综合评价指标体系（见图 3）。

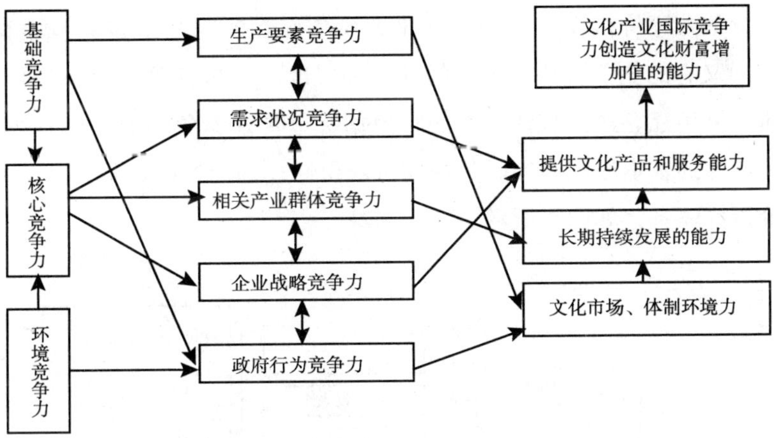

图 3 文化产业国际竞争力系统

（三）传媒产业竞争力评价相关研究

我国关于传媒产业的定量研究以中国人民大学喻国明教授提出的中国传媒发展指数（CMDI）和南京大学丁和根教授提出的传媒竞争力评价指标体系较为完善。

1. 中国传媒发展指数（CMDI）②

CMDI 的评价对象分为三个部分：一是，四大传统媒介的广告、发行（含有线电视收费）＋互联网广告；二是，移动媒体广告＋（广告公司、户外、软文及植入式）广告＋（电影、音像制品、图书出版）发行；三是，新媒体经济（短信增值＋动漫游戏＋购物＋娱乐休闲）＋所有媒体的其他投资收入及资本所得。CMDI 的评价体系由五大类 15 项基础指标构成，如表 3 所示。

① 祁述裕：《中国文化产业国际竞争力报告》，社会科学文献出版社，2004。

② 喻国明：《论中国传媒发展指数指标体系的构建》，《当代传播》2009 年第 4 期。

表 3　中国传媒发展指数指标体系

生产指数	盈利指数	受众消费指数	广告竞争指数	媒介环境指数
年电视播出时长 报纸总印数	内容售卖收入 广告收入	时间消费 核心受众规模 主媒介渗透率	单位广告承载额 千人广告成本 广告开发度 广告增速	人均 GDP 城镇居民年人均可支配收入 城镇居民人均文教消费支出 城镇化率

2. 传媒竞争力评价指标体系①

传媒竞争力评价指标体系的目标是评价传媒在实现一定目标（中长期或短期）过程中又有的竞争优势所采用的标准和尺度，定量评价与定性评价相结合。该评价体系采用社会经济统计学方法，根据决定传媒竞争力的系统性影响因素、确立评价指标的基本原则和实际数据的可获得性，确定传媒竞争力评价的总体性综合评价指标体系，如图 4 所示。

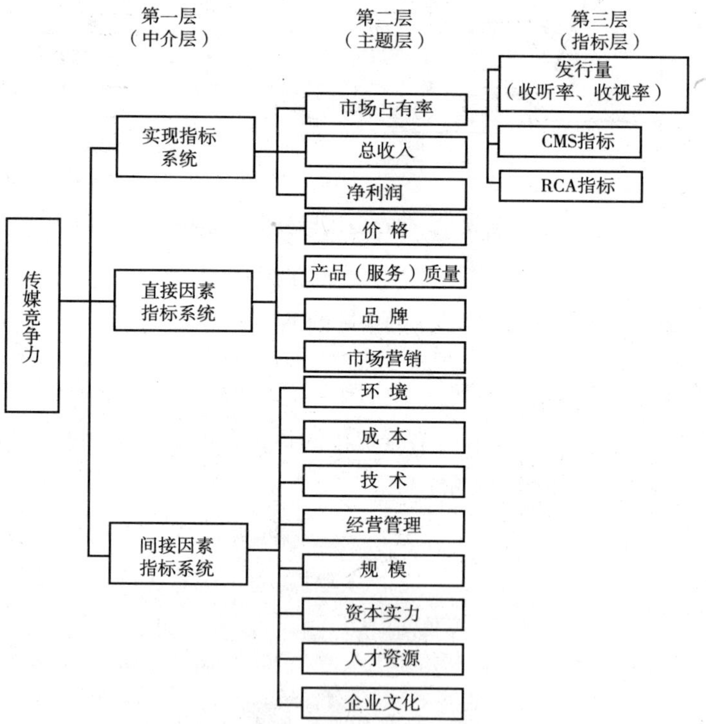

图 4　传媒竞争力综合性评价指标体系

① 丁和根：《传媒竞争力评价指标体系研究》，《新闻界》2005 年第 2 期。

三　传媒产业的基本界定和特点

界定传媒产业，需要把握其传播文化信息的本质内涵，以此确定传媒产业的外延边界。目前，国际上尚未形成统一的传媒产业定义和划分标准，各国对传媒产业的概念内涵、行业范围、统计口径等均存在差异。从本质上说，传媒产业是指传播各类信息、知识的传媒实体部分所构成的产业群，它是生产、传播各种以文字、图形、艺术、语言、影像、声音、数码、符号等形式存在的信息产品以及提供各种增值服务的特殊产业。从总体上看，传媒产业是第三产业、信息产业、知识产业和文化产业等多种产业的交叉产业。

（一）相关研究对传媒产业的界定

（1）英国创意产业部（DCMS）。创意产业由文化产业、传媒产业、体育产业（Culture，Media，Sport）构成，其中，传媒产业主要包括：电脑和电子游戏（Computer & Video Games）、商业广播电视（Commercial Broadcasting）、社区媒体（Community Media）、数字广播电视（Digital Broadcasting）、电影（Film）、音乐（Music）、出版（Publishing）电信和在线服务（Telecoms and Online）。

（2）英国传媒市场报告（Communications Market Report）。传媒市场包括电视和视听媒体市场（TV and Audio-visual）、广播和音频媒体市场（Radio and Audio）、电信和网络服务市场（Telecoms and Networks）。

（3）全球娱乐传媒业展望（Global Entertainment and Media Outlook 2010 ~ 2014 By PWC）。娱乐传媒业包括互联网接入（Internet Access：Wired and Mobile）、互联网广告（Internet Advertising：Wired and Mobile）、电视订阅和许可证（Television Subscriptions and Iicense Fees）、电视广告（Television Advertising）、音乐（Recorded Music）、电影娱乐（Filmed Entertainment）、电子游戏（Video Games）、杂志出版（Consumer Magazine Publishing）、报纸出版（Newspaper Publishing）、广播（Radio）、户外广告（Out-of-home Advertising）、个人消费和教育类书籍出版（Consumer and Educational Book Publishing）、商务类出版（Business-to-business Publishing）。

（4）全球产业指南。传媒产业包括广告市场（Advertising），广播电视和有线电视市场（Broadcasting & Cable TV），出版、电影和娱乐市场（Publishing and Movie & Entertainment Markets）。

（5）中国传媒产业的范围。根据清华大学新闻传播学院“媒介经营与管理研究中心”的研究，把传媒产业分成十大类，包括：新闻业、报纸产业、期刊产业、出版业、电视产业、广播产业、电影产业、新媒体产业、广告业、媒体服务业。

（二）本研究对传媒产业的界定

借鉴相关研究以及各国对传媒产业的分类及统计，本研究所称传媒产业主要包括新闻业、报纸产业、期刊产业、图书出版产业、广播电视产业、互联网与新媒体产业、广告业、知识产权交易。传媒服务业中的会展业不在本研究范围内。

表4　中国传媒产业分类及统计代码

类别名称	国家统计局行业代码	类别名称	国家统计局行业代码
一、新闻业	8810	五、电视产业	
二、报纸产业		电视	8920
报纸出版	8822	有线广播电视传输服务	6031
报刊批发	6344	无线广播电视传输服务	6032
报刊零售	6544	卫星传输服务	6040
三、期刊产业		六、广播产业	
期刊出版	8823	广播	8910
四、出版产业		七、电影产业	
图书出版	8821	电影制作与发行	8931
图书批发	6343	电影放映	8932
图书零售	6543	八、新媒体产业	
音像制品出版	8824	互联网信息服务	6020
音像制作	8940	动漫、游戏	
电子出版物出版	8825	九、广告业	
其他出版	8829	广告业	7440
音像制品及电子出版物批发	6345	十、传媒服务业	
音像制品及电子出版物零售	6545	知识产权服务	7450
记录媒介的复制	2330	会展业	7491
书、报、刊印刷	2311		
包装装潢及其他印刷	2319		

（三）传媒产业的特点及对产业国际竞争力评价的影响

作为一个产业，传媒既有与其他产业相近或相同的共性，也有区别于其他产业的特殊性和内在的规定性。在对传媒产业国际竞争力进行评价研究时必须充分考虑传媒产业的特点。

1. 社会价值和经济价值兼顾

在现代经济体系中，传媒具备一般产业的共性，即经济属性，还具有社会价值的特殊性。现代传媒处在国家安全核心领域，传媒实力成为国家综合实力和战略威慑力的重要组成部分。一个强大的传媒系统在维护国家统一、传播民族文化和民族精神，尤其是在传递国家意志、反映国家主张、影响国际舆论等方面发挥着重大作用。

2. 精神产品和物质产品生产一体化

有别于其他物质生产部门，传媒产业所经营或提供的产品具有二重性，即同时兼有物质产品和精神产品的属性。作为精神产品，传媒经营必须充分考虑精神产品生产和消费的特殊性，如受众的多层次性、消费的个性化等；作为物质产品，它必须遵循物质产品生产、交换、消费的一般规律，即价值规律。像其他产业一样，传媒产业也受供求机制、价格机制和竞争机制的影响，一样受着看不见的手——市场的调节。

3. 传媒产业是交叉型产业，具有明显的交叉型特点

交叉型产业是指生产过程同时具备其他相关产业门类特征，体现相关产业共同需求，并与之具有高度同质性和兼容性的产业。它和相关产业呈现出相互交叉、相互渗透、相互依赖、合为一体的关系。作为交叉型产业，传媒产业同时具备第三产业、信息产业和知识产业的共同特征。传媒产业包含报纸、期刊、广播、电视、互联网等多个子产业，从生产要素来说，传媒产业兼有技术密集型、资本密集型、智力（或知识）密集型等产业的特点。

4. 传媒产品具有高固定成本、低边际成本的结构特点

传媒产品的核心价值在于思想、内容与创意，其定价方式和质量评价不同于其他物质产品。

5. 垄断性与竞争性兼备

传媒垄断包括三个方面：第一，政策性垄断。由于担心“外溢效应”可能给他人或社会造成损害，从而需要支付较高的社会成本，传媒业长期以来是大多数国家政府管制下的“特权行业”，经营传媒的权利被赋予少数组织或个人，他们依靠特许权实施垄断专营，获取垄断利润，这在传统的社会里尤为突出。第二，经济性垄断。现代传媒从技术设备使用到传输网络建设都需要巨大的固定投入，客观上限制了小规模媒体的生存空间与竞争地位，为具有强大实力的媒体提供了广阔的市场。这种垄断无疑与设备设施专用性和规模化呈正相关关系。第三，资源性垄断。少数传媒机构依靠自身拥有的资本实力和信息优势将大多数媒体排斥在主流媒体之外，从而达到垄断传媒市场的目的。

然而，传媒产业大量经济活动更多是依靠市场而非政府力量配置，反映着竞争性行业的一般特征。

6. 人才资源或者知识与创意因素对传媒产业的发展起着至关重要的作用

一个策划人、一名导演、一位主编或者一个编辑、记者对于一个电视栏目、一部电影、一份报纸或杂志、一本图书可能具有决定性的作用，很少有行业像传媒产业这样依赖于人才，依赖于创意。因此，在对传媒产业国际竞争力评价指标进行设计时要充分考虑人才与创意的因素。

7. 政府作用对传媒产业的影响远远大于其他产业

产业政策和政府效率对于任何产业的竞争力都会产生重要的影响，但因为传媒产业的意识形态性，政府对于产业的影响具有至关重要的作用。因此，在对传媒产业国际竞争力进行评价时必须对政府的作用予以足够的重视。

正是因为传媒产业具有明显的不同于其他产业的特点，在进行产业国际竞争力评价分析时必须充分考虑其产业特点和指标体系的适用性和科学性。

四　传媒产业国际竞争力评价指标分析

指标体系的构建是开展产业国际竞争力评价的核心问题，指标的选择以及指标之间的相互关系（指标结构），影响着评价结果的科学性、合理性和正确性。

（一）基于“钻石模型”的传媒产业国际竞争力评价理论模型

任何一个针对某种社会经济现象设计的指标评价体系，都建立在特定的理论模型基础之上。对任何问题的分析，实际上都遵循于一种理论框架（Framework，亦称范式）。运用成熟和定型的分析框架，可以使研究工作事半功倍，分析的结果也易于使人信服。然而，现实中的许多新问题，往往并无现成的分析框架可资遵循，或者已有的分析框架还不成熟，或与所研究的问题针对性并不强，因此，就需要在前人已有的研究基础上，结合所要研究的新问题，探讨和确立新的研究分析框架。并以分析框架和理论模型为基础，把众多评价指标组建成一个有机的整体，形成真正意义上的评价体系。

如前所述，1990 年，哈佛大学迈克尔·波特教授提出了著名的钻石模型。这一理论成果的问世，是竞争力研究的里程碑，对产业竞争力理论是一个重大贡献。第一，钻石模型的提出，第一次提出了竞争力的系统完整的分析框架；第二，钻石模型突出了“商业环境”对产业竞争力的作用，为一些国家通过发挥政府作用提升产业竞争力提供了理论支持；第三，钻石模型强调了科学技术、知识资本、人力资源等“高级生产要素”对产业竞争力的作用，指出“一个国家想要经由生产要素建立起产业强大而持久的竞争优势，则必须发展高级生产要素和专业性生产要素”。这对于各国应对经济全球化和“知识经济”时代的到来具有普遍的指导意义；第四，钻石模型重视相关与支持产业对竞争力的作用，发展了产业集群理论。

钻石模型的构建，在理论上是一种创新，但钻石模型还存在一定的缺陷，主要表现在四个方面：一是过分强调国家“商业环境”对产业竞争力形成的作用，未把产业内部因素作为主导；二是没有重视技术创新对产业竞争力的决定性作用，钻石模型强调的是“一个国家如何提供企业比竞争对手更快速的创新和进步的产业环境”，而不是技术创新本身；三是突出了“国内需求条件”的作用，而忽略或低估了国际需求条件的重大影响；四是轻视了“政府”在产业竞争力中的特殊作用，钻石模型认为“政府”在产业竞争力中只是起着辅助作用，这在市场经济体制比较成熟的发达国家也许是符合事实的，但对于市场经济制度尚不完善、市场竞争主体尚不成熟的发展中国家来说，难以令人信服。

正因如此，诸多学者开始对钻石模型进行了修正和补充。经过修正和补充的理论模型主要包括加入了“跨国公司”因素的“波特—邓宁模型”、韩国汉城大学赵东成教授的“九因素模型”、复旦大学芮明杰教授提出的以“知识吸收与创新能力”为核心的钻石模型等。

这些模型的提出和建立丰富和完善了迈克尔·波特的钻石模型，但万变不离其“宗”，虽然侧重点不同，包含的要素也不尽相同，但对产业竞争力的分析框架和基本思想来源却是钻石模型。

参照有关竞争力研究理论以及产业国际竞争力评价的理论模型，并结合传媒产业的特点，我们提出传媒产业国际竞争力评价的一般分析框架和理论模型（见图5）。

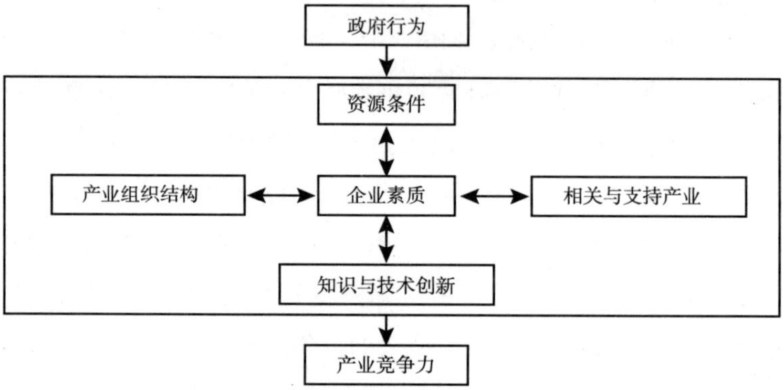

图5　传媒产业国际竞争力评价理论模型

（二）产业竞争力评价指标体系设计的基本原则

（1）系统性原则。产业竞争力评价指标首先要体现系统性，要求对产业总体评价和结构评价相结合，要有对产业竞争力结果的评价，也要有对产业竞争力形成过程的评价。指标的选取，应考虑不同指标的作用及应用的条件。按指标作用分类，统计指标可分为总量指标、相对指标和平均指标，又可分为定性指标和定量指标。比较研究产业国际竞争力，既要注意各个指标的作用，又要注意每种指标应用的条件及其局限性。

（2）产业特性原则。指标体系的建立，既要考虑研究的目的和不同指标的作用，还应结合产业的特点来进行。

（3）可比性原则。含义有三：其一，要求不同国家对同一产业的范围和统计具有可比性；其二，要求不同国家同一产业的同一指标计算口径保持一致；其三，对于时序数据计算的指标，涉及价值量的，均应调整为可比价格。

（4）可行性原则。指标体系的建立要从实际出发，符合目的性和可行性原则，做到需要与可能相结合。指标体系的规模要适当，因为指标太少，虽然能够减少评价的工作量，但是难以综合反映评价对象的特征。指标太多，虽然有利于把握评价对象的特征，但是加大了评价的工作量，尤其是采用加性并和规则时，指标间的互补性会掩盖评价对象之间的差异性。指标体系的选择，应该在客观性、全面性的基础上，删繁就简，保证评价的可行性、可操作性。

（三）传媒产业国际竞争力评价指标体系

产业竞争力是个相比较的概念，它是通过选择一定评价产业竞争力的指标体系进行比较分析的。中国学者在以定量分析为主要研究工具完成中国产业国际竞争力研究的基础上，用定量分析中使用的具有数量表征特性的竞争力指标体系来解释产业竞争力的形成机理。无论从什么角度分析产业国际竞争力，其指标不外乎两类：一类是显示性指标，它说明国际竞争力的结果；另一类是分析性指标，它解释某一产业具有国际竞争力的原因。其逻辑关系如图 6 所示。

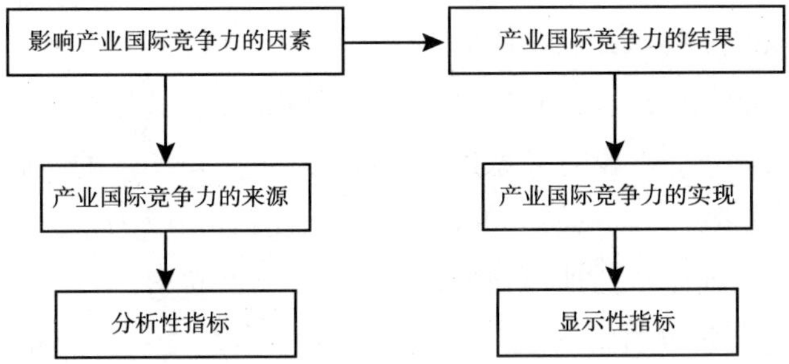

图 6　分析产业国际竞争力的逻辑关系

1. 传媒产业国际竞争力评价显示性指标

评价产业国际竞争力的显示性指标主要包括目标行业出口额占该国商品出口总额的比重、出口增长率优势指数、相对出口优势指数（显示性比较优势指标，Revealed Comparative Advantage Index，RCA）、国际市场占有率（出口市场份额，Export Market Share，EMS）、贸易竞争指数。

但以出口份额作为评价产业国际竞争力的主要指标存在一定的问题，一是没有考虑进口和国内市场因素，忽略了该国的国内市场需求，如果国内市场需求大，以此指标对产业竞争力进行评价，结果和事实就可能出现较大的偏差；二是我国的许多产业以加工贸易为主，其产值规模以及出口比重比传媒产业要高许多，以目标行业出口额占该国商品出口总额的比重来评价可能出现较大的偏差；三是传媒产业作为意识形态和文化差异比较大的产业，其产业市场首先是国内市场，其次才是国际市场，同时，语言的全球影响和普及对传媒产业的出口也有较大的影响。

综合考虑上述因素，本研究选择传媒产业国际竞争力的显示性指标主要包括市场占有率指标和利润率指标。具体指标包括：全球市场占有率、显示性比较优势指标、显示性竞争优势指标、贸易专业化系数、产业规模、平均资产利润率（或产业利税总额）、产业增加值率。

其中，显示性比较优势指标（Revealed Comparative Advantage Index，RCA）是观察一个国家中传媒产品的出口比重与该产品全世界总出口比重的比值，该比值越高，表示该国该产业的出口额相对于世界的平均值而言，具有较大的出口比较优势。若 RCA 大于 1，表示该国该产业高于世界的平均竞争力。日本贸易振兴协会（JETRO）的标准，RCA >2. 5 表示该产业具有极强的比较优势；1. 25 ~ 2. 5 表示该产业具有次强的比较优势；0. 8 ~1. 25 表示该产业具有中等比较优势；小于 0. 8 表示该产业的比较优势较弱。

一个产业可能既有出口又有进口，而显示性比较优势指标只考虑一个产业或产品所占的相对比例，并没有考虑该产业或产品的进口的影响。而显示性竞争优势指标（Comparative Advantage Index，CA）从出口的比较优势中减去该产业进口的比较优势，从而更全面地得到该国该产业的竞争优势。

贸易专业化系数（Trade Specialization Coefficient，TSC）也被称为“净出口指数”，贸易专业化系数值在 -1 ~1 之间，系数值为 -1 表示该国该产业只有进口没有出口；系数值为 1 表示该国该产业只有出口没有进口。一般认为，贸易专业化系数不能单独用于测算比较优势，只有与 RCA 联系起来才有显示的意义。

2. 传媒产业国际竞争力分析性指标

分析性指标反映的是竞争力已经得到现实的解释变量或未实现的竞争潜力，可分为直接原因指标和间接原因指标。直接原因指标主要指与企业生产效率、市场营销、品牌与管理等有关的指标，间接原因指标主要指与生产要素、需求状况、相关与支持产业、政府作用等有关的指标。

在分析性指标中，本研究选取了六个方面的要素指标。其中，“企业素质”是指构成企业各要素的数量、质量及其相互结合的外在表现特征，它决定了企业生产经营所必须具备的基本要素的有机结合所产生的整体功能，主要包括人员素质、产品质量与价格、生产效率、企业家素质、企业管理水平、品牌等；“资源条件”是指产业竞争力所必须依赖的基本资源，就传媒产业而言，主要包括人力资源、文化资源、资本资源、基础设施、国内需求规模等；“相关与支持产业”主要是指与传媒产业高度相关、对传媒产业国际竞争力产生较大影响的产业，本研究主要选取信息产业和教育产业；“产业组织结构”是指传媒产业内企业的比例与结构关系，包括产业集中度、企业之间的分工与协作水平等等；“知识吸收与技术创新”主要指传媒报道内容和方式的创新以及产业新产品、新技术的利用；“政府作用和制度环境”主要是指传媒产业所处的政治、经济、法律和文化环境以及政府行为，评价指标包括传媒产业政策、政府效率、法律法规体系、市场经济成熟度、知识产权保护等。

3. 传媒产业国际竞争力评价指标体系

表 5　传媒产业国际竞争力评价指标体系

一级指标	二级指标	三级指标	指标说明	衡量方法
显示性指标	市场拓展能力	全球市场占有率	直接反映传媒产业所提供的商品和劳务对消费者和用户的满足程度，表明传媒产业的商品在市场上所处的地位。它在很大程度上反映了传媒产业的竞争地位和盈利能力	传媒产业占全球传媒产业总值的比重
		显示性比较优势指标	反映了一个国家传媒产业的出口与世界平均水平的相对优势，它提出了国家进出口总量波动和世界进出口总量波动的影响，能够较好地反映一国在传媒产业的相对优势	本国传媒产业出口额占本国商品和服务出口总额的比重与全球传媒产业出口额占全球商品和服务出口总额的比值
		显示性竞争优势指标		本国传媒产业进口额占本国总进口额的比重与各国传媒的总进口额占各国的总进口额的比重的比值
		贸易专业化系数	如该系数大于0，则该国是传媒产业的净出口国，表明该国传媒产业的生产效率高于世界总体水平，具有贸易条件优势，且数值越大，优势越大。如该系数小于0，则该国是传媒产业的净进口国，表明该国传媒产业的生产效率低于世界总体水平，处于贸易条件劣势，且数值越大，劣势越明显	本国传媒产业的净出口额（出口额 - 进口额）占全球传媒产业进出口总额的比重

续表

一级指标	二级指标	三级指标	指标说明	衡量方法
显示性指标	产业盈利能力	产业规模		传媒产业总值占本国 GDP 的比重
		平均资产利润率（或产业利税总额）	反映产业在一定时期内实现的全部利润额和对社会承担义务的量化	平均资产利润率 =（利润总额 + 利息支出）/平均总资产 ×100%
		产业增加值率		传媒产业增加值占传媒产业总值的比重
		人均利润率	它表示在一定时期内平均每人实现的利润额。是一项侧重从劳动力利用的角度来评价企业经济效益的综合性指标	人均利润率 = 利润总额/职工平均人数
分析性指标	企业素质竞争力	从业人员素质		从业人员学历、年龄比例
		传媒产品质量	广播节目、电视节目、报刊、图书、互联网内容质量	定性指标，调查
		传媒产品价格水平		广播节目、电视节目、报刊、图书、互联网价格比
		全员劳动生产率		全员劳动生产率 = 产业增加值/全部从业人员平均人数
		劳动生产率增长率	体现劳动者的生产效果或能力的高低	劳动者在一定时期内创造的劳动成果与其相适应的劳动消耗量的比值增长或下跌的程度
		传媒产业上市企业总市值		传媒产业所有上市企业在股票市场上的价值总和
		企业家素质	指企业家本来的品质、特征、知识素养及在创新活动中表现出来的作风和能力的综合	调查
		企业管理水平		调查
		企业品牌	企业品牌传达的是企业的经营理念、企业文化、企业价值观及对消费者的态度等，能有效突破地域之间的壁垒，进行跨地区的经营活动	调查

续表

一级指标	二级指标	三级指标	指标说明	衡量方法
分析性指标	资源条件竞争力	城镇人口比重		城镇人口占总人口的比例
		大学文化劳动者比重		拥有本科以上学历的劳动者占社会全体劳动者的比重
		成人识字率		一个国家中15岁以上“成年人”能读写文字的人的比率
		艺术家、科学家、工程师数量		艺术家、科学家、工程师数量占比
		人文发展指数	这个指数在0~1之间,指数越接近1,说明这个国家经济和社会发展程度越高	
		世界自然与文化遗产数量		由联合国教科文组织确认的具有科学、审美、文化价值的自然景观与人类历史遗存的数量
		本国官方语言的全球影响力		本国语言作为官方语言的国家和使用人数
		企业资本市场融资能力		上市公司总市值占GDP比重
		本国投资环境吸引力		国外直接净流入投资
		传媒产业开放度		调查
		广播节目覆盖率		用普通的收音机在中午能正常收听广播节目的人数与总人口数之比
		电视(含有线、无线、数字电视)节目覆盖率		用普通的电视接收机、室外天线在离地面4米高处能在晚上正常收看电视节目的人数与总人口数之比

续表

一级指标	二级指标	三级指标	指标说明	衡量方法
分析性指标	资源条件竞争力	报纸数量		万人日报数
		期刊数量		由多位作者撰写的不同题材的作品构成的定期出版物的数量
		图书数量		凡由出版社（商）出版的不包括封面和封底在内 49 页以上的印刷品，具有特定的书名和著者名，编有国际标准书号，有定价并取得版权保护的出版物的数量
		个人电脑普及率		指用电脑的人数与总人口数之比
		国际互联网普及率		指用国际互联网人数与总人口数之比
		手机普及率		指用手机人数与总人口数之比
		电影院线数量		为观众放映电影的场所的数量
		人均 GDP		人均国内生产总值 = 总产出（即 GDP 总额，社会产品和服务的产出总额）/总人口
		城镇居民文化教育支出占 GDP 的比重		城镇居民用于文化、休闲、娱乐、教育、文学艺术等活动的支出占 GDP 的比重
		城镇居民人均文化教育支出增长率		两年之间城镇每位居民用于文化、休闲、娱乐、教育、文学艺术等活动的支出增减的比率
	产业结构竞争力	传媒产业的 CR_4	传媒产业前四名份额集中度指标，对产业的竞争和垄断程度分类研究。	前 4 位企业市场占有率（CR_4）
		各子产业的 CR_4	传媒各子产业前四名份额集中度指标，对产业的竞争和垄断程度分类研究。	
		传媒行业上市公司比例	体现传媒行业资本化程度的指标之一	传媒行业上市公司占全部传媒行业公司的比重

续表

一级指标	二级指标	三级指标	指标说明	衡量方法
分析性指标	相关与支持产业竞争力	信息产业规模	衡量一国信息化发展程度的重要指标之一	信息产业占 GDP 的比重
		信息化状况	建立在 IT 产业发展与 IT 在社会经济各部门扩散的基础之上,运用 IT 改造传统的经济、社会结构的程度	
		公共教育经费支出		公共教育经费支出占 GDP 的比重
		初等、中等、高等教育入学率	入学率体现一个国家教育的普及程度,是评判国民受教育程度的一项标准	
	知识吸收与技术创新竞争力	采编人员比例		采编人员占全部职工的比例
		R&D 人员比例		R&D 人员占全部职工的比例
		R&D 经费比例		R&D 经费占所有费用的比例
	政府作用和制度竞争力	传媒产业政策有效性		调查
		政府效率		调查
		法律法规体系完善程度		调查
		市场经济成熟度		调查
		知识产权保护力度和有效性		调查

B.16 全球图书出版产业发展报告

张新华　李杰　王建*

图书出版业作为人类最古老的传媒行业之一，目前正遭受有史以来最严峻的挑战和冲击。在众多的挑战和冲击中，最重要的因素有两个：一是自20世纪30年代中期以来最严重的金融危机，2008年率先在美国爆发后迅速蔓延全球，至今仍无探底迹象；二是20世纪70年代兴起的数字化浪潮，它不仅全面改写了出版业所赖以生存的技术和经济基础，还动摇了社会成员阅读并获取知识的习惯和方式。在此背景下，不少论者发出了“出版业行将消亡”的惊呼。那么，图书出版业发展的现状究竟如何？本报告将主要通过数据从全球产业发展的角度对图书出版业进行全景式的概述。

一　2005～2009年全球图书出版业发展状况

（一）市场规模萎缩、产业下滑明显

2005～2009年，全球出版业①的市场总值从2196亿美元增长到2351亿美元，年均增长1.7%。受全球性金融危机的影响，整个产业在2008年和2009年增长幅度明显下滑，增长率由2007年的2.2%下降到2009年的1.5%（见表1）。

* 张新华，博士，北京印刷学院新闻出版学院副教授，北京大学新闻传播学院在站博士后；李杰、王建，北京印刷学院新闻出版学院2010级硕士研究生。

① 这里及下文表中所涉及的“全球出版业”在地域上的界定与Datamonitor plc发布的“Industry Profile：Global Publishing 2010”一致，包括北美（加拿大、墨西哥和美国）、南美（阿根廷、巴西、智利、哥伦比亚、Venezuela）、东欧（Czech Republic，Hungary，Poland，Romania，Russia，and Ukraine）、西欧（Belgium，Denmark，France，Germany，Italy，the Netherlands，Norway，Spain，Sweden，and the United Kingdom）、亚太（Australia，China，India，Japan，Singapore，South Korea，and Taiwan）等主要国家和地区。

表1　2005～2009年全球出版业市场价值

单位：亿美元，%

年份	市场总价值	同比增长	年份	市场总价值	同比增长
2005	2196	—	2008	2317	1.5
2006	2232	1.6	2009[e]	2351	1.5
2007	2281	2.2	平均增长率(2005～2009年)		1.7

注：e为估计值。

资料来源：Datamonitor plc，“Industry Profile：Global Publishing 2010”。

图书出版业是出版业中最大的组成部分，2009年其全球市场总值达到约983亿美元，占出版业市场规模的41.8%。根据《2009年世界图书出版产业》数据，目前全球图书出版市场规模最大的六个国家分别是美、中、日、德、法、英，它们的市场价值占全球的80%以上，其发展趋势基本可以代表全球图书出版业的基本走向。整体来看，2005～2009年，六国图书出版业市场总值的年平均增长率为-0.1%，呈现明显的萎缩之势。从表2可以看出，图书出版业的发展在2008年发生了逆转，由2007年前的稳定增长转而出现连续两年的大幅度下跌，六国的图书出版业的市场总规模由2005年的742.80亿美元减少到2009年的739.41亿美元。

表2　2005～2009年六国图书市场状况

单位：亿美元，%

国家 / 年份	美国		中国		日本		德国	
	总值	同比增长	总值	同比增长	总值	同比增长	总值	同比增长
2005	344.84	—	85.50	—	121.76	—	85.57	—
2006	343.13	-0.5	95.23	11.5	116.78	-4.1	89.45	4.5
2007	344.44	0.4	105.0	10.3	117.23	0.4	90.68	1.4
2008	339.01	-1.6	105.50	0.5	111.00	-5.4	85.46	-5.8
2009	334.03	-1.5	112.30	6.4	105.47	-5.0	83.93	-1.8
年均	—	-0.8	—	7.2	—	-3.5	—	-0.4

国家 / 年份	法国		英国		六国总量	
	总值	同比增长	总值	同比增长	总值	同比增长
2005	62.0	—	43.1	—	742.80	—
2006	64.29	3.7	44.8	3.9	753.67	1.5
2007	64.54	0.4	45.4	1.3	767.26	1.8
2008	60.91	-5.6	44.1	-2.9	746.01	-2.8
2009	59.68	-2.0	44.0	-0.2	739.41	-0.9
年均	—	-0.9	—	0.5	—	-0.1

资料来源：Barnes Reports，“2009 Worldwide Book Publishing Industry”，2009。

（二）地区发展不平衡，美欧居主导地位

在地理分布上，全球图书出版业分布很不平衡，主要集中在欧洲、北美和亚太地区。根据 Datamonitor plc 的报告，在 2009 年的全球图书出版市场中，欧洲占 45%，人口和土地量最大的亚太地区占 22.8%；而南美洲的份额在 5% 以下，非洲由于长期遭受殖民地统治，经济和文化发展水平落后，不少国家的民族出版业直到 20 世纪 70 年代之后才开始逐渐兴起，整体尚处于起步阶段，在全球图书出版产业中所占的份额更低。

表 3　2009 年全球图书出版业地区分布

单位：亿美元，%

地　区	总值	份额	地　区	总值	份额
欧　洲	442.35	45.0	其他地区	55.05	5.6
美　国	261.48	26.6	全球总量	983.00	100.0
亚　太	224.12	22.8			

资料来源：Datamonitor plc，“Industry Profile：Books in the United States 2010”。

从国际角度看，欧美国家多年来一直居世界图书出版业前列。美国在图书出版业中处于绝对的领先地位，2009 年独占全球 26.6% 的市场份额，德、法、英等西欧国家紧随其后，它们共同占有全球图书出版业 70% 以上的市场份额，同时还控制着全球绝大多数最具影响力的出版集团。2010 年，全球销售收入量最大的 10 家出版集团都属于欧美国家。亚太地区的日本也是出版业高度发达的国家之一，尽管在进入 21 世纪后，其图书出版业陷入长期持续的衰退之中，但 2009 年的销售收入仍居全球第三。2009 年，中国的图书出版的销售收入已跃居全球第二位，但只有 1 家出版公司位居全球出版业 50 强的排名榜上（高等教育出版社，2009 年和 2010 年的排名分别是第 39 位和第 40 位），这说明中国图书出版业大而不强，虽拥有全球第二大市场，但仍缺乏具有全球竞争力的出版企业。

（三）新兴经济体发展势头良好

2005～2009 年，与大多数西方发达国家出版业衰退的趋势相比，以“金砖

表 4　2010 年全球十大出版公司的市场份额

单位：亿美元

序号	公司名称	所属国家	总收入
1	培生集团	英国	80.95
2	励德·爱思唯尔	英国、荷兰、美国	71.47
3	汤姆森路透	加拿大	56.37
4	威科集团	荷兰	47.19
5	贝塔斯曼集团	德国	34.44
6	阿歇特集团	法国	28.73
7	麦格劳－希尔教育出版公司	美国	24.33
8	行星集团	西班牙	24.27
9	圣智学习出版公司	加拿大、美国	20.07
10	学士公司	美国	19.12

资料来源：《2010 年全球出版业五十强》，《出版商周刊》，2011 年 7 月 1 日。

四国”为代表的新兴经济体出版产业的发展势头良好，总收入水平都有相当程度的提高。四国中出版产业规模最大的是中国，增长速度也相对稳健，六年的年均增长率为 7.14%。俄罗斯的出版产业规模虽不及中国，但整体的发展速度更快，年均增长率达到 9.51%；而发展最快的 2006 年增长率竟高达 22.80%。印度的出版产业增长也比较稳健、高速，年均增速达到 6.90%。巴西表现稍逊，增速较小，甚至在 2008 年出现了负增长，但整体上收入水平的增速远远高于发达国家。

表 5　2005～2009 年金砖四国出版产业收入状况

单位：亿美元，%

年份＼国家	中国		俄罗斯		印度		巴西	
	总值	同比增长	总值	同比增长	总值	同比增长	总值	同比增长
2005	85.50	—	30.48	—	24.88	—	34.35	—
2006	95.26	11.42	37.43	22.80	28.28	13.67	35.78	4.16
2007	105.00	10.22	39.78	6.28	30.33	7.25	36.98	3.35
2008	105.50	0.48	39.85	0.18	30.45	0.40	35.70	-3.46
2009	112.30	6.45	43.34	8.76	32.36	6.27	37.32	4.54
年均	—	7.14	—	9.51	—	6.90	—	2.15

资料来源：Barnes reports，“2009 Worldwide Book Publishing Industry”，2009。

从四个国家的整体情况看，金砖四国的出版业总收入从2005年的175.21亿美元增长到2009年的225.32亿美元，总增幅为28.60%；而同期，西方五国（美、日、德、法、英）的出版总收入从2008年开始出现下降之势，由2005年的657.30亿美元下降到627.11亿美元，总增长率为-4.59%。在此长彼落之际，两类经济体之间出版产业实力的对比发生着显著的变化，2005年西方五国的出版业总收入是金砖四国的3.75倍，但到2009年，该数字已下降到2.78。这一变化表明了全球出版产业地区格局的重大变化趋势，发达国家在全球出版业中的主导地位在动摇，而新兴经济体国家在推动全球出版业发展中发挥着越来越重要的作用。

表6　2005~2009年金砖四国和西方五国出版业收入对比

单位：亿美元，%

年份＼项目	金砖四国		西方五国		比值
	总值	同比增长	总值	同比增长	（新兴:西方）
2005	175.21	—	657.30	—	1:3.75
2006	196.75	12.29	658.41	0.17	1:3.35
2007	212.09	7.80	662.26	0.58	1:3.11
2008	211.50	-0.28	640.51	-3.28	1:3.03
2009	225.32	6.53	627.11	-2.09	1:2.78
2009年较2005年增幅	—	28.60	—	-4.59	—

资料来源：Barnes reports，“2009 Worldwide Book Publishing Industry”，2009。

二　2010~2011年全球图书出版业发展主要趋势

（一）纸质图书销售继续下跌

2010年，欧美等发达国家的出版业尚未完全从经济危机的影响中复苏，政府、学校和图书馆的购书预算缩减，消费者的购书意愿降低，图书出版商的出书行为更加谨慎、成本控制更加严格。在此背景下，全球主要国家的图书销售量继续下跌。据尼尔森的数据显示，2010年英国图书总销售额约为16.9亿英镑，比2009年下跌了3.2%，创近四年来新低，这意味着英国出版业回归到了2006年的水平。美国大众类图书销售额下滑了4.4%，为7.02亿美元。德国2010年图书销售额和2009年相比下滑3.3%；而12月圣诞季的销售额和2009年同期相比更是下滑了6%。在法国，2010年1~10月，图书销售额也下滑了1.5%。在亚洲，日本2010年书籍、杂志的销售总额估计为18748亿日元，与2009年相比减少608亿日元，下降幅度达3.2%，并且没有迹象显示何时才能阻止这种连年低迷的颓势。2010年韩国无论是图书销售还是新书品种与2009年相比都有所减少。①

（二）大型出版集团经营状况转好

在经历了三年的全球经济衰退影响之后，世界上最大的几家出版商的收入重新呈现增长势头。根据2010年全球出版业表现年度排名，2010年全球出版业的总收入已经超过了2008年和2009年的销售收入水平，前十大出版商的销售额达到了310亿欧元（约270亿英镑），而2008年和2009年这两年的销售额都低于2007年293亿欧元，同时，全球排名前20的出版商的销售总额达到420亿欧元，第一次突破了2007年创造的400亿欧元的关口。

从市场份额上看，大型出版集团地位稳定。在英国，阿歇特、哈珀·柯林斯、兰登书屋和企鹅依旧占据着大众图书领域的主导地位。而在美国，五大巨头所占的市场份额就超过了50%。同样，在教育出版方面，也有一些出版商占主导地位，如培生、麦格劳-希尔。在STM和专业出版方面，励德·爱思唯尔和汤姆森路透是领头羊。在德国，排名前五位的出版社全都是大出版集团的下属出版社。对于这些出版巨头来说，2010年关注的重点是海外新兴市场和数字化业务。培生集团的国际教育业务表现良好，牛津、剑桥等大型出版商近85%的收益都来自海外市场。同时，这些巨头在印度等新兴市场设立办事处。数字化是各大巨头业务拓展的重点。兰登书屋表示，2010年其电子书销售增长了800%，而且在2011年还将继续增长。

（三）数字化转型加剧

在经济危机和信息革命等重重挑战之下，2010年以来全球图书出版业的数字化步伐明显加快。这主要表现在五个方面：①国际大型出版企业数字化进程提

---

① 参见《2010全球出版业遭遇空前挑战》，http：//bjcb.100xuexi.com/HP/2011 071210TD314403.html。

速。在大众出版领域，电子书正被越来越多的读者接受，企鹅集团2011年上半年电子书销售额增长超过了130%，收入已占到其全球总收入的14%；阿歇特在美国的电子书收入比重达23%，哈珀·柯林斯在美国的电子书收入也占到了19%，西蒙与舒斯特电子书收入达到其全球收入的17%。在教育出版领域，数字技术正快速推进教育的个性化和开放化，数字教材成为新的增长点，教育出版商正在向教育解决方案服务商转型，多年来稳居全球前三位的培生集团就是其中的代表。另外像麦格劳-希尔教育出版公司，已基本实现全流程数字化，向大学师生推出全数字化、适应性的在线学习资源和考试解决方案。在专业出版领域，数字出版表现更为突出。在2010年的全球出版业年度排名前十位的企业中，专业出版的总收入占到了43%，明显高于教育出版和大众出版，而专业出版的增长则主要是靠数字出版。如励德·爱思唯尔集团的数字化收入超过80%。[①] ②数字化发行渠道扩张。伴随着纸质书销售量的下降，全球传统的发行渠道也继续萎缩，向网络渠道转型。在英国，第三大售书连锁公司鲍德斯在2009年11月的破产仍影响着整个图书行业。2010年底，HMV连锁唱片店宣布关闭60家店面，其中包括英国最大图书商瓦特斯通的20家门店。2011年初，美国第二大连锁书店鲍德斯继英国之后宣布申请破产保护。在全球范围内传统书店纷纷倒闭的同时，一些书店依靠数字产品销售平台实现持续发展。原本借助网络起家的美国亚马逊公司的数字化业务进一步发展，2011年5月19日，它宣布其电子书的销售已经全面超过了包括精装版和平装版在内的所有类型印刷书的总和。在韩国，两大网络书店在2010年的增幅分别达到12%和20%。③新型阅读终端迅速推广，移动互联技术和云计算技术成为数字出版的重要推动力。由电子纸带动的专用电子阅读器的技术不断成熟，使各类阅读终端销量不断增长。以苹果公司iPad为代表的平板电脑的覆盖面不断扩大，电子杂志和电子书成为重要阅读内容。以iPhone为代表的智能手机正迅速普及，成为快速成长的大众阅读平台。另外，一些大型公司纷纷推出出版云服务，这将在阅读的便利性和对象化服务方面实现更大的跨越。④新的数字出版商业模式不断涌现。随着数字内容的不断丰富和传播平台的开发，新的出版盈利模式不断出现，如由传统出版商主导定价和分成的代理制销售模式、电子书的订阅式获取模式、微支付模式、按需印刷模式等。与此同时，

① 柳斌杰：《数字时代的全球出版业走势》，《中国出版》2011年第17期。

产业价值链的转变推动了新业态和服务模式的发展，如各种自助出版模式、开放式电子书制作平台、专门的数字内容营销公司等。在美国，包括自助出版在内的非传统出版的图书品种数 2010 年首次超过了传统出版。同时，随着平板电脑和智能手机的普及，加入了交互性、富媒体元素的增强型电子书开始大量进入市场，成为出版向跨媒体拓展的重要商业形态。⑤超级公司在数字出版领域展开激烈竞争，其服务开始向产业链上下游延伸，既推动了数字出版，也挑战着传统内容出版企业。其中最具代表性的是谷歌、苹果和亚马逊等公司，它们在数字出版领域不断推出新的产品和服务，使数字出版在全球的竞争日趋激烈。

三　全球主要图书出版集团经营状况

（一）培生集团

培生集团总部设在英国，在全球超过 70 个国家和地区拥有分支机构，2010 年拥有员工 3.6 万名。集团旗下包括全球最大的教育出版集团、金融时报集团（FT Group）和企鹅出版集团（Penguin Group），主要业务集中在教育出版、教育培训、商务信息管理、互联网等领域。其中，教育出版业务在集团总业务中占据最重要的地位。在 2010 年全球出版业 50 强排行榜上，培生集团以 80.95 亿美元的总收入稳居第一名。

1. 业务范围和经营业绩

金融危机对全球出版业造成了巨大冲击，但培生集团仍保持着迅猛的发展势头。2010 年集团总收入销售收入达到 56.63 亿英镑，较 2009 年增长 10.18%，继续占据全球出版业排行榜第一的位置。

表 6　2008 ~ 2010 年培生集团销售情况

单位：亿英镑

年份	2008	2009	2010
销售收入	48.11	51.40	56.63
营业利润	6.76	6.19	7.43
税前利润	5.85	5.23	6.70

资料来源：“2005 ~ 2010 Pearson Annual Report and Accounts”，http：//www.pearson.com/investors/。

培生教育出版集团是培生集团的核心业务，也是增长速度最快的部门。2010年，其业务收入为42.07亿英镑，占集团总收入的74%。北美市场是教育出版业务的重要阵地，2010年北美市场的收入为26.4亿英镑占教育出版业务总收入的62.8%，较2009年实现了7%的增长，调整利润继续保持16%的增长。2010年教育出版集团在美国的学校和学院出版销售收入增长率达7.7%，较2009年的5.2%上升2.5个百分点，上升速度不断加快。教育出版集团通过 e - College，Power School，the My Labs，Edustructures 等数字出版形式提供教育技术服务，逐渐使数字出版业务成为其教育业务发展战略的核心。

表7　2008～2010年培生集团各分集团销售情况

单位：亿英镑

分集团＼项目	销售收入			调整后利润		
	2008年	2009年	2010年	2008年	2009年	2010年
培生教育出版集团	31.12	37.80	42.07	4.74	5.87	6.91
金融时报集团	3.98	3.58	4.03	0.74	0.39	0.60
企鹅出版集团	9.03	10.02	10.53	0.93	0.84	1.06

资料来源："2005～2010 Pearson Annual Report and Accounts"，http：//www.pearson.com/investors/。

企鹅出版集团每年大概出版4000种小说和非小说作品，通过纸质出版、电子出版和有声出版等形式提供给读者，在全球大众图书出版市场占据着重要地位，近年来保持着较为稳定的发展速度，2010年较2009年实现了5%的业绩增长，总收入达到10.53亿英镑，占培生集团总收入的19%。2010年企鹅出版集团注重发展电子书业务，以打造全方位的数字化平台以推动数字出版业务发展，eBook销售较2009年增长182%，已经占到集团年销售收益的6%。集团出版的 *Kathryn Stockett's The Help*，在《纽约时报》销售排行榜上2010年占据榜首位置，截至目前销售已超过300万册，同年企鹅集团的儿童图书出版在美国也取得了巨大的成功，一共有39种图书雄踞《纽约时报》畅销图书排行榜。

金融时报集团在世界财经新闻和分析方面具有权威。近年来其业务状况有所起伏，主要是受到全球经济衰退的影响，广告收入减少，2009年集团开始进行业务转型，大力发展数字化出版业务，通过开展数据定制和内容服务业务，2010年集团的业务实现了新的增长，收入达4.03亿英镑，超过了2008年的3.98亿英镑，与2009年的3.58亿英镑相比其止住了下滑趋势，业绩增长达到12.6%，成功实现了业务架构调整和发展方向转型。

2. 经营策略

培生集团良好的业绩表现来源于其正确而有效的战略规划。近年来，培生集团主要制定和实施了五项战略，并取得良好效果。长期致力于原创内容的投资、数字和服务业务、国际扩张和高效的运作。①加大原创内容的投资。在过去五年内，集团在原创内容方面投资共计23亿英镑，主要用于教育程序、企鹅的作者、金融时报的记者团队等方面，从而保证产品和服务的质量与效率，有助于占领市场。②数字化转型。集团通过数字化技术提供内容资源服务，使内容更个性化、更有价值。集团数字业务在2009年的收入达到17亿英镑，超过五年前数字业务收入的两倍之多。③加快全球范围的扩张。培生集团除了保持在欧美市场的核心地位外，同样重视在亚洲、非洲以及拉丁美洲这些新兴以及成长速度较快的市场投资。培生集团非常注重中国出版市场的开拓，2010年11月3日同中国新闻出版总署在北京签署双方合作谅解备忘录，共同推动中国出版企业与培生集团的战略合作，双方将合作开展中英双语翻译人员培训项目，共同打造一支高素质、专业化的中译外人才队伍。双方还将合作举办各种培训和研讨活动，交流经验，研讨全球出版业的发展与未来。④提高运作效率。通过加强各项业务之间的相关性以及协作性，培生集团有效地降低了运营成本。集团的目标是把公司建设成为员工最期望来工作的地方，因此集团内部非常注重人力资源管理，具体措施有：帮助员工提高生活水平，并通过学习，不断提高其智力和丰富其精神生活；采用全面薪酬的理念，薪酬元素包括基本工资、年度奖励、奖金份额分配、长期激励，对完成目标者给以有竞争力的薪酬，对业绩优秀者给予特殊奖励；留住有创造性的管理人员，并不断吸纳这类人才，努力将集团打造成为一个富于创新、勇于进取、形象良好的团队。⑤采用并购战略，加强核心竞争力。2008年，培生集团收购总额达到3.94亿英镑，其中包括金融时报集团以0.66亿美元并购在线新闻提供商MM公司、培生教育北美区以6.35亿美元收购Harcourt公司、Interactive Data以1900万欧元收购KFDS公司和以2600万美元收购NDF公司79%的权益。2009年并购金额达到2.01亿英镑，其中包括以1.45亿美元收购凯雷旗下华尔街英语（WSE）公司和MML公司南非出版业务。通过一系列的收购，培生集团巩固了其在北美地区教育出版领域的核心地位，同时又扩大了其在教育培训的市场份额，为实现在教育业务方面迅速而稳定的增长打下了良好的基础。

表 8　2010 年培生集团世界各地区销售情况

单位：亿英镑，%

收入＼地区	北美地区	欧洲地区	亚太地区	其他地区	合计
销售收入	35.89	12.05	5.77	2.92	56.63
销售占比	64	21	10	5	100
调整后运营利润	6.16	1.30	0.61	0.50	8.57
利润占比	72	15	7	6	100

资料来源："2005～2010 Pearson Annual Report and Accounts"，http：//www. pearson. com/investors/。

（二）励德·爱思唯尔集团

励德·爱思唯尔集团成立于 1993 年，自 2008 年以来，销售总收入一直在全球出版业排行榜上占据第二位。它是全球范围领先的专业信息供应商，涵盖科技、医疗、风险评估、法律以及商业等领域，产品包括数据库、杂志、书籍、光盘以及会展。集团由英国励德国际公司（Reed International PLC）和荷兰爱思唯尔公司（Elsevier NV）合并组成，并投资设立了励德·爱思唯尔出版集团（Reed Elsevier Group PLC）和爱思唯尔·励德金融集团（Elsevier Reed Finance BV）两家公司，其中励德·爱思唯尔出版集团在英国注册，负责集团内所有图书出版和线上资料库等业务。该集团在全球 200 多个城市设有办事处，现有员工 36500 多名。

1. 业务范围和经营业绩

励德·爱思唯尔集团的业务分四个部分：爱思唯尔（Elsevier）、律商联讯（Lexis Nexis）、励展（Reed Exhibitions）、锐德商讯（Reed Business Information）。它们分别在科技和医学、法律、风险管理以及商业等四个核心领域为专业人士提供资讯以及信息解决方案。该集团近年来业绩保持良好的增长势头，收入从 2005 年的 42.65 亿英镑增长到 2009 年的 60.71 亿英镑，但 2010 年由于受锐德商讯业绩较大幅度下滑的影响，集团总体收入下滑到 60.55 亿英镑。

表 9　2005～2010 年集团总收入及各分公司收入状况

单位：亿英镑

项目＼年份	2005	2006	2007	2008	2009	2010
爱思唯尔	14.36	15.21	15.7	17.00	19.85	20.26
律商联讯	14.66	15.70	15.94	19.40	25.57	26.18
励　　展	4.71	5.22	5.77	7.07	6.38	6.93
锐德商讯	8.92	8.96	9.06	9.87	8.91	7.18
总 收 入	42.65	45.09	45.84	53.34	60.71	60.55

资料来源："Reed Elseuier Annual Reports and Financial Statements 2005 - 2010"，http：//www.reed - elseuier.com/reports/。

锐德商讯致力于为各行各业提供相关权威信息及在线数据服务、领先的工具以及市场解决方案；向超过 200 个在线社区及工作网站提供服务，出版超过 200 种在相关领域占有领导地位的重要商业杂志。近年来锐德商讯在线数据服务有着良好表现，一度为公司发展贡献了重要力量。2008 年以来公司业绩下滑主要是受全球经济低迷的影响，全球范围内广告市场不景气，而广告收入又是锐德商讯的主要收入来源，2008 年占总收入 47% 的广告市场收入 2009 年下降了 29%。2010 年，锐德商讯重组并调整了公司业务以应对经济衰退造成的影响，但由于受国际经济环境的影响，效果并不理想。

律商联讯是全球领先的法律法规、税务以及商业咨询服务提供商，也是集团的核心业务所在，在世界范围内，律商联讯的服务已经成为收集信息和为律师提供准确到位搜索的不可替代的重要办公工具，拥有 50 亿个可查文件，20000 个数据库，32000 多个法律及商业信息来源，在 500 强企业和全球最大的 100 家律师所中 97% 是它的客户。近年来，律商联讯保持着迅猛的发展势头，2010 年公司业绩占据集团总收入的 43%，达到 26.18 亿英镑，较 2009 年增长 2%。

励展是世界领先的会展服务公司，它提供了包括各类贸易及消费品展览、研讨会和论坛在内的涵盖 44 个行业、辐射到 36 个国家的多达 450 种会展服务。由于受国际金融危机影响，2009 年励展公司的业绩受到较大影响，业绩从 2008 年的 7.07 亿英镑降到 6.38 亿英镑。2010 年全球经济有所恢复，参展商数较 2009 年总体增长 4%，而同时在全球又新承担了 35 种重大会展服务（包括亚洲 14

种），约600万重要的参会人员聚集一堂，为客户产生了数十亿美元的价值，公司的业绩也达到6.93亿英镑较2009年增长9%，增幅位于四个公司之首。

表10　2010年各公司业绩占比以及增长状况

单位：%

项目＼公司	爱思唯尔	律商联讯	励展	锐德商讯
业绩占比	34	43	11	12
较2009年增幅	2	2	9	-19

资料来源："Reed Elseuier Annual Reports and Financial Statements 2010"，http://reports.reedelseuier.com/documents/pdfs/reed-ar-2010.pdf。

爱思唯尔是全球领先的科学信息和医学科技内容提供商，服务于世界各地超过1100万名科研工作者，除了提供世界级水平的资讯，还提供具有创新性的流程工具，使用户可以作出重要决策，提升产品及成果。其产品和服务包括期刊、专著、教科书和参考书的印刷版和在线版，涵盖了健康、生命、物理和社会科学。该部门有两大业务：科学技术（The Science&Technology）和健康科学（The Health Science）。该公司的两个分部在业绩上均表现良好，保持着稳定的增长势头，科技部分主要得益于*Science Direct*订阅量的增加，而*Science Direct*的在线使用已连续3年保持20%的增长率。其他数据库以及电子图书也都增长迅速。医学分部的增长主要得益于医学的在线订阅以及医疗保健业务，尤其是日渐增长的线上资源的需求。

2. 经营策略

励德·爱思唯尔集团的成功主要源于其坚持不懈的全球化和数字化战略，正是由于其数字出版和信息内容业务的不断成长以及全球市场的不断开拓保证了其在恶劣的经济环境中得以持续稳定的发展。在其发展战略下，尤其值得重视的有两点：一是个性化的客户服务。集团的赢利模式主要是围绕一系列的在线数字组合产品进行的，运用数字出版技术使海量的内容及时传递到终端，提供针对个人和情境的各种解决方案，目前基于数字化科技期刊的在线出版平台，正在成为现代研究人员获取文献的主要途径。二是注重加强企业核心竞争力。集团不断引入最先进的科技成果，不断优化资源配置和业务流程，改善业务结构，通过兼并和收购扩大经营规模，强化其在专业领域的核心地位，使其最终成为一个权威的而又充满巨大潜力的数字出版机构。

（三）威科集团

威科集团（Wolters Kluwer）自2008年以来连续三年在全球出版业50强排行榜上稳居第4位，是全球领先的专业信息服务和出版集团。集团总部设在荷兰，在全球拥有约19300名员工，业务范围遍及欧洲、北美、亚太和拉丁美洲的40个国家，旗下拥有CCH专业信息出版公司、全球最大的医药生物电子信息平台Ovid、世界第二大医学出版社（Lippincott Williams & Wilkins，LWW）等世界知名品牌，主要业务是为医疗卫生、税务、财务、金融服务、法律和法规等相关领域的专业人士提供行业信息和业务解决方案。集团股票在阿姆斯特丹泛欧证券交易所挂牌交易，同时也是荷兰AEX指数和欧洲100指数的成分股。

1. 主要业务和经营业绩

近年来，威科集团的经营业绩基本上保持稳定增长，没有出现明显的波动。2010年，集团收入增长趋势进一步改观，较2009年34.25欧元的收入增长3.82%，达到35.56亿欧元（见表11）。

表11　威科集团2006~2010年业绩统计表

单位：亿欧元，%

年份	2006	2007	2008	2009	2010
总收入	33.77	34.13	33.74	34.25	35.56
同比增长	—	1.07	-1.14	1.51	3.82

资料来源："Wolters Kluwer Annual Report 2006 ~ 2010"，http：//www.wolterskluwer.com/Press/Reports。

2010年，威科集团数字产品收入占总收入的54%（2009年同期这一数字为52%）；普通EBITA（息税摊销前利润）增长7%；利润率提高50个基点，达到20.4%；摊薄后普通股每股盈利增长至1.48欧元（2009年同期这一数字为1.45欧元）；自由现金流加速增长5%，达到4.45亿欧元。

威科集团的业务范围主要分为四大板块：医疗信息及制药解决方案业务、企业及金融服务业务、税收会计及法律业务、法律税收及法规业务；所服务的对象大多是相应领域的专业人士，其中，29%为会计师、23%为公司、21%为律师、17%为银行和金融机构。在四块业务中，法律法规业务占总收入的比例最高，2010年占集团收入的42.5%。

表 12　2010 年威科各业务板块收入

单位：亿欧元，%

业务板块	医疗信息及制药解决方案	企业及金融服务	税收会计及法律	法律税收及法规	总收入
收入	8.16	3.07	9.22	15.11	35.56
占总收入比例	22.95	8.63	25.93	42.49	100.00

资料来源："Wolters Kluwer 2010 Annual Report"。

自 2008 年国际金融危机后，全球经济开始衰退，出版业也受到不同程度的影响，客户消费逐渐转向数字产品和在线服务，印刷品消费需求降低，2010 年威科集团印刷品订购同比下降了 9%，但是由于集团加大了数字产品和在线服务的开发力度，电子刊物和服务的订购量在 2010 年同比增长了 7%，同时在线产品、软件和其他相关服务收入约占总收入的 70%，在业务发展上，威科集团提早实现了业务转型，以便在今后的生产经营中更能适应客户的需求、市场的发展。

2. 经营策略

威科集团出色的业务表现源于其制定的正确的发展战略以及对整个市场需求敏锐而准确地把握。具体的策略主要有两点：①加强企业的核心竞争力。集团将其所经营的产品和服务分为四类，即静态内容（Static Content）、动态内容（Dynamic Content）、迅捷工具（Smart Tools）和定制解决方案（End-to-End Solutions），其所有产品都可以归入这四种产品中。结合当前传媒业发展现状和趋势，威科集团制定了一个发展策略，即优先发展成长率和利润增长率高的定制解决方案类产品，然后依次为迅捷工具类、动态内容类产品，最后是静态内容类产品。这无疑有利于威科集团改善企业业务构成，增强盈利能力。②产品创新。威科集团通过持续的产品创新实现业务的多样化，每年都有大量的新产品和新服务投放市场，这些新产品和服务为其赢得了数以万计的新客户。自 2005 年以来，威科集团一直致力于将集团的业务从纸质产品转向在线信息工具，这既可大幅降低成本又能降低环境对客户量的影响。2010 年，威科集团 54% 的收入来自于在线产品。另外，威科集团通过为专业人士提供植入可持续发展理念的产品，帮助专业人士做出可持续发展选择。

3. 未来发展战略

2009 年 11 月 4 日，威科集团公布了 2010 ~ 2012 年发展战略——“使客户价值最大化”。这一着眼未来的战略规划以威科集团的成功转型为依托，旨在充分利用威科集团全球领先的市场地位，实现客户及利益关联方的价值最大化，其发展目标如表 13 所示。

表 13　2010～2012 年中期发展方针

关键绩效指标	2010～2012 年中期发展方针
业务构成	在线和软件收入实现两位数增长
	在线、软件和服务收入不低于总收入的 75%
	订阅和其他非循环收入不低于总收入的 75%
	印刷品收入不高于总收入的 25%
一般性 EBITA 收益	总体符合当前经济状况下的近期水平，此后持续增加
每股稀释一般性收益	按不变汇率计算，高于当前经济条件下的水平
自由现金流	按不变汇率计算，中期内每年不低于 4 亿欧元
资本回报率（税后）	中期内不低于 8%

资料来源：“Wolters Kluwer 2010 Annual Report”。

威科集团将围绕以下三个战略重点实现这一目标：①在使用环节实现增值。威科集团将帮助客户管理复杂的事务，实现具体成果。威科集团的价值源于嵌入在工具和解决方案中的优质专有信息，并通过智能化的解决方案和网络帮助专业人士实现流程自动化、管理复杂的决策和事务，从而进一步实现价值延伸。②整合所有进程、客户和网络扩展解决方案。跟踪专业客户的交易流程，为各项关键项目交付解决方案。威科集团将致力于提供智能化解决方案和协作化网络，通过将其与相关的客户、政府机关和其他利益关联方的互联，进而帮助客户高效地实现工作目标。③整合全球领先业务，推进创新，提高效率。威科集团结合其强大的全球市场地位，将各业务部、运营部以及新成立的四个全球部门（法律法规、财税会计、医疗健康和制药解决方案以及金融与合规性服务）进行全面调整。此项改革可实现技术平台、全球产品和普通商业模式的共享，从而推进创新，进一步提高效率。

（四）麦格劳－希尔集团

麦格劳－希尔集团始建于 19 世纪中期，总部设在美国纽约，在全世界 40 多个国家设有280多处办事机构，2010年集团员工共有20755名。麦格劳－希尔教育（Mc Graw-Hill Education）是集团旗下品牌，同时也是集团业务的重要组成部分。在2010年全球出版业50强排行榜上，麦格劳－希尔教育公司以24.33亿美元的总收入稳居第7名，这一位置自2006年以来不曾改变。

麦格劳－希尔教育的业务领域主要包括学校教育集团（SEG）（针对中小学市场）和高等教育专业国际集团（HPI）（主要针对高等教育群体、专业化需求群体、国际市场以及成人教育市场），在全球33个国家设有办事处，年平均出版新书2000多种，提供65种语言的教学资料，在教育出版方面保持着国际领先地位。

1. 业务范围和经营业绩

麦格劳－希尔教育的业务范围包括从早期教育到职业发展的整个终生学习过程。无论在中小学教材、经管、金融、心理学等学术专著领域，还是在大众畅销书方面，麦格劳－希尔教育的产品规模和销售情况都名列前茅。该集团虽71%的教育市场集中在北美地区，但仍注重国际化发展战略，对新兴及成长较快的市场尤为关注，尤其亚洲市场。鉴于教育出版市场受入学率、教材采用率等方面的影响较大，集团依靠长期的发展和不断加强出版的核心竞争力，使得教育出版业务一直保持着稳定的增长态势。期间，受2008年金融危机的冲击，麦格劳－希尔教育的年收入从2007年的67.72亿美元降到2009年的59.52亿美元，但经历了两年的下滑后，麦格劳－希尔教育2010年的年收入较2009年增加了3.64%，成为麦格劳－希尔集团旗下销售利润增长最快的子公司。

表14　2007～2010年麦格劳－希尔教育销售状况对比

单位：百万美元，%

项　目	2007年	2008年	2009年	2010年
总收入	2687.3	2638.9	2387.8	24331.1
经营收益	403.1	321.4	276.0	363.4
利润率	15.0	12.2	11.6	14.9
集团总收入	6772.3	6355.1	5951.8	6168.3
收入占比	39.6	42.0	40.0	39.4

资料来源："2008～2010 Mc Graw-Hill Annual Report"，http：//investor. mcgraw－hill. com/phoenix. zhtml？c＝96562&p＝irol－reportsannual。

2. 经营策略

麦格劳-希尔集团的经营管理策略主要体现在四个方面。①人性化管理。集团为员工提供完善的退休保障和医疗计划，实行弹性工作制和家庭关怀计划，尤其体现在对老人、婴儿以及女性的照顾。此外，集团还实行员工持股激励制。②拥有健康的现金流。2010年底，集团现金及现金等价物净值约15亿美元，较2009年增加了约3.16亿美元，自由现金流达到了8.8亿美元，比2009年增加了1.1亿美元。截至2010年底，麦格劳-希尔集团的总资产为70.5亿美元，其中股东权益为22.9亿美元，总负债为47.6亿美元。③注重品牌管理。麦格劳-希尔集团在其出版教育方向旗下汇集了诸多知名品牌，其中包括Mc Graw-Hill Professional，Mc Graw-Hill/Irwin，Mc Graw-Hill Digital Learning，Mc Graw-Hill Higher Education等。除打造品牌外，该集团同时注重利用品牌作为进入、开拓新兴市场的重要手段，遵循着“全球化导向+本土化策略”的原则，通过合作出版等方式积极开拓市场，达到了与本土出版企业互利双赢的目的。④重视数字化业务。麦格劳-希尔集团积极开展数字化业务，打造数字化产品。目前，集团大约有2/3的业务来源于数字及数字混合产品。集团打造了Mc Graw-Hill Learn Smart，Mc Graw-Hill Creat，Mc Graw-Hill&Blackborad等一系列产品，致力于为消费者提供全方位的服务。在所有数字产品中，Mc Graw-Hill Connect和J. D Power尤其突出。Mc Graw-Hill Connect平台主要应用于教育出版领域，消费者可以借助此平台通过互联网全方面接触集团的内容资源。J. D Power作为一个权威的市场调研机构，注重消费者的体验和反馈，力图实现消费者的需求细分，致力于提供更加专业和更具针对性的信息服务。

2011年，麦格劳-希尔集团继续执行其既定的发展战略以实现业绩的不断增长和扩张，继续保持其全球范围内“知识经济”型公司的主导地位。

B.17

反思电视全球化：以默多克星空卫视在印度扩张为例

Priya Virmani *

The recent phone hacking related events at Rupert Murdoch's News International in the UK have shone a light on Murdoch and his parent company News Corporation. However, the emphasis has largely been on News Corporation's operations in the UK and by the implication of the possible phone tapping of 9/11① victims, to some extent, in the USA. But it is important to be reminded that the Murdoch owned News Corporation is a global empire traversing numerous countries across the continents of Asia, Africa, Europe, Australia and the USA. In other words, with the exception of the Arctic and the Antarctic, News Corporation and its subsidiary companies have their footprints on every continent on our globe.

This chapter will study Rupert Murdoch's entry into India and analyse how his business decisions metamorphosised the televisual landscape of the country. In so doing, it will theorise and understand the current processes of media globalisation that are underway in our societies the world over.

The development and commercialisation of satellite television, together with the deregulatory frameworks adopted by an increasing number of countries such as India, China and Brazil, mainly in the late twentieth century, have played a pivotal role in the globalisation of television. This facilitated the expansion of Murdoch's media interests into newer countries, India being a case in point. Accordingly, this chapter at the

---

* Priya Virmani, Ph. D, University of Bristol.

① The alleged terrorist destruction of the two World Trade Centre buildings in New York, famous for having been towering symbols of the might of American capitalism.

outset delineates the development of satellite technology and its commercial usurpation by the corporate sector. It accordingly understands contemporary media globalisation as an overarching, economically motivated phenomenon. Subsequently, this chapter proceeds to analyse the entry and proliferation of satellite television in India, facilitated by Murdoch's Star (i. e., Satellite Television Asia Region), using the example of Star's transformation as a case in point to extrapolate a shift from hitherto known, predominant globalisation debates.

SATELLITE TELEVISION AND CAPITALIST GLOBALISATION

In the 1960s US telecommunications companies, the likes of Hughes, RCA and AT&T launched the first satellites that were used for communication purposes. Among the very first international events to be broadcast globally, a feat made possible by the advent of satellite technology, were the 1964 Olympic Games held in Tokyo. The broadcast was made by the USA, thereby the country stamping its indelible authority over satellite communications at the very outset. Furthermore, US government incentives① produced COMSAT (the Communications Satellite Corporation). Deriving from COMSAT, 1964 saw the formation of INTELSAT (the International Telecommunications Satellite Organisation). Allegedly achieving its autonomy from COMSAT in 1973, theoretically its ownership involves in excess of a hundred countries, though the US remains the key player as the major stakeholder② controlling more than 50% of the consortium. (Communications Satellite Corporation, 2005) Satellite television's inextricable connection with the USA from its very inception to its further developmental stages, and the subsequent ownership of the technology by US companies professing neo-liberal policies, has had far-reaching implications for the

① COMSAT was established by an Act of the US Congress in 1962.

② COMSAT was privatised in 2004 by way of its acquisition by Lockheed Martin. Lockheed Martin is the US's foremost aerospace company and the Pentagon and NASA are among its clients. By acquiring COMSAT Lockheed Martin also became the largest stakeholder in INTELSAT (Lockheed Martin).

authority and authorship of the globalisation of television. Consequences of televisual globalisation have not been restricted to the practicalities of enhanced connectivity between global communities and the circulation of forms, formats, genres and images via its medium the world over, rather, they have superseded the tangible construction of the medium itself-by way of the processes of change effected by the messages it carries-on the identities of peoples, communities, cultures and nations.

Scholars such as Herbert Schiller, Ben Bagdikian, Robert McChesney and Edward Herman have written exhaustively, lucidly and insightfully on the globalised workings of media conglomerates and their pernicious influences on the media policies of governments and how they function to the detriment of the public good. However, common rhetoric deduced from their expositions give currency to the much dreaded fear of the processes of homogenisation initiated by the USA, that is, the media's dissemination of American culture on a global scale; a dissemination that is said to imperil the world's cultural diversity through the dilution of other global cultures and, that in the long run calls into question the very survival of such cultures, most of which are positioned by hegemonic Western discourses in subaltern contexts. However, in contradiction to the debates that media globalisation (including and especially that of television) precipitates the homogenisation of cultures the world over, the findings of the case of Star in India, detailed subsequently in this chapter, illustrate that the processes and consequences of televisual globalisation have thus far not been following any neat equations, rather, they have been ridden with complexities. Unequal and uneven in its progression, the ramifications of televisual globalisation are played out around the world on the level of the everyday. Rapidly accelerating, the dynamics of televisual expansion, determined by the inherent intricacies of its process, that is, its multi-dimensional involvement, on levels of the political, economic, cultural and technological, are difficult to take stock of and challenging to theorise. Nevertheless, the scale of the growth and proliferation of satellite television puts it among the most crucial contemporary debates, warranting the problematisation of its processes and calling for renewed debate on its consequences which are unfolding across the globe, by the day.

Broadcasting is shaped by governments and markets, both of which in the current world order, dictated by the values of the 'free world', are inextricably intertwined. Markets, largely understood as processes where transactions take place, have been in existence since the earliest recorded human civilisations. Today's markets are determined by the capitalist ethos. Barker (1997: 20 –21) describes capitalism as:

…a system of commodity production premised upon the private ownership and control of the means of production whereby the owners of the means of production employ wage labour to produce commodities, which have exchange value, for sale in the market. The dynamics of capitalism stem from the pursuit of profit as the primary goal …

Operating in and contributing to the synchrony of the capitalist set-up, multi-national corporations, including those of broadcasting, influence the 'transaction' policies of countries and encourage strong free market incentives, paving their own entry into the nation states. Free market economies are posited on the laissez-faire economic policy which ideally implies a non-interventionist government policy. Laissez-faire economics in its systemic make-up acknowledges that individuals act primarily out of self-interest, and that allowing them to do so without any restrictions would produce optimum results. Facilitated by an increasing number of nation states adopting the free market deregulatory framework, big conglomerates, a key example of which are media companies such as Murdoch's News Corporation, have come to assume a transnational character, that is, in a climate of weakened national regulatory frameworks they make inroads into nations and then expand their transactions from those within the boundaries of nation states to others across their boundaries.

Economies of scale in content production-an inherent feature of broadcasting markets-are deeply implicated in the transnationalisation of television and the dissemination of cultural images. Economies of scale are said to be achieved when more units of a good or a service can be produced on a larger scale, yet with (on average) less input costs (Heakal, 2003). In other words, this means that the mass producing of a good decreases its average costs. According to theory, realisation of economies of scale precipitates economic growth (*ibid*). Economies of scale have enabled the globalisation of television empires analogous to their facilitation of international trade and economic globalisation.

Application of the logistics of economies of scale by the broadcasting conglomerates implies that with increased production/distribution the average costs of the company/industry's expansion activities are lowered thereby maximising their revenue returns. Such calculations are made achievable because of the following:

- *Technical economies* employed in the production/distribution of media content, for example, studios and television delivery mechanisms such as satellite that require a one-off investment of capital as compared to continuous and significant capital expenditure.
- *Managerial economies* that are realised in the specialisation of jobs increasing the efficiency of large media firms.
- *Financial economies* made possible by banking policies that lend on the principle of the larger the firm the lower the interest rates for borrowing money.
- *Marketing economies* enabled by greater concentration of media ownership in 'fewer hands' which enables cross-advertising. For example Murdoch's newspapers advertise his television acquisitions and vice verse.
- *Commercial economies* in which a decrease in the costs of supplies bought by a firm is directly proportional to an increase in a volume of its supplies purchased.
- *Research and development economies* are achieved with large media companies ploughing their resources to develop new and better products and technologies.

Hence, the broadcasting industry's cost structure involves substantial economies of scale which operate and at the distribution level. Media content is, furthermore, non-rivalrous, that is, once created, the information good itself, rather than its distribution, can always be provided to an additional person at zero marginal cost of production. This is the fundamental economic feature of the broadcasting sector. For example, once a programme is made it can be broadcast to an additional person without incurring additional expenditure or effort. In this way, non-rivalry refers to the notion that consumers do not compete for the same unit of a good. The consumption by an individual of a certain piece of information does not prevent another from doing so as well. Consequently, economies of scale in content production are an inherent feature of television markets: as more consumers experience content, the average cost of the content production decreases. This stems directly from the public good attribute of non-rivalry. Also, for the marginal costs of supply encountered in distribution mechanisms, such as installing a new satellite dish for an additional household, the costs are transferred to the consumer, annihilating such costs for the television conglomerates. Content production costs being one-off or fixed imply that the substantial economies of scale realised in the process ensure greater returns for the companies in their supply of the final product. Furthermore, in many cases, average costs of distribution decrease with audience size, augmenting the economies of scale generated in content production – satellite enabled television is a example of this as is the provision of cable television services within a particular area. This allows potentially enormous returns for the companies as they expand globally.

Economics is key to the developmental project of capitalist media, which is to modify by way of expansion the 'operating spheres' of its 'profit making enterprise' (Curtin, 2001: 336), the cultural implications of which, though paramount, are incidental to the process. Many scholars [political economists like Immanuel Wallerstein (1983) and Alain Lipietz (1987) and geographers such as David Harvey (1989) and Edward Soja (1989)] in defining this globalisation process in myriad ways, have, however, marvelled at the reach of multinational corporations and their ability to incorporate populations the world over into the overarching economic system of capitalism (*ibid*), which as they discuss takes effect in the homogenisation of culture. Curtin (*ibid*) purposefully disputes the "steady erasure of differences and the demise of local and national public spheres" as a casualty of media globalisation. Posited on the theory that media globalisation acts more as an 'organiser of difference' as compared to a 'cultural homogeniser' (*ibid*: 342), he initiates an understanding of televisual expansion as one that selects and represents culture via its medium to meet profitable ends, where, as exemplified by theories of homogenisation, standardisation of product content is not the imminent goal.

…it is important to draw a fine-but crucial-distinction between integration and homogenisation, between globalisation and the emergence of a global village. Here television histories are particularly important, because they can offer richly detailed accounts of the actual strategies of cultural institutions, which have aimed not at producing global similarity, but instead at organising local differences toward profitable ends under a global regime of consumer capitalism…one must be careful not to fall into the trap of believing that the purpose of corporate television is to erase difference and create a dull homogeneity of thought, experience and lifestyle (*ibid*: 337).

Multiple strands and unequal processes characterise the complexity of the satellite television debate. Every strand of the debate is a specific case in point that needs to be examined in isolation but, nevertheless, always in the context of the larger picture. Each case has its disparate and particularistic repercussions. Intrinsic to the dynamism of modernity, according to Robertson (1992: 8), globalisation as a concept refers both to "the compression of the world and the intensification of the consciousness of the world as a whole". Locating televisual media in the globalising processes, this chapter engages with ineluctable questions such as, for which entity of the process does it allow for a 'compression of the world' and the 'intensification of the consciousness of the world as a whole'. Unrestrained by delineations of national borders, facilitated by an increasing number of countries (most particularly India and China) further deregulating their economies, and encouraged by the values of exploratory and expansionist capitalism, it is the conglomerates for whom the phrase 'compression of the world' rings true and for whom the significance of the theory of the expression translates into practicalities that, in their order of priorities, assume utmost importance. Corporate leviathans employ strategies to enable a 'global village', as reflective of their interests. Hence they demonstrate their understanding of the concept from the very outset itself and derive maximum benefit from its implementation through lucrative monetary returns. Evidence from my empirical research conducted in India suggests that satellite television's market of viewing millions in the country are bereft of any basic understanding of the mechanisms of satellite technology's 'world compressing' attributes. Barring the exceptions of the upper middle class and opulent globe trotting sections of Indian society, that is, the class of the 'global elite', the average Indian television audience does not yet comprehend the popular programming content disseminated on their screens as an import and hence refutes the very suggestion of satellite technology, which makes its transmission possible, being foreign in its ownership. On a visit to India, I attempted to reason with a group of lower middle class women addicted to their daily diet of satellite transmitted soaps in the national language Hindi. Below I include excerpts of our conversation:

Researcher:

Do you know that the company that owns this Channel [Star] is foreign?

Anu:

What do you mean by that?

Researcher:

I mean the owner, he is not Indian. He is foreign. He belongs to and lives in another country.

Sona:

Can't be. Not possible.

Researcher:

Why do you say that's not possible?

Sona:

Because by foreigner I think you mean a *gora*①. Not possible. These programmes are about the sanctity of our culture, our traditions, our values. A *gora* does not know or understand them.

Janki: [promptly adds]

Like Princess Diana. Media reports say she died with her boyfriend in tow. And she was a mother of two growing children. Terrible! Now, that's intolerable in our culture. Sad…she was such a beautiful woman stooping to such lengths.

Anu:

Exactly, it's terrible what she did. Our serials would not support this behaviour. And even when a character tries to do a Princess Diana the character is penalised and made to pay for it in the story.

Researcher:

So the serials are an exclusive depiction of your culture?

① A Hindi word, meaning fair-skinned, it is often employed to refer to Westerners.

Anu:

Of course.

Janki:

There is this one serial though that I used to watch. Then the mother who was a main character started having an affair. So I boycotted the serial. I will not watch such rubbish or allow my family members to watch. But I've heard that she will be punished for it in the end, so in a sense, it's ok then.

Concluding the conversation my respondents satiated themselves with their reasoned notion that the channel they watched regularly was thoroughly indigenous. Completely disregarding my educated attempt at explaining the channel's foreign connections, they demonstrated at first a complete oblivion to, and then a vehement rejection of, my information. Repeated explanations and reiterations of the channel's foreign allegiances did not achieve their acceptance. Deeply affected by their consumption of the cultural images on their screens, and identifying with the values espoused by the narratives, their reasoning discarded any notion of foreign involvement. Theories of the channel being entwined with foreign ownership and control were, in their opinion simply far-fetched and improbable. Reclamation of the programming content and thereby the channel as entirely 'home-grown', that is, of, by and for those of their culture, was made evident by repeated assertions such as "our culture", "our values" and "our serials". Oblivious to any understandings of the 'intensification of the world as a whole', for India's average satellite television viewer, the technology has been a mechanism that has concretised their pre-existing cultural world and reaffirmed its values. As James, Murdoch's youngest son and Chairman and Chief Executive Officer of Star from 2000 -2003 affirmed:

The locally produced, Hindi version of a great British product, *Who Wants to Be a Millionaire*, is setting India alight…Never mind that the idea of *Who Wants to Be A Millionaire* originated in Britain. Never mind that the American version is wildly popular and could easily have been exported in English. To the Indian audience, this is a purely local product (Murdoch, 2000).

Unknowingly though, these audiences have been initiated into newer concepts owing their genesis to foreign cultures, supreme among which is the culture of consumption dictated by consumerist capitalism. This accordingly proves that while the regime of the twenty-first century media is globally integrated, its constructed ideals are still being sold through and at the level of the nation states and localised regions. Ignorant of their television content's economic link that transcends their nation's boundaries, for the Indian audience the concept of the 'compression of the world' reverts to a translation of the intensification of their own culture. Programme makers have accordingly positioned the Indian audience in the context of their cultural sensibilities, a positioning within which consumerist aspirations are cloaked and capitalist goals are being realised. Thereby, the economic machineries that own the satellite channels indelibly stamp all its programming material.

…television is characterised by relations of production that are typical of capitalism. Labour is appropriated, surplus value is extracted, commodities are circulated, and profits are expropriated by capitalists. From this perspective, there is little difference between the manufacture of television and the manufacture of shoes. However, when television is treated as part of the superstrucuture, the differences between these two commodities become obvious. Drawing from the cultural fund and the conventions of realism, television presents selected images, worldviews, symbols, myths, truth claims, values, and visions (Meehan, 1994: 563 –4).

The television industry therefore is incorporated within both the economic base and the ideological superstructure. The determining impact of the economic base on the ideological superstructure operates as the fundamental causal relationship between the transcontinental, capitalist television industry and its manifestation of cultures of consumption. Cultural images disseminated by satellite television which, drawing from classical Marxism, I refer to as satellite television's superstructure, are distinctly disparate from one country to another. The base of the mechanism, by which I imply its economic structure, is the ineluctable common denominator shared by the diverse circulated images. According to fundamentalist Marxism, referred to as *Economism*, the economic base is understood to be the determinant on which the superstructure, that is, social, political and intellectual consciousness is fashioned. Dictated by capitalist tenets, contemporary postmodern societies structure their cultural industries in relation to the economics of the institutions that produce them. Nevertheless, in the example of the transnational television industry it is the very constancy of the economic logistics of corporate television which makes for the variable attribute of the cultural content. Evident developments in the cultural arena are not those of obstructions to alternative ideas; rather, they are an integrated effort to make difference work towards perpetuating the economic base. Annihilating cultures is not the primary intention of the capitalists; rather, concerted attempts are being made to devise strategies to make the disparate cultures work to propagate the economic system in place. Here, Star in India is a case in point.

Understanding the genealogy and development of the Star network in India is imperative to understanding the processes of contemporary globalisation. India falls into the category of the nascent and emerging markets that have strong, pre-existing cultures of their own into which capitalist media have made rapid inroads. How is the process of globalisation propelled by economic forces impacting on such cultures? How are these cultures reacting to, and interacting with, the new culture of Western capitalism? Is there valid currency to the commonly held beliefs of such cultures becoming fragile, imperilled, weak, marginalised and fast disappearing? What are the balances of this intercultural exchange? The following case study of Star in India, posited on the post 1990 changes in the country's television industry, explores these questions. In so doing, it brings to the fore the workings of the markers of the neo-globalist era.

THE BIRTH AND TRANSFORMATION OF STAR IN INDIA

'Globalization' is a non-linear, dialectic process in which the global and the local do not exist as cultural polarities but as combined and mutually implicating principles. (Beck, 2002: 17).

Focusing on the 'dynamic' metamorphosis of the television industry in India, this section understands televisual globalisation as a borrowing between indigenous influences and those of the ethos of global media empires. Developments in the Indian television industry, most particularly in the 1990s and onwards, as the economic processes of deregulation, privatization and consequently proliferation took effect have since transformed the sector from being a state-centric institution to one governed by the rules of the capitalist marketplace. India in 2011 has over 515 television channels; 110 news channels; 40 channels, concentrated in Southern India that are funded by political parties or directly owned by politicians (Raman and Tata, 2011) and the world's most linguistically diverse television landscape. Murdoch's Star pedestal has been the trailblazer to this mottled and pluralistic, coeval television set-up. Accordingly, this section charts the cultural historicity of Star in India, and in so doing exemplifies a case study of the dynamics of the interrelationships of the global and the local in the process of televisual globalisation.

The advent of television in India happened over six decades ago. Transmission was mainly in black and white for the first 17 years. During this period its spread was limited. For a country left emasculated by centuries under their colonial rulers Parliament pronounced television to be 'a luxury Indians could do without' (Indiantelevision. com, 2011) and therefore operated a protectionist stance. Thereby, in 1955 Cabinet took a decision to ban foreign investments in the media. This was in effect for nearly 45 years. The implication of this was that the Indian state exerted monopolistic control over television production. For Indian viewers this meant that they had to make do with the country's solitary television channel, namely Doordarshan, and its non entertainment oriented programming that propagated an impositioned meaning of nationality and patriotism, with an alleged focus on education and socio-economic development. Such was the scarcity of entertainment programmes that the few soaps broadcast, such as *Hum Log* (1984), and the mythological epic dramas: *The Ramayan* (1987 – 1988) and *The Mahabharat* (1988 – 1989) attracted unprecedented audiences. Though television in India has since come a long way it has come to the forefront only in the past thirty years and more so in the past two decades. There have been primarily two cataclysmic points in the development, growth and proliferation of television. The 1982 Asian Games was the first of these two points as the state-owned broadcaster Doordarshan coincided it with the introduction of colour television. However, during this period private enterprises were not permitted to set up television stations or to transmit television signals. The second ignition point was the privatisation of India's television industry by foreign owned companies such as News Corporation (*ibid*).

In 1991 the newly-elected Congress Government, headed by the then Prime Minister Narasimha Rao and India's current Prime Minister Dr. Manmohan Singh who was the Finance Minister at the time, began initiatives to lift the lid of protectionism on India's economy that had stayed in place since her independence from British colonial rule in 1947. Deregulation began taking effect as Menon (1999) notes:

"curbs on foreign investment were lifted; the Indian currency, that is the rupee was made fully convertible; a good portion of the state's assets were privatized; and foreign media were allowed greater latitude of entry."

This set the stage for the second transitional point in Indian televisual history – the arrival of transnational networks, most prominent among which has become the foreign-owned Star (which stands for Satellite Television Asia Region) precipitating critical changes in the media landscape, which has led to an unprecedented boom in services outside of the State controlled Doordarshan's former monopoly of television.

Arrival of satellite television triggered a television buying frenzy. From the large metropolitan cities satellite television delivered via cable moved into smaller towns, further spurring the purchase of television sets. In a country with a previously untapped potential market of an audience of many millions, the television revolution was truly of phenomenal proportions. From one television channel in 1991 within the space of 10 years India's television audience had over a hundred channels to choose from (Thomas, 2003). The response of national television to these transformations in India's televisual landscape was prompt and vigorous. Its attempt at counteracting multiple, newer channels meant it launched its own commercially driven entertainment channel and introduced entertainment programming on its terrestrial network. This again fuelled the purchase of sets in the hinterlands where cable TV was not available. Competition ensured that from the days of one channel Doordarshan came to have a package of 19 channels.

With the unstoppable advances of new television delivery mechanisms and the globalisation of Murdoch's capitalist media company, by the end of 1994 the social consequences of India's television revolution began unfolding on the traditional mosaic of its society. Star's acquisition by Rupert Murdoch in 1993 brought, for the very first time, multinationals into play in a big way in the Indian media. For Murdoch, India, with its burgeoning population and an expanding middle class, then estimated to number 63 million, seemed a tremendous potential market. At the time though, Zee TV, an Indian owned private network, offering local fare in the indigenous language, Hindi, was the most popular satellite channel and by 1994 it was a fixture in over 7.3 million Indian homes (Aggarwal, 1994 in Pendakur et al. 1996: 67). The results of an Indian Marketing Research Bureau survey of about 250 Indian households, conducted in 1993, revealed that while 58% watched Zee only 16% watched Star Plus at the time (Mankekar, 1999: 340).

The quality of Star's programming was unoriginal. Star Plus, Star's entertainment channel merely broadcast programmes such as 'The Bold and the Beautiful' and 'Santa Barbara' made primarily for the American market. Both MTV and Prime Sports, analogous to the entertainment programmes on Star Plus were put together for an American audience, yet the programming was beamed into Indian homes. As almost all of the content was in English, the audience was restricted to the urban middle-classes and the affluent. This meant the Murdoch applecart was upset – the 'Star' formula was met with disappointment rather than the anticipated success. The tense, fierce and fluid television climate in India at the time with satellite television making inroads was statistically described by Jacka et al (1996: 90).

Indian advertisers who wish to target the elite have found an ideal platform. However, since STAR is a niche channel and only broadcasts in English, its total advertising revenue and ratings are far below those of Zee TV. Although there is considerable publicity in the West about Star's inroads into India, its impact is overemphasized. It is estimated that Star only reaches 5 per cent of homes in India

(Kak, 1994) and in Bombay, for instance, which has 20 per cent of its households cabled (and thus able to receive satellite channels) the ratings of STAR TV are much lower than those of the movies that local cable operators show. It is Zee, more than any other major network, that has posed a challenge to the traditional monopoly of Doordarshan.

Mankekar, while conducting her fieldwork in Delhi on television and womanhood in India during March 1992, quotes Saroj Malik, a senior official in Doordarshan's audience research unit, arguing that the new networks would never "catch on" with the Indian viewers. "The programmes are too foreign…they are alien to our culture. Why would the masses want to watch Santa Barbara①? What would it mean to them?" (Mankekar, 1999: 336)

As a result of the culturally antithetical programming, Star's appeal remained limited to the socially and economically mobile, urban, upper middle class. However, within the first two years of Murdoch's investment in Star it had become amply clear to him that an 'Indianisation' of Star's programming was indispensable to its success in India. This trend was not entirely in harmony with his company's earlier motives of simply beaming transnational American programmes. But capitalism's innate and insatiable quest for profits in newer markets encouraged Star to adapt dexterously to the direction the Indian experience was channelising it, to go the *Coke way* that is to say of 'adulterated indigenised produce'.

No imported object, Coca-Cola included, is completely immune from creolisation. Indeed, one finds that Coke is often attributed with meanings and uses within particular cultures that are different from those imagined by the manufacturer. These include that it can smooth wrinkles (Russia), that it can revive a person from the dead (Haiti), and that it can turn copper into silver (Barbados) …Coke is also indigenised through being mixed with other drinks, such as rum in the Caribbean to make Cuba Libre or aguadiente in Bolivia to produce Ponche Negro. Finally, it seems that Coke is perceived as a 'native product' in many different places – that is you will often find

① An American soap opera.

people who believe the drink originated in their country not in the United States (Howes, 1996: 6 in Tomlinson, 1999: 84).

Prior to the advent of transnational satellite television in India two decades ago, the Indian television culture alongside other Asian television cultures had been controlled and protected by measures of politically monitored economic protectionism. This prevented Western programming being aired in India. But with the arrival of Star TV India was introduced, for the very first time, to new sources of programming, especially from the West (Jacka et al., 1996: 4), prior to which India had for long demonstrated her opposition to the commercialised televisual output of America. Dunnet (1990: 60) articulates the concerns of 'the rest' with respect to American programming:

The United States television industry is by far the largest anywhere in the world, dominating television worldwide. This dominance creates worries and concern wherever American programmes are shown, and that means almost everywhere, from Egypt to the South Pacific… For American television dollars, not minds count.

Zee's popularity led Murdoch to invest in the television station, in exchange for its invaluable input in transforming Star to a *desi*① product. Murdoch, leaving no stone unturned to ensure the ascent of his satellite network, in October 1996 also hired former Doordarshan director general Ratikant Basu as Star's CEO, to head the strategic project of the 'Indianisation' of the Star TV network (Mankekar, 1999: 347). James Murdoch, Star's CEO between 2000 – 2003 explained the reasoning behind Star's restructuring:

When we bought the business, Richard Li had built a primarily English language, analog, five-channel, free to air distributor in the heart of Asia. Entirely an anathema to the broad diversity of the Asian so-called "marketplace". These audiences want, unsurprisingly, local content, in their own language, reflective of their own culture, by them, for them, and of themselves… (Murdoch, 2000)

Murdoch's 'Indianisation' attempts met with sure-fire success, leading to the increasing popularity of Hindi language programming on Indian satellite channels and, as

① A Hindi word, meaning Indian.

a consequence, to substantial advertising revenue. In the words of James Murdoch (2000), "Star Plus, since its transformation to an all-Hindi format, has vaulted past rivals Zee Telefilms and Sony TV①" (see Figure 1).

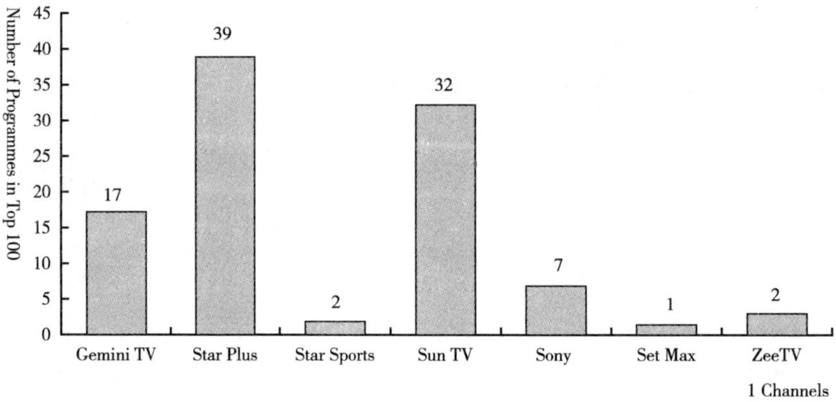

Figure 1 Ratings of India's Most Popular Television Channels

RG - MARG INTAM Peoplemeter Data for the week 15/10/2001 to 21/10/2001.

Meanwhile the erstwhile version of Star, rather than succumbing to complete annihilation, rubbed off onto the indigenous productions. The phenomenon may be better understood as the creation of a layer of Western capitalist modernity which tinges, but does not necessarily obliterate, pre-existing cultural forms, creating the 'hybrid', in structural form and by virtue of its consumption, in the cultural identity of peoples.

…transnational television networks such as Star started to draw on "local" cultural productions in their effort to cater to local tastes and markets. These apparently local productions and markets, however, were always permeated by transnational styles, aesthetics and desires (Mankekar, 1999: 337).

Tomlinson (1991: 61) puts forward a cogent argument on the role of the mass

① Owned by Sony Entertainment Television, a subsidiary of Sony Pictures Entertainment India, Sony TV closely followed Zee TV as the second most popular Indian (Hindi) television channel at the time of the satellite revolution in India's broadcasting industry. After Star Plus took centre-stage in Indian entertainment programming it trailed behind Star in the ratings while being in almost perpetual, stiff competition with Zee TV for second place.

media in the cultural imperialism debate, wherein the strength of his argument lies in an active acknowledgement that "people bring other cultural resources to their dealings" with the media, suggesting that the cause and effect relationship between media and culture then can be viewed "as a subtle interplay of mediations". In the Indian television landscape a counter balancing twin mechanism of the carving of the 'adulterated national' in the 'hegemonic global', preceded by the 'global' in the 'national', had taken effect.

Nevertheless the emergence of the dominant local, regional and national does not imply that India's cultures are now insulated from Western ideologies. It is via her media landscape, crucially that of television, that the Western culture of 'commodification', is insidiously making a rapid entry.

In the 'Third World' the debate about the implications of the presence of the Hollywood culture as a cultural 'Trojan horse' is growing with the spread of satellite delivery channels, many of which are parts of the vertical structures of transnational media giants. As the number of homes with television sets grows and the nation-state, once all powerful, is weakened in the age of globalization of the world economy, the debate about transnational media flows intensifies (Jacka et al., 1996: 67).

Schiller (1985) identifies transnational corporations as the main institution of capitalism. However, he does so with an emphasis on the sector of transnational companies as exporting American culture to the world, together with the caveat that such 'cultural imperialism' is endangering the survival of the other distinctive cultures by attempting to replace them with a one world view. Therefore, he identifies the ideological urge to define global culture as an accompaniment of the international political-economic reach of transnationals. Accordingly he identifies the media as a most powerful vehicle that carries, transmits and disseminates such select ideologies.

They [the media] provide in their imagery and messagery, the beliefs and perspectives that create and reinforce their audiences' attachments to the way things are in the system overall (Schiller, 1979: 30 in Tomlinson, 1999: 81).

Therefore, Schiller argues that capitalist expansion, in its unrelenting incorporation of cultures dispersed across the globe into its fold, is not only an economic impetus, but rather a process that aims to subject other cultures to that of America. This however, elides the complexity of the process of cultural dialectics that is ensuing the world over as the direct result of the spread of capitalism. Capitalist objectives are deceptively simple – that is, to devise logistical strategies that maximise revenue returns for the owners of the forces of production. Yet, the cultural consequences thereof are inherently multifarious and not merely 'uni-directional'. So while Schiller cites the example of the world wide distribution of commercialised American media products as negating world cultures, this chapter argues otherwise – that such commodification, as with the example of satellite television in India is encompassing other cultures, indigenous to the respective countries of operation, by a similar process of 'their' commodification and distribution. However, the overarching logic of consumerism prevails, albeit in the guise of selling 'the authenticity of cultures' to its respective carriers-to its 'fashioned' consumers as in the case of an Indianised Star.

Accordingly in the sphere of television expansion-crucial to the process of capitalist globalisation-sites of multi-local niche marketing are evident in various inequitable stages of their emergence and consolidation. In the emerging predominance of the 'local' I would argue that the world television industries have transcended the globalisation phase and are increasingly treading into the 'neo-globalist' sphere. I term this new phase of televisual capitalist expansion 'neo globalist' in order to focus attention on its operations at the local/regional/national level but without losing sight of its interrelationship with the global. In this way I hope to acknowledge the phenomenon of televisual globalisation with reference to nation states as whole entities, and to the ownership of their media by a relatively tiny number of corporate giants. The world's television is now in the firm grasp of the capitalist monolithic titans and is predominantly run by seven in number, namely, News Corporation, Sony, Time Warner, Walt Disney, CBS, Viacom and Bertelsmann. Among these Murdoch's News Corporation is a frontrunner in terms of its global reach.

The acquisition by News Corporation of the Hong Kong based Star TV for MYM525 million has given Murdoch a satellite television footprint over Asia and the Middle East with a potential audience of 4.5 billion viewers. When allied to his other television interests – BSkyB (UK), Seven Network (Australia), Fox TV (USA) – his organisation's television interests alone have a global reach of some two thirds of the planet (Barker, 1997: 59 –60).

With the homogenising theory losing momentum in the contemporary media climate and becoming increasingly contested and thwarted, an analysis of the consequences of globalisation leads one to the domain of the 'neo-globalist', that is, an era dominated by the previously unforeseen and therefore uncalculated repercussions of capitalist globalisation. The particular features that entail a shift to the 'neo-globalist' are as follows:

• Pervasiveness in the interrelationships and interdependency between corporations and governments is becoming increasingly ubiquitous in practice despite such practices being mostly hidden from 'common view'. For industry sectors across the board, including that of the media, this has caused a seismic shift in the centralisation of media ownership by the nation-state to that of a domination of ownership by multinational companies.

• A huge diversity of groups and subcultures have come to constitute the social formations of late capitalist societies and have made way for the disintegration of the relative homogeneity of the nation-state system. This phenomenon has been simultaneously reflected by the growth of more particularistic or particularising media to cater to the social fragments of former 'wholes' of nation states. Commercially assertive and now fully integrated into the economic structures, multi-ethnic groups in 'developed' societies, accordingly have the purchasing power to avail of the newer, recently made available media. An apposite example is that of the transnational availability of channels, such as the Star channels, which are then consumed by the diaspora of the country of origin of the channel's programming.

• In 'developing' countries such as India, the media are employing themselves as powerful meaning systems with the potency of injecting their desired ideologies into constructing the mindset of 'development', that is, to broaden the base of the consumer class alongside encouraging its appeal for a consumerist lifestyle.

• The emergence of the new global constituting of new locals, that is, 'multi-local' niche marketing on a global scale with the cultural interaction between local and globalising processes not one of visible domination (on the level of the imagination of civilian populations) but of subtle mediations resulting from the corporate exploitation of local differentiation in specific markets but with its loyalties to its home, that is, the global integration of revenues are being realised in their return to the place of the operational origin of the transnational corporations, which in the majority of cases is the USA.

Creating new sites and zones for production, marketing and selling, satellite television's role in contributing to the proliferation of capitalist development links people at the global level, as in the example of global diasporas, while in developing countries such as India it appears to secure identities at the local level – in each case the processes result in plural identity formations and reformations. Such processes are not those of neat homogenisations, rather they exemplify themselves at disparate locations as an uneven development along the path of modernisation.

REFERENCES

Aggarwal, A., 1994, "From Rice to Riches", *India Today*.

Bagdikian, B., 1992, *The Media Monopoly*, Boston: Beacon Press.

Barker, C., 1997, "Global Television", Oxford: Blackwell Publishers Ltd.

Barwise, P. & Ehrenberg, A., 1988, *Television and its Audience*, London: Sage Publications.

Beck, U., 2002, "The Cosmopolitan Society and its Enemies", in *Theory Culture and Society* v. 19 nn 1 – 2, 17 – 44.

Bell, E., 2011, "The Mempire Strikes Back", *Guardian*, 12 February 2001, http://www.guardian.co.uk/Archive/Article/0, 4273, 4134852, 00.html.

Bell, E. Gittings, J., 2011, "News Corp Bloodied in Asia Brawl", *Guardian*, 5 March 2000, http://www.guardian.co.uk/Archive/Article/0, 4273, 3970509, 00.html.

Chadha, K. & Kavoori, A., 2000, "Meida Imperialism Revisited: Some Findings from the Asian case", *Media, Culture and Society*, vol. 22, no. 4, pp. 415 – 432.

Curtin, M., 2001, "Organising Difference on Global TV: Television History and Cultural Geography", in *Collins & Edgerton Television Histories*, Kentucky: University Press of Kentucky".

Deans, J., 2011, "Murdoch's Star TV to Launch in UK", *Guardian*, 22 November 2000, http：//www. guardian. co. uk/Archive/Article/0，4273，4094989，00. html.

Dunnett，P.，1990，*The World Television Industry*，London：Routledge.

Ellison，M.，Martinson，J.，2011，"Mrs. Murdoch deals with it"，*Guardian*，3 November 2000，http：//www. guardian. co. uk/Archive/Article/0，4273，4085527，00. html.

Fernandes，L.，2000，"Nationalizing 'The Global'：Media Images，Cultural Politics and the Middle Class in India"，*Media*，*Culture and Society*，vol. 22，no. 5，1 September pp. 611－628.

Gillespie，M.，1995，*Television*，*Ethnicity and Cultural Change*，London and New York：Routledge.

Harding，L.，2011，"Murdoch Succumbs to Allure of Bangalore"，*Guardian*，15 March 2000，http：//www. guardian. co. uk/Archive/Article/0，4273，3974041，00. html.

Hannerz，U.，1990，"Cosmopolitans and Locals in World Culture"，in M. Featherstone，ed.，*Global Culture*：*Nationalism*，*Globalisation*，*Modernity*，London：Sage，pp. 237－253.

Harvey，D.，1993，"From Space to Place and Back Again：Reflections on the Condition of Postmodernity"，in J. Bird et al（eds.），*Mapping the Futures*：*Local cultures*，*global change*，London：Routledge.

Heakal，R，2011，"What Are Economies of Scale"，*Investopedia. com*，27 January，2003，http：//www. investopedia. com/articles/03/012703. asp.

Herman，E. & McChesney，R.，1997，*The Global Media*：*The New Missionaries of Corporate Capitalism*，London：Cassell.

Hirsch，P. & Newcomb，R.，1994，"Televison as a Cultural Forum"，in Horace & Newcomb（eds），*Television － The Critical View*，New York：Oxford University Press.

Howes，D.，1996，*Cross Cultural Consumption*：*Global Markets*，*Local Realities*，London：Routledge.

Jacka，E. et al.，1996，*New Patterns in Global Television*，New York：Oxford University Press.

June，S.，1987，*Enduring Values*：*Women in Popular Culture*，London：Praeger.

Lipietz，A.，1987，*Mirages and Miracles*：*The Crisis of Global Fordism*，London：Verso Press.

Levitt，T.，1983，*The Marketing Imagination*，London：Macmillan.

Mankekar，P.，1999，*Screening Culture*，*Viewing Politics*，London：Duke University Press.

Martinson，J.，2011，"Murdoch Junior Damns Media Regulation"，*Guardian*，http：//www. guardian. co. uk/Archive/Article/0，4273，4043649，00. html.

Martinson，J.，2011，"Go East Young Man"，*Guardian*，24 July 2000，accessed on 11 August，http：//www. guardian. co. uk/Archive/Article/0，4273，4043664，00. html.

Meehan，E.，1994，"Conceptualizing Culture as Commodity：The Problem of Television"，in Horace & Newcomb（eds），*Television － The Critical View*，New York：Oxford University Press.

Menon，S.，1999，"Globalisation in India"，accessed on 17 December 2003，http：//webserver. ignou. ac. in/virtualcampus/BIT_ StudyMaterials/tri5/vci/csm21_ unit1. htm.

Milmo，D.，2011，"Murdoch's Merger"，*Guardian*，2 March 2001，accessed on 21 August， http：//www. guardian. co. uk/Archive/Article/0，4273，4145150，00. html.

Milmo，D.，2011，“Star TV squares up to ITV over India Millionaire”，*Guardian*，18 January 2001，http：//www. guardian. co. uk/Archive/Article/0，4273，4119444，00. html.

Morse，M.，1998，*Virtualities*，Indiana：Indiana University Press.

Murdoch，J.，“You Say Tomato”，MacTaggart Lecture，*Edinburgh Television Festival*，27 August 2000.

Pendakur，M. & Subramanyam，R.，1996，“Indian Cinema Beyond National Borders”，in E. Jacka et al.，*New Patterns in Global Television*，New York：Oxford University Press.

Preston，P.，2011，“Happy Birthday，Rupert”，*Guardian*，http：//www. guardian. co. uk/Archive/Article/0，4273，4145738，00. html.

Raman，A. & Tata，M.，2011，“Their Masters Image：with news channels of their own politicians become the medium”，*Outlook India*.

Robins，K.，1991，“Tradition and Translation：National Cultures in its Global Context”，in J. Corner and S. Harvey（eds.），*Enterprise and Heritage：Cross of National Culture*，London：Routledge，pp. 28－41.

Seaton，J.，2004，“Writing the History of Broadcasting”，in Cannadine（ed.）*History and the Media*，New York：Palgrave Macmillan.

Saenz. M.，1994，“Television Viewing as a Cultural Practice”，in Horace & Newcomb（eds），*Television－The Critical View*，New York：Oxford University Press.

Schiller，H.，1989，*Culture：Inc：The Corporate Takeover of Public Expression*，New York：Oxford University Press.

Silj，A.，1988，*East of Dallas：The European Challenge to American Television*，London：British Film Institute.

Smith，A.，1981，*The Ethnic Revival*，Cambridge：Cambridge University Press.

Tomlinson，J.，1991，*Cultural Imperialism*，London：Continuum.

Wallerstein，I，1983，*Historical Capitalism*，London：Verso Press.

Wilson，C. & Gutierrez，1985，*Minorities and Media：Diversity and the End of Mass Communications*，Newbury Park，CA：Sage.

B.18

媒介融合语境下 BBC 的公共服务与产业发展

张艳秋　郝 文*

英国广播公司（BBC）是世界首家公共服务性质的广播公司，也是国际公共广播媒体的翘楚。自 1922 年成立以来，BBC 一直以提供高质量的广播电视节目而名誉全球。在坚持公共服务理念的基础上，不断进行服务改革，尤其在媒介融合大势下，其新的发展理念与模式值得借鉴与反思。

在媒体革新的道路上，BBC 一直都十分重视其国内外市场的扩张，并探索新的产业运行模式。1994 年，BBC 组建环球公司，以使商业活动规范化、规模化。据报道，截至 2010 年 3 月 31 日的 2009 ~ 2010 财年，BBC 环球销售额高达 10.7 亿英镑，利润增加了 36.5%，达到 1.45 亿英镑，BBC 国际正在向成为全球化的商业品牌这个目标迈进。

但是，BBC 公共服务体制也正经受着前所未有的挑战。随着新媒体技术的普及，以互联网为代表的新媒体正在抢占过去传统媒体的市场份额，媒介融合已经成为媒体发展的必然趋势。无疑，在市场竞争、政治环境和传播技术等多种因素的挑战下，BBC 将继续坚持其公共服务理念。在媒介融合大势下，传统公共广播媒体如何传承和发展公共服务理念，已经成为业界和学界关注的重点，这也是本文再次聚焦 BBC 的初衷所在。笔者通过概述 BBC 的公共服务及产业发展的历史传统和创新措施，对媒介融合中公共服务发展的新理念、新路径进行反思。

---

* 张艳秋，博士，中国传播大学传播研究院副教授；郝文，中国传媒大学传播研究院 2011 级硕士研究生。

一　媒介融合模式下 BBC 的数字化发展

（一）从历史传统到数字化战略：BBC 的公共服务传承

在媒介融合浪潮下，BBC 进行全方位的变革，向数字媒体积极进军。1994 年 7 月，英国政府发布了《关于 BBC 未来的白皮书》，其核心内容就是希望 BBC 能在数字地面电视启动之初扮演重要角色，并建议 BBC 通过传输网络私有化来筹措资金支持数字服务。近年来，BBC 大力进行部门重组和技术研发，拓展互联网、数字广播、数字电视、手机等新媒体服务市场。作为公共服务媒体，BBC 在媒介融合的视野下摸索出新的发展模式与路径。

1. 重视技术部门建设，为新媒体发展提供组织保证

20 世纪 90 年代至今，BBC 作为公共广播电视媒体，正在失去财政支持和权威势力。此外，传统的 BBC 节目制作与观众之间建立的是单向传播关系，由公共政策来负责规范节目内容。然而，这种关系在迅速瓦解。这种“被动的线性收视”模式将被互联网所代表的“主动的交互式收视”模式所代替。

为了不被新媒体抛在身后，BBC 十分重视技术部门的建构，在 2010 年专门成立了新的技术部门——信息系统和技术部，负责电视信号数字转化器、数字直播、宽带有线网络等新技术的研发，为 BBC 推进新媒体战略提供技术保证。现在，BBC 除了原有的地面播出平台外，还有卫星、有线、数字地面广播、IPTV、移动等数字模式的电视广播平台，全面转战新媒体领域。

2. 强化新技术研发，推出明星网络播放器 iPlayer

网络技术和数字技术的发展改变着人们获取信息的方式和途径。网络点播成为人们在固定时间收看传统电视节目外的新选择。BBC 为满足观众的多元化、个性化的收视需求，研制出了数字播放器 iPlayer，迅速抢占了数字点播电视的市场。

2007 年 7 月，BBC 研制的 iPlayer 正式面世。它不仅是一种操作简单并能够很好保持画面原播出质量的延迟播放软件，更是实现传统广播电视媒体与新媒体互相融合的技术性平台。目前，iPlayer 仅限于国内缴纳电视执照费的用户使用，通过 iPlayer 点播软件，用户可以在网上观看过去一周内 BBC 所有的电视和电台节目，大部分节目还可以下载到个人电脑上观看。

为适应最新网络技术的发展，BBC不断对iPlayer软件进行升级，扩展其运行平台及功能。最初的iPlayer功能相对简单，类似于网络搜索软件，可以支持用户通过电视节目的类型、播出时间等方式搜索节目。2008年7月，推出的iPlayer 2.0版，除了最基本的搜索功能之外，第二代iPlayer播放器将电视和广播电台的节目放在了同一界面上，更方便用户操作。同时，升级的iPlayer类似于电脑上使用的普通视频播放器，用户在观看或者收听节目时，可以通过弹出的小窗口浏览其他的节目，随时在节目间进行切换。此外，新的iPlayer播放器还具有记忆功能，能够自动保存用户上一次的观看记录，以便在下一次开机时直接收看。现在，BBC正在致力于开发新一代iPlayer（iPlayer 3.0）。最新的iPlayer播放器将整合其他各类社交网络资源并使它们移植到电视机上，达到网络资源与传统媒体资源的最大共享。

毋庸置疑，iPlayer播放器正在一点点地改变着英国公众传统的观看体验。借助它收听或观看电视节目，受众可以不再受播出时间和地点的束缚，而是可以随着自己的喜好和时间安排来进行点播。从这个角度上讲，iPlayer播放器可以说是BBC在媒介融合时代提升数字化公共服务的代表之作。

此外，BBC还通过将iPlayer与40多种不同移动设备和平台进行嫁接，拓展其服务范围。包括与YouTube合作打造网络视频播出平台，与iPhone、iPod Touch及诺基亚和三星等手机制造商合作建立移动播放平台等。

3. 提升网络传播平台，打造知名网络品牌

BBC是世界上最早开展互联网服务的媒体之一。早在1991年，BBC就开办了网络服务。最初，BBC网站主要是为网民提供一些广播电视节目的收看信息。1998年，BBC Online已成为一个完整的“门户型”网站，为公众提供大量与BBC广播电视节目相关的背景材料及延伸性服务，成为BBC广播电视节目的资料库。同时iPlayer在互联网市场上的成功，也使“BBC在线”成为了BBC主要的传播平台之一。

网络时代媒体之间的竞争更多是媒体重组和集聚信息能力的竞争。目前，BBC的网络服务非常全面，网络广播与电视拥有大批忠实用户。“BBC在线”拥有庞大的节目资源和一大批有着丰富经验的记者和编辑，这都为“BBC在线”的成功打下了坚实的基础。

作为公共广播体制的一部分，“BBC 在线”同样也承担着服务社会的职责。“BBC 在线”总监希莎·库马尔（Seetha Kumar）认为，提供信息、教育和娱乐是公共广播服务不变的准则。她在谈及数字融合（Digital Inclusion）与数字参与（Digital Participation）的重要性时指出，在数字技术时代，BBC 有责任帮助人们提高他们通过使用数字媒体来理解、参与和影响周围世界的基本能力。

4. 发展数字化服务，打造新媒体帝国

BBC 是世界上最早推出数字广播和电视的媒体之一。早在 1995 年，它便率先推出了数字化广播服务（Digital Audio Broadcasting），并开播 4 套数字广播节目。继推出数字广播之后，1998 年，BBC 又开通了第一个数字电视频道（BBC Choice），并相继推出了 BBC 自己研制的机顶盒，以保证用户收看数字电视的质量。

BBC 数字互动电视业务，是其提供高质量公共服务的新方向。按计划，英国政府将于 2015 年实现全英广播电视的数字化。BBC 为此不懈努力，于 1998 年推出图文电视（BBC Text），并在 2008 年将其更名为“红按钮”（Red Button），提供数字互动电视服务。其数字互动电视服务的内容包括音频、视频、图片和文字形式的最新新闻资讯，以及教育、娱乐等服务内容，如以多视框、双向互动的直播方式直播体育赛事、露天音乐会、全国大选政治性活动等。①

BBC 数字电视在 2002 年步入了一个崭新的阶段。BBC 和 Crown Castle 公司联手推出了免费数字电视服务 Freeview。Freeview 延续了 BBC 服务社会的理念，坚持“为所有人提供有质量的免费服务”。用户只要安装机顶盒，便可免费收看 Freeview 提供的电视节目。目前，已经有超过 600 万用户定制了 Freeview 服务，公众可以通过 BBC Freeview 收看到 40 多个数字频道，并可以免费录制喜欢的节目，实现了双向互动。②

5. 拓展移动媒体终端服务，积极进军移动媒体市场

为适应当代公众新的收视模式，BBC 一直在加大对手机电视等移动终端媒

① 唐萃：《“三网融合”背景下解读 BBC》，《中国记者》（在线期刊），2011 年 4 月 15 日。

② 英国广播公司 2009 ~ 2010 年度报告，http：//www. bbc. co. uk/annualreport/download/index. shtml。

体的投入力度。BBC 在其《2006～2010 发展规划》中就提出要大力发展新媒体业务，拓展包括 MP3、手机、互动电视等新移动媒体终端的服务内容。

早在 2005 年，BBC 就推出了一项旨在针对手机用户的新服务——Video Nation。手机用户自己可以把拍摄和制作的视频发送到 BBC 的网络页面上。BBC 还专门制作了适合于手机观看的 60 秒电视剧预告片、最新新闻播报、天气预报、服装、生活和节目时间表等多种视频短片，供手机用户下载观看。BBC 所提供的实时新闻和体育资讯成为英国网民手机浏览的主要内容。2011 年，iPlayer 将推出国际版，通过与 iPad 进行商业合作向美国等国的市场推广，利用最新数字媒体扩宽其国际服务与影响，这也是 BBC 为完成其“让世界看到英国”公共目标的新举措。

2011 年，为实现广播电视网和互联网更广泛的融合，进一步推动高清数字电视服务，BBC 联合数家媒体公司一起，提出了“画布”计划（Project Canvas）。这一计划将由 BBC 主导，由商业电视独立电视台（ITV）、第五频道（Channel 5）和英国电信（BT）等共同推动。“画布”计划是在已经实践的免费数字电视平台（Freeview，Freesat）和网络数字平台（iPlayer）的基础上，研发新的 IP 电视平台，为受众提供全新的视听体验。正像 BBC 宣传词所说的，“你只要一次性花费购买机顶盒和链接宽带，就可以免费获得你所知道和所喜爱的电视和广播节目”。BBC 技术总监埃里克·豪格（Eric Huggers）认为，“画布”计划是一次电视革命，其概念是，“一旦你把它链接到你的电视机和宽带上，一个充满新特点、新内容和新观看方式的数字电视新世界就会展现在你面前”。①

6. 普及网络知识，促进社会的数字化融合

英国公共服务理论认为，公共服务的重要使命之一就是促进社会融合。英国《广播杂志》首席记者凯瑟琳·拉什顿指出，如果 BBC 只关注自己的成就，而拒绝在更广泛的数字领域来帮助受众完成向数字媒体的迁移，那么，BBC 完全不配获得公众及政府的支持。在走向“数字英国”的过程中，防止出现数字鸿沟和新的社会排斥，已成为英国公共广播电视媒体的重要职责。

---

① 《英国推出大型 IPTV 服务平台“画布”》，http：//www.c114.net/news/17/a557673.html，2011 年 5 月 13 日。

2010 年，BBC 推出了规模最大、影响力最强的媒介素养培育项目——“首次触网”工程，鼓励英国约 920 万从未使用过互联网的公众学习并使用互联网。一直以来，BBC 将普及教育视作重要服务目标，早在 20 世纪 80 年代 BBC 就推出过学习电脑知识的教育软件 BBC Micro，在 90 年代开展了“计算机不咬人”运动，进入 21 世纪后发起了“网络智者”互联网使用指南项目。此外，BBC 自 2006 年起在英国中小学推广“BBC 新闻校园报道工程”，目的是在为英国 11 ~ 14 岁学生提供新闻报道锻炼机会的同时，培养未来英国公民，在信息繁杂的数字化时代，具有媒介信息解读及传播能力。BBC 还特别开办了兼具服务性的媒介素养网站“BBC 链接”（BBC Connect），通过与“BBC 学习部”、“BBC 研究院”及外部伙伴的紧密合作，提供综合性的媒介素养资源库，提升公众的媒体使用能力。

可见，BBC 在努力适应媒体融合时代的传播模式的同时，也在不断思考数字时代其不变的服务公众的本质。一方面，BBC 充分利用其社会影响力及其一流的媒介内容和在线服务，来拓展公共服务领域；另一方面，BBC 通过提供媒介素养培育活动来帮助人们提升数字生存技能，以促进社会融合与共同发展。

（二）从公营体制到公商双行：BBC 的产业发展轨迹

一直以来，BBC 的公营体制为学界及业界所称道。BBC 的公营广播模式在欧洲等地得以广泛效仿，使其成为世界公营媒介体制的典范。半个世纪以来，BBC 以其公共服务传统及高质量节目闻名于世，但路程并不平坦。BBC 视域下的公营模式在现实中不断经历着质疑与考验。

根据 1927 年皇家特许证书，BBC 由当初的私营体制转为公营，BBC 对全社会负责。为保持相对独立性，政府和议会等相关机构不得干涉 BBC 理事会的决议。在公营模式下，BBC 的主要经费来源是向民众收取电视执照费（在英国，用户购买电视机就被要求缴纳一定的电视执照费）。BBC 的公营运营体制使其可以在新闻报道中保持中立，免于受到广告商和政府的影响，这也成为其坚持“公共服务”理念的物质基础。

BBC 收取的电视执照费大部分用于制作节目，即“用公众的钱就要为公众服务”。例如，根据 BBC 的 2009 ~ 2010 年度报告，2009 年 BBC 全年电视执照费收入为 34.47 亿英镑，其中有超过 85% 的费用用于制作节目。① BBC 坚持为英国公众提供高质量的节目内容。目前，BBC 有 10 家广播电台、8 个电视频道及 BBC 在线网络服务，节目内容包括地方新闻、国际新闻、纪录片、音乐、戏剧、电影、教育等。

1927 ~ 1954 年，BBC 完全垄断了英国的广播电视资源，是英国唯一合法经营的广播电视机构。随着英国私人资本要求开放广播电视市场以来，BBC 陷入市场竞争之战。1954 年，英国议会通过了《电视法》，一定程度上开放了英国的广播电视市场，也从立法上保证了商业电视的合法地位。从此以后，BBC 也开始了与商业电视之间无休止的市场竞争。

20 世纪 60 ~ 70 年代，BBC 的财政状况开始走下坡路。当时，英国家庭数量一直处于低增长，加之英国经济持续通货膨胀，仅仅依靠执照费的增长已经不足以维持 BBC 的日常支出。与此相比，商业电视台的收入却在增加。BBC 在市场竞争中越来越感到力不从心，不断削减部门以控制开支。

随着市场化的竞争，政府在是不是允许 BBC 从事商业活动的问题上争论不休。政客们认为，如果允许 BBC 播出广告，那么 BBC 可能会出现和商业电视台一样的状况：为争取广告收入而播出低俗节目，威胁其公共服务职能。类似的争论一直延续到 20 世纪 90 年代。1996 年，英国政府重新审核并发放了 BBC 的皇家特许证书和经营许可证。新许可证第一次明文提出，BBC 可以进行“商业服务”，并对“商业服务”的定义、内容、经费来源等方面作了严格的限定。

在经营方面，新许可证允许 BBC 将电视编播与传输分离。这样，传输设施的资产、权利和债务可以转让给民营企业，同时对转让收入的用途作了明确的规定。但是，为确保公共电视的“社会公器”性质，英国政府和民众仍然对 BBC 的商业活动保持了相当的警觉。为真正实现执照费的专款专用，1998 年英国政府又颁布了《竞争法》，要求 BBC 的商业活动必须遵循该法要求，还严格限定了 BBC 所获执照费的使用范围，要求其将执照费的使用情况向公众发布。

1994 年，英国广播公司环球有限公司（BBC Worldwide Limited）成立。它主要负责 BBC 商业活动和国际产业发展的部门，以公众利益为根本宗旨，利用

---

① 英国广播公司 2009 ~ 2010 年度报告，http://www.bbc.co.uk/annualreport/download/index.shtml。

BBC的节目资源、品牌资源和知识产权，进行全球性的媒体商业活动，如向海外销售电视剧、纪录片等节目，推广海外频道落地、与其他媒体公司建立合作伙伴关系，销售与广播电视节目相关的音像、书籍和其他副产品等。此外，BBC除广播电视互联网外，还拥有出版、报刊、英语教学、交响乐团等产业。

2000年以后，BBC环球开始了其全球扩张战略。与美国有线网络运营商Discovery合资6.65亿美元，BBC进行节目制作和包装推广，并正式进军美国传媒市场。BBC环球销售额在2009～2010财年高达10.7亿英镑，成为名副其实的国际媒体巨头。

无疑，现在的BBC有着双重身份，它既是公营的也是私营的。但它也是一直明确区分其公共服务活动和商业活动，以确保公众的利益不受损害。BBC曾在其报告中写道，“商业活动必须紧密地与公共服务节目的价值与目标联系在一起，并且要把商业活动和我们以公共资金为支持的服务区分开来。商业活动不能使用公共资金，执照费不能被用来资助我们的商业活动或用来弥补任何商业活动带来的损失”。① 显然，BBC从公营到公私双营的产业发展轨迹，的确给世界公营媒体的发展再次输出了可供借鉴的发展模式。

二　媒介融合文化下BBC面临的挑战

在媒介融合时代，BBC主要面临三大挑战：更为激烈的业界竞争、迅猛发展的新传播技术以及复杂多变的国内政治环境。这些挑战与竞争加大了BBC的运营压力，裁员、削减冗余部门以减少开支成为近年来BBC的痛苦选择。

1. 新技术带来的挑战

英国通信办公室在2005年对英国公共广播电视机构所作的评估报告中就指出，“根据对评估数据的分析表明，电视信号由模拟信号转换为数字信号之后，现在国内公共服务广播运营方式将很难延续。同时，由于运营成本升高，商业广播电视机构也将越来越重视媒体自身的利益，而难以履行其公共服务职能。我们根据分析所得出的结论是，我们需要为公共服务广播寻求新的运营方式，目前的

① 露西·金·尚克尔曼著《透视BBC与CNN媒介组织管理》，彭泰权译，清华大学出版社，2004，第113页。

运营方式很可能会让公共服务广播面临越来越大的压力”。①

数字技术的飞速发展使得越来越多的电视信号由模拟信号转变为了数字信号，电视的数字化必将加剧对频道资源的竞争。传统的广播电视为了频道的生存，势必会争取更多广告收入以支持其运营，这对不以盈利为目的的公共广播电视而言形成了新的挑战。根据英国政府的规划，到 2012 年，英国的电视服务将完成由模拟信号转向数字信号的转换。电视的数字化意味着更高的音画质量和更多的频道资源，但对主要依靠执照费运行的 BBC 而言，电视的数字化将意味着更高额的运营费用和制作费用。

2. 市场带来的挑战

现代媒体竞争的加剧，除了对公共传播电视媒体带来运营管理上的巨大压力外，还形成了观众市场的分层。20 世纪 90 年代，BBC 地面频道在整个英国电视市场中占有近一半的收视份额。现在，在安装了卫星或有线电视的英国家庭中，BBC 地面频道的收视率仅为 23%。另据英国通信办公室的调查，英国年轻人对公共电视台制作的节目越来越没有兴趣，他们更趋向于娱乐性更强、受众定位更具针对性的网络、卫星或数字电视节目。英国通信办公室的数据显示，2001 年，在 16 ~ 24 岁年轻人的收视时间中 74% 是用于观看 BBC 或 Channel 4 的节目，而到了 2005 年，这个数字下降到了 58%。2010 年英国通信办公室最新调查表明，已经有 93% 的家庭能够收看数字电视，24% 的听众通过数字平台收听广播。②

尽管 BBC 的经费主要由政府负责（向电视用户征收执照费），不用担心“无米下炊”的问题。但是，越来越多的数字电视台和网络都在提供着免费阅览资源。人们有了更多的选择空间，年轻人也更习惯于上网收看和收听节目，在这样的情况下，政府还能强制征收多久的执照费已成为潜在的忧患。

近几年，政府逐渐减少对 BBC 的经费支持，使得 BBC 的经营压力越来越大，裁员和削减部门的情况时有发生。2011 年，BBC 宣布将停播包括中文在内的 5 种外语广播服务，裁员 650 人，并配合削减 16% 的开支。BBC 全球新闻总

① 英国通信办公室 2005 年对公共广播电视的评估报告，http：//www.ofcom.org.uk/tv/psb_review/psb_2review。

② 英国通信办公室 2010 年度报告，http：//media.ofcom.org.uk/facts。

裁理查德·山姆布鲁克将关闭中文等广播的原因归结于经济低迷。此外，BBC国际频道将不再享受由英国政府的外交部拨付每年4亿多美元的预算，而是与BBC其他部门共同分享电视执照费。这是英国政府削减公共开支的结果，这无疑将对BBC的未来发展带来巨大的挑战。

3. 政党变化带来的挑战

BBC与英国政府之间的矛盾由来已久，早在20世纪80年代，BBC就与以撒切尔夫人为首的政府进行了一场激烈的战役。以撒切尔夫人为首的保守党主张媒介商业化，希望把商业广告及赞助揉进BBC以收视费为主的财务运作之内。而BBC高层则坚持原有的公营传统，因此BBC一度与政府的关系降到了冰点。尽管最后政府任命的负责BBC财务改革的孔雀委员会，并没有按保守党的意图作出裁决，但BBC内部高层管理机构还是在政府的干预下重新洗牌，制片人拥有更大的权利决定节目预算，内部部门之间实行独立核算，在公共广播体制内形成了新的买卖关系。①

BBC尽管宣称自己是独立于政府之外的，不受政府的控制，但是在战时或“非常”时期，BBC还是会受到政府的诸多限制。如BBC就曾因报道在阿富汗战争中英美联军造成大量平民伤亡，而受到英国政府的斥责，认为其影响了社会舆论安全。如何在政治因素的影响之下坚持中立报道，这个问题贯穿着BBC的整个发展历程。

BBC与政府的矛盾是长期存在的，政府平常碍于民主而不干涉BBC。但在“9·11”及反恐等非常时期，政府对BBC的干预便浮出水面。“9·11”之后，BBC播放了本·拉登的录像，并报道了战争造成的平民伤亡，使得英国政府大为不快。为回应政府的压力，BBC公开了其《阿富汗战争编辑方针守则》，以此表明BBC报道和决策的独立性，但守则公布本身也表现出BBC与政府之间的若即若离。

三　媒介融合时代BBC的公共服务理念

新媒体技术的广泛应用、业界的竞争以及消费者需求的变化，都使得BBC

---

① 唐亚明、王凌洁：《英国传媒体制》，南方日报出版社，2007，第132页。

要不断地重新定义其公共服务理念。媒介融合时代，公共服务理念也有其新的内涵。但为公众提供高质量节目服务、关注公众利益、推动教育、捍卫英国传统文化遗产，始终是 BBC 最为核心的发展目标。BBC 的公共服务原则是以一整套媒介公共服务理论作为基础，包括服务于民主政治的需要、生产具有文化价值的内容以及促进社会融合等。在媒介融合时代，BBC 的公共服务理念也被赋予了时代特征，其公共服务焕发出新的生命力。

确保全体公民的视听及网络服务权益。BBC 一直坚持公民在信息获取、信息享有等方面具有平等权利，强调要满足所有公民的信息、文化和娱乐需求，不能仅以收视率为导向，不能一味追求多数受众的需求而置少数群体的需求于不顾。因此，在走向“数字英国”的过程中，BBC 致力于推广公民数字媒体使用知识的普及，努力缩短英国民众数字鸿沟。确保全体公民享受新媒体服务的权益，是 BBC 公共服务理念的新内容。

拓展全媒体式服务平台。通过开拓多媒体传播平台来让公众享受更好的广播电视服务，是 BBC 公共服务理念的又一创新之处。BBC 大力发展移动电视、互动电视、网络广播等传播平台，并以 BBC 丰富的广播电视资源为内容，旨在满足公众对个性化服务的需求。早在 2004 年，时任 BBC 执行长官的马克·汤普森就曾指出，BBC 不是附带某些新媒体的传统广播电视机构，而是要超越传统广播电视模式，是按需索取的视听节目与信息服务为主的 360 度全平台新型传播媒体。① 为此，BBC 的明星产品 iPlayer 播放器的诞生和升级为其全媒体战略的发展目标作出了突出贡献，实现了互联网和电视网的连接和手机、ipad 等新移动终端的延展使用。

构建数字英国。21 世纪以来，作为媒体革新的先驱，BBC 注重与其他媒介组织的合作，拓展节目资源和技术平台，推动数字英国的构建。通过 Freeview 数字电视平台，为公众提供免费的数字电视服务和高清节目。在媒介融合趋势下，BBC 采取数字化策略提供的数字化服务，不仅仅是对其传统公共服务的传承，更是创新。BBC 也由此转身成为跨电视、广播、网络及数字互动电视的多媒体机构。BBC 在拓展服务平台、提升服务内容、促进公众进步等方面的努力，使其公共服务精神不断得以彰显。

---

① 唐萃：《“三网融合”背景下解读 BBC》，《中国记者》（在线期刊），2011 年 4 月 15 日。

图书在版编目（CIP）数据

全球传媒产业发展报告. 2011/胡正荣主编. —北京：社会科学文献出版社，2011.12
（全球传媒蓝皮书）
ISBN 978-7-5097-2898-7

Ⅰ.①全… Ⅱ.①胡… Ⅲ.①传播媒介-产业发展-研究报告-世界-2011 Ⅳ.①G219.1

中国版本图书馆CIP数据核字（2011）第235269号

全球传媒蓝皮书
全球传媒产业发展报告（2011）

主　　编／胡正荣
副 主 编／李继东　唐晓芬

出 版 人／谢寿光
出 版 者／社会科学文献出版社
地　　址／北京市西城区北三环中路甲29号院3号楼华龙大厦
邮政编码／100029

责任部门／皮书出版中心（010）59367127　　责任编辑／郭　峰　吴　敏　周映希
电子信箱／pishubu@ssap.cn　　责任校对／刁春波
项目统筹／蔡继辉　　责任印制／岳　阳
总 经 销／社会科学文献出版社发行部（010）59367081　59367089
读者服务／读者服务中心（010）59367028

印　　装／北京季蜂印刷有限公司
开　　本／787mm×1092mm　1/16　　印　　张／23.75
版　　次／2011年12月第1版　　字　　数／410千字
印　　次／2011年12月第1次印刷
书　　号／ISBN 978-7-5097-2898-7
定　　价／79.00元